历史的正面与侧面

吴晗 著

好读 选编

中国华侨出版社
·北京·

只 为 优 质 阅 读

目　录

历史的正面

第一章　权力的博弈：为与士大夫治天下

第二章　历史的镜子：以古为镜，可以知兴替

第三章　古人如何打仗：一将功成万骨枯

历史的侧面

第四章　历史的隐秘角落

第五章　古人的生存规矩

第六章　是非成败转头空

历史的正面

第一章

权力的博弈：为与士大夫治天下

历史上的君权的限制

近四十年来，坊间流行的教科书和其他书籍，普遍地有一种误解，以为在民国成立以前，几千年来的政体全是君主专制，甚至全是苛暴的、独裁的、黑暗的，这话显然有误。在革命前后持这论调以攻击君主政体，固然是一个合宜的策略，但在现在，君主政体早已成为历史陈迹的现在，我们不应厚诬古人，应该平心静气地还原其本来的面目。

过去两千年的政体，以君主（皇帝）为领袖，用现代话说是君主政体，固然不错，说全是君主专制却不尽然。至少除开最后明清两代的六百年，以前的君主在常态上并不全是专制。苛暴的、独裁的、黑暗的时代，历史上虽不尽无，但都可说是变态的、非正常的现象。就政体来说，除开少数非常态的君主个人的行为，大体上说，一千四百年的君主政体，君权是受限制的，能受限制的君主为人民所爱戴。反之，他必然被倾覆，破家亡国，人民也跟着遭殃。

就个人所了解的历史上的政体，至少有五点可以说明过去的君权的限制，第一是廷议的制度，第二是封驳制度，第三是守法的传统，第四是台谏制度，第五是敬天法祖的信仰。

国有大业，取决于群议，是几千年来一贯的制度。春秋时子产为郑国执政，办了好多事，老百姓不了解，大家在乡校里纷纷议论，有人劝子产毁乡校，子产说，不必，让他们在那里议论吧，他们的批评可以做我施政的参考。秦汉以来，议成为政府解决大事的主要方法，在国有大事的时候，君主并不先有成见，却把这事交给廷议，廷议的人员包括政府的高级当局如丞相、御史大夫及公卿、列侯、两千石以至下级官如议郎、博士以及贤良文学。谁都可以发表意见，这意见即使是恰好和政府当局相反，可以反复辩论、不厌其详，即使所说的话是攻击政府当局的。辩论终了时理由最充分的得了全体或大多数的赞成（甚至包括反对者），成为决议，政府照例采用作为施政的方针。例如汉武帝以来的盐铁榷酤政策，政府当局如御史大夫桑弘羊及丞相等官都主张继续专卖，民间纷纷反对，昭帝时令郡国举贤良文学之士，问以民所疾苦，教化之要。皆对曰，愿罢盐铁榷酤均输官，无与天下争利。于是政府当局以桑弘羊为主和贤良文学互相诘难，词辩云涌，当局几为贤良文学所屈，于是诏罢郡国榷酤关内铁官。宣帝时桓宽推衍其议为《盐铁论》十六篇。又如汉元帝时珠崖郡数反，元帝和当局已议定，发大军征讨，待诏贾捐之上疏独以为当罢郡，不必发军。奏上后，帝以问丞相、御史大夫，丞相以为当罢，御史大夫以为当击，帝卒用捐之议，罢珠崖郡。再如宋代每有大事，必令两制侍从诸臣集议，明代之内阁、六部、都察院、通政司、六科诸臣集议，清代之议政王大臣会议，虽然与议的人选和资格的限制，各朝不尽相同，但君主不以私见或成见独断国家大政，是历朝一脉相承的。

封驳制度概括地说，可以分作两部分。汉武帝以前，丞相专决国事，权力极大，在丞相职权以内所应做的事，虽君主也不能任意干涉。武帝以后，丞相名存职废，光武帝委政尚书，政归台阁，魏以中书典机密，六朝则侍中掌禁令，逐渐衍变为隋唐的三省——中书、门下、尚书——制度，三省的职权是中书取旨，门下封驳，尚书施行，中书省有中书舍人掌起草命令，中书省在得到君主同意或命令后，就让舍人起草，舍人在接到词头（命令大意）以后，认为不合法的便可以缴还词头，不给起草。在这局面下，君主就得改换主意。如坚持不改，还可以第二次、第三次发下，但舍人仍可第二次、第三次退回，除非君主罢免他的职务，否则，还是拒绝起草。著例如宋仁宗时，富弼为中书舍人封还刘从愿妻封遂国夫人词头。门下省有给事中专掌封驳，凡百司奏抄，侍中审定，则先读而署之，以驳正违失，凡制敕宣行，大事覆奏而请施行，小事则署而颁之，其有不便者，涂窜而奏还，谓之涂归。著例是唐李藩迁给事中，制有不便，就制尾批却之，吏惊请联他纸，藩曰，联纸是牒，岂得云批敕耶？这制度规定君主所发命令，得经过两次审查，第一次是中书省专主起草的中书舍人，他认为不合法的可以拒绝起草，舍人把命令草成后，必须经过门下省的审读，审读通过，由给事中签名副署，才行下到尚书省施行。如被封驳，则此事便当作为罢论。这是第二次也是最后一次的审查。如两省官都能称职，坚定地执行他们的职权，便可防止君主的过失和政治上的不合法行为。从唐到明这制度始终为政府及君主所尊重，在这个时期内君权不但有限制，而且其限制的形式，也似乎不能为现代法西斯国家所接受。

法有两种，一种是成文法，即历朝所制定的法典；另一种是不成文法，即习惯法，普通政治上的相沿传统属之。两者都可以纲纪政事，维持国本，凡是贤明的君主必得遵守。不能以喜怒爱憎、个人的感情来破法坏法。即使有特殊情形，也必须先经法的制裁，然后利用君主的特赦权或特权来补救。著例如汉文帝的幸臣邓通，在帝旁有怠慢之礼，丞相申屠嘉因言朝廷之礼不可以不肃，罢朝坐府中檄召通到丞相府，不来且斩，通求救于帝，帝令诣嘉，免冠顿首徒跣谢，嘉谓小臣戏殿上，大不敬当斩，史今行斩之，通顿首尽出血不解，文帝预料丞相已把他困辱够了，才遣使向丞相说情，说这是我的弄臣，请你特赦他，邓通回去见皇帝，哭着说丞相几杀臣。又如宋太祖时有群臣当迁官，太祖素恶其人不与，宰相赵普坚以为请，太祖怒曰，朕固不为迁官，卿若之何！普曰，刑以惩恶，赏以酬功，古今通道也，且刑赏天下之刑赏，非陛下之刑赏，岂得以喜怒专之？太祖怒甚起，普亦随之，太祖入宫，普立于宫门口，久久不去，太祖卒从之。再如明太祖时定制，凡私茶出境，与关隘不讥者并论死，驸马都尉欧阳伦以贩私茶依法赐死（伦妻安庆公主为马皇后所生）。类此传统的守法精神，因历代君主的个性和教养不同，或由于自觉，或由于被动，都认为守法是君主应有的德行，君主如不守法，则政治即失常轨，臣下无所准绳，亡国之祸，跷足可待。

为了使君主不做错事，能够守法，历朝又有台谏制度。一是御史台，主要的职务是纠察官邪，肃正纲纪，但在有的时代，御史亦得言事。谏是谏官，有谏议大夫、左右拾遗、补阙及司谏、正言等官，分属中书、门下两省（元废门下，谏职并入中书；明废中书，以谏职归给事中兼领）。台谏以直陈主夫，尽言直谏为职业，批龙鳞，捋虎须，如沉默不言，便为失职，史记唐太宗爱子吴王恪好畋猎损居人田苗，侍御史柳范奏弹之，太宗因谓侍臣曰，权万纪事我儿，不能匡正，其罪合死。范进曰，房玄龄事陛下，犹不能谏正畋猎，岂可独坐万纪乎？又如魏徵事太宗，直言无所避。若谏取已受聘女，谏作层观望昭陵，谏怠于受谏，谏作飞仙宫，太宗无不曲意听从，肇成贞观之治。宋代言官气焰最盛，大至国家政事，小至君主私事，无不过问。包拯论事仁宗前，说得高兴，唾沫四飞，仁宗回宫告诉妃嫔说，被包拯唾了一面。言官以进言纠箴为尽职，人君以受言改过为美德，这制度对于君主政体的贡献可说很大。

两汉以来，政治上又形成了敬天法祖的信条，敬天是适应自然界的规律，在天人合一的政治哲学观点上，敬天的所以育人治国。法祖是法祖宗成宪，大抵开国君主的施为，因时制宜，着重在安全秩序，保持和平生活。后世君主，如不能有新的发展，便应该保守祖宗成业，不使失坠；这一信条，从积极方面说，固然是近千年来我民族颓弱落后的主因，但从消极方面说，过去的台谏官却利用以劝告非常态的君主，使其安分，使其不做意外的过举。因为在理论上君主是最高的主宰，只能抬出祖宗，抬出比人君更高的天来教训他，才能措议，说得动听。此类的例子不可胜举，例如某地闹水灾或旱灾，言官便说据五行水是什么、火是什么，其灾之所以成是因为女谒太盛，或土木太侈，或奸臣害政，君主应该积极采取相对的办法斥去女谒、罢营土木、驱诛奸臣、发赈救民。消极的应该避殿、减膳、停乐、素服，下诏、引咎、求直言以应天变。好在大大小小的灾异，每年各地总有一些，言官总不愁无材料利用，来批评君主和政府，再不然便引用祖宗成宪或教训，某事非祖宗时所曾行，某事则曾行于祖宗时，要求君主之改正或奉行。君主的意志在这信条下，多多少少为天与祖宗所束缚，不敢做逆天或破坏祖宗成宪的事。两千年来只有一个王安石，他敢说“天变不足畏，祖宗不足法，人言不足恤”，除他以外，谁都不敢说这话。

就上文所说，国有大事，君主无适无莫，虚心取决于群议。其命令有中书舍人审核于前，有给事中封驳于后，如不经门下副署，便不能行下尚书省。其所施为必须合于法度，如有违失，又有台谏官以近臣之地位，从中救正，或谏止于事前，或追论于事后，人为之机构以外，又有敬天法祖之观念，天与祖宗同时为君权之约束器。在这样的君主政体下，说是专制固然不尽然，说是独裁，尤其不对，说是黑暗或苛暴，以政治史上偶然的畸形状态，加上于全部历史，尤其不应该。就个人所了解，六百年以前的君权是有限制的，至少在君主不肯受限制的时候，还有忠于这个君主的人敢提出指责，提出批评。近六百年来，时代愈进步，限制君权的办法逐渐被取消，驯至以桀纣之行，文以禹汤文武之言，诰训典谟，连篇累牍，“朕即国家”和西史暴君同符。历史的覆辙，是值得读史的人深切注意的。

历史上的政治的向心力和离心力

历史上有若干时代，军权、政权、法权、财权一切大权，始终握于中央政府之手，各级地方政府唯唯听命，中央之于地方，犹躯干之于手足，令出必行。地方之于中央，犹众星之拱北辰，环侍唯谨。例如宋代和明代。

也有若干时代，中叶以后，大权旁落，地方政府自成单位，其强大者更是操纵中枢，形成尾大不掉之势。中枢政令只及于直属的部分，枝强干弱，失去均衡。例如汉末六朝和唐的后期，清的后期。

前者用科学的术语说，我们叫它政治上的向心力时代，用政治上的术语说，可叫作中央集权时代。后者则是政治上的离心力时代，也可叫作地方分权时代。为避免和现代的政治术语混淆起见，我们还是用向心力和离心力这两个名词较为妥当。

要详细说明上举几个不同时代的各方面情形，简直是一部中国政治史，颇有不知从何处说起之苦，并且篇幅也不容许。我们不妨用简笔画的办法，举几个有趣的例子来说明。办法是看那个时代人愿意在中央做事，还是在地方做事，前者举宋朝作例，后者举唐朝作例。

宋承五代藩镇割据之后，由大分裂而一统。宋太祖采用谋臣赵普的主意，用种种方法收回地方的兵权、政权、法权、财权。中央直属的军队叫禁军，挑选全国最精锐的军人组成，战斗力最强，挑剩的留在地方的叫厢军，全国各地的厢军总数才和禁军的总数相等，以此在质、量两个方面禁军都超过了厢军。各地方政府的长官也都直接由中央任免。地方的司法和财政也都由中央派专使，提点刑狱公事和转运使直辖。府县的长官大部分带有在中央服务的职名，任满后仍须回中央供职，到地方做事只算是出差（差遣）。在这一个系统之下，就造成了政治上的向心力。宋代的各级官吏，都以到地方服务为回到中央供职的过程，内外虽迭用，但最后的归结还是台阁监寺以至两地。如地位已到了台阁侍从，则出任州守，便算谴谪。反之由外面内召，能到曹郎，便是美迁。“故仕人以登台阁，升禁从为显宦，而不以官之迟速为荣滞，以差遣要剧为贵途，而不以阶勋爵邑有无为轻重。”一般士大夫大多顾恋京师，轻易不肯离去阙下，叶梦得《避暑录话》下记有一则范纯仁的故事说：

> 范尧夫每仕京师，早晚二膳，自己至婢妾皆治于家，往往镌削，过为简俭，有不饱者，虽晚登政府亦然。补外则付之外厨，加料几倍，无不厌余。或问其故，曰：人进退虽在己，然亦未有不累于妻孥者。吾欲使居中则劳且不足，在外则逸而有余，故处吾左右者，朝夕所言，必以外为乐，而无顾恋京师之意，于吾亦一佐也。前辈严于出处，每致其意如此。

范尧夫是哲宗时的名臣名相，尚且以克削饮食的手段，来节制出处，可见当时一般重内轻外的情形。南渡后半壁江山，政治重心却仍因制度的关系，维护在朝廷，外官纷纷要求京职。《宋会要稿》九五《职官》六〇之二九：

> 绍兴九年（1139）五月二十三日，殿中侍御史周英言：士大夫无安分效职之心，奔走权势，唯恐不及，职事官半年不迁，往往有滞淹之叹。

又一〇六《职官》七九之一二：

> 庆元二年（1196）十月十四日，臣僚言，近日监司帅守，到任之后，甫及半考，或几一年，观风问俗，巡历未周，承流宣化，

抚字未遍，即致书当路，自述劳绩，干求朝堂，经营召命。

四年（1198）八月二十四日，臣僚言，比年以来，州县官吏，奔竞躁进，相师成风，嘱托请求，恬不知耻，贿赂杂沓于往来之市，汗牍旁午于贵要之门，上下玩习，不以为怪。故做县未几，即求荐以图院辖。做倅未几，即求荐以图做州。做州未几，即求荐以图特节。既得节矣，复图职名，得职名矣，复图召命。

以上二例，固然是政治的病态，却也可看出这时代向心力的程度。

再就唐代说，安史之乱是一个路标，乱前内重外轻，乱后内轻外重。乱前的府兵属于国家，乱后节镇兵强，中央衰弱。乱前官吏任免由朝廷，乱后地方多自辟僚属，墨版假授。乱前财政统一，乱后财赋有留州留使，仅上供是朝廷的收入。乱前中央官俸厚，地方官俸薄，乱后恰好相反。至于河北、山东割据的藩镇，则索性一切自主，完全和中央无干。乱前士大夫多重内官，轻外职。此种风气，唐初已极显著，贞观十一年（637）马周上疏即提到这问题，他说：

今朝廷独重内官，刺史县令，颇轻其选。刺史多是武夫勋人，或京官不称职始外出，边远之处，用人更轻，所以百姓未安，殆由于此。[①]

长安四年（704）李峤也上疏说：

安人之方，须择刺史，窃见朝廷物议，莫不重内官、轻外职，每除牧伯，皆再三披诉。比来所遣外任，多是贬累之人，风俗不澄，实由于此。[②]

① 参见《唐会要》六十八，《刺史》上。

② 同上。

神龙元年（705）赵冬曦也说：

今京职之不称者，乃左为外任，大邑之负累者，乃降为小邑，近官之不能者，乃迁为远官。[①]

直至开元五年（717）源乾曜还说：

臣窃见势要之家，并求京职，俊乂之士，出任外官，王道均平，不合如此。[②]

这种畸轻畸重的形势，深为当时有识的政治家所忧虑，唐太宗以此自简刺史，令五品以上京官举县令一人。武后时以台阁近臣分典大州，中宗时特敕内外官吏更用，玄宗时源乾曜请出近臣子弟为外官，都想矫正这种弊端。不过全无用处，外官之望京职，有如登仙。《新唐书·倪若水传》：

开元初为中书舍人，尚书右丞，出为汴州刺史……时天下久平，朝廷尊荣，人皆重内任，虽自冗官擢方面，皆自谓下迁。班景倩自扬州采访使入为大理少卿，过州，若水饯于郊，顾左右曰：班公是行若登仙，吾恨不得为驺仆！

等到“渔阳鼙鼓动地来”，胡笳一声，立刻把这一种向心力转为相反的离心力。《新唐书·李泌传》说：

贞元三年（787）……时州刺史月俸至千缗，方镇所取无艺，

---

① 参见《唐会要》六十八，《刺史》上。
② 参见《唐会要》五十三。

而京官禄寡薄。自方镇入至八座，至谓罢权。薛邕由左丞贬歙州刺史，家人恨降之晚。崔祐甫任吏部员外，求为洪州别驾。使府宾，佐有所忤者，荐为郎官，其迁台阁者，皆以不赴取罪去。泌以为外太重，内太轻，乃请随官闲剧，倍增其俸，时以为宜。而窦参多沮其事，不能悉如所请。

元和时（806—820）李鄘为淮南节度使，内召做相，至祖道泣下，固辞不就。《新唐书》本传：

吐突承璀数称荐之，召拜门下侍郎同中书门下平章事。鄘不喜由宦幸进，及出，祖乐作，泣下谓诸将曰：吾老安外镇，宰相岂吾任乎？至京师，不肯视事，引疾固辞。

这情形恰好是乱前乱后绝妙的对照。士大夫都营求外任，不肯赴阙，人才分散在地方，政府无才可用，末期至用朱朴、郑綮做相，“履霜坚冰至”其由来也渐矣。

明代政治组织较前代进步，内阁决大政，六部主庶务，都督府司兵籍，都察院司弹劾监察，官无虚设，职与事符。并且卫军全属于中央，地方无私兵。地方政府的组织也较前代简单而严密，严格说只有府、县两级，均直属中央。原来的三司（布政使司、按察使司、都指挥使司）皆带使名，以中央官外任，后来增设巡抚，也是以中央大员出巡。总督主两省以上的军务，事定即罢。士大夫以内召为宠命。诏书一下，全国上下奉行唯谨。清代因承明制，却有一部分没有学到家，总督军务成为地方常设的经制疆吏，权限过大过重，前期国势强盛，尚可以一纸命令节制调动。中叶以后，八旗军力衰弱，代以绿营，洪杨乱起，绿营不能用，复代以练勇。事定后，各省疆吏拥兵自重，内中淮军衍变为北洋系，犹自成一系统，潜势力可以影响国政，义和团乱起，南方各省疆吏竟成联省自立的局面。中央政令不行，地方形同割据。革命起后，北洋系的军人相继当国，形成十六年割据混战的局面。在这期间，政治上的离心力大过向心力，一般知识分子，多服务于地方，人才分散。我们回顾这两千年的专制政治，无论向心或者离心，都是以独夫之心操纵数万万人之事。而历朝皇帝，都生怕天下把得不稳，于是大量引用戚族，举全国人之血汗，供一家之荣华富贵，荒淫奢侈。自今而后，我们需要向心，我们更需要统一，但我们必须向心于一个民主的政权，我们必须统一于一个民主的政府之下。

论皇权

谁在治天下

在论社会结构里所指的皇权，照我的理解应该是治权。历史上的治权不是由于人民的同意、委托，而是由于凭借武力的攫权、独占。也许我所用的“历史”两个字有语病，率直一点说，应该修正为“今天以前”。我的意思是说，在今天以前，任何朝代、任何形式的治权，都是片面形式的，绝对没有经过人民任何形式的同意。

假如把治权的形式分期来说明，秦以前是贵族专政，秦以后是皇帝独裁，最近几十年是军阀独裁。“皇权”这一名词的应用，限于第二时期，时间的意义是从公元前221年到1911年，有两千一百多年的历史。

皇权是今天以前治权形式的一种，统治人民的时间最长，所加于人民的祸害最久，阻碍社会进展的影响最大，离今天最近，因之，在现实社会里，自觉或不自觉地，毒中得也最深。例子多得很，袁世凯不是在临死之前，还要过八十三天的皇帝瘾吗？溥仪不是在逊位之后，还在宫中做他的皇帝，后来又跑到东北，在日本卵翼之下，建立伪满洲国，做了几年康德皇帝吗？不是一直到今天，乡下人还在盼望真命天子坐龙庭，少数的城里人也还在想重蹈袁世凯的覆辙吗？

在封建的宗法制度下，无论是贵族专政，是皇帝独裁，还是军阀独裁，都是以家族为单位来统治的，都是以血统的关系来决定继承的原则的。一家的家长（宗主）是统治权的代表人，这一家族的荣辱升沉，废兴成败，一切的命运取决于这一个代表人的成败。在隋代有一个笑话，说是某地的一个地主，想做皇帝，招兵买马，穿了龙袍，占了一两个城市，战败被俘，在临刑时，监斩官问他，你父亲呢？说太上皇蒙尘在外。兄弟呢？征东将军死于乱军之中，征西将军不知下落。他的老婆在旁骂："都是这张嘴，闹到如此下场！"他说："皇后，崩即崩耳，世上岂有万年天子？"说完伸脖子挨刀，倒也慷慨。这一个历史故事指出为了做几天、做一两个城市的皇帝，有人愿意付出一家子生命的代价。为了这一家子的皇权迷恋，又不知道有几百千家被毁灭、被屠杀。

"成则为王，败则为寇。"流氓刘邦、强盗朱温、流氓兼强盗的朱元璋，做了皇帝、建立皇朝以后，史书上不都是太祖高皇帝吗？谥法不都是圣神文武、钦明启运、俊德成功，或者类此的极人类好德行的字眼吗？黄巢、李自成呢？失败了。是盗、是贼、是匪、是寇，尽管他们也做过皇帝。旧史家是势利的。不过也说明了一点，在旧史家的传统概念里，军事的成败决定皇权的兴废，这一点是毋庸置疑的。

皇帝执行片面的治权，他代表着家族的利益，但是，并不代表家族执行统治。换言之，这个治权，不但就被治者说是片面强制的，而且就治者集团说，也是独占的、片面的。即使是皇后、皇太子、皇兄皇弟，甚至太上皇、皇太后，就对皇帝的政治地位而论，都是臣民，对于如何统治是不许参加意见的；一句话，在家庭里，皇帝也是独裁者。正面的例子，如刘邦做了皇帝，他老太爷依然是平民，叨了人的教，让刘邦想起，才尊为太上皇，除了过舒服日子以外，什么事也管不着。反面的例子，石虎的几个儿子过问政事，一个个为石虎所杀。李唐创业是李世民的功劳，虽然捧他父亲李渊做了些年皇帝，末了还是来一手逼宫，杀兄屠弟，硬把老头子挤下宝座。又如武则天要做皇帝，杀儿子，杀本家，一点也不容情。宋朝的基业是赵匡胤打的，兄弟赵光义也有功劳，赵匡胤做皇帝年代太久了，"烛影斧声"，赵光义以弟继兄。后来赵匡胤的长子德昭，在北征后请皇帝行赏，也只是一个建议而已，光义大怒说，等你做皇帝，爱怎么办就怎么办！一句话逼得德昭只好自杀。从这些例子，可以充分说明皇权的独占性和片面性。权力的占有欲超越了家庭的感情，造成了无量数骨肉相残的史例。

皇帝不和他的家人共治天下，那么，到底和谁共治呢？有一个著名的故事，可以答复这个问题，和皇帝治天下的是士大夫。故事的出处是宋李焘《续资治通鉴长编》卷二二一。

> 熙宁四年（1071）三月戊子，上召二府对资政殿，文彦博言："祖宗法制具在，不须更张，以失人心。"上曰："更张法制，于士大夫诚多不悦，然于百姓何所不便？"彦博曰："为与士大夫治天下，非与百姓治天下也。"上曰："士大夫岂尽以更张为非，亦自有以为当更张者。"

这故事的意义在于：第一，辩论的两方都同意，皇权的运用是与士大夫治天下，非与百姓治天下。第二，文彦博所说的失人心，宋神宗承认是于士大夫诚多不悦，人心指的是士大夫的心。第三，文彦博再逼紧了，宋神宗就说士大夫也有赞成新法的，不是全体反对。总之，尽管双方对于如何巩固皇权——保守地继承传统制度或改革地采用新政策——的方案有所歧异，但是，对于皇权是与士大夫治天下，皇权所代表的是士大夫的利益，绝非百姓的利益，这一基本的看法是完全一致的。

那么，为什么皇帝不与家人治天下，反而与无血统关系的外姓人士大夫治天下呢？理由是家人即使是父子、兄弟、夫妇，假如与皇帝治天下的话，会危害到皇权的独占性、片面性，"太阿倒持"是万万不可以的。其次，士大夫是帮闲的一群，是食客，他们的利害和皇权是一致的，生杀予夺之权在皇帝之手，做耳目，做鹰犬，六辔在握，驱使自如，士大夫愿为皇权所用，又为什么不用？而且，可以马上得天下，不能以马上治天下，马上政府是不存在的。治天下得用官僚，官僚非士大夫不可，这道理不是极为明白吗？

士大夫治天下也就是社会结构里的绅权，这问题留在"论绅权"时再说。

皇权有约束吗

皇权有没有被约束呢？费孝通先生说有两道防线：一道是无为政治，使皇权有权而无能。另一道是绅权的缓冲，在限制皇权、使民间的愿望能自下上达的作用上，绅权有它的重要性。（这条防线不但不普遍，而且不常是有效的。）于此，我们来讨论费孝通先生所指的第一道防线。

假如费先生所指的无为政治的意义，即是上文所引的文彦博的话："祖宗法制具在，不须更张。"因承祖先的办法，不求有利，但求无弊，保守传统的政治原则，我是可以同意的。或者如另一例子，《汉书·曹参传》说他从盖公学黄老治术，相齐九年，大称贤相，萧何死，代为相国，一切事务，无所变更，都照萧何的老办法做，择郡国吏谨厚长者做丞相史，有人劝他做事，就请其喝酒，醉了完事。汉惠帝怪他不治事，他就问："你可比你父亲强？"说："差多了。""那么，我跟萧何呢？""也似乎不如。"曹参说："好了。既然他俩都比我俩强，他俩定的法度，你，垂拱而治，少管闲事；我，照老规矩做，不是很好吗？"这是无为政治典型的著例。这种思想，一直到17世纪前期，像刘宗周、黄道周一类的官僚学者，还时时以"法祖"这一名词来劝主子恪遵祖制。假如无为政治的定义是法祖，我也可以同意的。

成问题的是无为政治并不是使皇帝有权而无能的防线。

相反，无为政治在官僚方面，是官僚做官的护身符，不求有功，但求无过，好官我自为之，民生利弊与我何干，因循、敷衍、颟顸、不负责任等官僚作风，都从这一思想出发。一句话，无为政治即保守政治，农村社会的保守性、惰性，反映到现实政治，加上美丽的外衣，就是无为政治了。（关于这一点，无为政治和农业的关系，我在另一文章《农业与政治》上谈到过。）

在皇帝方面，历史上的政治术语是法祖。法祖的史例很多，一类如宋代的不杀士大夫，据说宋太祖立下遗嘱“不杀士大夫”。从太祖以后，大臣废逐，最重的是过岭，即谪戍到岭南去，没有像汉朝那样朝冠朝衣赴市，说杀就杀，不是下狱，就是强迫自裁。甚至如明代的夏言正刑西市。为什么宋代特别优礼士大夫呢？因为宋代皇帝是“与士大夫治天下”。一种例如明代的东西厂和锦衣卫，两个恐怖的特务机构，卫是明太祖创设的，厂则从明成祖开头，这两个机构作的孽太多了，配说祸“国”殃民（这个“国”严格的译文是皇权），反对的人很多，当然以士大夫为主体，因为士大夫也和平民一样，在厂卫的淫威之下战栗恐惧。可是在祖制的大帽子下，这两个机构始终废除不掉。到明代中期，士大夫们不得已而求其次，用祖制来打祖制，说是祖制提人（逮捕）必须有驾帖或精微批文（逮捕状），如今厂卫任意捉人，闹得人人自危，要求恢复祖制，捉人得凭驾帖；这样，两个祖制打了架，士大夫们在逻辑上已经放弃原来的立场，默认特务可以逮捕官民，只不过要有逮捕状罢了。前一例因为与士大夫治天下，所以优礼士大夫，政治上失宠失势的不下狱、不杀头，只是放逐到气候风土特别坏的地方，让他死在那里（宋代大臣过岭生还的是例外），从而争取士大夫的支持。后一例子，时代不同了，士大夫不再是伙计，而是奴才，要骂就骂，要打就打，廷杖啦、站笼啦、抽筋剥皮，诸般酷刑，应有尽有，明杀暗杀，情况不同，一落特务之手，绝无昭雪之望，祖制反而成为残杀士大夫的工具了。

从这类例子来看，无为政治——法祖并不是使皇权有权而无能的防线。

从另一方面看，祖先的办法，史例，有适合于提高或巩固皇权的，历代的皇帝往往以祖制的口实接受运用。反之，只要他愿意做什么，就不必管什么祖宗不祖宗了。例如要加收田赋，要打内战，要侵略边境弱小民族，要盖宫殿等，一道诏书就行了。好像明武宗要南巡，士大夫们说不行，祖宗没有到南边去玩过，不听，集体请愿，大哭大闹，明武宗发了火，叫都跪在宫外，再一顿板子，死的死，伤的伤，无为政治不灵了，年轻皇帝还是到南边去大玩了一趟。

那么，除祖宗以外，有没有其他的制度或办法来约束或防止皇权的滥用呢？我曾经指出：第一有敬天的观念，皇帝在理论上是天子，世上没有比他再富于威权的人，他做的事不会错，能指出他错的只有比他更高的上帝。上帝怎么来约束他的儿子呢？用天变来警告，例如日食、山崩、海啸，以及风水火灾、疫疠之类都是。从《洪范》发展到诸史的五行志，从董仲舒的学说发展到刘向的灾异论，天人合一，天灾和人事相适应，士大夫们就利用这个来做政治失态的警告。但是，这着棋是不灵的，天变由你变之，坏事还是要做，历史上虽然有在天变时，做皇帝的有易服、避殿、素食、放囚，以至求直言的诸多记载，也只是宗教和政治合一的仪式而已，对实际政治是不能发生改变的。

第二是议的制度，有人以为两汉以来，国有大事，由群臣集议，博士儒生都可发表和政府当局相反的意见，以至明代的九卿集议，清代的议政王大臣集议，是庶政公之舆论，是皇权的约束。其实，并不如此。第一，参加集议的都是官僚，都是士大夫。第二，官越高的发言的力量越大。第三，集议的正反结论，最后还是取决于皇帝个人。第四，议只是皇权逃避责任的一种制度，例如清代雍正帝要杀他的兄弟，怕人说闲话，提出罪状叫议政王大臣集议，目的达到了，杀兄弟的道德责任由议政王大臣集议而减轻。由此，与其说这制度是约束皇权的，毋宁说它是巩固皇权的工具。

此外，如隋唐以来的门下封驳制度、台谏制度，在官僚机构里，用官僚代表对皇帝诏令的同意副署，来完成防止皇权滥用的现象，一切皇帝的命令都必须经过中书起草，门下审核封驳，尚书施行的连锁行政制度，只存在于政治理论上，存在于个别事例上。所谓“不经凤阁鸾台，何谓为敕”，诏令不经过中书、门下的，不发生法律效力。可是，说这话的人，指斥这手令（墨敕斜封）政治的人，就被这个手令杀死，不正是对这个制度的现实讽刺吗？又如谏官，职务是对人主谏诤过举，听不听是绝无保证的，传说中龙逄、比干谏而死，是不受谏的例，史书上的魏徵、包拯直言尽谏，英明的君主如唐太宗、宋仁宗明白谏官的用意是为他好，有受谏的美名，其实，不受谏的史例更多。谏诤的目的在于维护政权的持续，说是忠君爱主，其实也就是爱自己的官位财产，因为假如这个皇权垮了，他们这一集团的士大夫也必然同归于尽也。

从上文的说明，所得到的结论：皇权的防线是不存在的。虽然在理论上、在制度上曾经有一套以巩固皇权为目的的约束办法，但是，都没有绝对的约束力量。

假如从另一角度来看，上文所说的这一些，也许正是费孝通先生所说的绅权的缓冲。不同的是我所指的这一些并不代表民间的愿望，至多只能说是士大夫的愿望，其方向也不是由下而上的，而是皇权运用的一面。这些约束不但不普遍，而且常常是无效的。

论绅权

“绅权固当务之急矣！”

前几天，读到胡绳先生的《梁启超及其保皇党思想》（《读书与出版》第三卷第三期）。他指出，梁启超是主张“兴绅权”的人，以兴绅权为兴民权的前提：

> 受“甲午之战”失败的刺激，又受“维新运动”宣传的影响，湖南省出现了一批新的绅士，他们企图以一省为单位实行一些新政，达到省自治的目的，以便在全国危亡时，一省还可自保。这样的想法在当时各省的绅士门阀中都有，不过在湖南，因地方长官同情卵翼这些想法，所以特别发达。梁启超入湘后，除办时务学堂外，又和当地绅士合组南学会。康有为这时仍全神贯注于向皇帝上书，而梁启超则展开了在湖南绅士中的工作。他甚至鼓吹“民权”，但他说的却是：“欲兴民权，宜先兴绅权；欲兴绅权，宜以学会为之起点。”又说：“绅权固当务之急矣，然他日办一切事舍官莫属也。即今日欲开民智，开绅智，欲假手于官力者尚不知凡几也。”（《上陈宝箴书》）——由此可见，他的想法是在官僚的支持下建立地方绅士的权力，这就是他的“民权”思想。

这一段话不但清理出五十年前梁启超的绅权论，也指出五十年前一般绅士对救亡维新的看法。其要在“欲兴民权，宜先兴绅权（开绅智）；欲兴绅权，宜以学会为之起点”。结论是学会为兴民权之起点的起点，而办这些事，欲假手于官力者不知凡几也。

梁启超先生本人是当时的绅士，他看绅权和民权是两件事，绅权和官权则是一件事，无论就历史的或现实的意义说，都是正确的。

五十年前的保皇党，五十年后的自由主义者，何其相似到这步田地？历史是不会重演的，绅权也无从兴起，即使有更多的“援”，更多的“货”，也还是不相干！

“为与士大夫治天下”

官僚、士大夫、绅士，是异名同体的政治产物，士大夫是综合名词，包括官僚、绅士两专名。官僚、绅士必然是士大夫，士大夫可以指官僚，也可以指绅士。官僚是士大夫在官时候的称呼，而绅士则是官僚离职、退休、居乡（当然居城也可以），以至未任官以前的称呼。例如梁启超以举人身份，办学堂、办报、办学会，非官非民，可以做官，或将要做官。而且，已经脱离了平民身份，经常和官府来往，可以和官府合作。

绅士的身份是可变的，有尚未做官的绅士，有做过多年官的绅士，也有做过了官的绅士，免职退休，不甘寂寞，再去做官的。做过大官的是大绅士，做过小官的是小绅士，小官可以爬到大官，小绅士也有希望升成大绅士，自己即使官运不亨，还可指望下一代。不但官官相护，官绅也相护，不只因为是自己人，还有更复杂的体己利害关系。譬如绅士的父兄亲党在朝当权，即使不是权臣而是御史之类有弹劾权的官。更糟的是居乡的宰相公子公孙，甚至老太爷、老岳丈，一纸八行，可以摘掉地方官的印把子，这类人不一定做过官，甚至不一定中过举，一样是大绅士。至于秀才、举人、进士之类，眼前虽未做官，可是前程远大，十年八年内难保不做巡方御史，以至顶头上司，地方官是绝不敢怠慢的。《儒林外史》中范进中举后的情形，便是绝好的例子。

以此，与其说，绅士和地方官合作，不如说地方官得和绅士合作。

在通常的情况下，地方官到任以后的第一件事，是拜访绅士，联欢绅士，要求地方绅士的支持。历史上有许多例子指出，地方官巴结不好绅士，往往被绅士们合伙告掉，或者经由同乡京官用弹劾的方式把他罢免或调职。

官僚是和绅士共治地方的。绅权由官权的合作而相得益彰。

贪污是官僚的第一德行，官僚要如愿地发扬这德行，其起点为与绅士分润，地方自治事业如善堂、积谷、修路、造桥、兴学之类有利可图的，照例由绅士担任；属于非常事务的，如办乡团、救灾、赈饥、丈量土地、举办捐税一类，也非由绅士领导不可，负担归之平民，利益官绅合得。两皆欢喜，离任时的万民伞是可以预约的。

上面所说的地方自治事业，和现代所谓“自治”意义不同，不容混为一谈。而且，这类事业名义上是为百姓造福，实质上是为官僚、绅士聚财，假使确曾有一丝丝利及平民的话，那也只是漏出来的涓滴而已。现代许多管税收的衙门墙上四个大字“涓滴归公”，正确的解释是只有一涓一滴归公，正和这个情形一样。

往上更推一层，绅士也和皇权共治天下。

绅权和皇权的关系，即士大夫的政治地位在历史上的变化，大体上可以分三个时期，第一时期从秦到唐，第二时期从五代到宋，第三时期从元到清。当然这只是大概的划分，并不包含绝对的年代意义。

具体地先从君臣的礼貌来说吧，在宋以前，有三公坐而论道的说法，贾谊和汉文帝谈话，不觉膝之前席，可见都是坐着的。唐初的裴监甚至和高祖共坐御榻，十八学士在唐太宗面前也都还有坐处。可是到宋朝，便不然了，从太祖以后，大臣在皇帝面前无坐处，一坐群站，三公群卿立而论政了。到明清，不但不许坐，站着都不行，得跪着奏事了，清朝大官上朝得穿特制的护膝，怕跪久了吃不消。由坐而站、而跪，说明了三个时期君臣的关系，也说明了绅权的逐步衰落和皇权的节节提高。

从形式再说到本质。

前一时期的典型例子是魏晋六朝的门阀制度。

汉代的若干世宦家族，如关西杨氏、汝南袁氏之类，四世三公，门生故吏遍天下，庄园遍布州县，奴仆数以千计，有雄厚的经济基础。在黄巾动乱时代，地方豪族如孙策、马超、许褚、张辽、曹操之类，为了保持土地和特殊权益，组织地主军队保卫乡里，造成力量，有部曲，有防区，小军阀投靠大军阀，三个大军阀三分天下，这两类家族也就占据高位，变成高级官僚了。大军阀做了皇帝，这些家族原是共建皇业的，利害共同，在九品中正的选举制度下，"上品无寒门，下品无势族"，大官位为这些家族所独占。东晋南渡，司马家和王、谢等家到了建康，东吴的旧族顾、陆、朱、张诸家虽然是本地高门，因为是亡国之余，就吃了亏，在政治地位上屈居第二等。这些高门世执国政，王、谢子弟更平步以至公卿，到刘裕以田舍翁称帝，陈霸先更是寒人，在世族眼里，皇家只是暴发户，朝代尽管改换，好官我自为之。士大夫集团有其传统的政治、社会、经济以至文化地位，非皇权所能增损，绅权虽然在侍候皇权——因为皇帝有军队——目的在于以皇权来发展绅权，支持绅权。经隋代两帝的有意摧残，取消九品中正制，取消长官辟举僚属办法，并设进士科，用公开的考试制度，以文字来代替血统任官，但是，文字教育还是要钱买的，大家族有优越的经济地位、人事关系，唐朝三百年的宰相，还是被二十个左右的家族包办。

门阀制度下的绅权有历史的传统，有庄园的经济基础，有包办选举的工具，甚至有依门第高下任官的制度，有依族姓高下缔婚的风气，高门华阀成为一个利害共同的集团。并且，公卿子弟熟习典章制度，治国（办例行公事）也非他们不可。在这情形下，绅权是和皇权共存的，只有两方合作才能两利。而且，皇帝人人可做，只要有军力便行。士大夫却不然，寒人门役要成为士大夫，等于骆驼穿针孔，即使有皇帝手令帮忙，也办不到。何事非君，绅权可以侍候任何一姓的皇权，一个拥有大军的军阀，如得不到士大夫的支持，却做不了皇帝。

考试制度代替了门阀制度，真正发挥作用是10世纪的事。

经过甘露之祸，白马之祸，多数的著名家族被屠杀。经过长期的军阀混战，五代乱离，幸存的士族失去了庄园，流徙各地，到唐庄宗做皇帝，要选懂朝廷典故的旧族子弟做宰相都很不容易了。宋太祖太宗只好扩大进士科名额（唐代每科平均不过三十人，宋代多至千人）。用进士来治国，名额宽，考取容易，平民出身的进士在数量上压倒了残存的世族。进士一发榜即授官，进士出身的官僚绅士和皇权的关系是伙计和掌柜，掌柜要买卖做得好，得靠伙计卖劲，宋朝家法优礼士大夫，文彦博说为与士大夫共治天下，正是这个道理。

和前一时期不同的，前期的世族子弟有了庄园，才能中进士、做官，再去扩大庄园。这时期呢，做了官再置庄园，名臣范仲淹置苏州义庄，派儿子讨租，讨得几船谷子便是好例子。

更应该注意的是印刷术发明了，得书比较容易，书籍的流通比较普遍，知识也比较不为少数家族所囤积独占，平民参加考试的机会增加了；“遗金满籯，不如教子一经”。念书，考进士，做官，发财，“万般皆下品，唯有读书高”。“天子重英豪，文章教尔曹。”政府的提倡，社会的鼓励，做官做绅士得从科举出身，竭一生的聪明才智去适应科举，“天下英雄入我彀中”，皇权永固，官爵恩泽，出于皇帝，士大夫不能不为皇帝所用，共存谈不上，共治也将就一下了。皇家是士大夫的衣食饭碗，非用全力支持不可，士大夫是皇家的管家干事，俸禄从优，有福同享，君臣间的距离不太近，也不太远，掌柜和伙计间的恩意是密切照顾到的。

从共存到共治已经江河日下了。元明清三代连共治也说不上，从合伙到做伙计，猛然一跌，跌作卖身的奴隶，绅权成为皇权的奴役了。

蒙古皇朝以马上得天下，也以马上治天下，军中将帅就是朝廷的官僚，军法施于朝堂，朝官一有过错，一顿棍子板子鞭子，挨不了就被打死，侥幸活着照样做官。明太祖革了元朝的命，学会了这一套，殿廷杖责臣僚，叫作“廷杖”，在历史上大大有名。光打还不够，现任官有镣足办事的，有戴斩罪办事的。不但礼貌谈不上，连生命都时刻在死亡的威胁中。皇帝越威风，士大夫越下贱，要不做官吧，有官法硬给绑出去，非做不可，再不干，便违反了皇章，“士不为君用”，得杀头。君臣的关系一变而为主奴，说是主奴吧，连起码的主子对奴才的照顾也不存在的。前朝的旧家巨室被这个党案、那个逆案给扫荡光了，土地财产被没收。老绅士绝了种，用八股文所造成的新绅士来代替，新绅士是从奴化教育里成长的，不提反抗，连挨了打都是“恩谴”，削职充军，只要留住脑袋便感谢圣恩不尽，服服帖帖，比狗还听话。到清朝，旗人对皇帝自称奴才，汉官连自称奴才的资格也不够，不但见皇帝得跪，连见同事的王爷贝勒也得跪。到西方强国来侵略，打了几次败仗，订结了多少次屈辱条约以后，皇权动摇，洋权日盛，对皇权的自卑被洋人代替，结果是洋权控制了皇权，洋教育代替了八股，旧士大夫改装为知识分子以及自由主义者，出奴入主，要说说洋人所说的话，要听听国外的舆论，要做做外国人所示意的，在被谴责、被训斥之后，还得赔笑脸，以兴绅权为兴民权之起点，办报纸，立学会，假手于官力，为自己找“新路”，这些绅士除了服装以外，面貌是和五十年前那些人一模一样的。

绅权在历史上的三变，从共存到共治，降而为奴役，真是一代不如一代。历史说明了两千年来绅权的没落和必然的淘汰。梁启超的时代过去了，我们今天来研究这个五十年前被提出的课题，不但很有趣，也是很重要的。

关于历史上绅士所享受的特权，将在另一文中讨论。

再论绅权

一、士庶之别

唐代柳芳论魏晋以来的士族——绅士家族——在政治上的特权时说：

> 魏氏立九品，置中正，尊世胄（世代做官的），卑寒士（祖先不曾做过官的），权归右姓（大家族）已。其州大中正、主簿，郡中正、功曹，皆取著姓士族为之，以定门胄，品藻人物，其别贵贱，分士庶，不可易也。[①]

士族的成立是由世代做官而来的，凡三世有三公的称为膏粱，有尚书、中书令仆（射）的为华腴，祖先做过领（军）、护（军）而上的为甲姓，九卿和方伯的为乙姓，散骑常侍、大中大夫的为丙姓，吏部正员郎为丁姓，统称四姓，也叫右族。

就个别的绅士家族而论，士族南渡的为侨姓，王、谢、袁、萧是大族；东南土著叫吴姓，朱、张、顾、陆最大；山东为郡姓，王、崔、卢、李、郑是大族；关中的郡姓以韦、裴、柳、薛、杨、杜最著名；代北为虏姓，如元、长孙、宇文、于、陆、源、窦等家族都是。从4世纪到10世纪大约七百年间，中国的政治舞台被这三十个左右的绅士家族独占。

士族子弟做官依族姓门第高下，有一定的出身，甲族子弟二十岁便

---

① 参见《新唐书》卷一九九，《柳冲传》。

任官。后门则须满三十岁才能考试做小官。[①]名家有国封的，初出仕便拜员外散骑侍郎。[②]谢景仁到三十岁才做著作佐郎，有人替他抱屈说，司马庶人父子怎么能不垮？谢景仁这样人三十岁才做这个官！[③]甚至同一家族，还分高下，王家有乌衣诸王和马粪诸王两支，马粪王是甲族，甲族是不做台宪官的；王僧虔做御史中丞，自己解嘲说，这是乌衣诸郎的坐处，我将就做一下。[④]至于做郎官的，那更是绝少的事。[⑤]

北魏孝文帝曾和廷臣辩论士庶任官的典制。

孝文帝问："近世高卑出身，各有常分，此果如何？"

李冲对："未审上古以来，张官列位，为膏粱子弟乎？为致治乎？"

孝文帝："当然是为致治。"

李冲："然则陛下何为专取门品，不拔才能乎？"

孝文帝："苟有过人之才，不患不知。然君子之门，借使无当世之用，要自德行纯笃，朕故用之。"

李冲："傅说、吕望，岂可以门第得之？"

孝文帝："非常之人，旷世乃有一二耳。"

秘书令李彪："陛下若专取门第，不审鲁之三卿，孰若四科？"

著作佐郎韩显宗："陛下岂可以贵袭贵，以贱袭贱？"

孝文帝："必有高明卓然、出类拔萃者，朕亦不拘此制。"

不久，刘昶入朝。

孝文帝告诉刘昶：

> 或言唯能是寄，不必拘门，朕以为不尔。何者，清浊同流，混齐一等，君子小人，名器无别，此殊为不可。我今八族以上，士人

---

① 参见《南史》卷六，《梁武帝纪》。

② 参见《南史》卷二十，《谢弘微传》。

③ 参见《南史》卷十九，《谢景仁传》。

④ 参见《南史》卷二十二，《王僧虔传》。

⑤ 参见《南史》卷二十二，《王筠传》。

品第有九，九品之外，小人之官复有七等。若有其人，可起家为三公。正恐贤才难得，不可止为一人，浑我典制也。[①]

这段谈话说明士庶在政治上的相对地位，士是君子，是清流，是德行纯笃的。庶人呢，是小人，是浊流的，是要不得的。要维持治权，就得分别士庶，使之高卑出身，各有常分。

其次，士族都是大地主，大庄园的占有者。大量土地的取得手段是兼并，官僚资本转变为土地资本。更重要的方式是无条件地占领，非私人的产业如山林湖沼，豪强的绅士径自封占，据为己有，这情形到处都是，皇权被损害了，严立法禁，不许绅士强占，可是绅士集团不理会，政府没办法，妥协了，采分赃精神，依官品立格，准许绅士有权按照官品高下封山占水，下面一段史料说明了5世纪中期的情形：

扬州刺史西阳王子尚上言：山湖之禁，虽有旧科，人俗相因，替而不奉，炕山封水，保为家利。自顷以来，颓弛日甚，富强者兼岭而占，贫弱者薪苏无托，至渔采之地，亦又如兹，斯实害人之深弊，为政所宜去绝，损失旧条，更申恒制。

子尚是皇族，代表皇家利益要求重申禁令，政府当局根据壬辰诏书所立法制，占山护宅强盗律论，赃一丈以上皆弃市，尚书右丞羊希以为：

壬辰之制，其禁严刻，事既难遵，理与时弛，而占山封水，渐染复滋，更相因仍，便成先业，一朝顿去，易致怨嗟。今更刊革，立制五条：凡是山泽，先恒熂爐，养种竹木杂果为林芿，及陂湖江海鱼梁鳅鮆场，恒加功修作者，听不追夺。官品第一、第二听占山三顷，第三、第四品二顷五十亩，第五、第六品二顷，第七、第八品一顷五十亩，

① 参见《资治通鉴》卷一百四十。

第九品及百姓一顷，皆依定格，条上赀薄。若先已占山，不得更占，先占阙少，依限占足。若非前条旧业，一不得禁。有犯者水土一尺以上，并计赃依常盗律论。停除咸康二年（336）壬辰之科。从之。[①]

即承认过去的封占为合法，并规定各官品的封占限额。皇权向绅权屈服了，绅士由政治的独占侵入经济，享有封山占水的特权。

此外，士族还有不服兵役的特权。[②]

二、士大夫和寒人

士族是一个特殊的阶级，不但严格讲求谱系阀阅、郡望房次、官位爵邑，来保证朝廷官位的占有，并且严格举行同阶层的通婚，用通婚来加强右族的团结。当时寒人要加入这个集团，比登天还难。随便举几个例子，如宋文帝时的要官秋当、周赳，不见礼于同官张敷，《南史》卷三十二《张敷传》：

敷迁正员中书郎，中书舍人秋当、周赳并管要务，与敷同省名家，欲诣之，赳曰：彼若不相容接，便不如勿往，讵可轻行？当曰：吾等并已员外郎矣，何忧不得共坐。敷先旁设二床，去壁三四尺。二客就席，敷呼左右曰：移我远客！赳等失色而去。

徐爰被拒交于王球、殷景仁：

中书舍人徐爰有宠于上，上尝命王球及殷景仁与之相知。球辞曰：士庶区别，国之章也，臣不敢奉诏。上改容谢焉。[③]

---

① 参见《南史》卷三十六，《羊玄保传》。
② 参见《南史》卷三十四，《沈怀文传》。
③ 参见《南史》卷二十三，《王球传》。

蔡兴宗不礼王道隆，王昙首见秋当不命坐，王球拒接弘兴宗：

齐明帝崩，右军将军王道隆任参国政，权重一时，蹑履到兴宗前，不敢就席，良久方去，竟不呼坐。元嘉初中书舍人秋当诣太子詹事王昙首不敢坐。其后中书舍人弘兴宗为文帝所爱遇，上谓曰：卿欲做士人，得就王球坐，乃当判耳。殷、刘并杂，无所益也。若往诣球，可称旨就席。及至，球举扇曰：君不得尔！弘还，依事启闻。帝曰：我便无如此何！①

纪僧真要做士大夫，被拒于江教：

永明七年（489）侍中江敩为都官尚书。中书舍人纪僧真得幸于上，容表有士风。请于上曰：臣出于本县武吏（《南史》作臣小人出自本县武吏），遭逢圣时，阶荣至此，为儿昏得荀昭光女，即间无所复须。唯就陛下乞做士大夫。上曰：此由江敩谢瀹，我不得措意，可自诣之。僧真承旨诣敩，（登榻）坐定，敩便命左右曰：移吾床远客。僧真丧气而退，告武帝曰：士大夫故非天子所命。②

南朝中书舍人关谳表启，发署诏敕，为天子亲信，权倾天下，最是一时要官。历来多用寒人武吏。③虽然地要权重，有的还承皇帝特敕，要求和士大夫交游，可是，都被拒绝了，士庶不但有别，而且，士族深闭固拒，绝对不给寒人以礼貌，更不必说准许寒人参加士大夫集团了。

在朝廷如此，在地方也是一样，最著名的例子是庾荜父子，庾荜拒邓元起做州从事：

---

① 参见《南史》卷二十九，《蔡兴宗传》。

② 参见《资治通鉴》卷一三六；《南史》卷三十六，《江敩传》。

③ 参见《南史》卷六十，《傅昭传》；卷七十七，《恩幸传序》。

苹为荆州别驾。初梁州人益州刺史邓元起功勋甚著，名地卑琐，愿名挂士流。时始兴忠武王憺为州将，元起位已高，而解巾不先州官，则不为乡里所悉。元起乞上籍出身州从事，憺命苹用之，苹不从，憺大怒，召苹责之曰：元起已经我府，卿何为苟惜从事？苹曰：府是尊府，州是苹州，宜须品藻。憺不能折，遂止。

庚乔又拒范兴话做州主簿：

乔复仕为荆州别驾。时元帝为荆州刺史，而州人范兴话以寒贱仕叨九流，选为州主簿，又皇太子及之，故元帝勒乔听兴话到职。及属元日，州府朝贺，乔不肯就列，曰：庚乔忝为端右，不能与小人范兴话为雁行。元帝闻，乃进乔而停兴话。兴话羞惭，还家愤卒。[①]

寒人处处碰壁，被摈于士大夫集团之外，只有两条路可走，一条是以才力得主知，挤到要地，做要官，却做不了大官、清流官。另一条路是从军，用战功、用武力来抢地盘，进一步抢政权，篡位做皇帝，如刘裕和陈霸先，前者是田舍翁，后者是寒人，便是著例。

寒人被抑勒出清流之外，和寒人有同样情况，庶人中的工商，凭借雄厚的财力，操奇计赢，长袖善舞，要进一步保障既得利益和发展业务，也用尽一切手段，挤上政治舞台来了。绅士们感到威胁，一致抗拒，运用政治权力，限制工商出仕，抑勒工商不入流品，工商任官的只能任低级官。如477年的法令：

北魏太和元年（477），诏曰：工商皂隶，各有厥分，而有司纵滥，或染流俗（流俗，《北史》作清流）。自今户内有工役者，

① 参见《南史》卷四十九，《庾苹传》。

官止本部丞，若有勋劳者，不从此制。[①]

到隋文帝开皇十六年（596）更下诏制定，工商不得仕进。[②]唐制工商杂类不得预于仕伍[③]，“依选举令：官人身与同居大功以上亲，自执工商，家专其业者不得仕。其旧经职任，因此解黜，后能修改，必有事业者，三年以后听仕。其三年外仍不修改者，追毁告身，即依庶人例”[④]。则不但工商不能入仕，连已入仕的官人同居大功以上亲也不许经营工商业了。

三、一千年后的绅权

隋唐以降，门阀被摧毁了，士族在社会大动荡中逐渐式微了。李唐时代的二十个左右大家族已经不完全是六朝时代的三十家族，到宋代这些家族都听不见说起了。考试制度代替了门阀制度，新官僚代替了旧官僚。

虽然如此，前代士族的特权仍然遗留给后代的新绅士。绅士的本质变了，绅权并没有什么大变。试举明代的例子来做对照。

明代士、庶两阶级的分别，从《大明律》名例条关于文武官犯私罪一款最能清楚。这条例规定：“文武官职，举人，监生，生员，冠带官，义官，知印，承差，阴阳生，医生，但有职役者，犯赃犯奸，并一应行止有亏，具发为民。”发为民就是褫夺绅士所享的特权。

绅士最重要的特权是免役，关于见任官的免役，洪武十年（1377）二月特降诏令说：

食禄之家，与庶民贵贱有等。趋事执役以奉上者，庶民之事。若贤人君子，既贵其身而复役其家，则君子野人无所分别，非劝士

① 参见《资治通鉴》卷一三四。

② 参见《资治通鉴》卷一七八。

③ 参见《旧唐书》卷四十八，《食货志》上；卷四十三，《职官志》。

④ 参见《唐律疏议》四，《诈伪》。

待贤之道。自今百司见任官员之家，有田土者输租税外，悉免其徭役，著为令。①

见任官是做官的本人，见任官的父兄子弟则是乡绅。两年后又令"自今内外官致仕还乡者，复其家终身无所与"②。则不但见任官，连退休官也享有免役权了。嘉靖二十四年（1545）规定，京官一品免三十丁，二品二十四丁，至九品免六丁，外官各减一半。③不但见任或退休官员，连学校生员除本身外，也免户内差徭二丁。④明代的里役最为人民所苦，有二十亩产业的中农，要是不出一个秀才，一轮到值役，便立刻破产。⑤里役有里长、甲长两种，十年轮值一次，原则上是由殷户充当的，殷户中最殷实的是绅士，绅士不服里役，负担便全部转嫁给平民了。16世纪末年，大概现年里役，得破费一百两银子，恰是中人的家当。至于一被签为南粮解户，即使是中小地主，也非破产不可。⑥以一般情形而论，大县有秀才千人以上，假定这县有十万顷田地，秀才占五万顷，余下的五万顷的地主就得当十万顷的差；秀才如占九万顷，余下的一万顷得当十万顷的差，一句话，地方上的绅士越多，人民越倒霉，绅士越富，人民越穷，贫富的对立也更尖锐。⑦

其次是豁免田赋、粮赋，正德十六年（1521）的优免事例，规定京官三品以上免田赋四顷，五品以上三顷，七品以上二顷，九品以上一顷。嘉靖二十四年（1545）又改为京官一品免粮三十石，二品二十四石，到九品免粮六石，外官减半。⑧生员无力完粮，可以奏销豁免。甚

---

① 参见《明太祖实录》卷一一一。

② 参见《明太祖实录》卷一二六。

③ 参见《皇明太学志》二。

④ 参见《大明会典》卷七十八，《学校》。

⑤ 参见《温宝忠遗稿》五，《士民说》。

⑥ 参见刘宗周：《刘子文编》五，《责成巡方职掌疏》。

⑦ 参见顾炎武：《亭林文集》一，《生员论中》。

⑧ 参见《皇明太学志》二。

至可以于每月朔望到知县衙门恳准词十张，名为乞恩，包揽富户钱粮立于自名下隐吞，一年约莫有二百两银子，也够花销了。[①]

其次是居乡的礼貌，洪武十二年（1379）的诏令规定："致仕官居乡里，唯于宗族序尊卑如家人礼。若筵宴则设别席，不许坐于无官者之下。如与同致仕者会则序爵，爵同序齿。其与异姓无官者相见，不必答礼。庶民则以官礼谒见，敢有凌侮者论如律，著为令。"[②]婚丧之家，招待绅士另辟一室名大宾堂，不和平民共起坐。出门坐大轿，扇盖引导，有的地方官还送门皂、吏书、承应。生员出门，也有门斗张油伞前导。[③]

畜养奴婢也是特权之一，明制庶民是不许存养奴婢的，《明律·户律》："庶民之家存养奴婢者，杖一百，即放从良。"

法律所赋予的特权之外，还有法外的权力。把持官府，嘱托词讼，武断乡曲，封山占水，甚至杀人，无所不为，例子太多了，不必列举。这一类非法权力的形成，赵南星有一解释："乡官之中多大于守令者，是以乡官往往凌虐平民，肆行吞噬，有司稍稍禁戢，则明辱暗害，无所不至。"[④]以为守令官小，不敢得罪比他大的乡官。顾公燮以为是师生和同年的年谊作怪："缙绅尤重师生年谊，平昔稍有睚眦，即嘱抚按访拿。甚至门下之人，遇有司对簿将刑，豪奴上禀主人呼唤，立即扶出，有司无可如何。其他细事虽理曲者，亦可以一帖弭之。"其实最主要的原因，还是皇权对绅权的有意宽容放纵，士大夫成为皇权的统治工具，只要不直接和皇权冲突，违反皇家的利益，动摇皇家的基础，区区凌虐剥削百姓的琐事，皇家是不会也不肯加以干预的。

一千年后的明代情形，和魏晋南北朝没有什么两样，理由是封建关系不变，绅权也不变。

---

① 参见顾公燮：《消夏闲记摘抄》中。

② 参见《明太祖实录》卷一二六。

③ 参见《消夏闲记摘抄》；徐学谟：《世庙识余录》二十。

④ 参见《赵忠毅公文集》十三，《敬循职掌剖露良心疏》。

治人与法治

历史上的政治家经常提到的一句话是："有治人，无治法。"意思是徒法不足以为治，有能运用治法的治人，其法然后足以为治。法的本身是机械的，是不能发生作用的，譬如一片沃土，寥廓广漠，虽然土壤十分宜于种植，气候也合宜，假如不加以人力，这片地还是不能发挥生产作用。假如利用这片土地的人不是一个地道有经验的农人、一个种植专家，而是一个博徒、游手好闲的纨绔子弟，一曝十寒，这片地也是不会有好收成的。反之，这块好地如能属于一个勤恳精明的老农，有人力，有计划，应天时，顺地利，耕耨以时，水旱有备，丰收自然不成问题。这句话不能说没有道理，就历史的例证看，有治人之世是太平盛世，无治人之世是衰世乱世。因之，有些人就以之为口实，主张法治不如人治。

反之，也有人主张："有治法，无治人。"法是鉴往失，顺人情，集古圣先贤遗教，全国聪明才智之士的精力，穷研极讨所制成的。法度举，纪纲立，有贤德的领袖固然可以用法而求治，相得益彰，即使中才之主，也还可以守法而无过举。法有永久性，假定是环境不变的时候，法也有伸缩性，假定环境改变了，前王、后王不相因，变法以合时宜所以成后王之治，法之真精神、真作用即在其能变。所谓变是因时以变，而不是因人以变，至于治人则间世不多得，有治人固然能使世治，但是治人未必能有治人相继，尧、舜都是治人，其子丹朱、商均却都不肖，晋武帝、宋文帝都是中等的君主，晋惠帝却是个白痴，元凶劭则禽兽之不若。假使纯以人治，无大法可守，寄国家民族的命运于不肖子白痴低能儿枭獍之手，其危险不问可知，以此，这派人主张法治，以法纲纪国家，全国人都应该守法。君主也不能例外。

就人治论者和法治论者所持论点而论，两者都有其颠扑不破的理由，也都有其论据上的弱点。问题是人治论者的治人从何产生，在世业的社会组织下，农之子恒为农，父兄之教诲，邻里之启发。日兹月兹，习与性成，自然而然会成为一个好农人，继承父兄遗业，纵然不能光大，至少可以保持勿失。治人却不同了，子弟长于深宫，习于左右，养尊处厚，不辨菽麦，不知人生疾苦，和现实社会完全隔绝，中才以上的还肯就学，修身砥砺，有一点教养，却无缘实习政事，一旦登极执政，不知典故，不识是非，任喜怒爱憎，用左右近习，上世的治业由之而衰，幸而再传数传，一代不如一代，终致家破国灭，遗讥史册。中才以下的更不用说了，溺于邪侈，移于嬖幸，骄悍性成，暴恣自喜，肇成祸乱，身死国危，史例之多，不可胜举。治人不世出，治人之子不必贤，而治人之子却依法非治国不可，这是由君主世袭制度所造成的人治论者的致命打击。法治论者的缺点和人治论者一样，以法为治固然是天经地义，问题是如何使君主守法，过去的儒家、法家都曾费尽心力，用天变来警告，用人言来约束，用谏官来谏诤，用祖宗成宪来劝导。可是这些方法只能诱引中才以上的君主，使之守法，对那些庸愚刚愎的下才，就无能为力了，法无废君之条，历史上偶尔有一两个例子，如伊尹放太甲，霍光废昌邑，都是不世出的惊人举动，为后来人所不敢效法。君主必须世袭，而世袭的君主不必能守法，虽有法而不能守，有法等于无法，法治论者到此也技穷而手足无措了。

这两派持论的弱点到这世纪算是解决了，解决的枢纽是君主世袭制度的废除。就人治论者说，只要有这片地，就可以找出一个最合于开发这片地的条件的治人，方法是选举。选出的人干了几年无成绩或成绩不好，换了再选一个。治人之后必选治人相继，选举治人的全权操在这片地的全数主人手上。法治论者的困难也解决了，由全数主人建立一个治国大法，然后再选出能守法的治人，使之依法管理，这被选人如不守法，可由全数主人的公意撤换，另选一个能守法的继任，以人治，亦以法治，治人受治于法，治法运用于治人，由治法而有治人，由治人而厉行法治，人治论者和法治论者到此合流了，历史上的争辩告以解决了。

就历史而论，具有现代意义的治法的成文法，加于全国国民的有各朝的法典，法意因时代而不同，其尤著者有唐律和明律。加于治国者虽无明文规定，却有习俗相沿的两句话："国以民为本，民以食为天。"现代的宪法是被治者加于治国者的约束，这两句话也正是过去国民加于治国者的约束。用这两句话来做尺度，衡量历史上的治国者，凡是遵守约束的一定是治人，是治世，反之是敌人，是乱世。这两句话是治法，能守治法的是治人。治人以这治法为原则，一切施政，以民为本，裕民以足食为本，治民以安民为本，事业以国民的利害定取舍从违，因民之欲而欲之，因民之恶而恶之，这政府自然为人民所拥戴爱护，国运也自然炽盛隆昌。

历史上的治人试举四人做例子说明，第一个是汉文帝，第二是魏太武帝，第三是唐太宗，第四是宋太祖。

汉文帝之所以为治人，是在他能守法和爱民。薄昭是薄太后弟，文帝亲舅，封侯为将军，犯法当死，文帝绝不以至亲曲宥，流涕赐死，虽然在理论上他是有特赦权的。邓通是文帝的弄臣，极为宠幸，丞相申屠嘉以通小臣戏殿上大不敬，召通诘责，通叩头流血不解，文帝至遣使谢丞相，并不因幸臣被屈辱而有所偏护。至于对人民的爱护，更是无微不至，劝农桑，敦孝悌，恭俭节用，与民休息，达到了海内殷富、刑罚不用的境界。

魏太武帝信任古弼，古弼为人忠慎质直，有一次为了国事见太武帝面奏，太武帝正和一贵官围棋，没有理会，古弼等得不耐烦，大怒起捽贵官头，掣下床，搏其耳，殴其背，数说朝廷不治，都是你的罪过，太武帝失容赶紧说，都是我的过错，和他无干。忙谈正事，古弼请求把太宽的苑囿，分大半给贫民耕种，也满口答应。几月后太武帝出去打猎，古弼留守，奉命把肥马做猎骑，古弼给的全是瘦马，太武帝大怒说：笔头奴敢克扣我，回去先杀他（古弼头尖，太武帝形容为笔头）。古弼却对官属说，打猎不是正经事，我不能谏止，罪小。军国有危险，没有准备，罪大。敌人近在塞外，南朝的实力也很强，好马应该供军，弱马供猎，这是为国家打算，死了也值得。太武帝听了，叹息说："有臣如此，国之宝也。"过了几日，又去打猎，得了几千头麋鹿，兴高采烈，派人叫古弼征发五百乘民车来运，使人走后，太武帝想了想，吩咐左右曰，算了吧，笔公一定不肯，还是自己用马运吧。回到半路，古弼的信也来了，说正在收获，农忙，迟一天收，野兽鸟雀风雨侵耗，损失很大。太武帝说，果不出我所料，笔公真是社稷之臣。他不但为民守法，也为国执法，以为法是应该上下共守，不可变易，明于刑赏，赏不遗贱，刑不避亲。大臣犯法，无所宽假，节俭清素，不私亲戚，替国家奠定了富强的基础。

唐太宗以武勇定天下，治国却用文治。内举不避亲，外举不避仇，长孙无忌是后兄，王珪、魏徵都是仇敌，却全是人才，一例登用，无所偏徇顾忌，忧国爱民，至公守法。《唐史》记："上以选人多诈冒资荫，敕令自首，不首者死。未几有诈冒事觉者，上却杀之，大理少卿戴胄奏据法应流，上怒曰，卿欲守法而使朕失信？对曰，敕者出于一时喜怒，法者国家所以布大信于天下也。陛下忿选人之多诈，故欲杀之，而即知其不可，复断之以法，此乃忍小忿而全大信也。上曰，卿能执法，朕复何忧。"又："安州都督吴王恪数出畋猎，颇损居人，侍御史柳范奏弹之，恪坐免官，削户三百。上曰，长史权万纪事吾儿，不能匡正，罪当死，柳范曰，房玄龄事陛下，犹不能止畋猎，岂得独罪万纪。上大怒，拂衣而入。久之，独引范谓曰：何面折我！对曰，陛下仁明，臣敢不尽愚直，上悦。"前一事他能捐一时之喜怒，听法官执法。后一事爱子犯法，也依法削户免官，且能容忍侍臣的当面折辱。法平国治，贞观之盛的基础就建筑在守法这一点上。

宋太祖出身于军伍，也崇尚法治，《宋史》记："有群臣当迁官，太祖素恶其人不与，宰相赵普坚以为请，太祖怒曰，朕固不为迁官，卿若如何？普曰：刑以惩恶，赏以酬功，古今通道也。且刑赏天下之刑赏，非陛下之刑赏，岂得以喜怒专之！太祖怒甚起，普亦随之，太祖入宫，普立于宫门口，久之不去，太祖卒从之。”皇后弟杀人犯法，依法处刑，绝不宽贷，群臣犯赃，诛杀无赦。

从上引四个伟大的治人例子，说明了治人之所以使国治，是遵绳于以民为本的治法，治法之所以为治，是在治人之尊重与力行。治人无常而治法有常。治人或不能守法，即有治法的代表者执法以使其就范，贵为帝王，亲为帝子，元舅后弟，宠幸近习，在尊严的治法之下，都必须奉法守法，行法从上始，风行草偃，在下的国民自然兢兢业业，政简刑清，移风易俗，臻于至治了。

就历史的教训以论今日，我们不但要有治法，尤其要有治人。治人在历史上固不世出，在民主政治的选择下，却可以世出继出。治人之养成，选出罢免诸权之如何运用，是求治的先决条件。使有治法而无治人，等于无法；有治人而无治法，无适应时宜的治法，也是缘木求鱼，国终不治。

治人与治法的合一，一言以蔽之，曰实行民主政治。

官僚政治的故事

一、航海攻心战术

明崇祯十五年（1642）九月，李自成决黄河，灌开封，十月，大败明督师孙传庭于郏县、南阳。十一月，清军分道入侵，连破蓟州、真定、河间、临清、兖州，北京震动。

兵科给事中曾应遴上条陈，提出航海攻心战术。大意是由政府造战船三千艘，载精兵六万，从登莱渡海，直入三韩，攻后金国腹心。这样一来，清军非退不可。崇祯帝大为嘉许，以为真是妙算，可以克敌制胜，手令“该部议奏”。

造船是工部的职掌，作战归兵部管。工部署印侍郎陈必谦复奏：照老规矩，和作战有关的工程，由兵、工二部分任，请特敕兵部分造战船一千五百艘。

内阁票拟（签呈），奉旨“工程由兵、工二部分任，即日兴工”。

造船要一笔大款子，工部分文没有，估价工料银是六百万两。于是上奏：“因内战交通断绝，地方款项不能解京。本部库藏空空，无可指拨。只有开封、归德等府积欠臣部料价银五百多万两，可以移作造船之用。”

这时候，开封被水淹没，归德等府为农民起义军占领。内阁奉旨：“着工部勒限起解，造船攻心，以救内地之急。”

兵部尚书张国维也说：“部库如洗，只有凤阳等府积欠臣部马价银四百余万两，足现在正额，不必另行设法。应速催解部，以应造船之用。”

事实上，凤阳一带经几次战争破坏，加上蝗灾、旱灾，已经上十年没有人烟了。

内阁票拟，奉旨：“下部勒限起解，以应部用。”

这是闰十月中旬的事，正当嘉许、拨款、勒限，以及“兴工”的时候，清军又已攻破东昌、兖州了。

工部想想不妙，到头来还是脱不了干系，又提出具体建议，说是：“战船经费，虽已有整个计划。但是如今京师戒严，九门紧闭。工匠绝迹，无从兴工。原有都水司主事奉派到淮安船厂打造漕船，彼处物料现成，工匠众多，不如就令带造战船，克日可成，庶不误东征大事。”

内阁又票拟，奉旨依议，特给勒谕，以专责成。

这时候已经十二月上旬了。

船厂主事没有拿到一文钱，要造三千条战船，自然办不了。又上条陈说：“造船攻心，大臣妙算，事关国家大计，当然拥护。不过臣衙门所造的是内河运粮之船，并非破浪出海之船。运船、海船，构造不同，形式不同，材料不同，帆柁不同，索缆器物不同，操驾水手不同，当然，建造的工匠也不同。如随便敷衍承造，一旦误事，负不起责任。要造海船，要到福建、广东去造，材料、工匠都合式，不如特敕闽广抚臣，勒限完工，就于彼处招募水手，由海道乘风北上，直抵旅顺口上岸，奋武以震刷皇威，快睹中兴盛事。此系因地因材，事有必然，并非推诿。”

公文上去了，到第二年二月中旬，内阁票拟，奉旨：“下部移咨福广，敕限造船，以纾京畿倒悬之急。”由都察院移咨闽广抚臣照办，是二月底的事。

五月，清军凯旋，京师解严。

九月，两广总督沈犹龙、福建巡抚张肯堂会衔奉报，第一段极口称颂阁臣的妙算，圣主的神威。第二段说臣等已经召集工人，预备木料，拥护国策，以成陛下中兴盛业。第三段顺笔一转，说是不过如今北方安定，而闽广民穷财尽，与其劳民伤财，造而不用，不如暂时停工。

内阁票拟，奉旨下部：“是！”

于是这件纠缠了一年，费了多少笔墨的航海攻心战术的公案就此结束。

所谓官僚政治，有三个字可以形容之：一骗，二推，三拖。

曾应遴要凭空建立一个六万人的海军，一无钱，二无兵，三无计划，更谈不到组织、训练、武器、服装、给养、运输、指挥这些大问题。信口胡诌，提出口头建议，这是骗。

崇祯帝何尝不明白这道理，只是明白了又怎么样呢？当时无处借款，也无人助战，无友邦支持，一切都无，总得要表示一下呀，于是手令“该部议奏”，也是骗。

工部说这工程该和兵部分任，这是推。

阁臣签呈，由兵、工两部分任，一个钱不给，叫人从纸上空出一队海军，这是骗。

工部说钱是有的，在沉沦的开封和沦陷的归德。兵部说我也有钱，在十年无人烟的淮西，这又是骗。

建议，再建议，签呈又签呈，一上一下个把月，这是拖。

骗而下不了场，又一转而推，工部把这差使推给船厂主事，船厂主事推给闽广抚臣，又是奏本、票拟，从北京到淮安，淮安到北京，又从北京到闽广，闽广到北京（中间还有从闽到广，从广到闽，会衔这一段公文旅行）。来来去去，去去来来，半年过去了，从推又产生拖的作用，推和拖本质上又都是骗。

最后，清兵撤退了，皆大欢喜，内阁以一“是”字了此公案。大事化为小事，小事化为无事。

从骗到推，到拖，而无。这故事是中国官僚政治的一个典型例子。

也有人说，过去中国的政治，是无为政治，那么，就算这是一个无为政治的故事吧。①

二、碰头和御前会议

清末大学士瞿鸿机的儇直、遇恩，《圣德纪略》和金梁（息侯）的

① 参见戴笠、吴殳：《怀陵流寇始终录》卷十五，《和看花行者的谈往》。

《四朝见闻》《光宣小纪》两书，有许多地方可以互相印证。

在瞿中堂的书里，所见到的满纸都是碰头，见皇上碰头，见太后碰头，上朝碰头，索荷包碰头，赐宴碰头再碰头。碰头大概和请安不同，据金息侯的记载，请安是双膝跪在地下，两手垂直的，而碰头则除此以外，似乎还得弯腰把额角碰在地面上吧。《汉书》上邓通见丞相申屠嘉首出血不解，大概是清人所谓碰响头，碰得额角坟起，以至出血。古书上所谓“泥首”，大概也是以首及泥的意思。不过，虽然碰头于古有据，而碰头之多，之数，之津津乐道，满纸都是，则未可以为渊源于古，只能说是清代的特色。

清人做官的秘诀，相传有六个字：“多碰头，少说话。”

年老的官僚多半要做一个护膝，即在膝盖上特别加上一块棉质的附属品，以为长跪时保护膝盖之用。

左宗棠有一次在颐和园行礼，跪久了，腰酸向前伏了一会儿，立时被弹劾，以为失仪。

军机大臣朝见两宫议事，一顺溜跪在拜垫上，有几个便殿，地方窄挤成一团，名位低的军机跪得比较远，什么也听不见，议是谈不上的。

照例，一大堆文件，皇太后翻过了，出去上朝，在接见第一批臣僚的短短时间内，军机大臣几人匆匆翻了一下，到召见时，有的事接头，大部分都莫名其妙。两个坐着，一群人跪着，首班跪近，还摸着一点说什么，其余的便有点不知所云了。往往弄得所答非所问，丈二和尚摸不着头脑。说了一阵子，国家大事小事便算定局。

议政王大臣会议也是这个作风，小官说不了话，大臣不敢说话，领班的亲王不知道说什么话，讨论谈不上，争辩更不会有。多半是亲王说如此如此，大家点头，散会。以后再由属员拟稿，分送各大臣签署奏报。

金息侯叹气说：“这真是儿戏！”其实儿戏又何可厚非，小孩子到底天真，这批老官僚的天真在哪里？地地道道的官僚作风而已，儿戏云乎哉！（本节仅凭记忆）

论贪污

古语说："无敌国外患者国恒亡。"这是历代相传的名言，颠扑不破的真理。其实，征之于过去的史实，这句话还可引申为："内政修明而有敌国外患者国必不亡！""内政不修而无敌国外患者国恒亡。"

内政不修的含义极广，举实例说明之，如政出多门，机构庞冗，横征暴敛，法令滋彰，宠佞用事，民困无告，货币紊乱，盗贼横行，水旱为灾等都是，而最普遍、最传统的一个现象是贪污。这现象是"一以贯之"，上述种种实例都和它有母子关系，也可以说贪污是因，这些实例是果。有了这些现象才会有敌国外患，反之如政治修明，则虽有敌国外患也不足为患。

贪污这一现象，假如我们肯细心翻读过去每一朝代的历史，不禁令人很痛心地发现"无代无之"，竟是与史实同寿！我们这时代，不应该再讳疾忌医了，更不应该蒙在鼓里自欺欺人了。翻翻陈账，看看历代覆亡之原，再针对现状，求出对症的药石，也许可以对抗建大业有些小补。

一部二十四史充满了贪污的故事，我们只能拣最脍炙人口的大人物举几个例，开一笔账。"豺狼当道，安问狐狸！"下僚小吏，姑且放开不谈。

过去历史上皇帝是国家元首，皇帝的宫廷财政和国家财政向来分开，但是有时候皇帝昏乱浪费，公私不分，以国产为私产，恣意挥霍，闹得民穷财尽，这种情形，史不绝书。最奇的是皇帝也有贪污的，用不正当的方法收受贿赂，例如汉灵帝和明神宗。汉灵帝为侯时常苦贫，及即位后，每叹桓帝不能作家居，曾无私钱，故卖官聚钱，以为私藏。光和元年（178）初开西邸卖官，二千石二千万，四百石四百万，公千万，郎五百万，富者先入钱，贫者到官然后倍输。崔烈入钱五百万拜司徒，及拜日，天子临轩，百僚毕会。灵帝忽然懊悔，和左右说，这官卖得上当，那时只要稍为措住一下，他会出一千万的。大将如段颎、张温虽然有功，也还是用钱买，才能做三公。又收天下之珍货，每郡国贡献，先输内廷，名为导引费。又税天下田亩什钱修宫室，内外官迁除都先到西园讲价钱，大郡至二三千万，付了钱才能上任，关内侯值钱五百万。他把国库的金钱缯帛取归内府，造万金堂贮之，藏不下的寄存在小黄门常侍家。黄巾乱起，卒亡汉社。无独有偶，一千四百年后的明神宗也是爱钱胜过爱民的皇帝，他要增殖私产，到处派太监榷税采矿，大铛小监，纵横绎骚，吸髓饮血，以供进奉，有的称奉密旨搜金宝，募人告密，有的发掘历代陵寝，豪夺民产，所至肆虐，民不聊生，大小臣工上疏谏止的一概不理，税监有所纠劾的却朝上夕报，立得重谴。结果内库虽然金银山积，民间却被逼叛乱四起，所遣税监高淮激变于辽东，梁永激变于陕西，陈奉激变于江夏，李奉激变于新会，孙隆激变于苏州，杨荣激变于云南，刘成激变于常镇，潘相激变于江西，瓦解土崩，民流政散，甚至遣使到菲律宾采金，引起误会，侨民被杀的至二万五千人，国库被挪用空乏，到了外患内乱迭起，无可应付时，请发内库存金，却靳靳不肯，再三催讨，才勉强发出一点敷衍面子。他死后，不过二十多年，明朝就亡国了，推原根本，亡国应该由他的贪污行为负责。

皇后贪污亡国的，著名的例子有五代唐庄宗的刘后。刘后出身寒微，既贵，专务蓄财，薪蔬果茹，都贩鬻充私房，到了做皇后时四方贡献，分作两份，一上天子，一上中宫，又广收货赂，营私乱政，宫中宝货山积，皇后的教和皇帝的制敕并行，藩镇奉之如一。邺都变起后，仓储不足，军士有流言，政府请发内库金帛给军，庄宗要答应，她却说自有天命，不必理会。大臣再三申论，她拿出妆具和三个银盆，又叫三个皇子出去说，人家说宫中蓄积多，不知都已赏赐完了，只留下这些，请连皇子卖了给军士罢。到庄宗被弑后，她却打叠珍宝驮在马鞍上，首先逃命。余下带不走的都被乱军所得。

大臣贪污乱国的更是指不胜屈，著例如唐代的杨国忠、元载，宋代的秦桧、贾似道，明代的严嵩，清代的和珅。史书记元载籍没时单胡椒一项就有八百斛，钟乳五百两。严嵩的家产可支军饷数年，籍没时有黄金三万余两、白金二百余万两，其他珍宝不可胜计。隐没未抄的不可计数。和珅的家产可以供给全国经费二十年，以半数就够付清庚子赔款。

太监得君主信任的，财产的数目也多得惊人。例如明代的王振，籍没时有金银六十余库，玉盘百，珊瑚高六七尺者二十余株。刘瑾擅权不过六七年，籍没时有大玉带八十束，黄金二百五十万两，银五千万余两，其他珍宝无算。

一般官僚的贪污情形，以元朝末年做例。当时上下交征，问人讨钱，各有名目，所属始参曰拜见钱，无事白要曰撒花钱，逢节曰追节钱，生辰曰生日钱，管事而索曰常例钱，送迎曰人情钱，勾追曰赍发钱，论诉曰公事钱。觅得钱多曰得手，除得州美曰好地，补得职近曰好窠。遇事要钱，成为风气，种下了亡国的祸根。

武人的贪污在历史上也不能例外，有个著名的故事说，五代时有一个军阀被召入朝，百姓喜欢极了，说是从今拔去眼中钉了，不料这人在朝廷打点花了大钱，又回旧任，下马后即刻征收“拔钉钱”。又有一军阀也被召入朝，年老的百姓都摸摸胡子，会心微笑，这人回任后，也向百姓要“摸胡子钱”。

上下几千年，细读历史，政简刑清，官吏廉洁，生民乐业的时代简直是黄钟大吕之音，少得可怜。史家遇见这样稀觏的时代，往往一唱三叹，低回景仰而不能自已。

历朝的政治家用尽了心力，想法子肃清贪污，树立廉洁的吏治，不外两种办法：第一种是厚禄，他们以为官吏之所以不顾廉耻，倒行逆施，主要原因是禄不足以养廉，如国家所给俸禄足够生活，则一般中人之资，受过教育的应该知道自爱。如再违法受赃，便是自暴自弃，可以重法绳之。第二种是严刑，国家制定法令，犯法的立置刑章，和全国共弃之。前者例如宋，后者例如明初。

宋代官俸最厚，京朝官有月俸，有春冬服（绫绢绵），有禄粟，有职钱，有元随傔人衣粮傔人餐钱。此外又有茶酒厨料之给，薪蒿炭盐诸物之给，饲马刍粟之给，米面羊口之给。外官则别有公用钱，有职田。小官无职田者别有茶汤钱，给赐优裕，入仕的人都可得到生活的保障，不必顾念身家，一心一意替国家做事。一面严刑重法，凡犯赃的官吏都杀无赦，太祖时代执法最严，中外官犯赃的一定弃市。太宗时代也还能维持这法令，真宗时从轻改为杖流海岛。仁宗以后，姑息成风，吏治也日渐腐败，和初期的循良治行不可同日而语了。明代和宋代恰好相反，明太祖有惩于元代的覆败，用重刑治乱国，凡贪官污吏重则处死，轻也充军或罚做苦工，甚至立剥皮之刑，一时中外官吏无不重足屏息，奉公畏法，仁宣两代继以宽仁之治，一张一弛，倒也建设了几十年的清明政治。正统以后，情形便大不相同了，原因是明代官俸本来不厚，洪武年代还可全支，后来便采用折色的办法，以俸米折钞，又以布折俸米，朝官每月实得米不过一二石，外官厚者不过三石，薄的一石二石，其余都折钞布，钞价贬值到千分之二三，折算实收一个正七品的知县不过得钱一二百文。仰无以事父母，俯无以蓄妻子，除了贪污，更无别的法子可想。这情形政府当局未尝不了解，却始终因循敷衍，不从根本解决，上下相蒙，贪污成为正常风气，时事也就不可问了。

由于上述两个例子，宋代厚禄，明初严刑，暂时都有相当效果，却都不能维持久远（但是比较地说，宋代一般的吏治情形要比明代好一点）。原因是这两个办法只能治标，对贪污的根本原因不能产生作用。治本的唯一办法，应该从整个历史和社会组织去理解。

一直到今天为止，我们的政治，我们的社会组织，我们的文化都是以家族为本位的。在农村里聚族而居，父子兄弟共同劳作，在社会上工商也世承其业，治国平天下的道理也从修身齐家出发。孝友睦姻是公认的美德，几代同居的大家族更可以夸耀乡党。做官三辈爷，不但诰封父母，荫及妻子，连亲戚乡党也鸡犬同升。平居父诏其子，兄诏其弟以做官发财，亲朋也以此相勉，社会也以此相钦羡，“个人”在这环境下不复存在，一旦青云得路，父族妻族儿女姻戚和故旧乡里都一拥而来，禄薄固不能支给，即禄厚又何尝能够全部应付，更何况上官要承迎，要人要敷衍，送往迎来，在在需钱！如不贪污非饿死冻死不可！固然过去也有清官，清到儿女啼饥号寒，死后连棺材也买不起的。也有做官一辈子，告休后连住屋也没有一间的。可是这类人并不多，一部正史的循吏传也不过寥寥十数人而已。而且打开天窗说亮话，这些人之所以做清官，只是用礼法勉强约束自己，有一个故事说某一清官对人说钱多自然我也喜欢，只是名节可畏，正是一个好例。

根据这个理解，贪污的根绝，治本的办法应该是把“人”从家族的桎梏下解放出来。个人生活的独立，每一个人都为工作而生存，人与人之间无倚赖心。从家族本位的社会组织改变为个人本位的社会组织，自然，上层的政治思想文化也都随而改变。“人”能够独立存在以后，工作的收入足够生活，法律的制裁使他不愿犯禁，厚禄严刑，交互为用，社会上有公开的舆论指导监督，政府中有有力的监察机关举劾纠弹，“衣食足而后知荣辱”，贪污的肃清自然可操左券。

贪污史的一章

吏治的贪污在我国整个历史上，是一个最严重、最值得研究的问题。

两个月前①作者曾略举历史的例证，撰《论贪污》一文，发表于《云南日报》。在这短文中曾指出："贪污这一现象，假如我们肯细心翻读过去每一朝代的历史，不禁令人很痛心地发现'无代无之'，竟是与史实同寿！我们这时代，不应该再讳疾忌医了，更不应该蒙在鼓里自欺欺人了，翻翻陈账，看看历代覆亡之原，再针对现状，求出对症的药石，也许可以对抗建大业有些小补。"结论是，治本的办法应该是把"人"从家族的桎梏下解放出来，个人生活的独立，每一个人都为工作而生存，人与人之间无倚赖心。从家族本位的社会组织改变为个人本位的社会组织，自然，上层的政治思想文化也都随而改变。"人"能够独立存在以后，工作的收入足够生活，厚禄严刑，交互为用，社会有公开的舆论指导监督，政府中有有力的监察机关举劾纠弹，"衣食足而后知荣辱"，贪污的肃清当然可操左券。所说多属通论，意犹未尽，现在专就一个时代研究贪污的现象和背景，作为贪污史的一章。

我所挑选的一个代表时代是明朝，因为这时代离我们近，史料也较多，《明史·循吏传序》说："明太祖下逮宣仁，抚循休息，民人安乐，吏治澄清者百余年。英武之际，内外多故，而民心无土崩瓦解之虞者，亦由吏鲜贪残，故祸乱易弭也。嘉隆以后，资格既重……庙堂考课，一切以虚文从事，不复加意循良之选，吏治既已日偷，民生由之益

---

①此处指作者的写作时间。——编者注

餍。”陈邦彦在他的《中兴政要》书中也说：“嘉隆以前，士大夫敦尚名节，游宦来归，客或询其囊橐，必嗤斥之。今天下自大吏于百僚，商较有无，公然形之齿颊，受铨天曹，得羶地则更相庆，得瘠地则更相吊。宦成之日，或垂囊而返，则群相讥笑，以为无能。士当齿学之初，问以读书何为，皆以为博科第，肥妻子而已。一行做吏，所以受知于上者非贿赂不为功，而相与文之以美名曰礼。”检《明史·循吏传》所记循吏一百二十五人，从开国到正德（1368—1521）一百五十三年中有一百二十人，从嘉靖到明亡（1522—1644）一百二十二年只有五人！清儒赵翼赞叹明代前期的吏治说：“崇尚循良，小廉大法，几有两汉之遗风。”

其实这只是一种比较的说法，事实上嘉隆以前的贪污现象并未绝迹。举著例如洪武时代的勾捕逃军案，兵部侍郎王志受赃二十二万，盗粮案户部侍郎郭桓侵没至千万，诸司官吏系狱至数万人。成祖朝纪纲之作恶，方宾之贪赃，宣宗朝刘观之黩货，英宗朝王振之赂贿兢集，逯杲门达之勒贿乱政，宪宗朝汪直尚铭，武宗朝刘瑾、江彬、焦芳、韩福、张綵之权震天下，公然纳贿，几乎没有一个时代是不闹得乌烟瘴气的。和嘉靖以来的严嵩、魏忠贤两个时代比较，只是程度上的差异而已。假如像《循吏传》所说，前后两时期真有截然不同之点，那就是陈邦彦所指出的，前一时期，社会尚指斥贪污为不道德，一般士大夫还知道守身自爱，后一时期则贪污成为社会风气，清廉自矢的且被斥为无能。这一风气的变化是值得今日士大夫思之重思之的。

明代吏治的贪污如上举诸例，都已为学人所谂知，不必赘及，现在要说明的是一般的情形。前期如宣德朝可说这朝代的全盛时期，吏治最修明的一阶段了。宣德三年（1428）敕谕说：“比者所司每缘公务，急于科差，贫富困于买办，丁中之民服役连年，公家所用十不二三，民间耗费，常数十倍。加以郡邑宦鲜得人，吏肆为奸，征收不时，科敛无度，假公营私，弊不胜纪，以致吾民衣食不足，转徙逃亡，凡百应输，年年逋欠，国家仓廪，月计不足。”十年后，英宗初政，三杨当国，有人上书政府叙述地方吏治情形说："今之守令，冒牧民之美名，乏循良之善政，往往贪泉一酌而邪念顿兴，非深文以逞，即钩距之求，或假公营私，或诛求百计，经年置人于犴狱，滥刑恒及于无辜，甚至不任法律而颠倒是非，高下其手者有之，刻薄相尚而避己小嫌入人大辟者有之，不贪则酷，不怠则奸，或通吏胥以贾祸，或纵主案以肥家，殃民蠹政，莫敢谁何。"到七年后王振用事，公开地纳贿，公开地勒索，连政府仅存的一点纲纪都扫地而尽了。

到后期上下贪污相蒙，互相援引，辇毂赂遗，往来如织，民苦贪残者宦称卓异，不但不为察典所黜，而且连连升擢。地方官司捕者以捕为外府，收粮者以粮为外府，清军者以军为外府，长吏则有科罚，有羡余，刑驱势逼，虽绿林之豪，无以复加。搜括聚敛，号为常例，公开声说这钱为朝觐为考课之用，上言之而不讳，下闻之而不惊，驯至国家颁一法令，地方兴建事业，都成为官吏的利薮。以搜括所得经营升调，"以官爵为性命，以钻刺为风俗，以贿赂为交际，以嘱托为当然，以循情为盛德，以请教为谦厚"。萧然而来，捆载而去。即使被铨司察黜，最多也不过罢官；即使被抚按弹劾，最多也不过为民，反正良田大宅，歌儿舞女，不但自己受用，连子孙的基业也已打好，区区一官，倒也无足留恋了。

入仕必由科第，科场的关节，用钱买题目的技术也发现了。做官要做宰相，行贿入阁也成公开的秘密了。科名和辅相都可用金钱取得，其他的情形当然类推可知。

纳贿的技术也随时代而进步，前期孝宗时太监李广惧罪自杀，他家的账簿登载文武大臣纳贿数目被查出，明载某人送黄米若干石，某人白米若干石，孝宗一看吓呆了说，李广能吃多少？后来才知道黄米代表金，白米代表银。后期改以雅称，号为书帕。外官和京官交际，公开有科（给事中）三道（御史）四的比例。开头还假托小书名色，列柬投递标书十册二十册，袖手授受，不让人见，有点忌讳。后来渐渐公开，由白银而黄金而珠玉，数目也逐渐增多。外官和京官出使回来的都以书帕为人情，免不得买一些新书，刻几种新书来陪奉金银珠宝。明代后期刻书之多之滥，就是这个道理。

滔滔者举世皆是也！如饮狂泉，如膺痼疾，上下男女老幼都孜孜矻矻唯利是图，唯钱是贵，不但国家民族的利益谈不到，即是家人父子夫妇兄弟朋友的感情，也以钱来决定其是否持续。

这种风气是怎样造成的？我们最好用当时人的话来说明。

第一是社会教育。读书受苦是为得科名，辛苦得科名是为做官，做官的目的是发财。由读书到发财成为一连串的人生哲学。黄省曾在《吴风录》中说："吴人好游托权要之家，家无担石者入仕二三年即成巨富。由是无不以士为贵。而求入学庠者肯捐百金图之，以大利在后也。"谢肇淛《五杂俎》说得更明白："今之人教子读书，不过取科第耳，其于立身行己不问也。故子弟往往有登朊仕而贪虐恣睢者，彼其心以为幼之受苦，政为今日耳。志得意满，不快其欲不止也。"刘宗周也说："士习之坏也，自科举之学兴而士习日坏。明经取金紫，读易规利禄，自古而然矣。父兄之教，子弟之学，非是不出焉。士童而习之，几与性成，未能操觚，先熟钻刺，一入学校，闯行公庭。等而上之，势分虽殊，行迳一辙。以嘱托为通津，以官府为奴隶，伤风败俗，寡廉鲜耻，即乡里且为厉焉，何论出门而往？尚望其居官尽节，临难忘身，一效之君父乎？此盖已非一朝一夕之故矣。"

贪污在这种社会风气之下，习与性成，诚然，非一朝一夕之故矣！

第二是社会环境。一般读书人在得科名的一天，也就是开始负债的一天。吴应箕在他的《拟进策》里说："士始一窭人子耳。一列贤书，即有报赏宴饮之费，衣宴舆马之需，于是不得不假贷戚友，干谒有司，假贷则期报以异日，谒见则先丧其在我。黠者因之，而交通之径熟，圆巧之习成。拙者债日益重，气日益衰，盖未仕而所根抵于仕者已如此矣。及登甲榜，费且数倍，债亦如之。彼仕者即无言营立家私，但以前此之属债给于民，能堪之乎？"甚至一入仕途，债家即随之赴任，京债之累，使官吏非贪污不可。陶奭龄说："今寒士一旦登第，诸凡舆马仆从饮食衣服之类，即欲兴膏粱华腴之家争为盛丽，秋毫皆出债家。谒选之后，债家即随之而至，非盗窃帑藏，朘削闾阎，何以偿之？”周顺昌在做官后，被债主所逼，向他的亲戚诉苦说：“诸亲友之索债者填门盈户，甚至有怒面相詈者。做秀才时艰苦备历，反能以馆谷怡二人，当大事。今以滥叨之故，做一不干净人，五年宦游，不能还诸债主，官之累人也多矣。”这是一个不合时代的书呆子，难怪他日后死于魏忠贤之手。

第三是政治环境。皇帝要进献，得宠的内官要贿赂，内阁要，吏部也要，有关的京官也要，上层的抚按要，知府更非多送不可，层层贿赂，层层剥削，钱一本说：“以远臣为近臣府库，以远近之臣为内阁府库。”刘宗周说：“一令耳，上官之诛求，自府而道，自道而司，自司而抚而按，而过客，而乡绅，而在京之权要，递而进焉，肆应不给……”举实例如刘瑾用事时，凡人觐出使官，皆有厚献。给事中周钥勘事归，以无金自杀，令天下巡抚入京受敕，输瑾赂，延绥巡抚刘宇不至，逮下狱。宣府巡抚陆完后至，几得罪，既赂乃令试职视事。上下左右都是贪污的环境，如不照样行贿，不但做不成官，反要得罪，教人如何能不贪污！

第四是政治制度。明代官俸之薄，是有史以来所少见的。宣德时朝臣月薪只给米一石，外官不过三石，原来的俸钞，因为贬值，每贯只实值二三钱。举例说，正一品官月俸米八十七石，七品官米七石五斗。洪武时代官俸全给米，有时以钱钞折支，照物价钞一贯钱一千抵米一石，到后钞价日落，才增定每石米折钞十贯。正统时又规定五品以上，米二钞八，六品以下，米三钞七。后又改在外官月支本色米二石，其余俱支折色。照比例推算，正一品月俸得米十七石四斗，余折钞五百九十六贯，以贯值三钱计，合钱一千七百八十八文。外任正七品官知县实得米二石，得钞五十五贯，合钱一百六十五文。结果内外官都无以为生，朝官至于放遣皂隶，责以薪炭。正统元年（1436）副都御史吴讷要求增俸，举出一实例说：“洪武年间京官俸全支，后因营造减省，遂为例，近小官多不能赡。如广西道御史刘准，由进士授官，月支俸米一石五斗，不能养其母妻子女，贷同官俸米三十余石，去年病死，竟负无还。”六年（1441）巡按山西监察御史曹春也上奏说：“今在内诸司文臣，去家远任，妻子随行，然禄厚者月给米不过三石，禄薄者不过一石二石而已，其所折钞，急不得济，九载之间，仰事俯蓄之具，道路往来之费，亲故问遗之需，满罢闲居之用，其禄不赡，则不免移其所守，此所以陷于罪者多也。”他要求廷臣会议，酌量加俸，使其足够养廉。俸额提高以后，如仍有贪污冒法者，立置重典。可是户部以为定制难改，竟不理会。此后几十年，改折的办法虽然稍有调整，但是离生活水准还是差很远，中叶以后钞已成废纸，不值一钱，政府收入的款项改为银子，但官员的薪俸折色，却还是照定制发钞，一直未改。除去上述一切情形，单就官俸说，明代的官吏贪污也是实逼使然，是由环境造成的。

论士大夫*

照我的看法，官僚、士大夫、绅士、知识分子，这四者实在是一个东西。虽然在不同的场合，同一个人可能具有这几种身份，然而，在本质上，到底还是一个。在这里，为了讨论上的方便，我们还是不能不按照这四个不同的名词，分开来讨论所谓“士大夫”。

平常，我们讲到士大夫的时候，常常就会联想到现代的“知识分子”。这就是说，士大夫与知识分子，两者间必然有密切的关系。官僚就是士大夫在官位时的称号，绅士则是士大夫的社会身份。本来，士大夫是封建社会的标准产物，而知识分子则是半封建半殖民地社会的标准产物。或者说，今日的知识分子，在某些方面相当于过去的士大夫，过去的士大夫有若干的特性还残存在今日知识分子的劣根性里面。

从历史上来看，大夫原来在士之上，大夫是王侯的家臣，而士则是大夫的家臣。古代的士，原是武士，主要的职责是从事战争，是武士而非文士。一向被王侯大夫养着，叫作养士，这里所谓“养”，正和养鸡、养猪、养牲口同一道理，同一性质。“食人之禄，忠人之事。”受谁豢养，给谁效劳，吃谁的饭，替谁做事，有奶便是娘，要想吃得肥、吃得饱就得卖命去干。后来由于社会的动荡变化，王侯贵族失去了所继承的一切，不但没有人养得起士，连原来养士的人也不能不被人养了。这时候，士不可能再捧着旧衣钵，吃闲饭，只好给人家讲讲故事，教

* 文前有原编者说明：“这是今年春吴晗在清华大学同方部的讲演，有两个记录稿，一个发表在《时与文》，一个在《清华旬刊》，都不是很完备。现在这个稿子是根据两个记录稿编订的。”“今年”指1948年。——编者注

书，办事，打杂，做傧相办红白大事，做秘书跑腿过日子，于是一变而为文士，从帮凶变成帮闲的。跟着，找到了新路，不是做王侯的家臣，而是从选举征辟等途径，攀上了高枝儿，做皇帝的食客雇工，摇身一变为大夫，为官僚。于是，几千年来，士大夫连成了一个名词，具有特定的内容、特征。

士大夫的内容、特征是什么呢？分析地说：

第一，士大夫有享受教育机会的特权，独占知识，囤积知识，出卖知识，“学成文武艺，货与帝王家”。知识商品化，就这点而论，士大夫和今天的知识分子完全一样。

过去的国立学校，无论是太学、国子学、国学，以至国子监等，学生入学的资格是依父祖的官位品级，平民子弟极少机会入学，甚至完全不许入学。

第二，士大夫的地位，处于统治者和被统治者之间，上面是定于一尊的帝王，下面是芸芸的万民。对主子说是奴才，奴才是应该忠心替主人服务的，依权附势，从服务得到权位和利益，分享残羹剩饭。对人民说，他们又是主子，法外的榨取、剥削、诛求，兼并土地，包庇赋税，走私囤积，无所不用其极。对上面是一副奴颜婢膝的脸孔，对下面是另一副威风凛凛的脸孔，这两副面孔正如《镜花缘》里所描写的，对人一副笑脸，背后的一副用布蒙住，士大夫用的这块布，上面写着“仁义道德”四个大字。对主子劝行王道、仁政，采取宽容作风，留母鸡下蛋。对人民，欺骗，威吓，麻醉，制造出种种理论，来掩饰剥削的勾当。比如大家都反饥饿，他们曾说：“没饭吃，平常事。饭该给有功的人吃，因为人家在保护你们。为什么要吵吵闹闹呢？何况有的是草根，树皮！”甚至说：“要那么些钱干什么，已经差强人意了，还要闹，失去清高身份！”理论没人理，跟着是刑罚，所谓“齐之以刑”。再不生效，更严重的一套就来了。两面作风，其实是一个道理，就是不要变，不要乱。如果非变不可，也要慢慢地变，一点一滴地变，温和地变，万万不能乱，为的是一变就不能不损害他们的既得利益，乱更不得了，简直要从根挖掉他们的基业。他们要保持现状，要维持原来的社会秩序，率直一点说，也就是维持自己的财产和地位，这类人用新名词说，就是所谓自由主义者。

第三，士大夫享有种种特权，例如，免赋权，免役权，做各级官吏之权，居乡享受特殊礼貌之权，包办地方事业之权，打官司奔走公门之权，做买卖走私漏税之权，畜养奴婢之权，子孙继承官位和受教育之权，等等。老百姓要缴纳田租，他们可以不缴，法律规定，官品越高，免赋越多，占有土地的负担越小，造成了经济地位的优越。老百姓要抽壮丁，“有吏夜捉人”，不管三丁抽一或是五丁抽二，总之是要出人，但是，士大夫不必服役，例如南北朝时代士族不服兵役，明朝也有“家里出了个生员，就可免役二丁”的规定。说到做官，这本是士大夫的本分，即使不做官了，在乡做绅士，也享有特殊礼遇，老百姓连和绅士同起坐、同桌吃饭都是不许可的。如果乡里要举办一些事业，所谓“自治”，例如修路、救灾、水利、学校等，士大夫是天然的领袖。要贩运违法货物，有做官的八行书就可免去关卡留难。畜养奴婢，只要财力许可，几千几万都为法律所承认。此外，还有师生，同年，同乡，亲戚，种种关系可以运用，任何角落里都有人情面子，造成一股力量，条条大路都可通行。

第四，士大夫对国家民族没有义务，不对任何人负责。不当兵，不服役，不完粮纳税，一切负担都分嫁给当地老百姓。一个地方的士大夫越多，地方的百姓就越苦。遇有特殊变故，要“有钱出钱，有力出力”的时候，出力的固然是百姓，出钱的还是百姓，士大夫是一毛不拔的，有时候还从中渔利，发一笔捐献财。

第五，因为知识被专利，所以舆论也被垄断了。历史上所谓“清议”一向是由士大夫包办的。只有士大夫才会写文章著书，才有资格说话，老百姓是没有份儿的，即使说了也不过是“刍荛之见”，上达不了，即使上达了，也无人看重。东汉后期的太学生，明末的东林党，清代末年的戊戌变法，都只是站在士大夫立场上，对损害他们的另一剥削集团的斗争——对宦官、外戚、贵族的斗争，和老百姓是不大相干的。

第六，士大夫也就是地主，因为他们可以凭借地位来取得大量土地，把官僚资本变成土地资本，士大夫和地主其实是同义语。反之，光是地主而非士大夫是站不住的，苛捐杂税，几年工夫就可以把这些不识时务的地主毁灭。因之，地主子弟千方百计要钻进士大夫集团，高升一步，来保全并发展产业。地主所看到的是收租的好处，看不见的是农民的困苦。通常形容士大夫“四体不勤，五谷不分”，不但不明白农民的痛苦，甚至连孔子那样的人，都以不坐车而步行为失身份。因之，在思想上，在政治上，都是保守的，共同的要求是保护既得利益，无论如何要巩固维护现状，反对一切变革、进步。从整个集团利益来看，士大夫是反变革的，反进步的，也是反动的。最多，也只能走上改良主义的道路。当然，也有形式上是进步的，例如1898年的康有为、梁启超，要求变法，对当时守旧官僚说，比较上是进步的，可是在本质上，他们要求变法的目的，是在保存旧统治权，保存皇帝，也就是保存他们自己的地位和利益，他们的进步立场，只是士大夫本位的形式上的进步，和一般人民的利益并不一致。

由上面的分析，士大夫是站在人民普遍愤怒与专制恐怖统治之间的，也站在要求改革、要求进步与保守反动之间。用新名词来说是走中间路线，两面都骂，对上说不要剥削得太狠，通通刮光了那我们吃什么；对下则说：你们太顽强，太自私，太贪心，又没有知识，又肮脏，专门破坏，专门捣乱，简直成什么东西。其实这些都可以回敬给他们，等于自己骂自己。他们之所以要表示超然的态度，上不着天，下不着地，吊在半空中，这是有好处的。像清朝的曾左李诸公，帮助清朝稳定了江山，便青云直上，在汉人、满人之间发展自己。两面骂的好处是万一旧王朝倒了，便可投到新主人的怀抱里，他不是骂过那已经倒了的旧王朝吗？反正不管谁上台总有他们的戏唱，这就是士大夫走中间路线的作风与妙用。

这种士大夫的典型例子，在历史上可以找到不知多少，简直数不胜数。这里只随便举几个谈谈。

一个是钱谦益，明末时期的人，少年时候和东林党混在一起，反贪污，反宦官。后来被政敌一棍打下来之后立刻变成了“无党无派”，在乡间住了几年又变成了“社会贤达”。1644年机会一到，一跃而为礼部尚书，无党无派和社会贤达的衔头都不要了。对东林党人则说：我是当年反贪污、反宦官的健将，对当局则拼命献身。清兵一来，首先投降的就是他，死后清廷把他放入“贰臣传”之内。此公不但政治节操如此，在乡间当社会贤达时就是标准的土豪劣绅，无恶不作。

另一个是侯恂，《桃花扇》里面所说的侯朝宗的父亲，此公是明末的重臣，李自成入北京，他就降李自成，清兵入关他就降清，可以说是“三朝元老”。

还有，再举个明末的例子吧，《燕子笺》的作者阮大铖。他是有名的戏剧家，《燕子笺》《春灯谜》，技巧都不坏，为了娱乐讨好弘光皇帝，清兵快到南京时，他还在忙着找好行头，在宫里献演自己的大作。此公一生，可以分为整整七个时期：第一时期，没有大名气，依附同乡东林重望左光斗（阮是安徽人），钻进党去，成了名。第二时期，急于做官，要过瘾，要做又大又有权的官。东林看不惯他的卑劣手段，不给他帮忙，于是此公一气之下，立刻投奔魏忠贤，拜在门下做干儿子，成为东林的死对头。替干爹出主意，大抄黑名单。第三时期，东林被魏阉一网打尽，他也扶摇直上，和干爹关系很好。可是他很明白大势，预留地步，每次见干爹都花钱给门房买下名片，灭了证据，自打主意。第四时期，魏党失败了，此公立刻反咬一口，清算总账，东林、魏党两边都骂。为什么呢？——表明他是中间分子，不偏不倚。可是人民眼睛是雪亮的，还是给削了官，挂名逆案，呜呼哀哉，一辈子都没有做官的希望了。于是闲居十九年，做社会贤达写写剧本，成为第一流的文学家。第五时期，南方名士们创立复社，热闹得很，贵公子都在里面。此公穷居无聊，沉不住气，于是谈兵说政，到处抬出东林的招牌来做自我宣传，想混进复社去把党人收作自己的群众。说：“我是老东林，跟你们上代有交情，你们捧捧我吧！”不想那些青年人可真凶，火气大，给他下不来，发宣言（揭帖）指出他一桩一桩的罪状，一棍打击下去，此公又吃了一次亏，气得发昏。第六时期，北都倾覆，政局变了，南朝一个军阀马士英给福王保镖成立新政府。阮受了几年气，于是又勾上了马相国，做了兵部尚书。此公于是神气十足，一边大发议论，武力不以对外，清兵来还好说话，左兵来可难活命；外战不来，内战拼命，一边重翻旧案，排斥东林，屠杀青年，利用特务，要大报旧仇。开了两纸黑名单，一纸五十三名，一纸一百零八名，的的确确送了不少人进集中营，也的的确确杀了不少人。同时大肆贪污（所谓“职方贱似狗，都督满街走”，正是南京政府的写照，也正是这样把南京搞垮了台）。第七时期，清兵南下，此公投降了，但是看看福建又建立了新政府，想投机通通消息，结果为清军所杀。此公的变化多端，大概前所未有，然而万变不离宗，总是那么一副嘴脸，为自己打算。

当然，也有天良还剩一丝丝的，例如吴梅村，也是风流才子，而且是士大夫的领袖。明亡后，清朝逼他做官，因为怕死，守不住节，只好去做官了。把过去半生的清名，连同社会贤达的牌子都打烂了，一念之差，在威迫利诱之下走错了路，悔恨交加，临死时作了一首绝命词：“万事催华发，论龚生天年竟夭，高名难没，吾病难将医药治，耿耿胸中热血，待洒向西风残月。剖却心肝今置地，问华佗，解我肠千结，追往恨，倍凄咽，故人慷慨多奇节，为当年沉吟不断，草间偷活，艾灸眉头瓜喷鼻，今日须难诀绝，早患苦重来千叠，脱屣妻孥非易事，竟一钱不值何须说，人世事，几完缺？”

如以上许多例子，岂不是士大夫都是没有骨头的？都是出卖自己灵魂的？或者都是“难将医药治”的？假如引历史上某一时期如南朝做例——史家都说是“南朝无死难之臣”，这是错的——当时，政权虽不断变换，而士大夫阶层所形成的集团的特权并没有变更，这一个集团有着政治力量所不能摧毁的，在社会、政治、经济、军事各方面的领导地位，他们本身的利益既不受朝代变换的倾轧，那他们又为什么要替寒人出身的一些皇帝死节呢？假如再引别的时代的例子，例如汉代的范滂、陈蕃，唐代的颜真卿、张巡、许远，宋代的文天祥，明代的杨继盛、杨涟、左光斗、史可法，清代的谭嗣同，为了他们的信念，为了他们的阶层利益，为了他们所保卫的特权而死，史书叫作忠臣义士的，这一类的例子也很多。这一些人都是士大夫，虽然失败，是有骨头的，有血有肉，有灵魂的，是忠于封建社会的封建道德的——和前一类的人正形成鲜明的对比。

当两个朝代交换，或者是社会有很大的改革的时候，往往是对人的一种考验。现在恐怕又是到了一个考验的时候了，这考验包括你也包括我。我们看见了许多阮大铖、吴伟业、钱谦益；同时我们也看见许多谭嗣同、范滂、文天祥。面对着这考验，也有许多人打着自由主义的招牌出现，那么也让历史来考验他们吧。历史是无情的，在这考验下面，我们将会看到历史的悲剧，也是这些自由主义者的悲剧。固然我们不希望今后的文学作品里再发现“绝命词”一类的作品，然而历史始终是无情的。

说 士

现代词汇中的“军人”一名词，在古代叫作士，士原来是又文又武的，文士和武士的分立，是唐以后的事。

在春秋时代，金字塔形的统治阶级，王、诸侯、大夫以下的阶层就是士，士和以上的阶层比较，人数最多，势力也最大。其下是庶民和奴隶，是劳动者，是小人，应该供养和侍候上层的君子。王、诸侯、大夫都是不亲庶务的，士介在上、下层两阶级之间，受特殊的教育，在平时是治民的官吏，在战时是战争的主力。就上层的贵族阶级说，是维持治权的唯一动力，王、诸侯、大夫如不能得到士的支持，不但政权立刻崩溃，身家也不能保全。就下层的民众说，士又是庶政的推动和执行人，他们当邑宰，管理租赋，审判案件（以此，士这名词又含有司法官的意义，有的时候也叫作士师），维持治安，当司马管理军队，当贾正管理商人，当工正管理工人，和民众的关系最为密切，因之又惯常和民众联在一起。就职业的区分，士为四民之首，其下是农工商。再就教育的程度和地位说，士和大夫最为接近，因之士大夫也就成为代表相同的教育程度和社会地位的一个专门名词。

士在政治上、社会上负有特殊任务，在四民中，独享教育的特权。为了适应士所负荷的业务，课程分作六种，称为六艺：礼、乐、射、御、书、数。内中射、御是必修科，其他四种次之。射是射箭和战争技术的训练，御是驾车，在车战时代，这一门功课也是非常重要的。礼是人生生活的规范，做人的方法，礼不下庶人，在贵族社会中，是最实际的处世之学。乐是音乐，是调剂生活和节制情感的工具，士无故不辍琴瑟，孔子在齐闻韶，三月不知肉味的故事，正可以代表古代士大夫对于音乐的爱好和欣赏的能力，奏乐时所唱的歌词是诗，在外交或私人交际场合，甚至男女求爱时，都可用歌词来表达自己的意思，这些诗被记录下来，保存到现在的有《诗经》等。书是写字，数是算数，要当一个政府或地方官吏，这两门功课也是非学不可的。

士不但受特殊的教育训练，也受特殊的精神训练。过去先民奋战的史迹，临难不屈，见危授命，牺牲小我以保全邦国的可歌可泣的史诗，和“食人之禄，忠人之事”的理论，深深印入脑中。在这两种训练下，养成了他们的道德观念——忠！忠的意义是应该把责任看得重于生命，荣誉重于安全，在两者发生冲突时，毫不犹豫牺牲生命或安全，去完成责任，保持荣誉。

在封建时代，各国并立，士的生活由他的主人诸侯或大夫所赐的田土维持，由于这种经济关系，士只能效忠于主人。到了秦汉的统一的大帝国成立以后，诸侯大夫这一阶层完全消灭，士便直属于君主与国家，忠的对象自然也转移到君主、国家了。士分为文武以后，道德观念依然不变，几千年以来的文士和武士，轰轰烈烈，为国家、为民族而战争，而流血，而牺牲，不屈不挠，前仆后继，悲壮勇决的事迹，史不绝书。甚至布衣白丁，匹妇老妪，补锅匠，卖菜佣，乞丐妓女，一些未受教育的平民百姓，在国家危急时，也宁愿破家杀身，不肯为敌人所凌辱，这种从上到下，几千年来的一贯信念，是我国的立国精神，是我中华民族始终昂然永存、历经无数次外患而永不屈服、终能独立自主的真精神。

士原来受文事、武事两种训练，平时治民，战时治军，都是本分。春秋时代列国的卿大夫，一到战时便统率军队作战，前方、后方都归一体（晋名将郤縠以敦诗书礼乐见称，是个著例）。到战国时代，军事渐趋专业化，军事学的著作日益增多，军事学家、战术家、战略家辈出，文官和军人渐渐开始分别，可是像孟尝君、廉颇、吴起等人，也还是出将入相，既武且文。汉代的大将军、车骑将军、前将军、后将军都是内廷重臣，遇有征伐时，将军固然应该奉命出征，外廷的大臣如御史大夫和九卿也时常以将军号统军征伐，而且文武互用，将军出为外廷文官，外廷文臣改官将军，不分畛域，末年如曹操、孙权都曾举孝廉，曹操横槊赋诗，英武盖世，诸葛亮相蜀，行军时则为元帅，虽然有纯粹的职业军人如吕布、许褚之流，纯粹的文人如华歆、许靖之流，在大体上仍是文武一体。一直到唐代李林甫当国以前，还是边帅入为宰相，宰相出任边帅，内外互用，文武互调。

李林甫做宰相以后，要擅位固宠，边疆将帅多用胡人，胡人不识汉字，虽然立功，也只能从军阶爵邑上升迁，不能入主中枢大政，从此文武就判为两途。安史之乱后的郭子仪，奉天功臣李晟，虽然名义上都是宰相，都是汉人，都通文义，却并不与闻政事，和前期李靖、李勣出将入相的情形完全不同了。经过晚唐五代藩镇割据之乱，宋太祖用全力集权中央，罢诸将军权，地方守令都以文士充任，直隶中枢，文士治国，武士作战，成为国家用人的金科玉律，由之文士地位日高，武士地位日低，一味重文轻武的结果，是宋朝成为历史上最不重武的时代。仁宗时名将狄青南北立功，做了枢密使，一些文士便群起攻击，逼使失意而死，南宋初年的岳飞致力于恢复失地，也为宰相秦桧所诬杀。文武不但分途，而且成为对立的局面。明代文武的区分更是明显，文士任内阁部院大臣，武士任官都督府卫所，遇着征伐，必以文士督师，武士统军陷阵，武士即使官为将军总兵，到兵部辞见时，对兵部尚书必须长跪。能弯八石弓，不如识一丁字，一般青年除非科举无望，岂肯弃文就武。致武士成为只有技勇膂力而无知识教养的人，在社会上被视为粗人，品质日低，声誉日降，偶尔有一两个武士能通文翰吟咏，便群相惊诧，以为儒将。偶尔有一两个武士发表对当前国事的意见，便群起攻击，以为干政。结果武士自安于军阵，本来无教养学识的，以为军人的职责只是作战，不必求学识。这种心理的普遍化，使上至朝廷，下至闾巷，都以武士不文为当然，为天经地义。武士这一名词省去下一半，武而不士，只好称为武人了。

近百年来的外患，当国的文士应该负责，作战的武士，亦应该负责。七年来的艰苦作战，文士不应独居其功，大功当属于前线流血授命的武士。就史实所昭示，汉唐之盛之强，宋明之衰之弱，士的文武合一和分立，殆可解释其所以然。古代对士的教育和训练，应加以重视，尤其应该着重道德观念——对国家对民族尽责的精神的养成。提高政治水准，为什么而战和有所不为，彻头彻尾明白战争的意义。要提高士的社会地位，必须文事和武事并重，必须政治水准和社会地位提高，这是今后全国所应全力以赴的课题。

第二章 历史的镜子：以古为镜，可以知兴替

西汉经济状况

目 次

一、绪　论

读过中国史的人，都知道西汉是中国史上的一个最重要的时代，都承认刘彻、王莽是这个时代中的最重要的代表人物。从公元前206年到22年，这二百二十八年中，一面结束了公元前1500年的旧账，一面下启至1929年的规划。截至1912年的国家设施行政，都还因循着而无大更革。刘彻是历史上空前的大创制家，王莽是历史上空前的大改革家。他们两人的创制和改革，一直影响到现在。他们使中国经济史起了空前的大变化。他们确定了当时及后代的社会命运。

从制度方面说：土地制度、货币制度、赋税制度，都在西汉时代确定规模。就经济政策方面说：征盐铁、榷酒酤，是在西汉时认为最重要的两件事。农本主义，困商政策，更为两千年所继承的根本政策。就思想方面说：名田说、限田说、王田私属法，都是两千年后平均地权说的权舆。西汉的二百二十八年中，产生了一切后代所奉行所继承的制度、政策、主义、思想。这是如何重要的一个时代啊！

但是我们不满意的，是史家记载关于这时期的社会经济不很详细，以致我们不能详确地综合观察比较、探讨。我们抱着十二分惋惜的态度，来追悼这可贵的史料，在史家的笔下轻轻失去而幻灭，而沉失在黑暗中！

二、西汉历代的财政

汉兴，承秦之敝，民作失业，流离饥馑。米石五千钱，马匹值百金，民无盖藏，大农仰屋，天子不能具醇驷，将相或乘牛车。财政的恐慌情形，可以想见，于是约法省禁，轻田租十五而税一，以期与民休息。量吏禄度官用以赋于百姓。山川园池市肆租税之人，自天子以至封君汤沐邑，皆各为私奉养，不取于国家。漕转山东粟以给中都官，岁不过数十万石。当时经济学者鉴于战国秦代本末倒置之弊，乃重本抑末，令贾人不得衣丝乘车，重租税以困辱之。于是农民滋殖，盖藏日富，孝惠高后之间，天下大定，复弛商贾之律，但令市井子孙，不得入仕籍。孝文初，除盗铸钱令，乃民竞逐末，弃捐农事。吴王邓通，钱遍天下，游食之民既多，淫侈之俗日长，帝乃躬历节俭，开籍田以劝农，数年之间，帑藏充实。景帝益事储蓄，诏三十而税一，为汉永制。至武帝之初，家给人足，仓库尽满。京师之钱，贯朽而不可校，太仓之粟，陈陈相因，红腐不可食。国用富溢，至斯极矣。乃外事四夷，内侈宫室，百姓劳苦，干戈日滋。百姓抗敝以巧法，财赂衰耗而不赡，入物者补官，出货者除罪，终武帝之世，算商车，置盐铁官，算缗钱舟车，榷酒酤，重敛诛求，民不堪命。昭帝即位，与民休息，令民以律占租。宣元成哀平五世，率由旧章，无所更革，故虽屡蠲租赋，而国用颇裕。王莽代汉，更弦易辙，农商失业，食货俱废。边兵二十万人，仰县官衣食，用度不足，数横赋敛。又一切税吏民赀三十而取一，公卿以下至郡县黄绶吏，皆保养军马，徭役繁剧，旱蝗相仍，民摇手触禁，不得耕桑。上至公侯，下至小吏，皆不得俸禄，舍私赋暴敛，无以自存。盗贼蜂起，民不聊生。然而莽败时，省中黄金且有六七十万斤，金玉财物充牣御府，朘削齐民，私自封殖。此莽之所以亡也。

三、西汉的平民生活

有人说：看完一本京师同仁堂的破账簿，可以窥见二百年前的生活状况，同样地，我们在《汉书》上、《史记》上，找到一两条不完备的断文烂句，也可以推想到汉代的平民生活，是如何地简单，如何地朴素，如何地值得后人留恋、追念。

公元前350年的平民生活——“一夫挟五口，治田百亩，岁收亩一石半，为粟一百五十石。除什一税十五石，余百三十五石，食人月一石半，五人终藏，为粟九十石。余四十五石，石三十为钱一千三百五十。除社闾尝新春秋之祠，用钱三百，余钱千五十，衣人率用钱三百，人岁终用钱千五百。不足四百五十，不幸疾病死丧之费，及上赋敛，又未与此。”这是一个非常翔实而又精确的古代农民生活状况的报告。他们辛苦了一年，可是还得亏空四百五十钱，倘若运气不好，那简直要没法应付一切的不幸事件。至于女人的生活：“冬民即入，妇人同巷相从，夜绩女工，一月得四十五日。”日夜连工，一日夜要做十八个钟头的工作。可是在任何记载上，绝对地寻不出她们的抗议或嗟怨的辞气。因为不如此便不能维持家庭最低的生活，而使男人的负担越重啊！根据上文的记述，得公元前350年农民生计支配表如下：

<table>
<tr><td colspan="3">一夫治田百亩</td><td colspan="3">冬夜妇人工作每日十八小时</td></tr>
<tr><td colspan="2">消费者</td><td>五口</td><td colspan="2">五口之衣</td><td>千五百文</td></tr>
<tr><td>收入</td><td colspan="2">粟一百五十石</td><td colspan="2">社闾尝新春秋之祠</td><td>三百文</td></tr>
<tr><td rowspan="2">支出</td><td rowspan="2">1
2</td><td rowspan="2">赋税十五石
终年五口之食九十石</td><td>不足</td><td colspan="2">四千五十文</td></tr>
<tr><td rowspan="2">总计</td><td colspan="2" rowspan="2">千八百文</td></tr>
<tr><td>剩余</td><td colspan="2">四十五石为钱一千三百五十</td></tr>
</table>

生活水平的高低，是视国家或社会的安谧与否而转移的。用经济学家的眼光来看，一石米价钱的高下，可以看出别的物件的价格，同时也可以知道社会之就序与否的情形。因此就我能力所及地，作西汉米价表——“秦汉时米百二十斤为石，乃权名，非量名。”——《十七史商榷》。

物名	时代	西历纪元	价格	备注
米石	汉初	公元前 200 年	五千钱	—
米石	—	—	万钱	马一值百金
米石	汉宣帝	公元前 70 年	五千钱	—
米石	汉元帝	公元前 40 年	三百余钱	—
	二年	—	三千钱	齐地饥
米石	王莽	公元 20 年	二千钱	洛阳东
米斛	—	—	黄金一斤	光武纪

汉人饮食除谷类、茶酒外，有面粉。学斋呫哔：“王莽始有啖面之文。”普通制作饮食之法，率以：

盐豉　见宋玉《九辩》"大苦咸酸"，注及《史记·货殖传》《前汉书·食货志》。

醋　《汉武内传》："但醋作酢。"

蜜及蔗浆　蜜见《汉武内传》，蔗亦作柘，柘浆见宋玉《大招》，《前汉·郊祀歌》："柘浆析朝酲。"

香料除姜桂外，多用蒜荽及脂麻。张骞使西域得荽，香菜也。

制作肉食，别有烧割之一法，刘熙《释名》："貊炙"全体炙之，各自以刀割食。

喜食犬、牛，故屠牛椎狗之事豪杰亦为之。嗜酒之风太甚，高祖初定天下，廷臣使酒争功，高祖颇厌之。武帝乃榷酒酤，非特用以防民食之不敷，亦以严费时佚事之禁也。然未几禁弛，群饮之风如故。此殆汉初军人，多来自民间，旧习未忘，遂播为风气欤！

王符《潜夫论·浮侈》曰："昔孝文皇帝躬衣戈绨，革舄韦带。而今京师贵戚衣服饮食车舆庐第，奢过王制，固亦甚矣！且其徒御仆妾，皆衣组彩牒，锦绣绮纨，葛于升越，筩中女布，犀象珠玉，琥珀玳瑁，石山隐饰，金银彩缕，穷极丽美，转相夸诧。"《汉书·五行志》曰："风俗狂慢，变节易度，则为剽轻奇怪之服，故有服妖。"可知当时衣服之好尚矣。

衣服的材料多用布、绫（《西京杂记》）、罗（《地理志》及郭宪《洞冥记》）、纱、段、缯（《蔡邕传》）、葛麻，有锦绣冠（《舆服志》）、帻帽（刘熙《释名》）、布巾（《急就篇》）。妇人则有冠子（《事物原始》）。衣之类有汗衫（《中华古今注》）、袄（《物原》），裳之类有袴褶（《舆服志》）、事裤（张萱疑耀）、抱腹（刘熙《释名》），履之类有履、舄、不借、伏虎头鞋（《中华古今注》），妇人之首饰，有五彩通草花（《物原》）、面花（《酉阳杂俎》）。衣正色，裳间色（《玉藻》）。普通之冠用弁（《诗》：突而弁兮），贵族冠元端。夕服深衣。士不衣织，不衣狐白。裘用狐麛羔等兽皮为之。童子不裘不帛，其衣缁布，以锦缘之。带亦锦为之（《玉藻》）。凡男女之衣服，多用裘衣，短褐则为贱者之衣。

《汉书·贡禹传》师古注：裋者，谓童竖所着布长。襦也。褐，毛布之衣也。

襜衣则为厨人之服。

《汉书》：董偃绿绩青厨加襜衣见武帝，幨构人服也。

至贾人则因国家政策关系，不得衣锦绣绮縠絺纻罽（《汉高纪第一》），然反此则亦可知贾人前此所衣也。

衣服饮食的渐臻繁复，固为文明进化的一过程，不过其所以与所以然的结果，却处处与经济问题相表里而互为因果。换言之，民族越进化，人民生活越安适，则所要求者，常为如何能使越优美妥善之方法。于是购置为越强，而对于经济的要求越热烈也。

四、西汉的经济政策

西汉时代，去古不远。其所秉承的传统政策，多含有历史的背景及经济学说的根据。自公元前200年至20年，二百二十年中所保持的农本主义、困商政策，颇见显著的效果。至于含有时间性的经济恐慌期的经济政策，如征盐铁、榷酒酤、鬻爵、平准，以遭儒家反对，虽收暂时的成效于当时，而随设随废，未足以概论西汉一代也。今将各说之学理上的根据及其效果，分别论之如下：

a.农本主义　《洪范》八政，首列食货，《白虎通》曰："古之人民皆食禽兽肉，至于神农，用天之时，分地之利，制耒耜，教民农作。"农民虽不必起于神农时代，然亦可见其由来之远矣。《管子》曰："民无所游食，必农，民事农则田垦，田垦则粟足，粟足则国余。”《食货志》曰：“食足货通，然后国实民富而教化成。”以农为富国之本，教化之原。《礼记·王制》曰：“国无九年之蓄曰不足，无六年之蓄曰急，无三年之蓄，曰国非其国也。”《食货志》曰：“余三年食，进业曰登，再登曰平，余六年食，三登曰泰平。二十七岁遗九年食，然后至德流洽，礼乐成焉。”衣食足而知荣辱，储蓄备而无饥寒，政教之本，端在于农。《易》曰：“天地之大德曰生；何以聚人曰财。”班固释之曰：“财者，帝王所以聚人守位，养成群生，奉顺天德，治国安民之本也。”神农之教曰：“有石城千仞，汤池百步，带甲百万而亡粟，勿能守也。”一切的治国安民、教育、礼乐、军事，都与农业有连带关系。农本主义为古代学者同政治家的唯一的国家政策，也是西汉及后代所奉行不二的国家政策。

大城市的集中，商业的得势，都与农本主义的发展相冲突，古代的学者都抱着同一见解，以为农商势不并进，要使农业发展，必须设法使商业失势，因此设立农业保护法以救济之，换言之，就是困商政策。

b.困商政策 中国在公元前1500年，农业已具雏形，历来的学者及政治家都以商人的不劳而获为可鄙。《孟子·公孙丑篇》：“有贱丈夫焉，必求垄断而登之，以左右望，而罔市利，人皆以为贱，故从而征之，征商自此贱丈夫始矣。”这是征商说的起因，在这时代的民众心理，只以商人之罔利为贱。以其贱故征以税，《管子·八观篇》：“悦商贾而不务本货，则偷处而不务积聚。”以商贾为妨农之务的观念，《商君书·算地篇》：“技艺之士用，则民剽而易徙，商贾之士佚且利，则民缘而议其上。”贱工为其易徙，贱商为其议上。《垦令篇》：“重关市之赋，则农恶商……有疑惰之心，农恶商，商疑惰，则草必垦矣。”重赋税使商农交恶，以利农作，这是汉代困商政策的渊源。《汉高纪第一》：“贾人毋得衣锦绣绮縠絺纻罽操兵乘骑马。”《惠纪第二》：“应劭曰：汉律人出一算，算百二十钱，唯贾人与奴婢倍算。”《食货志》：“孝惠高后时为天下大定，复弛商贾之律，然市井子孙不得为官吏。”《汉书·晁错传》：“秦民见行，如往弃市，因以谪发之，名曰谪戍。先发吏有谪及赘婿贾人，后有常以市籍者，又后以大父母常有市籍者。”视商人等于奴婢，不能享受社会上一般人所享受的权利，商人别有贱籍，连大父母有市籍的都不免充军遣戍的苦差，在经商的时候，又是苛税横加，被人贱视，汉代商业之不振，自在意中。但是推《货殖列传·平准书》的记载，则大企业家仍复雄视一世，可知当时困商政策之施行，被排挤被淘汰的只是些小企业家、小资产阶级。据经济学原理，资本集中，则小企业不振；据社会学原理，大城市集中发展，则乡村衰落。试按元始二年（2）郡国户口统计，则二百万口以上之郡国占百分之三，百五十万口以上之郡国占百分之五，百万口以上之郡国占百分之六，五十万口以上之郡国占百分之三十，人口集中之原因，虽半由于移民之频数，其大半原因则在于商业的发展。由此可见困商政策之施行，实为失计，因为农作物的输入市场与得相当的酬报，势必有待于商人，农业与商业，实有相当的密切关系，故虽禁令频施，困辱备至，而其所困辱者，亦只肩挑贩卖的小商人与间接受损害的农人而已。

c.鬻　爵　文帝时贾谊、晁错主张农本政策。谊劝帝躬耕籍田，以劝百姓而崇积聚。错复上重农贵粟之书，请令募天下入粟子边，得以拜爵除罪。其言曰：“方今之务，莫若使民务农而已矣。欲民务农，在于贵粟……以粟为赏罚。今募天下入粟县官，得以拜爵，得以除罪……取于有余，以供上用，则贫民之赋可损；所谓损有余补不足，令出而民利者也……爵者上之所擅，出于口而无穷，粟者民之所种，出于地而不乏，粟足支一岁以上，可时赦，勿收农民租。”文帝从之，令民入粟输边及郡县，得以取爵赎罪。景帝时复修卖爵令，而裁其价以招民。武帝时置武功爵，以奉战士。原晁错之意，以为用不值钱不费力的爵位去换豪强富民之粟，调剂贫富，着实上算。可是“豪强占田逾多，浮客输太半之赋，官家之惠，优于三代，富室之暴，酷于亡秦，虽屡蠲租税，而惠不及于齐民。其所流被，适足以豪强而已”。平民不得沾除租税之实惠，豪强转以吞并小资产阶级，豪强越富，贫民越多，与晁氏初愿，适得其反，或亦非创议者所能预料的吧！

d.平　准　平准均输，是汉代第一大经济政策，国家穷乏，金融恐慌，社会摇动诸不安现象，都靠着平准而得暂时的救济。武帝时桑弘羊为大农中丞，令当诸所输于官者，皆令输其土地所饶，平其所在时价，官吏于他处卖之，输者便而官亦有利。元封中弘羊为治粟都尉，请置大农部丞数十人，分部主郡国，各置均输盐钱官。又令远方各以其物，如异时商贾所转贩者为赋，而相灌输，置平准于京师，尽集天下之货物，贵则卖之，贱则买之，故抑天下之物，名曰平准。一岁之中，太仓甘泉皆满，诸边有余谷，均输帛五百万匹，民不益赋而天下用饶。到昭帝时，儒家同法家曾经为施行平准而发生很激烈的争论。究之中国虽以农业立国，而商业亦与农业有相当的交互关系，大企业家过分地操纵社会，破坏农业经济，固属不可；国家经营大商业，而无保护小商人的方法或救济之于后，以国家的财富与势力和小民争利，亦属过当。平准之制，虽收效果于目前，要亦不可施之久远。否则，社会上之失业者将日益增加，社会的进步将因之阻滞，而农业将亦无兴盛之可能矣。

e.征盐铁　齐制盐出官鬻，铁止重征。孝惠高后时，豪强大贾、得管山海之利，采铁鼓铸煮盐，富甲天下，而不佐公家之急。武帝时大兴征伐，财用匮竭，乃令管干盐铁，募民自给费，因官器做煮盐，官与牢盆，敢私铸铁器鬻盐者钛左趾，没入其器物。又置大农部丞数十人，分部主郡国名，往往均输盐铁官，郡不出铁者置小铁官，置盐官者凡二十八郡，置铁官者凡四十郡，除故盐铁家富者为吏，吏益多贾人，然官作盐铁苦恶，价贵，强令民买之，郡国多不便。昭帝始元六年（公元前81），诏减天下盐价，元帝时尝罢盐铁官，三年又复之。终西汉之世，盐铁专卖之利，终未下溢。原盐铁之用，无间贫富，以百分率计，贫者之数约当富豪之百倍，征富一而贫民百，贫民愈贫，而富人愈得收其操纵之效，是以现代世界各国无征盐铁者，而我国沿汉之旧，且以盐税为岁入之大宗。朘削贫民，以益国库，良为经济学者所不取也。

f.榷酒酤　酒酤之禁，由来甚古，其义有二：A.恶其乱性；禹恶旨酒，文王酒诰之意是也。B.恐其糜粟以病民。武帝天汉三年（公元前98）初榷旨酒酤，昭帝始元末，丞相车千秋奏罢酒酤费酒斗四钱，始由政府专卖制一变而为征税制。王莽时始立法，官自酿酒卖之。以二千五百石为一率，开一垆以卖，月雠五十酿为准。一酿用粗米二斛麴一斛，得成酒六斛六斗。除米麴本价，计其利而什分之，以其七八官，其三及糟截灰炭给工器薪樵之费，于是置命士督五均六斡而民愈病。莽败，此制亦旋废。

五、西汉的均产政策

三代的井田制度，其详虽不可得悉，要亦为一种儒家所理想的平均地权政策，则可断言者也。西汉去古未远，孝宣、孝武诸帝，表彰儒术，罢黜百家，于是儒家之徒，竞言井田之制，以为欲除兼并之弊，得均富之利，其道非井田莫由，然以井田制度，破坏已久，骤而施行，恐不得当，于是董仲舒创为名田说，师丹、孔光承其学而广之，建议于朝，虽其说不行，然亦可窥见西汉新儒家所怀抱的经济政策及其政治思想也。王莽代汉，毅然行王田私属制，平均地权，解放奴婢，其任事之勇，思想之超越时代，实足为中国文化史政治史经济思想史放一异彩。惜其操之过急，为德不卒，太趋于复古思想，缺乏创造与革新之精神，为足惜也。

（一）名 田 董仲舒说武帝曰：“古者税民不过什一，其求易供。使民不过三日，其力易足，民财内足以养老尽孝，外足以事上供税，下足以蓄妻子极爱，故民说从上。至秦不然，用商鞅之法，改帝王之制，除井田，民得买卖。富者田连阡陌，贫者无立锥之地。又颛川泽之利，管山林之饶，邑有人君之尊，里有公侯之富，小民安得不困……汉兴循而未改，古井田法虽难卒行，宜少近古，限民名田，以赡不足……”颜师古释之曰：“名田者，占田也，各为立限，不使富者过制，则贫弱之家可足也。”井田废而贫富之阶级成，大资本家吞并小资产阶级与无产阶级，社会自然的均势因以打破，欲免除此种过分的不平衡与因此而发生的绝对的悬殊的现象，则过去的井田制度的恢复，实不可缓。然以其太理想化而不能施之实际，则一方面退一步而消极地限制富强，使其不得过限地操纵农村；另一方面使平民亦得相当的田产，以维持其最低的生活费用。此说代表西汉第二期的儒家经济思想，可称为消极的均产政策或社会主义。

哀帝时师丹辅政建言："古之圣王，莫不设井田而后治乃可平，孝文皇帝承亡周乱秦兵革之后……故务劝农桑，帅以节俭，民始充实，未有兼并之害，故不为民田及奴婢立限，今累世承平，富豪吏民，赀数巨万……而贫弱愈困……宜略为限……"天子下其议，丞相孔光、大司空何武奏请诸侯王列侯皆得名田国中，列侯在长安，公主名田县道，及关内侯吏民名田，皆毋过三十顷。诸侯王奴婢二百人，列侯公主百人，关内侯吏民百人，期尽三年，犯者没入官。时丁傅、董贤用事，遂寝不行。此说继承董说而更肯定之，董说未见实施，至此丁傅、董贤仗外戚宠幸之势，兼并民田，横作威福，社会上之富豪吞并，亦已为不可掩的事实，于是明定限数，以期保持均势，完成董说之使命，使无权贵之阻，则均产之制，或不待二千年后之列宁、马克思、孙中山之平均地权说，而已在西汉实施其规划矣。

（二）王　田　王莽代汉，更名天下田曰王田，奴婢曰私属，皆不得买卖，其男口不满八而田过一井者，分余田与九族乡党，犯令法至死，后三岁莽知民愁，下诏诸食王田及私属，皆得买卖，勿拘以法。二百年来董仲舒、师丹所理想的均产政策，至莽而做更进一步的实施，收天下田为国有，民男口八得受田一井，奴婢不得买卖，虽其结果适与其愿望相反，然亦时代使然，以民众未受相当的训练，知识阶级溺于保守的陋说，其失败之咎，固非莽责也。

六、西汉的土地制度

世界上一切的文武制度，都跟着时代跑，或者跑在时代的前面，土地制度自然也不能跳出这个圈外，中国在公元前的土地制度的沿革，据说是这样的：

三百六十八年

（夏商周）B.C.359…………B.C.90………A.D.9

——井田…………私田…………代田…………王田——

（一）土地制度

a.井　田

井田制度是超越时代的，它是跑在时代的前面的，虽然在上古时候，地小民乏，或有施用的可能，不过这样完密、整齐的田制，恐怕非三代的学者或政治家所能想象，而且土地的分配，也绝不能像豆腐干似的一方块一方块地区划清楚，不过在未得到有力的反证以前，也不得不利用它来说明周秦汉间儒家所理想的一种超时代制度：

司马法

	百步	百田	三夫	三屋	十井	十通	十成	十终	十同	十封
步六尺	亩	夫 九夫 为井	屋	井 方一里	通	成	终	同 方百里	封	畿 方千里

井方一里，分九方区，是为九夫，八家共之，各受私田八亩，公田十亩，是为八百八十亩，余二十亩以为庐舍，出入相友，守望相助，民受上田夫百亩，中田夫二百亩，下田三百亩，岁耕种者不易中田，休二岁者为再易下田，三岁更耕之，自爰其处，农民户人已受田，其家众男为余夫，亦以口受田如此，士工商家受田五口乃当农夫一人，若山林薮泽原陵淳卤之地，各以肥硗多少为差，民年二十受田，六十归田，七十以上，十岁以下，国家养之，十一以上，劝令习事。

b.私　田

秦孝公用商君，坏井田，开阡陌（公元前359），急耕战之赏，倾邻国而雄诸侯，土地制度由国有一变而为私有制，庶人之富有累巨万，而贫者食糟糠，有国疆者兼州域，而弱者丧社稷，汉兴承秦之敝，民无盖藏，富者田连阡陌，贫者无立锥之地，兼并越甚，贫民越多，豪强之徒，武断乡曲，商贾之士，利倾朝野，在此时期（公元前359—前90），田产土地得私相买卖赠予，无所谓制度，其主有权为完全私人的而非国家的，其取得之方法，为完全经济的而非法律的。

c.代　田

武帝末年（公元前90）以赵过为搜粟都尉，行代田法，一亩三甽，岁代处，故曰代田，古法也。后稷始甽田，以二耜为耦，广尺深尺甽曰，长终亩，一亩三甽，一夫三百甽，而播种于三甽中。其耕耘下种田器，皆有便巧，率十二夫为田一井，一屋故亩五顷亩二百四十步，用耦犁二牛三人，一岁之收常过缦田亩一斛以上，善者倍之。

d.王　田

王莽始建国元年（9）令曰："古者一夫田百亩，什一而税，则国给民富而颂声作，秦废井田，是以兼并起，贪鄙生，强者规田以千数，弱者曾无立锥之居，又置奴婢之市，与牛马同栏，谬于天地之性人为贵之义。减轻田租，三十而税一，常有更赋，疲癃咸出，而豪民侵陵，分田劫假，厥名三十税一，实十税五也。故富者犬马余菽粟，骄而为邪，贫者不厌糟糠，穷而为奸，俱陷于辜，刑不用错，令更名天下田曰王田，奴婢曰私属，皆不得买卖。其男口不满八而田过一井者，分余田予九族邻里乡党，故无田令当受田者如制度，敢有非井田圣制无法惑众者，投诸四裔，以御魑魅。"后三年莽知民愁，下诏诸食王田及私属，皆得买卖，勿拘以法。

（二）田数及土地与人口的分配

《汉书·地理志》元始二年（2）垦田统计，天下提封田一万万四千五百一十三万六千四百五顷，其一万万二百五十二万八千八百九十八顷，邑居道路山川林泽，群不可垦，其三千二百二十九万九百四十七顷可垦不可垦。定垦田八百二十七万五百三十六顷。汉制二百四十亩为一顷，以定垦田，约计之，得一二六四九一二〇亩。当时口数为五千九百五十九万四千九百七十八，人得约二十一亩。以可垦不可垦及定垦田计之，得四千五十六万一千四百八十三顷，人得约一百六十亩，以人得二十一亩计之，人岁入当粟十四石，以人得一百六十亩计之，人岁入当粟百石，前说失之少，后说失之多，以可垦不可垦田折半计之，益以定垦田之收入而折中之，则平均人岁入当四十石，除其终岁之养而以三十税一之则率之，则国家得岁入粟四五千万石。

七、西汉的赋税制度

赋税是国家财政上最重要的收入。郑樵《通志·食货略》曰："计口而入谓之赋。"《汉书·食货志》："税谓公田什一及工商衡虞之入。"赋共车马甲兵士徒之役，充实府库赐予之用。税给郊社宗庙百神之祀，天子奉养，百官禄食庶事之费。收入与消费的规定，在汉代已有具体的规划，不过这是国家承平无事的经济计划，如遇有特殊情形或兵事的时候，这固定的收入，便不能维持过量的消费，而不得不别设新的经济政策，来应付这非常的局面，有时国库充实，或行幸所过，也不时地蠲免赋税，以求减轻百姓的负担。古代的税制，大抵多用什一之法，春秋时鲁宣公初税亩——什二——秦始皇收泰半之赋——三取二——为后来赋税制之权舆。汉初民生凋敝，失业饥馑，天子不能具醇驷，将相多乘牛车，于是约法省禁，轻佃租十五而税一，量吏禄度官用以赋于民，山川园池市肆租税之人，自天子以至封君汤沐邑，皆各为私奉养，不领于天子之经费，量入为出，民得转喘。文帝用贾谊新农业经济政策，奖殖农事，身为之倡。晁错倡入粟卖爵议，抑富授贫，国用大足，十二年（公元前168）诏赐天下民租之半，十三年（公元前167）除民田租。景帝二年（公元前155）令民半出田租，三十而税一。武帝元狩元年

（公元前122），董仲舒进名田之说不能用，元鼎六年（公元前111）因左右内史地名山川源甚众，细民未知其利，令内史稻田租繁重，不与郡同，其议减之，复因祠后土，修封禅泰山之故，令所幸地毋出租赋，末年行代田法。昭帝始元元年（公元前86）诏毋令民出今年田租，始元六年（公元前81）令民得以律占租。盖武帝之时赋敛繁重，律外而取之，至是始复其旧，元凤二年（公元前79）令三辅太常得以菽粟当赋，征本色以便农人。宣帝本始元年（公元前73）赦天下租税不收，三年（公元前71）诏郡国伤旱甚者民毋出租赋，四年（公元前70）有地震，诏亦如之。元康二年（公元前64）又免被灾之郡本年租赋。继以甘泉行幸，免所过田租一年，凤鸟来，除本年租赋。元帝初元元年（公元前48）令郡国被灾害甚者毋出租赋，二年（公元前47）地动有受灾者亦如之。成帝建始元年（公元前32）郡国被灾十四以上毋收田租，鸿嘉四年（公元前17）郡国被灾十四年以上民赀不满三万勿收租赋。平帝元始二年（2）天下民赀勿满二万及被灾之郡不满千万勿收租赋。综计西汉一代，收入虽以赋税为大宗，而其余因地制宜之苛捐杂税，亦复繁重勿胜，兹举其可考者述如下：

A.赋

（一）算赋——百二十钱为一算。

a.平民

1.高帝四年（公元前203）八月初为算赋。

《汉仪注》："民年七岁至十四岁出口赋钱人二十三，二十钱以食天子，三钱者武帝加以补车骑马。人年十五以上至五十六，出赋钱人百二十为一算，以给库兵车马。贾人奴婢倍算。"

2.孝惠六年（公元前189）令女子年十五以上至二十不嫁五算。

3.文帝诏人赋四十，丁男三年而一事。

4.武帝建元元年（公元前140）制八十复二算九十复甲卒。

5.昭帝始元六年（公元前81）罢榷酤官令民得以律占租。

6.元凤二年（公元前79）三辅太常得以菽粟当赋。

7.元平元年（公元前74）诏减口赋钱什三。

8.宣帝甘露二年（公元前52）减民算三十。

9.成帝建始二年（公元前31）减天下赋钱算四十。

10.平帝元始元年（1）诏天下女徒已论归家顾出钱月三百。

b.商贾

1.汉律人出一算，算百二十钱，唯贾人与奴婢倍算。

2.诸贾人未做贳贷卖买居邑贮积诸物及商以取利者，虽无市籍，各以其物自占，率缗钱二千而算一，诸作有租及铸率缗钱四千算一，非吏比者三老北边骑士轺车一算，商贾人轺车二算，船五丈以上一算。

（二）更赋——更迭力役之征——更有三品：

a.卒更　古者正卒无常人，皆更迭为之，一月一更。

b.践更　贫者欲得雇更钱者，次直者出钱雇之，月二千。

c.过更　天下人皆直戍边三日，亦名更律，所谓徭役也。虽丞相子亦在戍边之调，人人不能自行，又行者当自戍，三日不可往便边，故诸不行者出钱三百入官，官以给戍者，是为过更。凡民年二十而傅，给徭播役，亦五十六而除。

（三）户赋——汉制列侯封王食租税，岁率户二百，千户之君则二十万，朝觐聘享出其中，户赋征于封邑者不属中央。

（四）军赋——赋以食将吏之同居亲属及故将吏之家，吏六百石以上，父母妻子与同居，及故吏尝佩将军都尉印，将兵及佩二千石官印者，家唯给军赋，他无所与。

B.税

a.田税

1.高祖轻田租什五而税一，复以用度不足，稍稍增取之。

2.惠帝即位，更复十五税一。

3.景帝用晁错新经济政策，定三十而税一为永制。汉制，田租掌之大农，储为国用。

b.山泽园池之税，掌之少府，后置水衡以分理之，所以给天子之供养，文帝后六年，弛之，王莽复设五均六管之令，采诸名山泽众物者税之。

c.献费　高帝十一年（公元前196）令诸侯王通侯常以十月朝献及郡各以其口数率人岁六十三钱，以给献费。

d.商车　武帝元光六年（公元前129）冬初算商车。

e.海税　武帝始征海税，以海丞主之，宣帝增海租三倍，以筑仓治船利漕运。

f.马口钱　武帝时租及六畜，有马口出敛钱，昭帝元凤六年（公元前75）令郡国无敛今年马口钱。

g.关市税　武帝太初四年（公元前101），徙弘农都尉治武关，税出入者以给关吏卒食。

h.所得税　王莽令诸取鸟兽鱼鳖百虫于山林水泽及畜牧者。嫔妇蚕桑织纴纺织补缝工匠医巫卜祝及他方伎商贾贩人坐肆列里区谒舍，皆各自占所为于其所在地之县官，除其本，计其利，十一分之，而以其一为贡。

i.财产税　王莽末年令一切税吏民赀三十而取一。

C.国家收入

据平帝元始二年（2）郡国户口统计，民户一千二百二十三万三千六十二，口五千九百五十九万四千九百七十八。以户钱二百计，其岁入之户赋，约二百四十万缗，以算赋每口百二十钱计，其岁入之额，约七百万缗，约计两赋，岁入当一千万缗强弱。据《汉书·地理志》，汉提封田一万万四千五百一十三万六千四百五顷，其一万万二百五十二万八千八百九十八顷，邑居道路山川林泽，群不可垦，其三千二百二十九万九百四十七顷可垦不可垦，定垦田八百二十七万五百三十六顷。今据定垦田约计之，中熟之岁，顷获百五十石，则顷征五石（三十而税一），约计之，国家岁入当四千五百万石，至于其他之杂税，及律外之租，虽然不能有精确的统计，大概算起来，总在正当收入的十分之四以上，由此可得下列的统计：

户赋	岁入二百四十余万缗。
口赋	岁入七百余万缗。
田赋	岁入四千五百万石。
其他杂税	岁入四百万余缗。
	岁入千八百万石。
总计	岁入钱一千三百四十万余缗。
	粟六千三百余万石。

至于国家岁出，虽不可枚计，然按汉制量入为出之原则，则知岁出额当不致与岁人额相差过甚；岁出额的重要支出，约可别为三项：

1.军费及不时的赐予。

2.祭祀费，天子生活费，政费。

3.建筑费，治河费，一切无名的消耗。

制用之机关则有：

（一）大司农　掌属于国家之度支。

（二）a.少府　掌属于君主个人之度支。

b.水衡　掌君主个人之收入。

虽区限整然，不过实际上是否如此，又是另一问题了。

D.汉官俸禄表

古时制禄之数，皆用斗斛，《左传》言：豆区釜钟，各自其四，以登于釜。《论语》：与之釜，与之庾。《孟子》：养弟子以万钟，皆量也。汉承秦制，始以石为名。

《韩非子》："王因收吏玺自三石以上皆效之。"

《管子·禁藏篇》："民率三十亩，亩取一石，则入有三十石。"

故有中二千石，二千石、比二千石，千石、比千石，六百石、比六百石，四百石、比四百石，三百石、比三百石，二百石、比二百石，一百石，而三公号万石，按汉制百二十斤为石，然考《前汉书·百官公表》师古注：

汉制三公号称万石，其俸月各二百五十斛谷，其称中二千石者月各百八十斛，二千石者百二十斛，比二千石者百斛，千石者九十斛，比千石者八十斛，六百石者七十斛，比六百石者六十斛，四百石者五十斛，比四百石者四十五斛，三百石者四十斛，比三百石者三十七斛，二百石者三十斛，比二百石者二十七斛，一百石者十六斛。

则所谓万石，二千石以至百石者，第以为品级高下差别之称谓而已。今为表列之如下（见下页）：

按石重百二十斤，与一斛之数，不甚相远——顾亭林《日知录·俸禄篇》注："古时十斗为斛，一石即是一斛。"——则三公月俸万斛，实得乃三百五十石，佐史月俸百石，实得乃十六石，宣帝时米石五钱，若以钱计之，则三公月得千七百五十钱，佐史月得八十钱，微乎其微矣。

品级	官别	月俸
万石	三公	三百五十斛谷
中二千石	执金吾	百八十斛
二千石	右扶风	百二十斛
比二千石	光禄大夫	百斛
千石	武库令丞	九十斛
比千石	太中大夫	八十斛
六百石	郡丞	七十斛
比六百石	议郎中郎	六十斛
四百石	县长	五十斛
比四百石	侍郎	四十五斛
三百石	县尉	四十斛
比三百石	郎中	三十七斛
二百石	县丞	三十斛
比二百石	县丞	二十七斛
一百石	佐史	十六斛

（1）自丞相至佐史，凡十三万二百八十五人。

（2）昭帝神爵三年诏益吏百石以下俸十五。

（3）哀帝建平元年益吏三百石以下俸。

八、西汉的货币制度

前汉的货币制度，大抵因袭周秦，没有什么显著的改革。不过中间经过吴王邓通的即山铸钱，私铸令之随禁随弛，末年王莽之法古改制，币制因之紊乱，百姓困苦不堪，现在把汉前的币制同西汉历朝的币制列如下表：

A.太公九府圜法

a.黄金方寸　重一斤。

b.钱圆函方　轻重以铢为单位。

c.布帛广二尺二寸为幅，长四丈为匹。

B.周景王患钱轻，更铸大钱，文曰宝货，肉好皆有周郭

C.秦并天下币为二等

a.黄金以溢（二十两）为名上币。

b.铜钱质如周钱，文曰半两，重如之。

D.汉高帝令民铸

a.英钱。

b.黄金一斤（复周制）。

E.高后二年（公元前186）行八铢钱

六年行五分钱。

F.孝文五年（公元前175）更铸四铢钱，其文为半两

除盗铸令，使民放铸，吴以诸侯，邓通以权贵，即山钱，富埒天子，二氏钱遍天下。

G.武帝

a.皮币　以白鹿皮方尺缘以缋，值四十万。

b.三铢钱　重如其文。

c.白金三品

1.白撰　重八两，圜之，其值三千。

2.以重差小，方之，其文马，值五百。

3.复小，椭之，其文龟，值三百。

d.五铢钱　周郭其文。

e.赤仄　以赤铜为其郭，一当五，赋官用，非赤仄不得行。

令盗铸诸金钱罪皆死。

元狩五年（公元前118），令上林三官铸钱，至平帝元始中，

成钱二百八十亿万余。

H.王莽

a.四品并行。

1.大钱　径寸二分，重十二铢，文曰大钱五十。

2.契刀　其环如大钱，身形如刀，长二寸，文曰契刀五百。

3.错刀　以黄金错，其文曰一刀，值一千。

4.五铢钱。

b.罢错刀、契刀、五铢钱，更做金银龟贝钱布之品，名曰宝货。五物，六名，二十八品。

1.钱货六品，值如文（见下表）。

币名	径重	文曰
小钱	径六分重一铢	小钱值一
*	七分　三铢	幺钱一十
*	八分　五铢	幼钱二十
*	九分　七铢	中钱三十
*	一寸　九铢	壮钱四十
大钱	寸二分　十五铢	大钱五十

*：自小钱以至大钱，依次为别，不设名。

2.黄金一品，重一斤，值钱万。

3.银货二品，值如文（见下表）。

朱提	重八两为一流	值一千五百八十
它银		值一千

4.龟宝四品，值如文（见下表）。

元龟岠冉	长尺二寸	值二千一百六十	为大贝十朋
公龟	九寸	五百	壮贝十朋
侯龟	七寸以上	三百	幺贝十朋
子龟	五寸以上	百	小贝十朋

5.贝货五品，值如文（见下表）。

大贝	四寸二分以上	二枚为一朋	值二百一十六
壮贝	三寸六分以上		五十
幺贝	二寸四分以上		三十
小贝	一寸二分以上		十
不盈寸二分漏度不得为朋，率枚值钱三。			

6.布货十品，值如文（见下表）。

布名	长重	文曰
小布	长寸五分重十五铢	小布一百
幺布	寸六分　十六铢	幺布二百
幼布	寸七分　十七铢	幼布三百
厚布	寸八分　十八铢	厚布四百
差布	寸九分　十九铢	差布五百
中布	二寸　二十铢	中布六百
壮布	二寸一分　二十一铢	壮布七百
弟布	二寸二分　二十二铢	弟市八百
次布	二寸三分　二十三铢	次布九百
大布	二寸四分　一两	大布一千

莽下令，敢有非井田，挟五铢钱者，为惑众。投诸四裔，以御魑魅。

c.天凤元年（14）复申下金银龟贝之货，颇增减其价值，而罢大小钱，改作货布。

1.货布　长二寸五分，广一寸，首长八分有奇，广八分，其圆好径二分半，足枝长八分，闲广二分。其文右曰货，左曰布。重二十五铢，值货泉二十五。

2.货泉　径一寸，重五铢，文右曰货，左曰泉，枚值一。

总校两汉一代的货币本位，以铜为元素，其余黄金、朱提为辅币，皮币、布帛、龟贝，又为次辅币。虽各朝之制度因法令而异其形式，而其所采用之币制本位，则仍因循前代，无所变革。盖货币制度的发展，与国民经济有重要关系，货币的发展变迁，与国家财政的发展变迁，恒为平行的进步。货币制度的成立，固可视为经济进步的实据，抑亦为文化成熟的特征。王莽采用龟贝，汉武采用皮币，察其外表，似为进化或复古，实则当时武功煊赫，匈奴外藩，赏赐恒以亿万计（见附录一）。现金的流出过甚，国家财政因而动摇，他若妇女的以金属物为妆饰，宫殿祠宇的以金箔涂饰，金马露台诸建筑物的消耗，社会经济的集中于大资本家及少数贵族，处处都引起金融的不安与缺乏，开矿鼓铸之术，在彼时尚未十分发达，且有时悬为厉禁；是以消耗溢出多而出产额几等于零，当局者采用代币以救济暂时的恐慌，实为经济进化应有的步骤也。

九、西汉的人口问题

人口的增殖，与社会秩序的保持平衡，有相互的密切关系，他若经济状况的稳定，天灾人祸的免除，乡村与城市发展的消长，亦为人口滋殖与减少的原因。

汉初人口，遭六国争斗，祖龙屠杀，陈吴刘项吞灭之余，不过五六百万，自公元前206年至2年，二百余年间休养生息，滋殖到六千万，二百余年中增加十倍，大城市的发展，亦与人口的增殖成正比例，考其原因，约有下面数端：

a.移民的频数（见附录二）　自高帝九年（公元前198）至成帝鸿嘉二年（公元前19）一百七十余年中前后官办的移民运动，凡十七次，其中所移为富豪大族者凡八次（公元前198—127—96—83—73—19……）。

b.财富的增加　十七次之移民运动，形成大城市的畸形发展。其中八次的富族移殖，其被移殖的资格为赀财若干以上或富豪大贾，此巨额的金钱，因流动而发施其增殖的能力，城市增加财富，其发达自在意中。

c.城市的商业化　西汉一代虽屡屡保持其护农困商政策，然法律自法律，事实自事实，大商业的发展，仍不因政府的压迫而阻其生机，商业繁盛，大城市亦因此而骤增其数量。

人口与地域的分布，如下表所示。

前汉元始二年郡国户口统计表

A.D.2——《汉书·地理志》

序号	郡名	户数	口数	县数
1	京兆尹	一九五七〇二	六八二四六八	一二
2	左冯翊	二三五一〇一	九一七八二二	二四
3	右扶风	二一六二七七	八三六〇七〇	二一
4	弘农郡	一一八〇九一	四七五九五四	一一
5	河东郡	二三六八九六	九六二九一二	二四
6	太原郡	一六九八六三	六八〇四八八	二一
7	上党郡	七三九三八	三三七七六六	一四
8	河内郡	二四一二四六	一〇六七〇九七	一八
9	河南郡	二七六四四四	一七四〇二七九	二二
10	东　郡	四〇一二九七	一六五九〇二八	二二
11	陈留郡	二九六二八四	一五〇九〇五〇	一七
12	颍川郡	四三二四一九	二二一〇九七三	二〇
13	汝南郡	四〇一五八七	二五九六一四八	三七
14	南阳郡	三五九三一六	一九四二〇五一	三六
15	南　郡	一二五五七九	七一八四五〇	一八
16	江夏郡	五六八四四	二一九二一八	一四
17	庐江郡	一二四三八三	四五七三三三	一二

续前表

序号	郡名	户数	口数	县数
18	九江郡	一五〇〇五二	七八〇五二五	一五
19	山阳郡	一七二八四七	八〇一二八八	二三
20	济阴郡	二九〇〇二五	一三八六二七八	九
21	沛　郡	四〇九〇七九	二〇三〇四八〇	三七
22	魏　郡	二一二八四九	九〇九六五五	一八
23	巨鹿郡	一五五九五一	八二七一七七	二〇
24	常山郡	一四一七四一	六七七九五六	一八
25	清河郡	二〇一七七四	八七五四二二	一四
26	涿　郡	一九五六〇七	七八二七六四	二九
27	渤海郡	二五六三七七	九〇五一一九	二六
28	平原郡	一四四八三七	六六四五四三	一九
29	千乘郡	一一六七二七	四九〇七二〇	一五
30	济南郡	一四〇七六一	六四二八八四	一四
31	泰山郡	一七二〇八七	七二六六〇四	二四
32	齐　郡	一五四八二六	五五四四四四	一二
33	北海郡	一二七〇〇〇	五九三一五九	二六
34	东莱郡	一〇三二九二	五〇二六九三	一七
35	琅玡郡	二二八九六〇	一〇七九一〇〇	五一
36	东海郡	三五八五一四	一五五九三五七	三八
37	临淮郡	二六八二八三	一二三七七六四	二九
38	会稽郡	二二三〇三八	一〇三二六〇四	二六
39	丹阳郡	一〇七五四一	四〇五一七〇	一七
40	豫章郡	六七四六二	三五一九六五	一八
41	桂阳郡	二八一一九	一五六四八八	一一
42	武陵郡	三四一七七	一八五七五八	一三
43	零陵郡	二一〇九二	一三九三七八	一〇
44	汉中郡	一〇一五七〇	三〇〇六一四	一二

续前表

序号	郡名	户数	口数	县数
45	广汉郡	一六七四九九	六六二二四九	一三
46	蜀　郡	二六八二七九	一二四五九二九	一五
47	犍为郡	一〇九四七九	四八九四八六	一二
48	越雟郡	六一二八〇	四〇八四五〇	一五
49	益州郡	八一九四六	五八〇四六三	二四
50	牂柯郡	二四二一九	一五三三六〇	一七
51	巴　郡	一五八六四〇	七〇八一四八	一一
52	武都郡	五一三七六	二三五五六〇	九
53	陇西郡	五三九六四	二三六八二四	一一
54	金城郡	三八四七〇	一四九六四八	一三
55	天水郡	六〇三七〇	二六一三四八	一六
56	武威郡	一七五八一	七六四一九	一〇
57	张掖郡	二四三五二	八八七三一	一〇
58	酒泉郡	一八一三七	七六七二六	九
59	敦煌郡	一一二〇〇	七六七二六	九
60	安定郡	四二七二五	一四三二九四	二一
61	北地郡	六四四六一	二一六八八	一九
62	上　郡	一三八六三	六〇六六五八	二三
63	西河郡	一三六三九〇	六九八八三六	三六
64	朔方郡	三四三三八	一三六六二八	一〇
65	五原郡	三九三二二	二三一三二八	一六
66	云中郡	三八三〇三	一七三二七〇	一一
67	定襄郡	三八五五九	一六三一四四	一二
68	雁门郡	七三一三八	二九三四五四	一四
69	代　郡	五六七七一	二七八七五四	一八
70	上谷郡	三六〇〇八	一一七七六二	一五

续前表

序号	郡名	户数	口数	县数
71	渔阳郡	六八八〇二	二六四一一六	一二
72	右北平	六六六八九	三二〇七八〇	一六
73	辽西郡	七二六五四	三五二三二五	一四
74	辽东郡	五五九七二	二七二五三九	一八
75	元菟郡	四五〇〇六	二二一八四五	三
76	乐浪郡	六二八一二	四〇六七四八	二五
77	南海郡	一九六一三	九四二五三	六
78	郁林郡	二四三七九	七一一六〇	一〇
79	苍梧郡	二四三七九	一四六一六〇	一〇
80	交趾郡	九二四四〇	七四六二三七	一〇
81	合浦郡	一五三九八	七八九八〇	五
82	九真郡	三五七四三	一六六〇一三	七
83	日南郡	一五四六〇	六九四八五	五

序号	国名	户数	口数	县数
84	赵　国	八四二〇二	三四九九五二	四
85	广平国	二七九八四	一九八五五八	一六
86	真定国	三七一二六	一七八六一六	四
87	中山国	一六〇八七三	六六八〇八〇	一四
88	信都国	六五五五六	三〇四四八四	一七
89	河间国	四五〇四三	一八七六七二	四
90	广阳国	二〇七四〇	七〇六五八	四
91	甾川国	五〇二八九	二二七〇三一	三
92	胶东国	七二〇〇二	三二三三三一	八
93	高密国	四〇五三一	一九二五三六	五
94	成阳国	五六六四二	二〇五七八四	四

续前表

序号	国名	户数	口数	县数
95	淮阳国	一三五五五四	九八一四二三	四
96	梁　国	三八七〇九	一〇六七五二	八
97	东平国	一三一七五三	六〇六九七六	七
98	鲁　国	一一八〇四五	六〇七三八一	六
99	楚　国	一二四七三八	四九七八〇四	七
100	泗水国	二五〇二五	一一九一一四	三
101	广陵国	三六七七三	一四〇七二二	四
102	六安国	三八三四五	一七八六一六	五
103	长沙国	四三四七〇	二三五八二五	一三

总计：

郡国　一〇三

县邑　一五八七

户数　一二二三三〇六二（一一八七四九一七）

口数　五九五九四九七八（五五九七二五〇六）

平均数　每户有五人

每郡国有一一八七六七户

五七八五九二口

每县邑有七七〇八户

三一二五一口

大城市之百分数：

A.二百万口以上之郡国　三　3%

B.百五十万口以上之郡国　五　5%

C.百万口以上之郡国　六　6%

D.五十万口以上之郡国　三十　30%

E.二十万口以上之郡国	二九	29%
F.十万口以上之郡国	二一	21%
G.十万口以下之郡国	九	9%

秦兼诸侯，置三十六郡，其所杀伤，三分居二。犹以余力，行参夷之刑，收大半之赋。北筑长城，四十余万。南戍五岭，五十余万。阿房骊山，七十余万。陈项又肆其余烈，故新安之坑，二十余万。彭城之战，睢水不流。至汉高祖定天下，民之死伤，亦数百万。自孝惠至文景与民休息，五十余岁，民口大增；武帝承其资蓄，军征三十余岁。地广万里，天下之众，亦减半矣。及霍光秉政，乃务省役，至于孝平，六世相承，虽时征行，不为大害，民户又息。元始二年（2），郡国三百，县邑千五百八十七（《帝王世纪》作千四百八十七），民户千二百二十三万三千六十二（《帝王世纪》作千三百二十三万三千六十二，近人统作一千一百八十七万四千九百十七），口五千九百五十九万四千九百七十八（《帝王世纪》作五千九百一十九万四千九百七十八，近人统计作五千五百九十七万二千五百〇六。郑樵《通志》卷六十一《食货略》，口与此同，唯户作千二百二十三万三千，意其举整数而言耳）。西汉之盛，至斯为极。

十、西汉的都市问题

古代盖无乡市之别。《公羊传》宣十五年何注文：“民春夏出田，秋冬入保城郭。”此地所说的城郭，不过是农民积储粮糗终岁休宴的地方而已。后来人事日繁，需要尤急，工商业因此便骤形发展，于是工人、商人、官吏都把圜阓城阙为恒居，“国”“野”的分别遂判：野旷为村落，国衍为城市。

城市发达的原因，固有政治势力的集中，与经济状况的稳定发展。然其主要原因为农业失势，则殆不可讳言。

西汉一代的政治家及学者所最焦心痛首的问题，厥为农业与商业的轩轻欤。贾谊说汉文帝曰：

> 民不足而可治者未之尝闻，古之人曰：“一夫不耕，或受之饥。一女不织，或受之寒。”生之有时而用之亡度，则物力必屈……今背本而趋末，食者甚众，是天下之大残也……生之者甚少而靡之者甚多……今殴民而归之农，皆著于本，使天下各食其力，末技游食之民，转而缘南亩，则蓄积足而人乐所矣。——《汉书·食货志上》

师古注曰：“本，农业也。末，工商也。”以工商业为末事，欲殴诸农以增加生产率，游食者亦使服农，以减除耗折的消费。则汉初农业失势的情形，可以想见。晁错以为：

> 今农夫五口之家，其使役者不下二人，其能耕者不过百亩，百亩之收，不过百石……四时之间，亡日休息……勤苦如此，尚复被水旱之灾，急政暴虐，赋敛不时，朝令而暮改，当具有者半贾而卖，亡者取倍称之息，于是有卖田宅鬻子孙以偿债者矣。而商贾大者积贮倍息，小者列坐贩卖，操其奇赢，日游都市，乘上之急，所卖必倍。故其男不耕耘，女不蚕织。衣必文采，食必粱肉，亡农夫之苦，有阡陌之得……此商人之所以兼并农人，农人之所以流亡者也。今法律贱商人，商人已富贵矣，尊农夫，农夫已贫贱矣……而欲国富法立，不可得也。方今之务，莫若使民务农而已矣。欲民务农，在于贵粟。——《汉书·食货志上》

农业的所以失势，在于劳苦而得不偿失。商人则安坐而渔重利，一劳一拙，相形之下，或则弃农而就商，或则游食而不事事，或则终为操奇计赢的商人所兼并，以是农村衰颓，经济势力集中在大城市，农人流亡，奔赴都会以求生活，其结果则为生产率骤减，消费率的增加适与成一反比例。贾谊对于这种情形，只取了一个消极的重农主义——殴民而归之农——晁错却更进一步，主张提高粟价，使农民得有相当的生活。在态度上讲，晁错是比较地积极，但是他不知道“水涨一尺，船高十寸”的原理，粟价的高低，是与其余的生活必需品成比例的。结果依然是保持原状，而都市发展的突进，即形成于这种情况之下。

城市的成因，大概不外是受下列三种形态的影响：

a. 政治的。

b.军事的。

c.商业的。

其结果则成为：

a.政治的城市。

b.军事的城市。

c.商业的城市。

但在古代，则无所分别。原城市之用意，盖筑为崇墉，以保积聚，以防盗寇，而商旅亦于是集焉。其后政务渐扩，大规模的攻掠亦因之而发生，即以为行政首长的所在地，为发施号令的中枢，或取军事上的便利，以为攻守的准备。故最初的都市，皆为政治的、军事的都市。

战国时旧都次第剪灭，并为七雄，政治势力，渐趋集中。而大都市亦随之而起，如：

《齐策》：“临淄之中七万户……临淄甚富而实，其民无不吹竽、鼓瑟、击筑、弹琴、斗鸡、走狗、六博、蹋鞠者。临淄之涂，车毂击，人肩摩，连衽成帷，举袂成幕，挥汗成雨，家殷人足，志高气扬。”

《史记·孟尝君传》：“孟尝君在薛招致诸侯贵客及亡人有罪者……以故倾天下之士，食客数千人……邑人不足以奉客。”“太史公曰：吾尝过薛……问其故曰：孟尝君招致天下任侠奸人入薛中，盖六万余家矣。”

《越绝书》记：“吴大城周四十七里二百一十步二尺，陆门八，其二有楼，水门八，南面十里四十二步五尺，西面七里百二十步三尺，北面八里二百二十六步三尺，东面十一里七十四步一尺，吴郭周六十八里六十步。”所记里步，详细如此，想非臆造。

《越绝书》又言：“吴市者，春申君所造，阙两城以为市，在湖里。”市而阙两城为之，其大可想。

春秋前的商业，不足以成都市，商业都市盖萌芽于春秋之末，而渐盛于战国中叶以后，而大盛于汉，当时政治都市，实唯各国之都城。然自工商业勃兴，则地的交通便利，为货物集散绾毂者，自然为商旅所萃，而新都市兴焉。

《史记·吕不韦列传》：“为韦，阳翟大贾也。”

《史记·货殖列传》：“范蠡乘扁舟，游五湖，在陶为朱公，朱公以陶为天下之中。诸侯四通，货物所交易也。”

西汉盛时，长安以政治首都同时并为商业首都，壮丽殷阗迈越前古：

《三辅决录》：“长安城面三门，四面十二门，皆通逵九达，以相经纬。衢路平正，可并列车轨。三涂洞开，隐以金椎，周以林木。左出右入，为往来之迳，行者升降，有上下之别。”

《三辅黄图》：“长安市有九，各方二百二十六步。六市在道西，三市在道东，凡四里为一市，致九州之人，在突门夹横桥大道，市楼皆重屋。又有旗亭楼，在杜门大道南。又有当市楼，有令署以察商贾货财买卖贸易之事，三辅都尉掌之。”

班固《两都赋》：“建金城其万雉，呀周池而成渊，披三条之广路，立十二之通门，内则街衢洞达，闾阎且千，九市开场，货别隧分，人不得顾，车不得旋，阗城溢郭，傍流百廛，红尘四合，烟云相连。”

张衡《西京赋》："廓开九市，通阛带阓，旗亭五重，俯察百隧。"

市民品流复杂，习俗豪奢。

《西都赋》："于是既庶且富，娱乐无疆，都人士女，殊异于五方，游士拟于公侯，列肆侈于姬姜。乡曲豪俊，游侠之雄，慕节原尝，名亚春陵，连交合众，驰骛乎其中。"

《汉书·地理志》："……是故五方杂厝，风俗不纯，其世家则好礼文，富人则商贾为利，豪杰则游侠通奸。濒南山，近夏阳，多险阻，轻薄易为盗贼，常为天下剧。又郡国辐辏，浮食者多，民去本就末，列侯贵人，车服僭上，众庶仿效，羞不相及，嫁聚尤崇侈靡，送死过度。"

《史记·货殖列传》所举当时大都市如下：

A .关中区域

（一）长安　关中自汧、雍以东至河、华，膏壤沃野千里……秦文孝缪居雍，隙陇蜀之货物而多贾，献孝公徙栎邑。栎邑北却戎翟，东通三晋，亦多大贾。武昭治咸阳，汉都长安，四方辐辏，并至而会，地小人众……

（二）巴蜀　巴蜀亦沃野，地饶卮、姜、丹沙、石、铜、铁、竹、木之器，南御滇僰，僰僮，西近筇笮，笮马旄牛，然四塞。栈道千里，无所不通，唯褒斜绾毂其口。

（三）天水陇西北地上郡

天水陇西北地上郡与关中同俗，然西有羌中之利，北有戎翟之畜，畜牧为天下饶。

B. 三河区域

（一）河东之杨，平阳

杨，平阳西贾秦翟，北贾种代，种代石北也。地边湖，数被寇，人民矜懻忮，好气任侠；为奸，不事农商，然迫近北夷，师旅亟往，中国委输，时有奇羡……故杨平阳陈掾其间，得逐所欲。

（二）河内之温轵

温轵西贾上党，北贾赵、中山，中山地薄人众，犹有沙丘纣淫地余民，民俗狷急，仰机利而食。

（三）河南之洛阳

洛阳东贾齐鲁，西贾梁楚。

（四）颍川及南阳之宛

颍川南阳，夏人主居也……南阳西通武关郧关，东南受汉江淮，宛亦一都会也，俗杂好事，业多贾，其任侠交通颍川。

C.燕赵区域

（一）赵故都邯郸

邯郸亦漳河之间一都会，北通燕涿，南有郑卫，郑卫俗与赵相类，然近梁鲁，微重而矜节，濮上之邑徙野王，野王为气任侠。

（二）燕故都燕

夫燕亦勃碣之间一都会也，南通齐赵，东北边胡。上谷至辽东，地踔远，人民稀，数被寇，大与赵代俗相类，而民雕悍少虑，有鱼盐枣栗之饶，北邻乌垣扶余，东绾涉貉朝鲜真番之利。

D.齐鲁梁宋区域

（一）齐故都临淄

齐带山海，高壤千里，宜桑麻，人民多文采布帛鱼盐，夫临淄亦海岱之间一都会也……其中具五民。

（二）陶睢阳

夫自鸿沟以东，芒砀以北，属巨野，此梁宋也。陶睢阳亦一都会也……好稼穑，虽无山川之饶，能恶衣食，致其蓄藏。

E .楚越区域

（一）西楚之故都江陵

夫自淮北沛陈汝南南郡，此西楚也。其俗剽轻，易发怒，地薄，寡于积聚。江陵故郢都，西通巫巴，东有云梦之饶。

（二）西楚之陈

陈在楚夏之交，通鱼盐之利，其民多贾徐僮取虑。

（三）东楚之吴

彭城以东，东海吴广陵，此西楚也。其俗类徐僮，朐缯以北俗则齐，浙江南则越，夫吴自阖闾春申王濞三人招致大下之喜游子弟，东有海盐之饶，章山之铜，三江五河之利，亦江东一都会也。

（四）南楚之故都寿春及合肥

衡山九江江南豫章长沙是南楚也。其俗大类西楚，郢之后徙寿春，亦一都会也。而合肥受南北潮，皮革鲍木输会也。

（五）越之番禺

九嶷苍梧以南至儋耳者，与江南大同俗，而扬越多焉。番禺亦一都会出，珠玑、犀、玳瑁、果布之凑。

据《货殖列传》所言："关中之地，于天下三分之一，而人众不过十三。然量其富，十居其六。"故下表所谓关中区域者实占当时全国财富的过半。而其唯一大都市即京师——长安。巴蜀陇西诸地，实不过长安的贸易区域及物品供给地而已。故传中亦不数其都市之名，盖关中都市的发达，为绝对之集中状态也。此外，大都市则在今河南七，在河北山西山东安徽各二，江苏湖北广东各一，其他诸省无闻，可见当时经济状况北丰而南啬，其在北地则西部尤殷焉。然考北丰南啬而西部特盛之由，则以商业发展与城市进步的因果律为其主要原因。商业经济集中发展的成效且驾政治势力的集中而上之，亦可见贾谊晁错之农业救济政策的失败，政府贱商政策的施无成效，而西汉农村的衰颓为何如矣。

西汉都市及其商业区域图

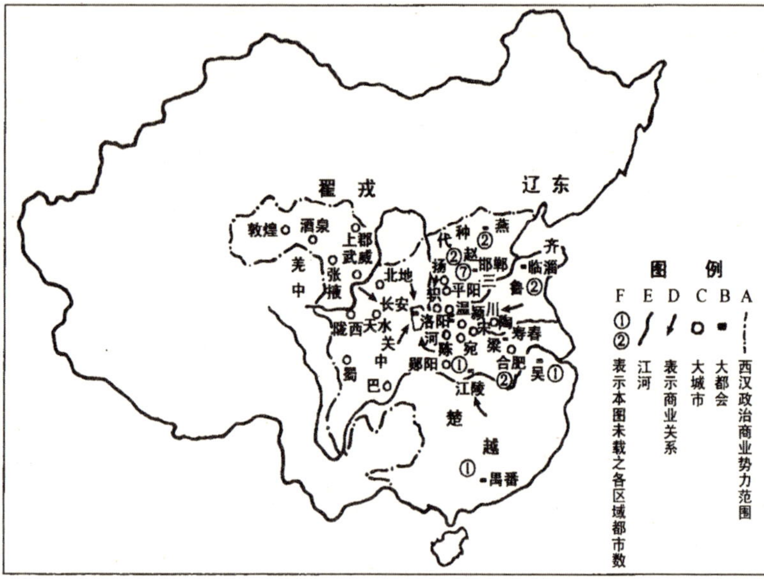

十一、西汉的农业灾害

西汉以农业立国，实行的政治家及议论的思想家，胥以农本主义为立国的宏图，而侪工商为末技。平时则奖励劝诱，驱民归农，遇有荒欠，则免赋募赈，救济多端，此读《前汉书》《食货志》及《十二本纪》，亦可以知其梗概矣。农业于西汉国家经济，既如此其重要，则农业的本身利害，其有关于国计民生可知，爰将西汉一代自高帝五年（公元前202）至平帝元始二年（2）二百年间的农业灾害列表于后。

——据《前汉书》《天文志》《五行志》《食货志》《十二本纪》。

西汉纪元	年份	灾kind
	公元前	
高帝五年	202	楚亡。 汉兴，承秦之敝，诸侯并起，民皆失业而大饥馑，凡米石五千，人相食，死者过半，高祖乃令民得卖子就食，蜀汉既定，民无盖藏。
惠帝二年	193	地震陇西，压四百余家。
五年	190	大旱，江河水少，溪谷绝。
高后二年正月	186	武都山崩，杀七百六十人，地震至八月乃止。
三年夏	185	汉中南郡大水，水出流四千余家。
四年秋	184	河南大水，伊洛流千六百余家，汝水八百余家，南阳沔水万余家。
八年	180	江水汉水溢，流水万余家。
文帝元年四月	179	齐楚地山二十九所同日俱大发水溃出。
二年六月	178	淮南王都寿春，大风毁民室杀人。
三年秋	177	天下旱。
五年	175	吴暴风雨，坏城府民室。楚王都彭城大风毁市门杀人。
六年春	174	天下大旱。
后元三年春	161	大雨昼夜不绝三十五日，蓝田水出流九百余家。淹坏民室八千余所杀三百余人。
后元六年四月	158	大旱，蝗。

西汉纪元	年份	灾祲
景帝三年	154	七国反，蝗。
中元三年秋	147	大旱，蝗。
中元四年夏	146	蝗。
后元年五月	143	民大疫死，棺贵，至秋止。
后元二年秋	142	大旱。
武帝元光五年秋①	135	螟。
六年夏	134	大旱，蝗。
建元三年春	138	河水溢于平原，大饥，人相食。
四年	137	旱。
五年	136	大旱，蝗。
元光三年	132	河水决濮阳，泛郡十六。
六年夏	129	大旱。
元朔五年春	124	大旱。
元狩元年	122	大雨雪，民多冻死。
三年夏	120	大旱。
三年秋		遣谒者劝有水灾郡种麦，举吏民能假贷贫民者以闻。
元鼎二年春	115	雪平地厚五尺，民多冻死。
二年夏		大水，关东饥死者以千数。
三年	114	关东郡国十余饥，人相食。
五年秋	112	蝗。
元封四年夏	107	大旱，民多渴死。
六年	105	大旱，蝗。

①此行及下行年号、年代有误，似为衍文。

西汉纪元	年份	灾奫
太初元年夏	104	蝗，从东方飞至敦煌。
二年秋	103	蝗。
四年夏	101	蝗。
天汉元年夏	100	大旱。
三年夏	98	大旱。
征和元年夏	92	大旱。
二年八月	91	地震压杀人。
三年秋	90	蝗。
四年夏	89	蝗。
昭帝始元二年	85	诏曰：往年灾害多，今年蚕麦伤。
四年	83	诏曰：比岁不登。
六年	81	大旱。
元凤五年夏	76	大旱。
宣帝本始三年夏	71	大旱，东西及千里，诏郡国伤旱甚，毋出租赋。
四年	70	地震河南以东四十九郡，坏城郭，杀六千余人。诏曰：今岁不登，已遣使者振贷困乏，其令太官捐膳省宰，乐府减乐人， 使归就农业……载谷入关者，得毋用传。
地节元年	69	假郡国贫民田。
四年	66	郡国被水灾。
元康二年	64	天下被疾疫灾。
神爵元年秋	61	大旱。
元帝初元元年	48	渤海水大溢，六月，关东大饥，民多饿死。琅玡人相食，民疾疫。

西汉纪元	年份	灾祲
元年九月		关东郡国十一大水，饥，或人相食，转旁郡钱谷以相救。禾麦伤。
永光元年三月	43	陨霜，伤麦、稼、麻，天下大饥。
三年冬	41	地震。
五年秋	39	颍川水出，流杀人民。
建昭二年十月	37	齐楚地震。
成帝建始元年	32	十二月大风，郡国被灾。
二年夏	31	大旱。
三年秋	30	关内大水，流杀人民无算。
四年秋	29	水灾，漂流兖、豫二州。
河平元年三月	28	旱，伤麦，民食榆子。
四年十月	25	流民入函谷关。
阳朔二年	23	关东大水。
鸿嘉三年夏	18	大旱。
四年	17	渤海清河河溢，被灾。
成帝永始三年夏	14	大旱。
四年	13	大旱。
绥和二年九月	7	地震自京师至北边郡国三十余，坏城郭，凡杀四百十五人。
哀帝建平元年	6	河南颍川水出，流杀人民。
	公元	
平帝元始二年	2	郡国大旱，蝗遍天下，青州尤甚。

综计之如下：

大旱	二十七
水灾	二十一

蝗螟　　二十

风灾　　四

疾疫　　三

地震　　七

饥馑（人相食）七

为灾八十九，而寇盗兵燹不与焉。案前代史家通习，每喜侈言祥瑞而匿灾馑。现代遗存的史书中所得考见者，在史学家秉笔当初，又不过用以警惕人主，另有作用，初不计其有关于一代经济史的如此其重大也。兹表所列，容有遗漏舛误，然亦可以窥见当时经济状况的一斑，今就武帝一朝而论之，则：

大旱　十

水灾　六

蝗螟　十

饥馑　三

地震　一

为灾三十，占西汉一代灾馑总数三分之一。再就武帝一朝征伐征发统计之如下：

	（公元前）	（征伐及征发）	（灾燹）
建元三年	138	遣严助发会稽兵浮海救东瓯。	大饥，人相食，次年蝗。
六年	135	击闽越，未至。	前一年大旱。
元光元年	134	遣李广屯云中，程不识屯雁门，寻罢。	
二年	133	五将军将三十万击匈奴。	
三年夏	132	发卒十万人救	河水决泛郡十六。

		决河。	
五年夏	130	发巴蜀治南夷道，发卒万人治雁门阻险。	螟。
六年	129	穿漕渠通渭。四将征匈奴遣韩安国屯渔阳。	夏大旱，蝗。
元朔元年秋	128	卫青李息击匈奴。	
二年	127	卫青李息击匈奴。募民徙朔方十万口。	
三年秋	126	徙朔方城。	
五年春	124	卫青将六将军十万人击匈奴。	大旱。
六年春	123	卫青将六将军十余万人击匈奴。	
夏		卫青复将六将军。复绝幕。	
元狩元年	122	淮南王反，死者数万人。	大雨雪，民冻死。
二年春	121	霍去病征匈奴。张骞李广击匈奴于右北平。	
三年	120	灭陇西北地上郡戍卒半，发谪吏穿昆明池。	水灾，大旱。
四年夏	119	卫青霍去病将十万骑步军踵军后	

		数十万人击匈奴。	
元鼎五年秋	112	五将军十万余人开南越。	蝗。
六年冬	111	二将军十万众征西羌，三将军击东越。公孙贺赵破奴击匈奴。	
元封元年	110	置十二部将军勒兵十八万骑，亲将巡边。	
二年	109	遣杨仆荀彘将罪人击朝鲜。遣郭昌卫广发巴蜀兵平西南夷。	
四年	107	遣郭昌屯朔方。	夏大旱，民多渴死。
			大旱。
六年	105	遣郭昌击益州昆明。	蝗。
太初元年	104	筑塞外受降城。发天下诞民遣李广利征大宛，天下奉其役运。	蝗从东方飞至敦煌。
二年	103	赵破奴将二万骑击匈奴不还。	蝗。
三年	102	筑五原塞外列城遣韩说将兵屯之，路博德筑居延。	次年蝗。
天汉元年	100	发谪戍屯五原。	大旱。
二年	99	李广利将三万骑出朔方，公孙表李陵出居延击匈奴。	

		泰山琅玡群盗徐勃等阻山攻城。	
四年	97	四将军将二十万人征匈奴。	前一年大旱。
征和二年	91	巫蛊事作，死者数万人。	地震，大旱。
三年	90	三将军将十三万人征匈奴。	蝗。次年蝗。

——据《前汉书·武帝本纪》

统计五十年中，凡征伐征发建筑五十，其中：

征伐，三十二

征发，八

建筑，七

叛乱，三

约计之，则五十年中人民的受国家征召而舍弃业务，或死亡于疆场，或因而感受失业的痛苦的约五百万人，以每人的家属五口计，则得二千五百万人，以供给军需——苛税、杂捐、军役——及战区的损失者倍计之，得五千万人——“西汉人口最高数五千六百万”——以前者计，按照西汉一代的最低生活程度，约人年需钱三千（？），则因壮丁的被征召而损失的费用为钱一百五十亿。以人耕百亩计，则土地的因而荒芜不治者五亿亩。其间接受损害者的所失额当十倍于此。直接受战区的损害者的所失额当二十倍于此，其影响于国家经济为何如！其影响于社会经济为何如！其影响于人民经济为何如！

按农业灾害表所列，则西汉一代的灾馑，武帝朝占三分之一，以区域论，则关中关东一带为当时唯一的农业发展地，以灾馑的次数论，则水、旱、蝗、疫，关东所被独多。而就征伐征发表论，则旱蝗之后，继以兵事，兵事未了，灾疫又兴。或当农季而被征发，或婴饥馑而奉役运，犹复朝令夕改，巡幸不时，榨髓求浆，枯骨不厌，地主失产，流为平民，平民流转，倒毙沟壑。农村的组织，根本动摇，农业经济，完全毁灭，《前汉书·武帝本纪》：“元狩四年冬——公元前119年——有司言关东贫民徙陇西北地西河上郡会稽凡七十二万五千口。”流民转徙至于七八十万，则当时的农业状况可知矣。

农业经济的被毁灭，农村组织的被破坏，固直接受灾祲、兵事的影响，然按《前汉书·武帝本纪》天汉四年——公元前97年——发天下七科谪及勇敢士征匈奴。张晏曰：“吏有罪一，亡命二，赘婿三，贾人四，故有市籍五，父母有市籍六，大父母有市籍七，凡七科也。”则无论本身现在是商人，从前是商人，父母是商人而本身非商人，祖父母是商人而本身非商人的平民，都被谪发，与罪人亡命同列，而抛弃一切的业务，去应罪为商人子弟的兵役了。一切的商人有血统关系的准商人，都离开市场，商业市场全归灭绝，与农业同其命运。于是这无工业无商业而农业也立即归于灭绝的畸形社会，顿发生一特殊的、异常的、绝后的倾向。农人离开田野，工人抛弃工具，去过着原始时代的流民生活了，商人离开市场，被拉去当兵了，货币等于无用，制度成为赘疣。平牝马匹值二十万，例之其他日常必需品，其增加率可知，而朝廷赏赐，辄复黄金数十万斤。宫苑囿，有增无已，国库荡然，民无盖藏，西汉一代财政的竭蹶，经济情形的混乱，于此为甚。

以百分率比之，则武帝朝经济状况的不安与破坏的原因，可析之如下：

A.农业灾害——水、旱、蝗、疫，壮丁被应兵役——30%

B.商人失业——商人勒赴兵役——25%

C.兵事费用——战费、赏赐费、建筑费——40%

D.巡幸及营造——15%

由上所述，作西汉一代经济状况盈绌表：

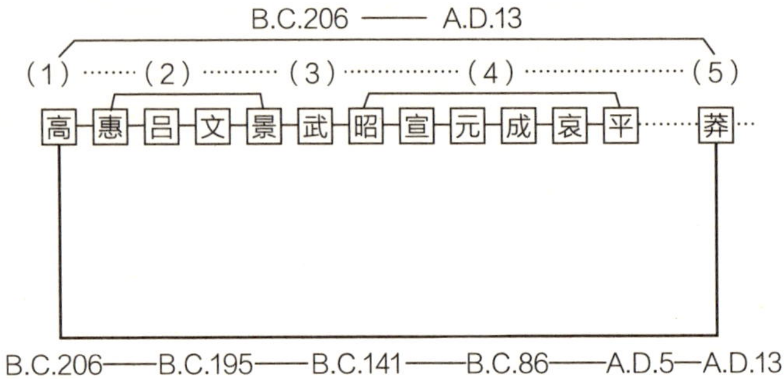

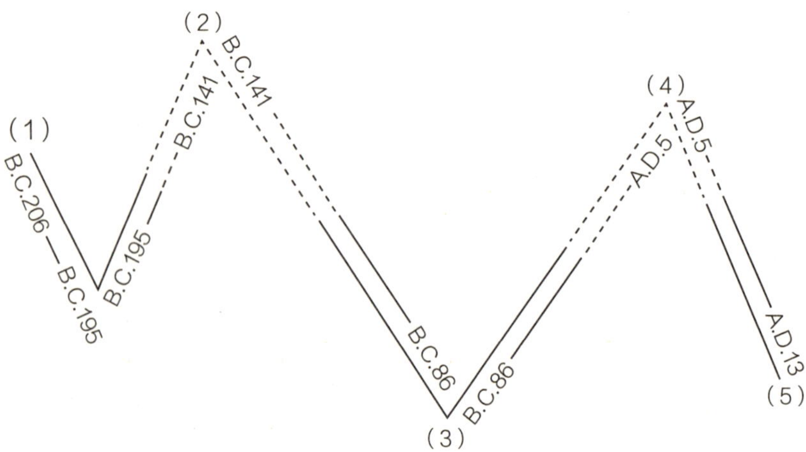

十二、结　论

自近三十年来新史学勃兴的收获，把二千年来中国恒河沙数的一切平民士大夫智愚贤不肖所盲目想象的三皇、五帝、揖让、三代至治的迷梦揭去，便骤然地把中国的历史剪断，缩短了一大部分，在未把剪去的部分审查确定以前，自公元前722年到13年，这七百多年中的史实，是比较重要而值得我们注意的。

把中国史当成世界史的一个单位看，西汉一代在历史上的意义，其重要较之任何国任何时代，均无足比拟。假使汉武帝及其子孙不倾全国的兵力财力把匈奴赶跑，现在的欧洲史的页数，无疑要缺少二分之一，也许不会引起亚尔萨斯、鹿林州的争论，也许空前的大战失其可能性，也许雅利安族因得不到新的血液而衰老，也许20世纪的欧洲还停在波斯帝国的铁鞭下而迟疑。

把中国史放在空间的立场上看，则西汉一代是从封建制度到郡县制度，从多方面经济到单纯经济，从游浪生活到固定生活的桥梁。在学术思想方面，由诸子百家而成为儒家独面。在经济生活方面，由农工商经济而成为单一的农业经济。它确定了宗法社会的规模，它建设了国家经济的地位。

从横面看，就西汉一代本身的立场来做概括的分析。如前西汉一代经济盈绌表所列：

第一时期　公元前206—前195——乱后民疲大农仰屋

——穷乏期

第二时期　公元前195—前141——国富逐渐增涨达最高点

——殷庶期

第三时期　公元前141—前86——国富逐渐贫蚀达最低点

——穷乏期

第四时期　公元前86—5——滋生休养元气渐复

——生息期

第五时期　5—13——遭新莽乱民穷财尽

——亏蚀期

其人民、社会、国家的经济情形的消长，水波状的起伏的循环率，与对内对外的军事行起及因此而造成的新经济政策与经济现状的抵牾性，法家儒家因之而引起的争论，造成两政党的轮流执政，终之王莽毅然的改革及其失败的社会的与经济的背景。凡此一切，均给予后代以永远的典型与影响。

如以现代经济学的眼光来解释中国的工、商、农业的经济的落伍的原因，在《西汉经济状况》研究终结以后，至少我们可以说，两千年来的工业、农业、商业之所以不发达的最大原因，是中了新儒家的传统思想的毒，因为当时任何一世代的执政者，几乎成为世袭的新儒家的独裁。一般新儒家谬误的经济观念，以为驱民归农，是唯一的保护农业的政策，然而他们除了于农业遭了意外的灾难之后，才去设法消极地救济，如免赋、免役、给赈等贼去关门的方法之外，从来不曾顾虑到如何去巩固农村的组织，如何去增加农事产额的比率，如何去保障农民工作者的安全，如何去改良农器与种子以求效率的增进，虽然这些比较近代化的方法，我们或者不能以此苛责两千年前的西汉人，不过从这一点出发，因循苟且，无积极思想，不负责任的劣根性的评价，西汉人实应先负其责。

至于工业、商业，从来便视为不在政府保护范围以内的职业，有时且横加以无理由的压迫，如市井子弟，不得衣绣乘马，不得入仕，有市籍或祖先有市籍者有尽先应兵役之义务，种种意外的摧残，终使才吐蓓蕾的幼稚的商业与流产的工业遭受同样的命运，而夭灭，残废。

由于新儒家对于农、工商业经济观念的歧视，两千年来的农工商业永远陷于矛盾的、稚气的、微弱的、灰色的环境中。

再就反面观察，在新儒家得势以后，“士”在社会上的地位与观念，便骤然地比以前提高了几倍，这种倒溯的趋势，使“士”的阶级成为社会上最高的目标，成为万流之壑。“士”的数量，遂依时间的比例而为级数的增加，其潜在的势力，执了二千年来政治舞台的牛耳，浸假演成为三士的人生观，即：

1.志士——年壮有为，角力于政治舞台，即所谓劳心者。

2.名士——事业成就，优游泉石，所谓闲阶级。

3.居士——敛影林下，遁入虚无，所谓待死的消极者。

“士”自壮而衰，由志士而名士而居士，其对于国家、社会的有无贡献且勿论，其生活的背景则纯为劳力者的寄生虫，举凡其家庭中有血统关系的亲属，朋友辗转依就，如蛆附骨，成为寄生虫的附加物，社会上遂于无形中增加重量的经济负担，生产者的数额，因“士”的阶级与观念的形成而日渐减少；另外，机械的消费者却因同一原因而逾量地增加。两者在社会背面的关系与挣扎，经过历史上的长时间，形成了现在的僵死的局面。

综合以上所述，在经济的本身方面，在社会的畸形阶级方面，在农工商业的经济背景与思想方面，“士”的阶级与其潜势与现在的关楔，国家的政制名物，传统思想，从现在的实质以推及两千年前的种切，时时有发生密切关系的可能，所以我们如欲了解现在的“果”，那对于两千年前所造成的“因”——西汉经济状况——不能不加以注意与研究。

附录一：西汉的黄金问题

据《前汉书》《史记》作西汉黄金赏赉表：

A.汉高祖以黄金四万斤与陈平，使为楚反间，不问其出入。

B.娄敬说帝都关中，田肯说帝当以亲子封齐，即各赐黄金五百斤，赐太公家金五百斤。

C.叔孙通定朝仪，赐黄金五百斤。

D.吕后崩，遗诏赐诸侯王各千斤。

E.陈平交亲周勃，用黄金五百斤。

F.文帝即位，以大臣诛诸吕功，赐周勃五千斤，陈平灌婴各两千斤，刘章刘揭各千斤。

G.吴王濞反，募能斩汉大将者，赐五千斤，列将三千斤，裨将两千斤，余将一千斤。

H.梁孝王薨，藏府余黄金有四十余万斤。

I.武帝以公主妻栾大，赉金十万斤。

J.武帝赐平阳公主千斤，赐卜式四百斤。

K.卫青击匈奴大奏凯还，军受赏二十余万斤。

L.昌邑王赐故臣君卿千斤。

M.宣帝立，赐霍光七千斤，广陵王五千斤，诸王十五人各百斤，赐孔霸二百斤，王霸百斤。

N.元帝赐段会宗陈汤甘延寿各百斤。

O.成帝赐王根五百斤。

P.王莽聘史氏女用三万斤，赐孝单于千斤，顺单于五百斤。

Q.莽末年省中黄金万金者为一匮，尚一百六十匮，黄门钩盾尚方处处各百数匮。

约计之，得黄金二百四十七万七千三百斤。

此多量之黄金，是在两千年前的西汉君主及贵族的家财，用以赉赐有功或别种事件的，由此类推而以十倍之，得四千五百万斤，假设此数为西汉黄金之总额，似不为过，果尔，则此数较之现代世界债权人的国富似可抗衡而无愧，然何以一到东汉—三国—魏—晋即不复出现此巨量的数额，或巨量的赏赐或费用的见诸记载?

后世黄金缺少的原因，诚不外:

A.禁开采。

B.妇女装饰品。

C.殉葬，窖藏。

D.佛教输入。

E.流出外洋。

数因，然何以东汉去莽时未远，佛教的输入未久，而亦不见此项天文学数字式的黄金？汉前何以黄金的数字不若是之多?

就是退十步而论，即就赏赐的总数二百四十七万斤而论，开矿鼓铸的技术，在西汉的记载中，初未见十分发达，产金的区域亦未有确证可以证明西汉特多。则此数百万斤之黄金来路何自?

如谓黄金特多于西汉而置西汉以前不论，则为无来路；如谓黄金特多于西汉而置东汉及以后不论，则为无去路；如谓黄金之采铸术特精于西汉，则又无佐证以证明之；如谓西汉的黄金为金属的总称而非后世所谓的黄金，则《食货志》固明告吾人以黄金值钱万，而其他金属如铜、铁、锡，又名目俱在。

如《汉书》《史记》所记可靠，则此天文学数字式的黄金问题，且为中国史上的永久哑谜。否则，《汉书》《史记》亦不过三家村酒店老板的一篇糊涂账而已。

我希望有人注意这问题而予以详确的解决，并且希望我自己将来能发现现在假设的错误或可靠。

附录二：西汉的移民统计

（1）高帝五年九月	（公元前202）	徙诸侯于关中。
（2）九年冬	（公元前198）	徙齐诸田楚昭屈景怀燕赵韩魏后以实关中，与利田宅几十余万口。
（3）十一年	（公元前196）	令丰人徙关中者皆复终身。
（4）同上		令士卒徙入蜀汉关中者皆复终身。
（5）武帝建元三年	（公元前138）	赐徙茂陵者户钱二十万田二顷。
（6）元朔二年	（公元前127）	募民徙朔方十万口。
（7）同上		徙郡国豪杰及赀三百万以上者于茂陵。
（8）元狩四年	（公元前119）	关东贫民徙陇西北地西河上郡会稽凡七十二万五千口。
（9）元狩五年	（公元前118）	徙天下奸滑吏民于边。
（10）元鼎六年	（公元前111）	分武威酒泉地，置张掖敦煌郡，徙民以实之。
（11）元封三年	（公元前108）	武都氐人反，分徙酒泉郡。
（12）太始元年	（公元前96）	徙郡国吏民豪杰于茂陵云陵。

（13）昭帝始元三年	（公元前84）	募民徙云陵赐钱田宅。
（14）四年	（公元前83）	徙三辅富人云陵赐钱户十万。
（15）宣帝本始元年	（公元前73）	募郡国吏民赀百万以上徙平陵。二年以水衡钱为平陵徙民起第宅。
（16）地节三年	（公元前67）	胶东流民自占八万余口。
（17）元康元年	（公元前65）	徙丞相将军列侯吏二千石赀百万者杜陵。
（18）成帝阳朔二年	（公元前23）	关东大水诏流民欲入函谷天井壶口五阮关者勿苛留。
（19）鸿嘉元年	（公元前20）	徙郡国豪杰赀五百万以上五千户于昌陵。
（20）四年	（公元前17）	诏流民欲入关辄籍内，所之郡国，谨遇以理，务有以全活之恩。
（21）平帝元始二年	（2）	重徙江湖贼董成等二百余人云阳赐公田宅。

上表所列（1）（2）（7）（12）（14）（15）（17）（19）八次，所移皆为富豪大族。内（2）（17）（1）三次为贵族，（7）（12）（14）（15）（17）（19）六次为富豪吏民；而其中（7）（15）（17）（19）四次且有财产须超过某项程度之规定，（2）（5）（13）（14）（15）五次则应徙者且予以田宅或金钱上之奖励。

其最足令吾人注意的，则（1）（2）（5）（7）（12）（13）（14）（15）（17）（19）十次所移之富豪大族，其所移之地点，皆在关中—京师附近。

（3）（4）（6）（8）（9）（10）（11）（16）（18）（20）十次，所移皆为平民，（3）（4）（6）（9）（10）（11）六次为被动

的。（6）（9）徙以实边，（3）（4）以实关中，（10）（11）则有政治上的关系为之主动。（8）（16）（18）（20）是自动的，无量数的贫民为生活所逼，由关东流入关中，其因与果，纯为经济问题的变化。

二百余年中，移民二十一次，其中十七次纯由官办。考移民运动之发生，实导源于娄敬，因袭为汉家制度——每当易朝，其亲政之初，必先营山陵而移以拱民卫之——然自前196—前138，前64—前23——更易数代，未见记载，殆史之漏文也。

移民运动的发生，固导源于政治作用，而以政治势力中心点的长安，逐次增加巨量人口于其周围，其中有贵族、富人、官吏、豪杰，一切社会上的资产阶级，俱集中于首都附近，金融集合，购买力的增加与消费额的骤高为级数的比例，则商业经济的勃兴，商业都市的发展，自为其当然的结果也。

宋代两次均产运动——人民的历史之一章

10世纪末年（993—995）四川成都平原爆发了伟大的农民均产运动。

12世纪初期（1130—1135）湖南洞庭湖一带产米区又爆发了和上次意义相同的运动。

在地主官僚贵族的高压统治之下，有组织的正规军，犀利的武器，加上全国的财力，这两次均产运动当然是被“肃清”了。失败的鲜血在历史上写下了辉煌的一页。

宋代这两次失败的运动之所以值得现代人特别研究，是因为它们提出了明显的经济的政治的要求、改革的方案、具体的实践，是自觉的人民的呼声，是人民的历史的一章。

第一次的均产运动，宋李攸《宋朝事实》卷十七记：

> 淳化四年（993）青城县民王小波聚徒起而为乱。谓其众曰，吾疾贫富不均，今为汝均之。贫民附者益众，先是国家平孟氏（昶）之乱，成都府库之物，悉载归于内府。后来任事者竞功利，于常赋外，更置博买务，禁商贾不得私市布帛。蜀地土狭民稠，耕稼不足以给，由是群众起而为乱。

说明了刺激这运动的两个政治经济的因素，第一是宋军平蜀，把蜀中的财赋都当作战利品运到开封。第二是新治权的统制商业行为，使人民生活陷入绝境。这两个因素造成了蜀人的心理反抗，不甘于被征服者的奴役、剥削，起来要求经济上的均等和政治上的解放。

宋王辟之《渑水燕谈录》所记大体相同，他说：

本朝王小波李顺王均辈，啸聚西蜀，盖朝廷初平孟氏，蜀之帑藏，尽归京师。其后言利者争述功利，置博易务，禁私市，商贾不行，蜀民不足，故小波得以激怒其人曰，吾疾贫富不均，今为汝均之。贫者附之益众。

均贫富的方案和实践，宋沈括《梦溪笔谈》二十五记（王明清《挥尘后录》五同）：

李顺本蜀江王小博之妻弟。始王小博反于蜀中，不能抚其众，众乃推顺为主。顺初起，悉召乡里富人大姓，令具其家所有财粟，据其生齿足用之外，一切调发，大赈贫乏，录用材能，存抚良善，号令严明，所至一无所犯。时两蜀大饥，旬日之间，归之者数万人，所向州县，开门延纳，传檄所至，无复完垒。及败，人尚怀之，故顺得脱去三十余年，乃始就戮。

就是把富豪地主的过剩的、除开生活必需以外的财粟，用公开的手续，让他们自己报告，由人民调发，分配给贫民，这一新的经济措施自然获得广大的贫民阶层的支持。相对严明的军纪和合理的政治，更使这一运动获得广大的发展，虽然遭遇政府正规军，数和质都占优势的大军所围剿而消灭，然而，在几十年后，这一运动的成果仍然温暖地被保存于蜀中父老子弟的心坎中。

第二次均产运动的背景，绍兴三年（1133）伪齐尚书户部郎中兼权给事中冯长宁尚书右司员外郎许同伯同修什一税法，报告北宋的税制，给豪富地主以兼并的机会，造成贫富对立的尖锐现象说：

宋之季世，税法为民大蠹，权要豪右之家，交通州县，欺侮愚弱，恃其高赀，择利兼并，势必膏腴，减落税亩，至有入其田宅而不承其税者，贫民下户，急于贸易，俯首听之。间有陈词，官吏附势，不能推割，至有田产已尽，而税籍犹在者，监锢拘囚，至于卖妻鬻子，死徙而后已。官司摊逃户赋，则牵连邑里，岁使代输，无有穷已。折变之法，小估大折，名曰实直，巧诈欺民，十倍榨取，舍其所有，而责其所无。至于检灾之蠲放分数，方田之高下土色，不公不实，率毕大姓享其利，而小民被其害。贪虐相资，诛求不辍，朝行宽恤之诏，夕下割剥之令，元元穷蹙，群起为盗。[①]

洞庭湖沿岸是最饶足的米仓，贫富对立的现象也就特别显著。当宋徽宗正在穷奢极欲，搜敛豪取、建宫室、崇道教、求长生的时候，洞庭西岸武陵的农民钟相，相对地在宣扬等贵贱，均贫富的新教义。《建炎以来系年要录》卷三十一记：

建炎四年（1130）正月甲午，鼎州（常德）人钟相作乱，自称楚王。初金人去潭州（长沙），群盗乃大起，东北流移之人，相率渡江……相武陵人，以左道惑众，自号天大圣，言有神灵与天通，能救人疾患。阴语其徒，则曰，法分贵贱贫富，非善法也，我行法，当等贵贱，均贫富。持此语以动小民，故环数百里间，小民无知者翕然从之，备粮谒相，谓之拜父，如此者二十余年。相以故家赀巨万，及湖湘盗起，相与其徒结集为忠义民兵，士大夫避免者多依之。相所居村曰天子岗，遂即其处筑垒浚壕，以捍贼为名。会孔彦舟入澧州，相乘人情惊扰，因托言拒彦舟以聚众。至是起兵，鼎澧荆南之民响应。相遂称楚王，改元天战，行移称圣旨，补授一用黄牒，一方骚然。遂焚官府城市寺观及豪右之家，凡官吏儒生僧道

① 参见李心传：《建炎以来系年要录》卷六十五。

巫医卜祝之流，皆为所杀。

钟相的作风比李顺又进一步，不但要均贫富，而且要等贵贱，就现在的意义说，不只是彻底消灭地主贵族集团的经济特权，而是更进一步，消除更根本的这一集团人搜括剥削的政治特权。使人人有平等的经济享受，有过问政治，运用政权的权利。这一运动所消灭的对象，是贪污不法的官吏、武断乡曲的儒生、不劳而食的僧道和劳苦民众的寄生虫巫医卜祝，四种靠原始迷信生活的废物。所破坏的对象是特权阶级所凭借的官府和保护官府安全的城市，僧道所在的为民脂民膏所经营的寺观，以及豪右之家，农民所最痛恨的吸血鬼的巢穴。

这一运动经过几次的挫折，最后，于1135年为名将岳飞所荡平。

元代的民间海外贸易

元末南京有名的大财主沈万三秀，民间故事相传他家有聚宝盆，要什么宝贝就有什么。据《吴江县志》，原来沈万三是做海外贸易的，这一行当时叫作通番。县志说：

> 沈万三秀有宅在吴江二十九都周庄，富甲天下，相传由通番而得。张士诚据吴时，沈万三已死，二子茂、旺密由海道运米至燕京。

张士诚被朱元璋所灭，朱元璋深恨当地的地主富豪支持张吴抵抗，把他们都强迫搬到南京。黄味《蓬窗类记》说：沈万三原来叫沈富，排行第三，吴人都称他作沈万三秀，是元末江南第一富家。明太祖定都南京以后，要沈家每年献白金千锭（锭五十两）、黄金百斤。用兵时的甲马钱粮，也要他家供给。抄家时有田几千顷，每亩定赋九斗三升，江苏田赋之重是由他家开始的。另外，一些记载还记有明太祖强迫沈家修南京城墙的故事。

14世纪时，东南沿海的民间海外贸易很发达，除沈万三家以外，陶宗仪《辍耕录》卷二三中提到杭州人张存，1336年到泉州，做海舶买卖发财，1342年回到杭州，说曾在海外得到一块圣铁。卷二七中，嘉定州大场沈家，因下番做买卖成巨富。宋濂《翰苑续集》四记福州海贾林家驾着大舶，往来海外诸国，舶上张列旗帜和金鼓，经常戒备着，以防海盗抢劫。南海麦全等十一人以私卖外国货坐牢。再前些时候，《元史·卢世荣传》记1285年决定在泉州、杭州市舶都转运司，由官家造船给本，招商人出海贩运，得利官有其七，商有其三，严禁私自泛海。1314年铁木迭儿建议，过去富民到外国商贩，大赚其钱，出国的人越来越多。中国商品价格低，外国货越来越贵。应该由国家统一管理，责成江浙右丞专管，发船十纲，招商给予证明文件，由官收税，私贩的货物充公。

《元文类》卷四有《舶上谣》三首：

> 朱（清）张（瑄）死去十年过，海寇凋零海贾多，
> 南风六月到岸酒，花股篙丁奈乐何。
>
> 琉球真腊接阇婆，日本辰韩涉貊倭，
> 番船去时遗矴石，年年到处海无波。
>
> 熏陆胡椒腽肭齐，明珠象齿骇鸡犀，
> 世间莫作珍奇看，解使英雄价尽低。

所到的地方有琉球、柬埔寨、印度尼西亚、日本、朝鲜，等等；贩运的商品有香料、药材和珍珠、象牙、犀角，等等。

由此看来，苏州沈万三这一家之所以发财，是由于做海外贸易，所以得罪被迁到南京和后来的抄家，是因为支持张士诚和元朝，大体上是可信的。

正因为14世纪已经有了频繁的民间对外贸易，沿海人民具备了航海的知识技能和通商的经验积累，这样，就为15世纪上半期的郑和七下西洋那样规模巨大的商船队打下了基础。

宋明间统治阶级的内部矛盾

从北宋一直到明末，将近七百年时间，尽管换了不少朝代，一个统治阶级替换原来的统治阶级，一个家族推翻原来的统治家族，爬上统治的宝座，除旧布新，废止旧的某些苛政，颁布一些新的巩固统治的法令。但是，地主阶级统治的本质并没有改变，依然是占人口极少数的地主统治集团骑在广大农民头上吸吮脂膏，进行穷凶极恶的剥削。

在这期间，农民为了反抗地主阶级的压迫，举行过无数次的武装起义。

在统治阶级集团内部，也由于经济情况的变化，特别是东南地区经济的发展、繁荣、壮大，文化水平的提高，要求对束缚生产力的某些规章制度做适当的改变，要求在政治上有他们自己地区的代言人；也由于南北长期分裂、对立，南北地主阶级之间也因而形成一种互相轻蔑、不信任的心理状态。同样，由于各地区经济、政治情况的不同，统治阶级内部由于生产资料占有情况和剥削方式的不同发生了矛盾；前两者造成了地区间的相互矛盾，而后者又造成了超越地区间的矛盾、这一些人与那一些人的矛盾。政局的变化和改革的浪潮一个接着一个，南方地区和中原地区的地主阶级代表人物发生矛盾，这一群地主代表和那一群地主代表发生矛盾；形成统治阶级内部的斗争，反映在政治上是新旧党争和其他形式的政治斗争。例如，北宋前期北方豪族王旦、寇准和南方新兴地主阶级代表王钦若、丁谓的斗争，中期北方豪族韩琦、富弼、司马光和南方新兴地主阶级代表王安石、吕惠卿之争，后期的北方豪族代表和南方新兴地主阶级代表蔡京之争，这种斗争一直继续到南宋。中间金、元入侵，虽然情况改变了，民族压迫成为主要的矛盾，地主阶级内部矛盾退居次要地位，但是通过民族压迫，北人和南人在政治地位上的差别更显著了。

到明代，北方地主阶级和南方的地主阶级代表的利害冲突，又随着东南地区经济的进一步发展而发展，在政治上表现为当权的北方官僚有意地排斥南方的新进人物。也有时表现为当权的南方官僚有意地排斥北方的官僚。在中期倭患严重时代，更发展为沿海主张对外通商的地主和内地主张断绝通商地主的严重斗争。

统治阶级内部矛盾的一个方面的具体表现是，掌握政权的首相地位的争夺和当时官僚主要出身门路进士的争夺。

以宋朝史事为例，如真宗朝首相王旦是大名府莘县（今山东莘县）的豪族，祖父三代都做官。王钦若是临江军新喻（今江西新喻）人。真宗要任命王钦若做宰相，王旦说："我看祖宗朝从来没有南方人管国家大事的。虽然古人说过立贤无方，但是，也只适用于贤士啊。我做宰相，不敢排斥人。说的是公论。"真宗只好算了。王旦死后，王钦若才做宰相，他告诉人说："王旦一句话，迟了我十年做宰相。"[①]

王钦若在宋真宗天禧元年（1017）八月被任命为左仆射平章事，由此可见在这一年以前，没有一个南方人做过宰相。宋人笔记因此臆造出宋太祖曾经立石政事堂，说南人不可为相，要后代遵守。事实上宋太祖即位于960年，这时南方有荆南、蜀、南汉、南唐、吴越五国。到963年荆南才投降，965年蜀孟昶降，971年取南汉，975年降南唐，至于吴越，直到宋太宗太平兴国三年（978）吴越王钱俶才纳土投降。王旦、寇准所指的南人，大体上指的是南唐、吴越地区的人，975年以前，南唐、吴越都没有划归宋的版图，怎么有可能让这两个地区的人做宋的宰相呢？

也应该指出，这个故事虽然是臆造的，并无其事，但是，在政治上轻视、排斥南人，不使南人当国执政，却是当时北方地主阶级的比较普遍的企图。这个故事是正确地反映了当时的统治阶级内部斗争情况的。

---

① 参见李焘：《续资治通鉴长编》卷九〇；《宋史》卷二八二，《王旦传》。

寇准是华州下邽（今陕西渭南市东北）人。和王旦一样，极力排斥南人。1015年的进士考试，照规矩，要由皇帝召见考取前几名的进士，根据各人的仪表语言，决定谁是第一名。这次被召见的有新喻人萧贯和胶水（今山东平度）人蔡齐。蔡齐仪状秀伟，举止端重，真宗一见就喜欢他。寇准又说："萧贯南方下国人，不应该放在第一。"蔡齐就考第一了。真宗很高兴。寇准自命很高，很讨厌南方人轻巧。召见以后，他出来告诉同事说："又给中原夺得一个状元了。"①

不只是文官、进士，连武官也是如此。1006年，有人建议诸路巡检要选择武勇、心力强明的，请不要用福建、荆湖、江浙、川峡地方的人。真宗也觉得不对，对王钦若说："人的勇怯，不一定是南人北人的关系，用这办法区别，不是用人之道。"②因为武官是不参与政治的，因此，真宗没有采纳。

元代的台省重要官员，绝大多数是北方人。汉人、南人在万数人中找不到一两个。③

明初有科场案，洪武三十年（1397）会试发榜，泰和（今江西泰和）人宋琮考第一，北方人一个也没有录取。北方的举人大闹，说主考官刘三吾等都是南方人（刘三吾湖南茶陵人），有私心。明太祖大怒，叫侍讲张信等检阅考卷，结果不满意，考生又攻讦说是刘三吾故意拿不好的卷子复阅。明太祖越发生气，把张信等考官杀了，刘三吾以年老充军。状元宋琮也被罚充军。明太祖亲自出题另考，取了六十人，全是北方人。当时叫作南北榜，又叫春夏榜。④

明英宗时的吏部尚书王翱，盐山（今河北盐山）人。性不喜南士，引用的多是北方人。⑤北方人很喜欢他。到后来桐庐（今浙江桐庐）人

---

① 参见《长编》卷八四。

② 参见《长编》卷六三。

③ 参见叶子奇：《草木子》卷三，《克谨篇》。

④ 参见《明史》卷一三七，《刘三吾传》。

⑤ 参见《明史》卷一七七，《王翱传》。

姚夔做吏部尚书，又反过来，多引荐南人了。[①]

明武宗时首相焦芳是泌阳（今河南泌阳）人。他深恶南人，每退一南人就高兴。连谈到古人，也是破口骂南人，只要是北方人就称赞。作了一幅南人不可为相图送给当权的太监刘瑾。[②]

后期的东林党争，也包含有地方的因素。1654年清世祖和汉臣谈话，指出明末北人南人各自为党，把明朝搞坏了。[③]东林书院在江苏无锡，东林党人多是南人，魏忠贤是北方人，他的主要爪牙如冯铨等也多是北人，顺治的话是有些道理的。

这七百年间统治阶级的内部斗争，表现的一个方面是北方地主阶级和南方地主阶级代表人物间的斗争，这一批地主代表和另一批地主代表之间的斗争。

宋、元的统治者都是从北方用武力统一南方的，首都也在北方，自然而然地构成了以北人为主的官僚集团。明代虽然从南方起事，统一北方，但是明太祖从政治上考虑，有意识地扶植北方人出身的官僚，到明成祖迁都北京，情况改变，北人在政治上就越发吃得开了。

从宋到明，东南地区的经济情况逐步改变，生产更加发达了，对外贸易发展了，念书识字的人多了，文化水平在不断提高。相反，中原地区由于战争的破坏，生产下降，经济重心逐步转移到东南地区。特别是从宋太宗以后，进士科扩大考取名额，从唐朝的每科三五十人，扩大到几千人以至万人。同时，印刷术的发明和书籍的商品化，结合东南地区的经济上升，就使进士科的地区比例发生变化，南人越来越占较大的比重，官僚集团的地区比例也随之而发生相应的变化。通过考试加入官僚集团的南人，不能不代表本地区新兴的地主阶级和以地主阶级为中心的对外贸易集团的利益，要求变革一些不符合他们利益的规章制度，建立

① 参见《明史》卷一七七，《姚夔传》。

② 参见《明史》卷三〇六，《焦芳传》。

③ 参见《顺治东华录》二三。

保护他们利益的新制度新办法。这种变革的要求就被中原的地主阶级斥责为“轻巧”，斥责为变乱祖宗成法，坚决反对。道理站不住时就只好拿天变来吓唬了。

宋代新法派的领袖王安石的名言：“天变不足畏，祖宗不足法，人言不足恤。”就是针对这种情况发出的抗议。

三百年前的历史教训

今年（1944年——编者注），假如我们不太健忘的话，正好是明代亡于外族的三百周年纪念。

历史是一面镜子，三百年前，有太多的事情，值得我们追念。

三百年前，当明思宗殉国以后，李自成西走，清人借吴三桂的向导，占领北平分兵南下的时候，南京小朝廷领袖弘光帝，正在粉饰升平，兴建宫室，大备百官，征歌选舞，夜以继日。他的父亲死于非命，原配离散不知下落，国君殉国，国土一部分沦于“流寇”，另一部分被异族兵威所蹂躏，人民流亡离散，被战争所毁灭，被饥饿瘟疫所威胁，覆巢之中无完卵，即使是禽兽也该明白当前危机的严重。然而这位皇帝还是满不在乎，人生行乐耳，对酒当歌，南京沦陷的前夕，他还在排演当代有名的歌剧《燕子笺》！

三百年前，当南京小朝廷覆亡的前夕，清兵迫近江北，流寇纵横晋陕，民穷财尽，内忧外患交迫的时候，宰相马士英凭了一点拥立的私恩，独擅朝权，排斥异己，摈史可法于江北，斥刘宗周、黄道周于田野，迎合弘光帝的私欲，滥费国帑，搜括金帛，卖官鬻爵，闹得“职方多似狗，都督满街走”！左良玉举兵东下，以清君侧为名，他才着了急，尽撤防江的军队来堵住西兵，给清军以长驱深入的机会，他宁可亡国于外族，也不肯屈意于私争。到南京沦陷以后，他却满载金帛，拥兵到浙江，准备再找一个傀儡皇帝，又富又贵，消遣他的余年。

三百年前，当国家民族存亡系在一发的严重关头，过去名列阉党，做魏忠贤干儿子，倒行逆施，为士大夫所不齿的阮大铖勾结了马士英，奉承好了弘光帝，居然做了新朝廷的兵部尚书，综全国军政，负江防全责，在大权在握的当儿，他的作为不是厉兵秣马、激励士气，也不是构筑工事、协和将帅，相反地，他提出分别邪正的政策，他是多年来被摈斥的阉党，素来和清流对立的，趁时机把所有在朝的东林党人一一摈斥，代以相反的过去名在逆案的阉党。他造出十八罗汉五十三参的黑名单，把素所不快的士大夫留在北都不能出来的和已经逃亡南下的，都依次顺列，定以罪名。对付一般读书人，他也不肯放松，咬定他们与东林和左良玉有关，开了名单，依次搜捕。天不如人意，这些计划都因南都倾覆而搁浅。他只好狼狈逃到浙江，清军赶到，叩马乞降，不久又为清军所杀，结束他不光明的一生。

三百年前，当外族铁蹄纵横河朔，“流寇”主力恣张晋豫，国破民散、人不聊生的时候，拥兵数十万虎踞长江上游的左良玉，却按兵不动，坐观兴亡。他看透了政局的混乱，只要自己能保全实力，舍出一点贿赂当局，自然会加官晋爵、封妻荫子。在这个看法之下，他不肯用全力来消灭“流寇”，却用全力来扩充队伍。政府也仰仗他全力对付“流寇”，不肯调出来对付外敌。驻防在江北的四镇，又是一种看法，一面用全副精神勾结权要，一面用全副力量来争夺防区，扬州是东南最繁荣的都会，也就是这些军阀眼红的目标。敌人发动攻势了，他们自己还发动内战，杀得惊天动地。好容易和解了，指定了任务，北伐的一个被部下暗杀了，全师降敌，其他两个，清兵一到，不战而降，只有一个战死。左良玉的部队东下，中途良玉病死，全军都投降了清朝，做征服两浙闽广的先头部队。

三百年前，当前方战区的民众，在被敌人残杀奴役，焚掠抢劫，辗转于枪刀之下，流离于沟壑之中的时候，后方的都市，后方的乡村，却像另一个世界，和战争无关，依然醉生梦死、歌舞升平，南京的秦淮河畔，盛极一时，豪商富贾，文人墨士，衣香鬓影，一掷千金，画舫笙歌，穷奢极欲。杭州的西湖，苏州的阊门，扬州的平山堂，都是集会的胜地，文人们结文社，谈八股，玩古董，捧戏子，品评妓女，研究食谱，奔走公堂，鱼肉乡里。人民也在欢天喜地，到处迎神赛佛，踏青赏月，过节过年，戏班开演，万人空巷。商人依旧在计较锱铢，拿斤拈两。在战区和围城中的，更会居奇囤积，要取厚利。大家似乎都不知道，也不愿意知道当前是什么日子，更发生什么变局。他们不但是神经麻木，而且患着更严重的痿痹症。敌人一到，财产被占夺了，妻女被糟蹋了，引颈受戮，似乎是很应该的事情。《扬州十日记》和《嘉定三屠记》所描写的正是这些人物的归宿，糊里糊涂过活的结局。

三百年前，从当局到人民，从将军到文士，都只顾自己的享受、儿女的幸福，看不见国家民族的前途，个人的腐化，社会的腐化，宣告了这个时代的毁灭。虽然有史可法、黄道周、刘宗周、张煌言、瞿式耜、李定国、郑成功，一些代表民族正气的人物，却都无救于国家的沦亡、民族的被奴化！

三百年后，我们想想三百年前的情形，殷鉴不远，在夏后氏之世。

后金之兴起

一、建州三卫之分设

当明太祖崛起于濠泗，用兵力统一中国时，清代皇室的始祖童猛哥帖木儿（肇祖孟特木）也正在朝鲜境内活动。二百年后，他的后人努尔哈赤吞并海西、蒙古诸部，起而和明对抗。二百五十年后，经山海关守将吴三桂开门请入，就定都北京，继承了明室的统治权。

童猛哥帖木儿属于女直族中之建州部。女直分三种：分布于松花江以北一带者为海西女直，居住于自依兰县（三姓）至瑚尔喀江沿岸，绵亘于长白山一带者为建州女直，在东方沿海州一带者则为野人女直。海西以松花江一名海西江得名，建州则以依兰县旧为渤海时代之建州，野人则指其文化之落后。前两种明人称为熟女直，后者称为生女直，又以此部族皆行猎于黑龙江支流之忽剌温江沿岸，亦称为忽剌温野人（清人记载亦称为扈伦）。熟女直为金人后裔，生女直则或为东北西比利亚族之一种。以上所说的女直原名女真，因避辽兴宗讳更名女直。

女直诸族分布东北，东滨海，西接兀良哈，南邻朝鲜，北至奴儿干。三面强邻。明太祖建国后，更和辽东都司接壤。以此，在明代几百年中，女直诸族始终介在明和蒙古、朝鲜的三方关系中，利用三方面的不同关系，时而归附朝鲜，时而归明，时而助蒙古攻明，又时而助明征蒙古，周旋于三大国之间，慢慢地养成一股不可侮的实力，起而收服蒙古诸部，征服朝鲜，入主中国。在这长期活动中的主角和成功者是自称为后金的建州部。

建州前期之史事，始见于朝鲜《李朝实录》及《龙飞御天歌》，

《实录》太祖十二年（1379）条。

东北一道本肇基之地也，畏戚怀德久矣。野人酋长，远至移阑豆漫，皆来服事。常佩弓剑，入卫潜邸，昵侍左右，东征西伐，靡不久焉。如女真则斡朵里，豆漫夹温猛哥帖木儿，火儿阿豆漫古论阿哈出，托温豆漫高卜儿阏……等是也。上即位量授万户千户之职。

《龙飞御天歌》卷七第五十三章记：

斡朵里，火儿阿，托温三城，其俗谓之移阑豆漫，犹言三万户也。盖以万户三人分领其地，故名之。自庆源府西北行一月而至。

移阑女真语数词ilan即“三”，豆漫Tumen意为万，移阑豆漫即三万户之译文。此三万户所领斡朵里地在海西江（松花江）之东，火儿阿江（瑚尔喀江）之西。火儿阿地在二江合流之东，即今依兰县。托温地在二水合流之下流地点，和元代水达达路的五万户的比对，恰当其中的三万户。上记三酋长中，猛哥帖木儿为后来明廷所设建州左卫酋长，阿哈出则为建州卫军民指挥使司指挥使。

当女直三万户臣服于朝鲜李朝时，明廷也正在努力经营东北，绥抚女直诸族。洪武四年（1371）元平章刘益以辽东降附后，即设定辽都卫于辽东，列戍置将，着手经营。洪武五年（1372）三路出师北伐后，蒙古人远窜西北，明廷得以全力经略东北，置金、盖、复三州，收复开原、铁岭之地。六年（1373）置辽阳府县。八年（1375）改定辽都卫为辽东都司，废所属州县悉隶卫所，一切均以军政行之。时高丽政府仍和北元交通，明将周鹗、徐玉、陈玉等乃深入经略，直至鸭绿江右岸以北至辉发河流域之地，断绝高丽与北元之交通路，强迫高丽降服。洪武十六年（1383）元海西右丞阿鲁灰率众内附，二十年（1387）命冯胜率军征服盘踞金山和北元呼应的纳哈出。二十一年（1388）复击溃元军于捕鱼儿海，元主脱古思帖木儿仅以身免，寻为其臣也速迭儿所弑，自是蒙古遂分东西二部，不复能与明抗。东虏诸将相继降明，明为置全宁卫于今巴林地，泰宁卫于今洮南附近，福余卫于今齐齐哈尔地，朵颜卫于今儿洮河上源，应昌卫于达里泊湖畔以安置之，全宁、应昌二卫寻叛去，泰宁、福余、朵颜则仍服属于明，是为兀良哈三卫。又置大宁卫于热河，寻改为北平行都司，封宁王于此以镇之。又置广宁、义州诸卫，封辽王于广宁，封韩王于开原，沈王于沈阳，经略东北未附诸地。

元在辽东之势力既尽颠覆，明廷乃于东北三姓方面置三万卫以镇抚北部，东南朝鲜境置铁岭卫以统御南部。《明太祖实录》洪武二十年（1387）十二月庚午条：

置辽东三万卫指挥使司，以千户侯史家奴为指挥佥事。

三万卫原设于建州部所在之斡朵里，后以粮饷难继，退设于元开元故城（在珲春东，与辽河之开原不同地）。又承元旧置兀者野人乞列迷女直军民万户府以招抚野人，所辖区域包含今黑龙江下流一带。同时依元以合兰府为中心统辖女直野人之制，于朝鲜咸镜南道南端，江原道界上之铁岭置铁岭卫。铁岭原为元代极盛时之南边界线，但此时已成为朝鲜内地，深入设卫，在事实上发生困难。《明太祖实录》洪武二十年（1387）十二月壬申条录记要求高丽归还元代旧疆，仍以铁岭为两国界线：

命户部咨高丽王，以铁岭北东西之地，旧属开元，与土著军民女直、鞑靼、高丽人等辽东统之。铁岭之内，旧属高丽，人民悉听本国管属。疆境既正，各安其守，不得复有所侵越。

又二十一年（1388）三月辛丑条：

先是诏指挥佥事刘显等至铁岭立站，招抚鸭绿江以东夷民。

《高丽史》卷一三十《辛禑传》亦记：

> 西北面都安抚使崔元沚报：辽东都司遣指挥二人，以兵千余，来至江界，将立铁岭卫。帝豫设本卫镇抚等官，皆至辽东。自辽东至铁岭，置七十站，站置百户。

高丽君臣大震，以崔莹为八道都统使，领兵五万攻辽。大将李成桂行至威化岛，回军虏崔莹，废辛禑，不久即自立为王，是为李朝之始。同时明军来设卫者亦阻于事实上的困难，不能深入高丽腹地，仅于高丽江界（满浦）对岸之黄城（洞沟）附近进行招抚工作。未几又以后方之联络困难，移卫址于奉集堡。《明太祖实录》洪武二十一年（1388）三月辛丑条：

> 置铁岭卫指挥使司。先是元将校佥完哥等率其部属佥千吉等来附。至是遣指挥佥事李文、高颙镇抚杜锡置卫于奉集县，以抚安其众。

洪武二十六年（1393）四月又再徙于沈阳、开元两界古嚣州今铁岭地。

明设三万卫、铁岭卫后，和女直部族发生直接关系，火儿阿万户阿哈出入朝南京，纳女于燕王[①]，至成祖即位，阿哈出复入朝，赐姓名为李思诚[②]。永乐元年（1403）十一月诏设建州卫军民指挥使司，以阿哈出为指挥使。并遣千户王可仁等至朝鲜招抚女直。继由阿哈出之进言，永乐三年复遣使至斡朵里[③]招谕童猛哥帖木儿，时朝鲜官猛哥帖木儿为上护军，并令其弟及养子与妻弟均入宿卫，极力以爵赏笼络，不使归明。继又官猛哥帖木儿为庆源等处管事万户，使当守边之任。但猛哥帖木儿仍随明使入朝，受职为建州卫都指挥使，是为建州左卫之始。

---

① 参见《李朝太宗实录》四年十二月庚午条。

② 此据叶向高《四夷考》，《明实录》作李诚善。

③ 吾都里、斡朵怜，在朝鲜会宁境内斡木河地。童猛为兀狄哈所侵，南下出珲春平野，入居朝鲜境内，所住地仍系旧名。

另外，永乐元年（1403）遣行人邢枢于黑龙江流域，招抚奴儿干诸部野人酋长来朝，二年（1404）置奴儿干卫，七年（1409）四月又置奴儿干都指挥使司，先后置卫所一百八十四，兀者托温千户等所二十，又于开原设安乐州，于辽阳设自在州以处降人，量授以官，听其耕牧自便。极力用分化政策，因地设卫，各领敕书印绶，予以定期入贡及互市之权利，使不致团结入寇，为患边境。

建州卫自归明后，极为忠顺，除遣子弟入侍外，并调军随从征伐。永乐八年（1410）八月阿哈出子释家奴以从征阿鲁台功，由建州卫指挥使升为都指挥佥事，并赐姓名为李显忠。时黑龙江一带野人经明廷之招抚，骤然得势，南下压迫西南方面之建州女直，李显忠遂舍去原住之依兰地，永乐十年（1412）十一月得明廷准许，悉众南下移卫所于今吉林北面之乌拉街。永乐末年复受忽剌温野人之侵逼，李显忠子李满住再率众南徙于婆猪江（佟家江、佟佳江）沿岸怀仁县附近。时朝鲜英主世宗努力向北边拓地，建州卫不堪其逼胁及忽剌温野人之扰害，正统三年（1438）复远徙灶突山（呼兰哈达）东南浑河之上，赫图阿拉之地。忽剌温野人则随建州卫之退徙而进展，据有吉林及乌拉之地，是为后来之海西四部。

左卫童猛哥帖木儿时在朝鲜境内亦大肆活动，朝鲜受其威胁，至废庆源府，移王室祖墓德陵、安陵于咸州以避之。永乐九年（1411）以避朝鲜之攻击，移住于前代开元路之凤州（辉发江上流之房州，山城子）。永乐末年福余卫及忽剌温受蒙古之排击而南下，凤州感受威胁，左卫又复还至会宁旧居。宣德八年（1433）明廷进猛哥帖木儿官为右都督，其弟凡察为都指挥使。同年七月开阳（开原）女直阳木答兀纠合七姓野人（东海兀狄哈诸部野人女直之一派）攻杀猛哥帖木儿及其长子权豆（阿古），左卫部众多死。朝鲜乘机经营东北面，恢复旧地，猛哥帖木儿弟凡察及其子董山谋徙入朝鲜内地被拒，且被压迫，于是遂谋西徙，正统五年潜从会宁逃出，辗转西奔至赫图阿拉和建州本卫合住，傍明塞下安居。分处多年的两卫到此因意外之结果而重复合流团结，这在建州女直发展史上是一件特别值得注意的大事。

左卫西迁后，凡察和董山又因争掌卫印，发生内讧。

初猛哥帖木儿死后，凡察代领其众，以卫印亡失，请明廷另给新印，时董山深得部众之望，又获已失之旧印，遂和凡察争为酋长，明廷几度调停，凡察和董山仍不相下，正统六年（1441）八月辽东总兵官曹义提出一个折中办法，解决左卫的争端，始得无事。《明英宗实录》记：

> 丁丑，辽东总兵官都督佥事曹义言：此奉敕旨，以凡察、董山争掌卫印，宜审其所部人情所属者授之，臣即遣人奉宣诏旨，而二人各执一词，纷纷不已。遂同至开原，臣反复谕以朝廷法制，凡察乃黾勉出其新印，且欲身自入朝陈论。已省令暂还本卫，至秋后赴京，臣窃观其部落意响，颇在董山，而凡察怏怏。终难安靖。永乐中野人恼纳塔失叔侄争印，太宗皇帝令恼纳掌忽鲁哈卫，塔失掌弗提卫，其人民各随所属。今兹事体，与彼颇同，请设建州右卫以处凡察，庶消争衅，以靖边陲。上命俟其来朝议之。

至次年二月遂下令分建州左卫、设建州右卫，升都督佥事董山为都督同知，掌左卫事，都督佥事凡察为都督同知，掌右卫事，董山收掌旧印，凡察给新印收掌。从此建州始分为二，凡察仍居赫图阿拉，董山则复南下移住佟佳江流域。至万历时右卫酋长王杲及其子阿台跋扈，为名将李成梁所灭，左卫董山的后裔叫场及其子他失实为明军向导，他失子努尔哈赤即后来之清太祖，其母即为右卫酋长王杲（阿古）的孙女，明人因此称之为“王杲遗孽”。

从此建州三卫都近明边，和辽东接壤，接受中原文化，奠定了后来发展的基础。

二、明之贡市政策与成化三年之役

明廷对东北的治理方法，在洪武时代取积极的招抚政策，以三万卫和铁岭卫为南北两大军事中心，于辽东置东宁卫及安乐、自在二州，安置来降的夷人。这政策的施行遭遇到两种困难：第一是所拟设的军事中心和后方距离太远，运输粮饷及补充军实均感困难；第二是降人的安置耗去国家过大的费用，不能持久。因此这两个预期深入女直所处地带的军事中心不能不渐次移近塞下，对于安置降人的特别区的兴趣也逐渐冷淡下去。到永乐时代，改取消极的招抚政策，利用东北的大族和女直的名酋做中心，用赏赐爵禄去招抚各地的土人，每一个来朝的酋长都给以敕书和印绶，因地而立卫所的名称，即以其酋长为指挥使、指挥佥事、镇抚等官，统率其部服属于明。凡卫所移徙及酋长承继必须得政府许可。他们对明廷的义务是“忠顺看边”“约束部下安居乐业”。所得的权利是入贡和互市。这样，明廷不费巨大的军力和粮饷，每年耗费一些照例的赏赐，便得以保持东北一带的统治权和维持辽东边塞的安全。同时，因卫所的个别设立，无形中分化了女直诸族的团结，使其个别独立，成为一盘散沙的局面，不能起来和明廷为难，这政策在当时收到了显著的功效，保持了几十年的安定局面。

入贡和互市的名义虽然不同，其实都是一种特许贸易。这两种不同名义的贸易，都须证明确属某卫酋长的派遣方许入关，证明的手续是呈验明廷所颁的敕书。因此，凡欲和明贸易的夷人，必须先在政治上服属于明，方能领得敕书，得到通商权利。女直诸族的文化比较落后，他们需要铁器、农具、丝织品、衣料诸工艺品，不能不以东北所产的人参、貂皮、药材、牲畜诸天然产品来和明人交易。在这种正常的通商关系之下，维持了两个民族间之和平。反之，在这种关系破裂，不能换取他们所需要的生活必需品的时候，便不惜用武力来侵袭边塞，掳掠熟谙耕种方法的农民和工人去为他们做生产劳动者。据《朝鲜李朝实录》的记载，此项被女直种人所掳的汉人，不堪虐待，秘密逃奔朝鲜，由朝鲜政府护送回国者为数极多，其大部分无法逃脱者便永远被留，成为女直种人的奴隶和生产技术的教师。被掳者中的知识分子便成为他们的文化教师和谋主，直接促进女直诸族的文化和经济生活的发展。同样地，朝鲜边民也遭受了此种厄运，朝鲜政府并且因为转送逃亡汉人，引起女直诸族的愤恨，边境屡被攻击。

入贡和互市都有了严密的规定，入贡时每卫人数和贡路都由政府指定。《明会典》记：

> 建州卫、建州左卫、建州右卫、毛怜卫每卫岁许一百人，建州寄住毛怜达子岁十二人。其余海西各卫并站所地面，每处岁不过五人。其都督来朝许另带有进贡达子十五人同来。贡道由辽东开原城。近年定海西每贡一千人，建州五百人，岁以十月初验放入关，十二月终止，如次年正月以后到边者边臣奏请得旨，方准验放。

贡物则规定为马、貂鼠皮、猞猁狲皮、海东青、兔鹘、黄鹰、阿胶、殊角（海象牙）。所得到的代价是称为“回赐”的彩缎绢布，按贡物的价值偿还相当的货物。其入贡人员自都督以下照各人的身份别有缎绢衣服的给赐。贡事完毕后许于特设的国际商场会同馆开市三日，和商民交易。

入贡之贸易对象为政府，互市则为定期之边地贸易，明廷开设市场之目的在求马匹，故通常称为马市。王世贞《弇州史料》记：

> 永乐三年（1405）立辽东、开原、广宁马市，定价上上马绢八匹、布十二匹，上马绢四匹、布六匹，中马绢三匹、布五匹，下马绢二匹、布四匹，驹绢一匹、布三匹。其互市一于开原城南以待海西女直，一于开原城东，一于广宁以待朵颜三卫，各去城四十里。

开原一市为女直诸部之指定市场，距海西较近，而建州诸部则须北上经广顺、镇北二关，始能入市。自三卫合住后，建州女直已逼处明塞下，天顺八年（1464）经建州左卫都督董山之请求，特开抚顺关，专为建州入贡及互市之入口。《明宪宗实录》天顺八年（1464）四月乙未条：

> 敕辽东镇守总兵等官，遇有建州等卫女直到边，须令从抚顺关口进入，仍于抚顺城往来交易，务在抚谕得宜，防闲周密，以绝奸宄之谋，毋或生事阻当，致失夷情，及纵令窥瞰，致引边患。

从此不必再绕道从镇北关出入，直接西向入关，距辽沈密迩，独处关门要地，通辽人，输辽货，和汉人同化，奠定了建州本部发展的基础。

正统以前，明国力充裕，边备整饬，女直慑于明之威力，虽间有寇扰，不为大害。至正统末年宦官王振当国，贿赂公行，政事废弛，土木之变，英宗被掳，瓦剌也先入寇京师，别部脱脱不花犯辽东，建州诸酋李满住、董山等并从为乱，抄略边境，在连年混战中，许多大酋死于兵乱，尽失所赐敕书，以此其子孙不得袭职，在入贡时不能享受卫所高级官吏的待遇，只能用舍人名义入关，"在道不得乘驿传，赐宴不得预上席。赏赐视昔又薄"。所进土产质地不好的立为边臣所退还，不能享受"给赐"的权利，由此对明廷发生反感，边警因之日增。同时，因受兵乱的影响，不但丧失了许多部落的领袖和证明身份的文件，而且无形中使许多卫所自然消灭，许多卫所因之而流移迁徙，和原住地不生关系，给予少数的强酋以兼并强大的机会。

另外，女直诸部贪于入贡之利，来朝人数渐多，明廷不胜供给之费，下令限定人数。《明宪宗实录》记：

> 天顺八年（1464）十月乙巳，会昌侯孙继宗、吏部尚书王翱等议奏：自古抚御外夷，来则嘉其慕义，固不厌其多而拒之，亦不病其少而招之。今野人女直僻在东荒，永乐间相率归附，时月有期，名数有限。近来络绎不绝，动以千计。彼所贪得者宴赏之优厚，而豺狼之心，亦何厌之有哉。若不限其来数，中国劳费实多，限之太狭，则失其向化之心，合酌量事体，建州、毛怜等卫，卫许百人，海西、兀者等卫，卫许三五（十）人，不得重复冒名，审验然后入关，从之。

女直诸部骤然失去一批进益，多不平。在边关互市时，又时为地方官吏克减抚赏盐物，更挑起他们的愤恨，由此时时阑入盗寇，在成化二年（1466）一年中，建州、海西两部寇边至九十七次，杀掠至十余万人。这时辽东长吏也已深知边患的起因，奏请戒饬守臣，勿过为拣选贡物。《实录》又记：

成化二年（1466）十月甲寅，整饬边备左都御史李秉言：建州、毛怜、海西等诸部落野人女直来朝贡，边臣以礼部拟定名数，验其方物，貂皮纯黑，马肥大者始令入贡，否则拒之。且貂产于黑龙江迤北，非建州、毛怜所有。臣闻中国之待夷狄，来则嘉其慕义，而接之以礼，不计其物之厚薄也。若必责其厚薄，则虏性易离，而或以启衅，非圣朝怀远人厚往薄来之意。今年海西、建州等夷人，结构三卫，屡扰边疆，进贡使臣，一介不至，凡以此也。今边报日开，若不更定其制，恐边患日甚一日，所系非轻。礼部因请戒饬辽东守臣，自后夷人来朝入贡，验数放入，不得过为栋择，以起边衅，从之。

可是这时的海西、建州已经是“进贡使臣，一介不至”，起而“结构三卫，屡扰边疆”，明廷虽然命令边吏改善态度，也不能制止他们的侵掠了。

女直诸部从土木之变后，对明廷已失去过去之敬畏态度，桀骜恣肆，不大肯听约束。经景泰至天顺中，愈形活动。同时朝鲜英主世祖登极，极力笼络诸名酋，李满住、董山及其亲属纷纷入朝，受朝鲜官职，乞取盐粮及赏赐；朝鲜方面，也采取和明廷同样的政策，厚抚入朝诸酋，保持边境的安宁。事为明廷所知，遣使严词诘问，不许双方私交。彭孙贻《山中闻见录》九记：

天顺二年（1458）董山潜结朝鲜，授中枢院使。巡抚都御史程信令自在知州佟成阳廉他事，得朝鲜授山制书以闻，上遣给事中往朝鲜，锦衣译者往建州，各支吾，出制书，始慑服，贡马谢。

自后明廷虽屡次敕禁朝鲜私通中国属夷，但朝鲜仍在明人监视下秘密和建州诸部交通，建州三卫则取两属的形式，向双方维持有利的关系，向时又乘机入寇，攻明则昵鲜，攻鲜则又昵明，贡使和武装的游击队往往同时出发，两国边境连年被扰，结果有成化三年（1467）之役。

明廷深知董山为寇边之祸首，特派都督佥事武忠往建州招谕，董山虽悔罪入朝，但仍桀骜无礼，其部落仍寇边不绝。明廷因决定大举入剿，成化三年（1467）五月命左都御史李秉提督军务，武靖伯赵辅佩靖虏将军印，充总兵官，往辽东调兵征建州女直。七月礼部主事高冈请拘留董山于辽东，时董山已还至广宁，复倔强不听敕谕，因被拘系。同时，又遣使朝鲜令从后路夹攻。

朝鲜方面亦正苦于建州之攻掠，在明兵未出前，已定分五路捣巢剿灭之计。但恐为明廷责其擅杀属夷，因迟迟未发，八月得李秉、赵辅移咨云：

> 建州三卫世蒙国恩，授予官职以荣其身，拨与土地以安其居。迩者悖逆天道，累犯辽东边境，致廑圣虑。特命当爵等统领大势官军，将以捣其巢穴，绝其种类，以谢天神之怒，以雪生灵之忿。但缘建州后路与朝鲜国地方相连，虑有残贼败走，遁入彼国边方逃命投生。为照朝鲜国乃礼义之邦，自祖敬顺朝廷，好善恶恶，彼此同心。纵有前贼奔入边境，必能拒而擒捕。已经议奏请敕朝鲜国王随机设备，截其后路……倘遇建州穷寇奔遁到彼，就便截杀。①

因即乘机出兵，命大将康纯、南怡、鱼有沼等分两道，以九月二十六日由满浦入攻婆猪江，斩李满住及其子古纳哈等，候明兵不至，焚掠而还。明军五万人分三道以九月二十四日出兵，沿途遇强烈抵抗，至十月初四五日始抵建州三卫之根据地，屠古城（灶突山），收所掳男妇

① 参见《李朝世祖实录》卷四十三。

一千二百余人。以冰雪班师。于是诛董山于广宁，建州名酋一时并灭。

建州经此打击后，虽势力骤衰，但其实力则并未全被歼灭，余众声言为董山复仇，仍入寇不已。明廷仍不能不致力于防边，筑抚顺、叆阳、清河诸堡，设兵戍守。朝鲜则特设仇宁万户，备建州入侵。时董山子脱罗（土老）继起领诸部，明廷因使袭职为都指挥同知，李满住孙完者秃、凡察后人卜哈秃亦并袭职，仍时时寇边。成化末年太监汪直用事，边吏邀功，几度出塞剿杀，俱无成功，会建州方面亦渐趋衰微，不能为大患，脱罗以下之世系至不见于记录。嘉靖初海西诸部骤强，替代了建州的地位，和明廷接触。

三、南关与北关之仇杀与努尔哈赤之兴起

建州名酋董山在成化初年谋连合海西女直对明作战，董山被诛后，海西诸部仍纠合建州残部为明边患，其最著者为叶赫、哈达、乌拉、辉发四部。

叶赫出于明初之塔鲁木卫，正德初酋长速长加以寇边被斩于开原，其子祝孔革[①]就抚，官都督。至嘉靖初塔山前卫酋长速黑忒[②]以杀山贼猛克，通诸夷贡路功，进官左都督，是为哈达族之祖。叶赫初据吉林近旁之山地，后移进开原，于镇北关通贡市，明人称为北关。哈达为建州语山峰之义，即野人女直中之山夷，初据离开原四百里之松花江边，后移至开原东南之哈达城，于广顺关通贡市，明人称为南关。其别部据吉林北方之乌拉街为乌拉（乌喇、兀拉）部。辉发（灰扒）出于黑龙江岸之尼麻察部，渐移至松花江上支流之辉发江，因以为族名。清人合称为扈伦四部，扈伦即朝鲜记录之忽剌温，亦即今内蒙古呼伦贝尔。原住开原

①《明实录》作竹孔革，清人记录作褚孔格，《山中闻见录》作祝孔革。

②《清人纪录》作绥屯，又作锡赫忒。何乔远《名山藏》作速黑武，此据《全边略记》及《山中闻见录》。

附近之海西女直为野人女直所侵逼，弃地南下，海西地带为扈伦四部所有，由是野人女直之扈伦四部，转而为海西女直。

嘉靖二十二三年（1543—1544）前后，哈达酋长王忠（速黑忒子）以叶赫酋长祝孔革寇扰明边，执而戮之，以功进都督佥事。其侄王台[①]继掌卫事，对明益恭顺，为明御边陲数十年，忠勤不懈，时祝孔革遗孽逞加奴[②]、仰加奴[③]亦对明臣服，取得由镇北关入贡之特权。王台恐其报怨，以女妻仰加奴，又纳祝孔革女温姐为妾。至万历三年（1575）擒杀建州酋长王杲，威势越盛。

王杲[④]，为凡察后裔，袭任建州右卫都指挥使，好乱数盗边，自嘉靖三十六年（1557）以后，前后杀明边将数十人，万历四十一年（1613）副总兵黑春捣杲巢，杲诱伏媳妇山，生得春磔之。常深入辽阳，掠孤山，掳抚顺汤站。万历二年（1574）复诱杀守备裴承祖，辽东总兵李成梁提兵攻破其所居红力寨，杲逃奔哈达，王台奉明廷命执送阙下，诏赐爵为龙虎将军，以其二子为都督佥事，由此哈达所属东尽辉发乌拉，南尽清河建州，北尽叶赫，延袤千里，内属堡塞。时明廷亦努力于辽东之拓殖事业，徙长宽奠六堡（宽奠、长奠、永奠、大甸、新甸、张其哈喇甸），逐出占住之建州女直，尽收鸭绿江下流沃土之利，屯田殖边。东建州酋长王兀堂等环跪请市，自此开原以南，抚顺、清河、叆阳、宽甸皆有市场，悉从明约束。

王台晚年势渐不振，叶赫仰加奴谋报父仇，结婚蒙古以与哈达及明抗，王杲遗子阿台[⑤]亦时时谋报复。台子虎儿罕（扈尔干）又嗜杀，部下多叛投叶赫，辉发乌拉及建州多不受节制，所辖二十余寨仅余五寨。诸子又生内讧。万历十年（1582）台竟以忧愤死，诸子虎儿罕、猛骨孛罗、康古陆争父遗业，康古陆遂亡命叶赫，未几虎儿罕死，遗子歹

---

①《清实录》作万汗。

②《清实录》作清嘉努。

③《清实录》作杨吉努。

④《清实录》作阿古都督。

⑤《清人纪录》作阿太章京。

商幼弱，猛骨孛罗得袭，康古陆复归，妻其父妾温姐，三分遗业，猛骨孛罗以其母温姐故，亦助康古陆攻歹商，哈达势益衰。叶赫乘机勾引蒙古诸族来攻，明廷以哈达为中国藩屏，谕令罢兵，不听。辽东巡抚李松与总兵李成梁因设计伏兵中固城，叶赫二酋入关索赏，擒斩之。又出兵围叶赫本部，勒令听南关约束，哈达以此得少安息。可是不久逞加奴子卜寨、仰加奴子那林孛罗收拾余烬，又日夜谋报仇，勾引蒙古恍忽太攻掠不已，猛骨孛罗、康古陆反投叶赫攻歹商（猛骨孛罗为仰加奴婿）。万历十六年（1588）李成梁复出兵助歹商攻叶赫降之，分海西敕书九百九十九道，以五百道归南关、四百九十九道归北关，令无相侵犯。未几康古陆、温姐相继死，歹商乃结婚于新兴之强酋建州部努尔哈赤以自固，万历十九年（1591）为叶赫所刺杀。其部下尽属猛骨孛罗，又日与北关构怨，势益孤。那林孛罗复纠蒙古族攻南关。猛骨孛罗不能抵抗，质子女于建州求援，努尔哈赤执杀之，以次尽杀王台遗裔，遂灭南关。

王杲死后，其子阿台亡命叶赫，诱其攻明及哈达报父仇。数深入辽东掳掠，万历十一年（1583）春复入寇沈阳。李成梁用阿台婿他失父子为间，举兵剿灭之。《明史钞略·李成梁传》记：

> 春，阿台复纠虏大举，分道入至沈阳城，南临浑河，成梁引军驰至虎皮驿援之，阿台方拥千骑掠抚顺，徐引去。成梁闻阿台有婿曰他失，其父曰叫场，乃使叫场给阿台而潜以兵袭之，从抚顺出塞百余里，直捣古勒寨，寨三面壁立，壕堑甚设，成梁火攻之二昼夜，射阿台死，而秦得倚已自他道捣其党阿海寨诛之，凡得级三千三百有奇。我军死伤亦略相当。王杲子孙至是无噍类。已而并杀叫场、他失于阿台城下。他失子即清太祖也，以幼得不死，留置帐下。

阿台清人称为阿太章京，阿海为毛怜卫夷，清人称为阿亥章京。叫场《清实录》作觉昌安，称景祖，他失《清实录》作塔克世，称显祖，叫场为建州左卫都督佥事，嘉靖三十九年（1560）叩关入贡，至此遂为明军做间谍诱杀阿台，功成后父子并为明军所杀。

他失子努尔哈赤自幼即以质子入侍大将李成梁门下，濡染汉人文化，阿台灭后，成梁俾为都指挥，领祖父遗众，时时于抚顺二关诸堡送还所掠人口，以自结于明，复听命斩叛夷克五十以献。万历十五年（1587）筑居城于哈阑哈达，尽收苏子河流域诸部，次年佟佳江边之董鄂部来归后，势力骤盛。万历十七年（1589）以功升都督，骤跻崇阶，与南关将，借中国名号耀东方，势越强。《皇明从信录》记：

> 又因贡夷马三非，述祖父与图王杲珂台，有殉国忠。今复身率三十二酋保塞，且钤束建州、毛怜等卫，验马起贡，请得升职长东夷。时开原参政成逊、辽海参政栗在廷会查，本夷原领敕三十道，系都指挥。伊祖父为乡导剿王杲，并死兵火，良然。今努尔哈赤屡还汉人口，且斩克五十有功，得升都督制东夷使。总督侍郎张缙彦以闻，报可。是时万历十七年（1589）九月也。

时南北关构怨，战争无虚日，努尔哈赤因操纵其间，收渔人之利。至万历二十年（1592）日本侵朝鲜，明廷征全国兵往救，努尔哈赤因请出兵征倭自效，虽为明及朝鲜所拒，但仍以保塞功，于万历二十三年（1595）进秩为龙虎将军，继王台而雄长东方。

努尔哈赤崛起之际，正明廷内忧外患交迫之时，万历十七年（1589）播州宣慰司使杨应龙反，用兵数十万，相持十年，西南大部糜乱，至二十八年（1600）始为刘綎所平。万历二十年（1592）二月宁夏土达哱拜反，至九月始平。五月日本丰臣秀吉大发兵侵朝鲜，明倾全国力发兵往救，用兵七年，明倾全国均为之疲敝。经过这接连而来的几次大战争，财政陷入破产，不能支持，再加上皇室的过分豪奢，滥用国库的款项，诸王大婚、宫殿营造等费用，更增加了国民的负担，弄得民穷财尽，于是到处派遣矿使开矿。《明史·陈增传》记：

> （万历）二十年（1592）宁夏用兵费帑金二百余万，其冬朝鲜用兵，首尾八年费帑金七百余万，二十七年（1599）播州用兵又费帑金二三百万，三大征踵接，国用大匮。而二十四年（1596）乾清、坤宁两宫灾，二十五年（1597）皇极、建极、中极三殿灾。营建乏资，计臣束手，矿税由此大兴矣。其遣官自二十四年（1596）始，其后言矿者争走阙下，帝即命中官与其人偕往，天下在在有之……珰小监纵横绎骚，吸髓饮血，以供进奉，大率入公帑者不及什一，而天下萧然，生灵涂炭矣。

这一倒行逆施的举动，更促进了整个社会的经济破产，到处因矿使和税监的残暴和过分剥削，引起民变和兵变，派驻了辽东的税监高淮专横尤甚，任意陷害地方官吏，扣除军士月粮，和边将争功，山海关内外咸被其毒。同时御边名将李成梁也因年老位高，暮气渐深，其诸子及将均习于奢靡，不能作战。在这情形下，给予努尔哈赤一个自由发展的机会。

努尔哈赤统一东北部族的方法：结婚政策和武力讨伐并用，一面和叶赫、哈达、乌拉缔结多方面的婚姻关系，更进一步和蒙古科尔沁札鲁特诸族通婚，利用血缘关系扩展其势力和联络许多有力的部族；一面用其卓越之军力征服其敌人，万历二十一年（1593）击破来袭之北关南关乌拉辉发及蒙古诸族之联军于古勒寨下，杀卜寨，擒乌拉会长卜占台，其势力遂达松花江上流之地。二十七年（1599）又乘南北两关之争，执杀猛骨孛罗，二十九年（1601）遂并南关，和明廷正式立于敌对的地位，三十五年（1607）灭辉发，四十一年（1613）灭乌拉，其酋长卜占台逃奔北关，又以兵力招抚东海长白山及瑚尔喀江流域散居之瓦尔喀渥集虎尔哈等女直部族，征发其壮丁为兵。至万历四十三年（1615）时，辽东边墙外东北全境之大半，统统为他所统一了。

在内治方面，因平定诸部兵数增加之结果，万历二十九年（1601）创定兵制，以三百人为一牛录（niau），以额真（ejen）一人为其长，至四十三年以牛录为单位，五牛录为甲喇（jujo），置甲喇额真，更合五甲喇为固山（Gnsa），置固山额真，固山额真之下又置左右梅勒（Meise）额真。初设四固山，以旗区别为四旗统兵三万，后增为八旗（红、黄、白、蓝、镶红、镶黄、镶白、镶蓝）统兵六万，以亲族任固山额真谓为固山贝勒，后来兵力发展，又加入蒙古人和汉人的军队，别出为蒙古旗、汉军旗，奠定了一代兵制基础。民政方面的设施也和兵制的创定相表里，万历四十三年（1615）六月下令各牛录额真，部内各出十人和四牛屯田，开垦荒地，贮谷以备不时之用。别设哈番（haian）官十六员，笔帖式（bijeei，书记）八员以掌会计，置理政听讼大臣五人，札尔固齐（Jarugllcl，断事官）十人佐理国事。在工艺方面，因武器和农具之需要增加，为求自给自足计，于万历二十七年（1599）始开金银矿及铁冶。同年又命额尔德尼和噶盖以蒙古字合女真语创制新字，颁行国中，经著名学者达海之修改，成为后来之“满”文。

万历四十四年（1616）正月，努尔哈赤以国内粗定，自称为覆育列国英明皇帝，建元天命。自以为金之后人，命国号为后金，定姓为爱新觉罗，爱新（Aishin）意为金，觉罗（Giols）意为族，表明其承金而起，以收揽女直诸部之人心。两年复遂誓师攻明，做更进一步之发展。

四、后金国与明之冲突及其发展

万历初年李成梁所开拓之宽奠六堡，包括鸭绿江下流之沃土，二十余年后，招集屯垦户数至六万余家。时受建州侵袭，辽东兵力疲敝，不能维持。至万历三十三年（1605）竟弃地予敌，《明史钞略·李成梁传》记:

清太祖（努尔哈赤）以保塞功加龙虎将军，奄有建州、毛怜诸卫，侵朝鲜，并灰扒黑龙江上诸夷，拓地数千里，数使人来言新疆，新疆者成梁所开宽奠六堡也。成梁乃谋于巡抚赵楫，谓鸦鹘关外，鸭绿以西，宽奠以东数百里居民逼建州耕所市易，请弃其地予之，而招其民内徙，楫以闻。副总兵刘应棋争之曰：今张其佃哈喇泊之间，居民输租屯粮，乐业已久，一旦迁徙，惊扰居民。况边地尺寸不可弃，敌心何厌，亏边境，损国威，无甚此者。成梁大怒，应棋抑郁成疾告归。冬十一月成梁招谕居民不以，使其侄婿韩宗功率军数千驱之内徙，遂焚其庐舍器物皆尽。时天寒冰雪，哭声动地，多僵馁不支及堕水缢死者无算，弃新疆，予建州。复屡请全缯，即以叆阳、清河缘边田税赏之，坐得膏腴地数百里，益富强，轻中国。

此后又为参假及越境采参，车价诸问题发生纠纷，万历四十二年（1614）和明边将定立界碑，明不越界屯种，建州不越界为盗。但此种约言双方均不能实行。至四十六年（1618）遂以七大恨誓师，大举攻明。所谓七大恨主要的几条是："二祖无罪见杀，曲护北关，越界采参，自称其祖宗与南朝看边进贡，忠顺已久……怀此七恨，莫可告诉，辽东都司既已尊若神明，万历皇帝复如隔于天渊，踌躇徘徊，无计可施，于是告天兴师，收聚抚顺，欲使万历皇帝因事询情，得申冤怀。"四月十五日以入市为名，勒众三万，诱陷抚顺，降游击李永芳，总兵张承胤自广宁往援，中伏全军陷没。七月自鸦鹘关入陷清河城，守将邹储贤战死，辽东大震。

在明廷方面，这时朝廷正忙于党争，大臣纷纷去位，库藏空虚，生灵涂炭。万历三十六年（1608）十月大学士叶向高曾疏言此时情形说：

今日九卿大僚，缺乏已极，每衙门不过一人，而又或以真病，或以被言，皆杜门求去。其见在供职者，唯戎政尚书李化龙、礼部侍郎杨道宾、工部侍郎刘元霖三人，而道宾又欲给假，化龙又偶感寒疾，尚未出户，长安道上，遂无九卿之迹。又户部尚书赵世卿以边饷匮乏，无可设处，困苦悲号，几无生处。工部又以夷赏无措，兵部光禄寺又以供应难支，求借户工二部，彼此束手，相怨相尤。又京民困苦，逃亡流窜，每闻号诉，尽为酸心，叩其受害之故，半为铺垫，半为奸胥，与国家曾无分毫之利，而徒竭民脂膏，填此沟壑，其亦倒置之甚也。倘有风尘之警及于国门，九列无官，仓库无钱，京师无民，即有民亦不肯为我用，臣不知何所恃也。

神宗高拱深宫，三十年不和廷臣见面，齐、楚、浙三党极力排斥东林党人，因京察和梃击问题互相攻击排挤。边饷则累年积欠，将士解体，内地则饥歉连年，盗贼蜂起。努尔哈赤一起兵袭击，便手足无措，到处显示崩溃的现象。可是党争仍不因之稍息，反借封疆为题目，边臣守御大计受制于朝中不谙事故的言官，边臣的起黜以党论为依归，军事的进退亦以朝臣的纸上文章为依据，于是辽东遂一坏而不可收拾。

清河陷没后，以杨镐为经略，整理边备。万历四十七年（1619）二月二十一日分四路出师，各将两万五千人，总兵马林出靖安堡趋开原铁岭与叶赫兵南下攻后金之北，杜松出抚顺趋沈阳攻其西，李如柏出鸦鹘关趋清河攻其南，刘綎出晾马佃趋宽奠攻其东，以朝鲜都元帅姜弘立、金景瑞所统兵万三千为诸后援。时军饷兵器均未经充分筹备，綎将又多起自废籍，匆促出征，未能招集其久经训练之部下精锐，李如柏为经略杨镐所亲信，和杜松、刘綎不和，刘綎为南将，又和西将杜松不相下，朝廷则恐师老财匮，强迫即日出兵，于是草率部署誓师，同日于辽阳出发。

后金于事先得明兵四路来征之情报，窥定抚顺方面为明军主力所在，以全力抵抗，三月一日大破杜松军于浑河之萨尔浒山，杜松战死，一军皆没。二日复乘胜败马林军于尚间崖，马林遁还，叶赫兵闻败退走。后金既败西北二路之明兵，急还兴京（赫图阿拉）守御，时刘綎军转战深入，已迫兴京，四日为后金军所包围，全军皆覆，綎亦战死。朝鲜军不战降。李如柏军逗留不进，三路败报闻急撤还。在四日中明三路军皆覆没，将吏死者三百余，丧师四万六千。在后金方面，则几无损失而获得非常之胜利。同年六月后金乘胜取开原，七月屠铁岭，破蒙古喀尔喀部，八月遂灭叶赫，除去明廷最后之东北边藩。自此东北除辽东辽西一部分外完全为后金所统治。

三路覆没后，明廷以熊廷弼为辽东经略，廷弼锐意兴复，极力整军设备，图保辽阳。他在赴任前《赴边甚急疏》中刻画当时廷臣的疲缓心理说：

往抚顺之败，诸臣尝急矣，及贼去则缓，以致清河之陷，而诸臣又急，贼去则又缓，以致三路之败，而诸臣又急，贼去则又缓，及致开原之陷，而诸臣又大急矣，及闻贼去，又私幸可旦夕无事也，此诸臣之情也。当其急而议兵议饷，门面之语，岂不通融，而及其缓，则争执如故。当其急而议调议募，纸之数岂不好看，而及其缓，则寝阁勿提，当其急而用臣催臣，相需之意，岂不甚殷，而及其缓，则推卸不顾，此又于诸臣之情也……贼急而急，贼缓而缓……以致有今日之祸，则听缓急于贼而不能自急之效也。

当时辽东的兵备情形，他在《辽左大势久去疏》中也很沉痛地说道：

辽东见在兵有四种：一曰残兵，以主将赵甲逃阵，甲死而归钱乙，又以钱乙逃阵，乙死而归孙丙，或七八十人，或二三百人，身无片甲，手无寸械，随营糜饷，装死扮活，不肯出战，此残兵之形也。一曰额兵，开原一道，全额已亡，辽阳道所属清、宽、抚、叆一带全额亦亡，即臣标下左右翼两营亦并亡，至于阖镇额兵或死于征战，或图厚饷逃为新兵者又皆亡去其大半，此额兵之形也。一曰募兵，佣徒厮役，游食无赖之流，或能弓马惯熟、或能膂力过人，朝投此营，领出安家月粮而暮逃彼营；暮投河东，领出安家银两，而朝投河西，点册有名，及派工役而忽去其半；领粮有名，及闻贼犯而又去其半，此募兵之形也。一曰援兵，各镇挑选，谁肯以强人壮马来？谁肯以坚甲利刃来？每一过堂，弱军羸马，朽甲钝戈，不堪入目。而事急需人，又不暇发回以另换其精壮，此援兵之形也。皇上以为有兵如此，能战乎？能守乎？自丧败以来，总兵以下副忝游都备守以至中军千把总指挥千百户死者五六百员。降者百余员，辽将援将已是一扫净尽。今残兵零碎皆无人统率，而赞画（刘国缙）募兵万数千人即求一世职为中军千把总分布管领亦不可得，况今一二见在将领，皆屡次征战存剩及新纠废之人，一闻贼至，无不心惊胆丧，皇上以为将如此，能战乎？能守乎？良马数万，一朝而空……坚甲利刃长枪火器，丧失俱尽……军皆闻贼而逃，望贼而逃，先贼而逃……民则沈阳先已逃尽，辽阳先逃者已去不复返，见在者虽畏不敢逃，而事急之时，臣安能保……

在这样的情形下，他深知除固守边疆外，别无办法。对方之努尔哈赤亦深知廷弼之难侮，不轻出兵。辽东复转危为安，暂保苟安的局面。可是辽东一安，朝中又复鼎沸，交章责备廷弼不事进取，以为廷弼不罢，“辽东之存亡未可知也”。赞画刘国缙、御史冯三元、给事中姚宗文等结党攻廷弼，罢任，以袁应泰代。

熊廷弼去辽东后，天启元年（1621）闰二月后金长驱陷沈阳，复进陷辽阳，尽收辽河以东七十余城。天启二年（1622）于辽阳东太子河右岸营东京城，自兴京迁都来，做进据辽西之计。

沈辽相继陷没，明廷又大急，又起熊廷弼经略辽东，以王化贞为巡抚。化贞前守辽西，怀柔蒙古稍有成效，受任后即联络蒙古，用蒙古兵攻后金，结李永芳为内应，分兵守三岔河。又用毛文龙领游兵恢复镇江，谋克期大举，廷弼则坚主守定而后可以进战，建三方布置策，广宁用步骑兵，于辽河沿岸列坚垒，以控制敌之全势，天津及山东之登州、莱州置海军，乘虚冲敌南部以分其势，而于山海关设经略，节制三方。又以为蒙古人不可用，李永芳不可信，进兵非时机，和化贞议论不合，因失和。时廷议多右化贞，主进战，廷弼名虽经略，实无兵可用。廷中议论未决，后金兵已于天启二年（1622）正月渡河逼广宁，围西平堡，化贞尽发广宁兵往救大败，部下孙得功以广宁降，化贞单骑出奔，与廷弼俱逃入关，并下狱论死。天启五年（1625）后金复迁都沈阳，《清太祖实录》记迁都之理由云：

三月己酉朔，上欲自东京迁都沈阳，与贝勒诸臣议。贝勒诸臣谏曰：迩者筑城东京，宫室既建，而民之庐舍尚未完缮，今复迁移，岁荒食匮，又兴大役，恐烦苦我国。上不许曰：沈阳形胜之地，西征明由都尔鼻渡辽河，路直且近。北征蒙古，二三日可至。南征朝鲜，可由清河路以进，且于浑河、苏克苏浒河之上流伐木顺流下，以之治宫室为薪，不可胜用也。时而出猎，山近兽多，河中水族亦可捕而取之。

在明廷方面则自广宁陷没后，廷议纷纭，朝令夕改，经略亦不能久任，数数更易，终于尽弃山海关以外地，用全力守关，关外唯袁崇焕守宁远孤城，誓死不去。天启六年（1626）正月，后金以倾国兵来攻宁远，时明由澳门之葡萄牙人输入西洋大炮，用于守城，炮发后金军小挫，努尔哈赤亦受伤，乃焚掠觉华岛而班师，至七月努尔哈赤因伤死（1559—1626），是为清太祖。

五、朝鲜蒙古之征服与明清之对立

太祖死后，第四子皇太极自立，更积极向外发展。过去和明作战后，失去天然产物之输出市场，同时又杜塞国内必需品之输入，国民生计甚感困难。同时朝鲜为朝廷东方所余之唯一藩国，如继续向明用兵，则必须先征服朝鲜，以免后顾之虑。太祖时代曾努力和朝鲜交涉，以求得贸易上之利益，又因朝鲜降将姜弘立等之关系，和朝鲜通好。但因明将毛文龙以皮岛为根据地，活动于海上，监视朝鲜，攻击后金，数数进出于沿海一带，天启六年（1626）至出浑河袭萨尔浒城，后金和朝鲜的交通因被阻隔，时朝鲜发生政变，叛党韩润等逃入金国，劝金兵入侵，皇太极得悉半岛内情形后，即于天启七年（1627）正月举兵逼朝鲜，分兵讨毛文龙于铁山，文龙避入岛中。侵韩军连陷朝鲜义州、安州、平壤，朝鲜仁祖遁于江华岛，后金军进围江华，朝鲜乞和，在去明天启年号，以王弟为质，约为兄弟的条件之下，于三月三日交换江都誓文，缔结和议，次年二月开市于中江，十月开市于会宁，输入米谷以济军食。

朝鲜降服后，后金之兵锋又转向蒙古。先是，从万历二十一年（1593）科尔沁诸部和扈伦四部联军来攻建州，败于古勒城下后，战胜的努尔哈赤即和科尔沁喀尔喀通婚，发生密切关系。到萨尔浒役后，又败喀尔喀兵擒宰赛，因和喀尔喀族订攻守同盟的誓约，合力对明。天启四年（1624，后金天命九年）科尔沁欲脱察哈尔林丹汗之羁绊，努尔哈赤则谋讨察哈尔以并内蒙古，又订攻守同盟，合力对察哈尔。天启五年（1625）林丹汗出兵嫩江围科尔沁，后金闻讯往援，林丹汗遂解围西奔，后金与科尔沁因之和好益密。天启六年（1626）努尔哈赤又以弟舒尔哈赤孙女妻科尔沁酋长奥巴，奠定经营内蒙古的基础。

察哈尔之林丹汗（明人称为虎墩兔，即林丹汗尊号库图克图之译音）为元昭宗后第十九代合罕，成化嘉靖间达延汗（明人称小王子，北元第十五代合罕）统一内外蒙古，分其所属地于诸子，至林丹汗继位，拥有东蒙部族，欲恢复达延汗之祖业，声势极盛。林丹汗与努尔哈赤同娶于叶赫，努尔哈赤灭叶赫后，其余众逃奔察哈尔，明廷谍知此种关系，因厚赂林丹汗，使与其他喀尔喀诸酋联络抵抗后金。林丹汗志在统一蒙古，谋阻后金西迈，万历四十七年（1619，后金天命四年）遣使后金争广宁，其国书云：

> 统兵四十万众巴图鲁成吉思汗问水滨三万众金国主无恙。明与吾二国仇雠也，闻自午年来汝数苦明国，今年夏我已亲往明之广宁，招抚其诚，收其贡赋。倘汝兵往广宁，吾将牵制汝。汝吾二人非素有衅端也，但以吾已服之城为汝所得，吾名安在。若不以吾言，则吾二人是非，天必鉴之。先时二国使者常相往来，因汝使臣谓吾不以礼相遇，构吾二人，遂不复聘问。如以吾言为是，汝其令前使来，复至我国。

两方由此决裂。至天启七年（1627，后金天聪元年）蒙古敖汉奈曼诸部归金，次年老哈河上流之喀喇沁部亦来会盟，林丹汗遂陷于孤立的地位。同年九月后金主亲率兵讨察哈尔，后金之势力遂达西剌木伦河域，从此北京东北方之藩篱被撤，后金攻明之路线不必再经险阻难攻之山海关，可直由东蒙古入明，在战略上益占最利之形势。崇祯四年（1631，天聪五年）十一月林丹汗出兵西剌木伦河上流，后金主得报，大会内蒙古诸部于西剌木伦河上，遂过兴安岭，出多伦诺尔北方之达里泊，潜兵往袭，林丹汗知之，率所部人畜十余万遁去，经归化城西走入西藏，病死于距青海十日程之大草滩。后金乘机兼并其所属诸部，至崇祯八年（1635，天聪九年）多尔衮收服林丹汗之子额哲及其部众，得传国玺而还，内蒙古诸部至是遂为后金所统一，明之左翼全被切断了。

后金于朝鲜与蒙古征讨之时，同时又经略黑龙江一带地域，或遣使招谕，或派兵征服，萨哈连（鹅尔浑之东，黑龙江北）萨哈尔察部，嫩江流域之卦尔察部，黑龙江边之索伦部，喀木尼堪部先后归附，至崇德末年黑龙江全境索伦诸部均属版图。

朝鲜蒙古既定，同时和皇太极争权的从兄弟阿敏、莽古尔泰先后幽死，其他拥有实力之兄弟如代善、济尔哈郎、多尔衮多为皇太极之兵力所慑服，在政治上皇太极已获得独裁的地位，于是崇祯九年四月即帝位，受宽温仁圣皇帝之尊号，改元为崇德，改国号为大清。同时又因满住（建州酋长之尊称，由佛教文殊一名词转来）之旧称，伪造满洲一新名词为族号及国号，极力隐讳建州旧称，以表明其始终为一独立民族，从未臣服于明。又以后金一名词含有复兴女真族之金朝之意义，予汉人以不良影响，废去不用，将过去一切文件涉及后金处都改为满洲。在政治方面于崇祯四年（1631，天聪五年）依汉制设吏户礼兵刑工六部，执行政务，以诸王为其长。崇祯九年（1636，天聪十年）又分旧设之文馆（掌记注及翻译）为内国史院、内秘书院、内弘文院三院。内国史院掌记注诏令及用兵行政诸人事，纂修国史及排次一切机密文稿。内秘书院掌外国往来书札拟各衙门奏疏及词状之敕谕。内弘文院掌御前进讲及制度之颁布。在实际上三院为当时之最高行政中枢。

朝鲜虽因兵败屈服，和后金结为兄弟之国，但对明则因万历壬辰之役及历史关系，始终忠顺，谨守臣节。皇太极即帝位前，遣使至朝鲜吊丧，同时做承认尊号之交涉，改变原来之兄弟关系为君臣关系，朝鲜朝野大愤，儒生多上疏请焚虏书斩虏使，政府为所动，下谕八道绝和备战。内谕平安道之教书为后金吊使英俄尔岱所夺。至举行登极典礼时，朝鲜使臣罗德宪、李廓又不肯参与，归国时又遗弃后金所发国书于中路，于是两国关系突然恶化。

崇祯九年（1636，清崇德元年）十二月朔日，清集诸部之兵十万于盛京，翌日发程南下，十四日进围朝鲜京城，国王李倧遁入南汉山城，为清军所围，诸道勤王师多逡巡不进。至次年正月清兵陷江华岛，王族及大臣家属均被掳，不得已出城降服，传送主战论领袖吴达济、尹集，缔结称臣纳贡去明年号助兵攻明之降约，正月三十日国王出降于三田渡受降坛，朝鲜从此为清属国。清军凯旋时命新降之汉军及朝鲜水军攻陷毛文龙余部所据之皮岛。自此清军无东顾之忧，得一意向明进攻。

努尔哈赤死后，后金欲用兵于朝鲜，乘明宁远巡抚袁崇焕遣使来吊之机会，遣使议和，袁崇焕亦利用议和之机会，暂缓敌兵之入侵，但双方均无诚意，几度交涉后即告破裂。天启七年（后金天聪元年）正月金兵降朝鲜后，即谋大举攻宁远，报努尔哈赤创死之恨。五月皇太极亲率兵直陷辽西诸堡，进攻锦州不下，乃西向宁远，又为红夷炮（葡萄牙炮）所击败，死伤极多，七月退还沈阳图再举。

袁崇焕于宁锦大捷后，触忌于太监魏忠贤，告病去。至思宗登极，魏党尽被诛逐，复召崇焕为兵部尚书督师蓟辽，时毛文龙守东江，牵制后金后路，勾结朝廷权要，跋扈自恣，不听命令，崇祯二年六月崇焕以巡海为名，诱致文龙于双岛，数以十二罪斩。文龙死，东江骤衰，后金兵因乘机入侵，这时蒙古喀喇沁部已和后金同盟，用为向导，以宁远山海方面不能突过，取道大凌河上流出西剌木伦河上流，突破喜峰口破遵化，复由顺义至通州，进围北京。督师袁崇焕奉诏入援，后金用反间计构之下狱死。因祭金太祖世宗陵于房山，降固安，屠良乡，复趋北京城外，斩名将满桂，转掠通州及张家湾。崇祯三年（1630）陷永平府，拔迁安、滦州诸县，时孙承宗守山海关，兵力极厚，乃留贝勒阿敏守永平，大军于三月由冷口关还沈阳，永平孤立无援，不久即为孙承宗所攻陷，守将阿敏逃归。在此役中最值得注意的两件事，第一是充分证明兵力之衰退，无抵抗能力。第二是四方勤王之师，因兵饷不发，一部分哗变溃散，加入陕甘的流寇集团，流寇声势由之愈大，直接毁坏了明廷的政治经济基础。

毛文龙被诛后，其部下孔有德、耿仲明、李九成等走山东，依登莱巡抚孙元化。崇祯四年八月后金兵围大凌河急，元化遣有德等赴援，中途哗变，还兵攻掠山东诸州县，至崇祯六年（1633）四月为明军所包围，由登州浮海至旅顺，说守将尚可喜同降后金，后金由此成立汉军，为入侵之向导。同时孙元化奉命专铸红夷炮，孔有德等降金后并携此项最新式军器来归，后金军力因之骤增数倍。

崇祯四年（1631）从孙承宗议修筑大凌河城为恢复辽东之根据，后金大发兵围攻，至十月以粮尽被陷。孙承宗被抢去。崇祯七年（1634，后金天聪八年）后金复分兵四路由内蒙入犯，山西省东南一带尽被残破。崇祯九年（1636，清崇德元年），又越石口（山西省有一石口，此处之石口疑为独石口之误，独石口在居庸关之北，清军入关常由此路），入居庸关，过昌平，逼北京，过保定，大小五十六战，陷十二城，俘获人畜十八万。《山中闻见录》记清兵凯旋时情形说：

> 九月壬寅朔，清兵出冷口，命取所掠子女，皆艳妆乘骑，奏乐凯归。砍塞上木白书之榜于道曰：官兵免送。守将崔秉德请率兵遏归路，总监高起潜不敢进，扬言当半渡击之，侦骑报清师已尽行四日，起潜始进石汀山，报斩三级。

崇祯十一年（1638）九月清兵又大举入墙子岭，转掠直隶、河南、山东三省，陷济南府，掳德王，俘虏人口六十四万，白金百余万。督师卢象升为兵部尚书杨嗣昌及太监高起潜所扼，力战贾庄死之，象升死后，清兵遂如入无人之境，纵掠至次年二月始出青山口凯旋。

清军虽几度入明内地，以为山海关所阻，除掳掠子女玉帛外，不能得尺寸地。崇祯十四年（1641）三月出兵用全力攻围锦州，为攻取山海关之计，明遣蓟辽总督洪承畴率吴三桂等八总兵以步兵十三万骑兵四万来援，进驻松山，为清兵所大败，八总兵之兵皆溃，松山被围，至十五年（1642）二月松山陷，洪承畴被擒降敌，锦州、塔山、杏山继陷，明廷大震。

时流寇声势愈炽，李自成陷河南，杀福王，张献忠陷襄阳，杀襄王，陕督傅宗龙败没于项城，汪乔年败没于襄城，腹地无处不被兵，情势极为危殆。松山败后，内外交迫，明廷不得已，向清求和，由兵部尚书陈新甲密遣兵部职方司员外马绍愉至沈阳商和约。《东华录》记清所提出条件如下：

（一）两国有吉凶大事，须当遣使交相庆吊。

（二）每岁明馈兼金万两，银百万两。清馈人参千斤，貂皮千张。

（三）清满洲蒙古人及朝鲜人等有逃叛至明者当遣还，明人有逃至清者亦遣还。

（四）以宁远双树堡中间土岭为明国界，以塔山为清国界，以连山为适中之地，两国俱于此互市。

（五）陆道自宁远双树堡土岭界北至宁远北台直抵山海长城一带，海道自宁远双树堡中间土岭沿海至黄城岛，以西属明，以东属清，两国人有越境者均处死。

明廷方面对议和事严守秘密，不意因偶然之机会泄露于外，朝野哗然，主持和议之陈新甲下狱处死。《明史·陈新甲传》记：

> 初，新甲以南北交困，遣使与大清议和，私言于傅宗龙。宗龙出都日以语大学士谢升，升后见疆事大坏，述宗龙之言于帝，帝诏新甲诘责，新甲叩头谢罪，升进曰：倘肯议和，和亦可恃。帝默

然。寻谕新甲密图之，而外廷不知也，已，言官谒升，升言：上意主合，诸君幸勿多言。言官骇愕，交章劾升，升遂斥去。帝既以和议委新甲，手诏往返者数十，皆戒以勿泄。外廷渐知之，故屡疏争，然不得左验。一日，所遣职方郎马绍愉以密语报新甲，新甲视之置几上，其家僮误以为塘报也，付之抄传。于是言路哗然，给事中方士亮首论之。帝愠甚，留疏不下，已，降严旨斥责新甲，令自陈。新甲不引罪，反自诩其功，帝益怒。至七月给事中马嘉植复劾之，遂下狱……弃市。

新甲死，和议遂告中止。同年十月清军再由界岭黄崖口毁边墙入犯，时明于关内并建二督，又设二督于昌平、保定，又有宁远、永平、顺天、保定、密云、天津六巡抚，宁远、山海、中协、西协、昌平、通州、天津、保定八总兵，星罗棋置，无地不防，而事权反不一，互相观望。警报至，急征诸镇入援，而清兵已趋蓟州，分道南向，河间以南多失守，至山东下兖州诸州，鲁王自杀，连下三府十八州六十七县，获金银数百万，俘人民三十六万余口，至崇祯十六年（1643）四月始北还，自山东至近畿，车驼亘三十余里，渡卢沟桥，十日犹未尽。时大学士周延儒自请督师，驻通州不敢战，唯与幕下客饮酒娱乐而日腾章奏捷。督师范志完龙惬怯甚，不敢一战，所在州县覆没，唯尾而呵噪，兵所到剽虏。蓟督赵光忭于清兵入犯时，奉命兼督诸路援军，诸援军观望，河间迤南皆失守，光忭不敢救，尾而南，已闻塞上警，又驱而北。至清兵北还时，光忭合八镇兵邀截于螺山，又大败。至五月清兵复折墙子岭数里，徐拥辎重出关，行二日始尽。

八月清帝皇太极死，是为清太宗（1627—1643）。子福临继位，睿亲王多尔衮摄政。至次年三月流寇李自成破北京，明思宗殉国，山海关守将吴三桂遣使乞师破贼，开山海关迎入清兵，清兵不费一矢而入多年不能攻下之关门，定鼎北京，接受了明廷的统治权，建立了第二次女直统治的大帝国。

王茂荫与咸丰时代的币制改革

在五年前，有几个朋友用几种不同文字的底本译《资本论》。他们在译到第一篇第三章注八十三提及中国的史事这一段时，写信问我书中Wan-Mao-in的原名是什么。他们因这一译名，有人还原为王猛殷，又有人还原为王孟尹，甚至有人译为万卯寅，要我想法查出他原来的名字，我答应了。因为《资本论》所说的Wan-Mao-in是中国财政大臣，猜想必是户部的堂官，1854年是咸丰四年，就查《清史稿·部院大臣年表》，果然一翻就着。在表七上户部汉右侍郎格咸丰三年（1853）格说："何桂清，十一月癸卯迁，王茂荫户部右侍郎。"在咸丰四年（1854）格："王茂荫，三月辛亥迁，翁心存户部右侍郎。"时代恰好相合，Wan-Mao-in和王茂荫音也全对，他的前任是何桂清，后任是翁心存。再查《清史稿·王茂荫传》，传中也说到他曾提议施行钞法，为皇帝所申斥。和《资本论》的脚注完全符合。

最近一两年，从头读《东华录》和《清史稿》两书，又不时地看到有关王茂荫的史料。同时也因为清华图书馆的便利，读到王茂荫的《王侍郎奏议》和其他有关的一些史料，对于王茂荫的事迹和思想，算是比几年前清楚多了。

几天前，在《光明》二卷二号中有一篇郭沫若先生的《资本论中的王茂荫》，读了很感兴趣。可惜郭先生因为手头用书的缺乏，也不能把王茂荫的事迹说清楚。郭先生希望国内能有人对这问题下一点功夫。王茂荫对我是熟人，在读了郭先生的文章以后，更觉得有必要把有关王茂荫的史料整理一下。同时也感觉到，一些对于自己很平常的史料，因为环境的关系，对于别人，却正是求之不得的东西。郭先生假如是在本国，也在北平的时候，他一定能看到我所见到的史料，王茂荫所酌议的“章程四条”，在《东华录》没有详载，在《清史稿》本传也没有详载，可是在他的奏议中却是录有全文的。郭先生说：“王茂荫所酌议的‘章程四条’可惜在《东华续录》中没有详载，这层是有到清史馆查的价值的。我希望读了我这篇短文的人，尤其是北平的朋友们，请顺便去查一下，并请趁早查，如不趁早，恐怕要先被不知道中国的罗马字拼音的日人搬到海外去了。”因为材料都在手头，写此短文，回答郭先生的建议。文中引用材料大部分都依本来面目，不加删节，为的是一般手头书籍缺乏的读者的方便。

一

《资本论》第一卷第三章注八十三前半的原文是：

“Der Finanz Mandarin Wan-mao-in liess sich beigeben，Dem Sohn des Himmels ein projekt zu unterbreiten，welches versteckt auf Verwandlung der Chinesischen Reichsassignaten in konvertible Ban- knoten hinzielte.

Im Bericht des Assignaten Komitees Vom April 1854 erhält er gehörig den Kopf gewashen. Ob er auch die obligate Tracht Bam- bushiebe erhielt，wird nicht Gemeldet.‘Das Komitee’，lautet es am schluss des Berichts，‘hat sein projekt aufmerksam erwogen und findet，dass alles in ihm aufden vorteil der kaufleute ausgeht und nichts für die krone vorteilhaft ist.’”（Arbeiter der Kaiserlich Russischen Gesandtschaft zu Peking über China，Aus dem Russischen von Dr. K. Abel und F. A. Mecklenburg. Berlin 1858，Bd. I. S. 47 ff.）

郭沫若先生译作：

> 中国的财政大员王茂荫上一条陈于天子，请将官票宝钞暗渡为可兑现的钱庄钞票。在一八五四年三月钞法核议会的奏呈中，王茂荫为此大受申饬。然其曾受法定的笞刑与否，则无明文。该奏议之

结尾有云："本核议员等曾将其条奏详加审核，觉其中所言专利商贾，于朝廷毫无一利。"

原文中的Reichsassignate日本高畠素之译本第一卷页九六译作帝国纸币，陈启修译本作大清帝国纸币，郭译作官票宝钞，都是错的。前两个当时根本无此名词，郭译错了一半，对了一半。因为官票和宝钞是两种东西，Reichsassignate指宝钞而言，并非官票。原文中的Assignaten Komitee高畠素之和陈启修都译作帝国纸币委员会，郭译作钞法核议会，也都是错的，因为在有清一代，并没有这样名称的机构。清制管理钱币的机关名钱法堂，钱法堂有两个，一由户部右侍郎兼管，二由工部右侍郎兼管。所属的造币厂有宝泉、宝源二局，宝泉属户部，宝源属工部。《光绪会典》卷二十四《户部·钱法堂》条记：

管理钱法侍郎，满洲一人，汉一人，掌宝泉局鼓铸之政令。凡铜铅进于局，验而收焉。缺者补之，铜不足色者抵以耗。凡铸钱月定其卯，验而解于部。附铸亦如之。考其式法，给其工料，越岁则奏销。

卷六十二《工部·钱法堂》条记：

管理钱法侍郎，满洲一人，汉一人（以本部右侍郎兼管），掌宝源局鼓铸之政令。凡铜铅之岁输于部者定其额，至则以时验收焉。凡鼓铸分其炉座，核其缗数，出卯则尽数报解户部，搭放兵饷。

职掌大体上相同。王茂荫在咸丰三年（1853）迁户部右侍郎兼管钱法堂事务，关于钱法和钞法的兴革是他的专责。他在咸丰四年（1854）三月初五日上《再议钞法折》，提出办法四条，当日即奉严旨申斥，并谕："此折着军机大臣详阅后，专交与恭亲王、载铨速行核议，以杜浮言。"初八日复有上谕："谕内阁：恭亲王奕䜣亲王衔定郡王载铨奏：遵议王茂荫条陈钞法窒碍难行一折，着即照所奏均无庸议。"所谓帝国纸币委员会或钞法核议会都是指交王大臣议奏而言。清制国家大政和臣工条议照例由皇帝交王大臣议奏，审核其可行与否，将意见贡献与皇帝做最后决定。

在《资本论中的王茂荫》文中有下列一段：

> 再看王茂荫"自请严议"，可以知道这种不兑换纸币的发行，本是出于他的建议。王茂荫在咸丰三年（1853）三月还在御史职，但他对于国家财政很是关心。我疑心三年五月铸大钱的办法都是出于他。他是那年的十一月初二日升为户部右侍郎的。四年（1854）三月的第二谕中有"经朕洊擢侍郎"之语，这"洊擢"一定是对于他的某种建议的报酬。"官票宝钞"的施行在后，铸造大钱之事在前，从论功行赏的程序上说，连大钱铸造的建议，恐怕也是出于这位理财家的吧？

也是一半对、一半错的。宝钞的建议者第一个是王茂荫，可是他的建议并未通过。后来所施行的钞法并不是根据他的建议来的，他以为那办法不对，所以提出四条意见，结果反被申斥。至于铸造大钱，恰好相反，王茂荫是当时最坚决的一个抗议者、反对者。他说当时的钞法应改良，不应铸造大钱，他的意见没有被采纳，结果是大钱果然行不通，钞法也失败了。

二

王茂荫字椿年，一字子怀，安徽歙县人。生于嘉庆三年（1798）三月，卒于同治四年（1865）六月，年六十八岁（1798—1865）。

在科第上说，王茂荫是早达的，他在三十四岁那年就中了举人，第二年连捷成进士。这两年清廷下令禁止鸦片输入。

相反地，在官阶方面说，他却是一个晚达的人。成进士后，即官户部主事。十五年中三次请假回家省视父母。鸦片战争起来时，他正在乡间闲居。一直到道光二十六年（1846）才回朝补授户部云南司主事。这时他已是快到五十岁的人了。第二年升任贵州司员外郎，第三年遭父忧，又回家守制，三年后服满回朝时，清宣宗死，文宗继位，太平天国起义。

从咸丰元年（1851）到八年（1858）这八年中，是太平天国的全盛时期。经过了二十年浮沉郎署生活的王茂荫，在这时期中才踏上仕宦的坦途。咸丰元年（1851）补授户部江西司员外郎，八月官江西道监察御史，三年四月官太常寺少卿，六月擢太仆寺卿。因为他是户部出身，在这三年中不断地对当时财政情况提出意见。同年十一月官户部右侍郎兼管钱法堂事务。在任户部侍郎时，他坚决地提出反对当时新币制的意见，和同僚不合。次年三月调补兵部右侍郎。不久转左。到咸丰八年（1858）七月以病请开缺。同治元年四月起署左副都御史，改授工部侍郎。二年调吏部。丁继母忧归，四年六月卒于家（《清史稿》列传卷二〇九《王茂荫传》；方宗诚《柏堂集后编》卷一一《光禄大夫吏部右侍郎王公神道碑铭》）。

王茂荫在咸丰元年（1851）初拜监察御史以后，一直到去官，十年中不断上书陈述意见。当时的言官方宗诚在《光禄大夫吏部右侍郎王公神道碑铭》中曾说：

> 时天下承平久，吏治习为粉饰因循，言官习为唯阿缄默，即有言多琐屑，无关事务之要。其非言官，则自以为吾循分尽职，苟可以寡过进秩而已，视天下事若无与于己，而不敢进一辞，酿为风气。军国大事，日即于颓坏而莫之省。[①]

---

① 这一篇《神道碑铭》是王家请李鸿章写的，李鸿章又请方宗诚代笔。所以文中述说是用李鸿章的口气。除收入《柏堂集》，此文又见缪荃孙编《续碑传集》卷一一。

王茂荫在这趋势下是例外。他对于“朝政之得失，人才之贤否，军事之利害，知无不言，言无不详”。清文宗也很看重他的意见：“往往虚衷以受，或即时谕行，或付之公议。或始虽留中，既而思其言然，卒皆听用。”（《神道碑铭》）

王茂荫虽然是科举出身，却并不以为这制度是合理的、有用的。他指出这制度的弊端：

> 臣窃见今日之聪明才力，悉专致于摹墨卷，作小楷，而深惜其无用也。自来非常之才，有不必从学出者，然从学出者千百，不从学出者一二。即后汉臣诸葛亮亦有学须静、才须学之言。今一专功于墨卷，则群书遂束之不观；专功于作字，则读书直至于无暇。二者之废学，以作字为尤甚。而士子之致力，则于作字为尤专。合天下之聪明才力尽日而握管濡毫，尚安得济实用！（《王侍郎奏议》卷一《振兴人才以济实用折》）

他以为科举人才是未来的官，官是要能作史论的，至少也要懂得历史。可是科举制度的积弊是使所有未来的官都用全力于摹墨卷，作小楷。结果是每人都写得一笔好字，可是内容什么都没有，既不知过去，更不知现在。让这一批人来当国，“尚安得济实用”。他提出三点办法来补救。第一是改革科举的内容。策问五道分五门发题：一曰博通史鉴；二曰精熟韬钤；三曰制器通算；四曰洞知阴阳占候；五曰熟谙舆地情形。第一科是史学，一个未来官必需的学识；第二科是军事学；第三科是实用科学；第四科是天文学；第五科是地理学。应考的人可以自己选一专门的科目考试。这意见原来是道光二十二年（1842）两广总督祁埙提出的，这一年正是鸦片战争结束，订立南京条约，开五口通商的一年。祁埙所提出的意见显然是受了西方文化的影响，代表中国士大夫中的维新分子的意见。可是他的提议被当时的守旧派反对，不能通过。王茂荫却完全接受了他的意见，在咸丰元年（1851），第一次上折请求按祁埙的办法改革。后来又上折尖锐地对反对者加以驳问，他说：

当时部议之驳五门发策也，称士子淹博有素，不必专门名家。试问今曰制器通算者为谁？精熟韬钤者为谁？（《王侍郎奏议》卷九《请刊发海国图志并论求人才折》）

第二是考试务重文义。他说：

近来殿试朝考之后，考列前十卷与一等者，但传其字体之工，曾不闻以学识传者。考列在后之卷，又但传闻某书极劣，某笔有误，曾不闻以文艺黜者。此士子所以专务作字也。作字必无间断而始工，读书遂以荒芜而不顾，士习空疏，实由于此。请嗣后令读卷阅卷大臣，勿论字体工拙，笔画偶疏，专取学识过人之卷。进呈钦定以后，即将前十卷与一等卷所以过人之处，批明刊发，使天下晓然于朝廷所重在文不在字，庶士子咸知所向。（《王侍郎奏议》卷一《振兴人才以济实用折》）

他要求以后考试不重表面形式上的书法，着重在实学——学识过人。

第三是广保举以求真才。他是反对现行的科举制度的。他以为在这样的制度下，绝不能招揽所有的人才："若伏处在野，或不工制义，或力难应举，则虽有怀奇负异之士，恐终淹没。"他要求"令各省州县并教官留心察访，或博古通今、才识非常，或专门名家、精通一艺，或膂力过人，胆勇足备者"，保举。经考试后，送部引见，随材酌用，以济科举制度之穷。（《王侍郎奏议》卷一《振兴人才以济实用折》）并反驳部议说：

部议之驳广保举也，称文武各有乡会试，凡才学出众、武艺精通者，皆已甄拔无遗。试问年来杀贼攻城诸将，如罗泽南、王鑫、杨载福、李续宾等，均非得自科举，甄拔何以有遗？前议之未尽有明征。今议之当详，自可见此为长久得人之法。（《王侍郎奏议》卷九《请刊发海国图志并论求人才折》）

综合他的意见，一方面改革科举制度，除去专重小楷的弊端，注重真才实学。所谓实学，分历史、军事、科学、天文、地理五科。另一方面求人才于科举之外，只要有专长的都可在朝廷做事。在八十年后的现代人看来，这样的意见是平淡无奇的。可是在八十年前，在科举制度下，尤其他本人也是从科举出身的，提出这样的意见，是很值得注意的。

关于他的品性行谊，方宗诚在《神道碑铭》中说：

公识量沉宏，事无巨细，必研究原委，不敢苟且迁就。居官数十年，未尝挈妻子侍奉，家未尝增一瓦一陇。粗衣粝食，宴如也。故海内称大臣清直者必曰王公。

王茂荫是安徽歙县人。歙县人多外出经商，徽商在清代后期在全国商业界很有地位，很活跃，有徽帮之称。徽帮的经营业务，主要是茶商、钱庄和典铺。王茂荫生长在徽商的社会里，又长期家居，他的生活和思想意识深受徽商的影响，在政治上自然而然成为商人阶级的代言人，特别是以开钱庄、典铺为主的徽商的代言人，维护他们的利益。在讨论官票宝钞和大钱的时候，处处为商人特别是开钱庄、典铺的徽商说话。正因为如此，咸丰四年（1854）三月上谕申斥他“专为商人指使，且有不便于国而利于商者，亦周纳而附于条款内”“只知以专利商贾之词，率行渎奏，竟置国事于不顾，殊属不知大体”。被传旨严行申饬。

他的著作有《王侍郎奏议》十一卷（御史任内为台稿三卷，太仆寺卿任内为寺稿二卷，侍郎任内为省稿四卷，起用后为续稿一卷。又补遗一卷）。前十卷其门人易佩绅刻于四川藩署，后一卷刻于苏州。

三

在王茂荫的一生政治经历中，最主要的一件事便是他和咸丰时代币制的关系。他主张施行钞法来救济当时的财政困难，他极力反对“大钱”制度。

关于钞法的施行，王茂荫是咸丰时代的第一个提议人。他在咸丰四年（1854）三月所上《再议钞法折》中说：“现行官票宝钞，虽非臣原拟之法，而言钞实由臣始。”其实在咸丰时代以前，钞法的施行不但有人提议，并且在顺治时代曾经一度颁行。《清史稿·食货志》五记：“顺治八年（1651）岁造钞十二万八千有奇，十年而罢。嘉庆间侍讲学士蔡之定请行钞。”道光二十三年（1843）御史李恩庆又奏请行纸钞：

> 时以两河连年漫溢，制用甚繁。御史李恩庆奏请制造纸钞，发工次招商民交给。……敬徵奏言：……楮币之法，见于唐之飞券，宋元以来始有交子会子宝钞之制。前明洪武时行钞法，数年即坏。今需用孔亟，若待部颁印钞，招募商民交钱应用，实缓不济急。且事涉创办，商民未必乐从，所奏应无庸议。（《清史列传》卷四一《敬徵传》）

以“缓不济急”和“商民未必乐从”两大理由被驳不议。

咸丰时代是一个对外屈辱、对内镇压的时代，在这时期以前，全国通用的货币是银和钱。银因对外贸易入超的关系，尤其是鸦片的输入，逐年大量地流出，国内存银日渐减少，银价日高。钱是用铜铸的，铜的最大出产地是云南，太平军起义后，云南和北京间的交通被阻断，铜运不达，铸钱的原料成为问题。同时因为内战的关系，一部分地方被太平军所占领，另一部分地方截留税收做地方军费，还有一部分地方因受战事影响收入减少，中央财政越发不能支持。收入一天比一天少，支出却一天比一天多。在这种情形下，政府中的财政家和史论家便引经据典地提出两种解决办法，一是行钞法，二是铸大钱。在政治上也分成两派，一是钞法派，二是钱法派。王茂荫是前一派中的主要人物。

在洪秀全起义后的第十五个月，王茂荫上《条议钞法折》。他以为“粤西之军务未息，河工之待用尤殷，国家经费有常，岂能供额外之用。从历史上观察，补救财政困难的办法有二，一曰铸大钱，二曰行钞币。二者之利同，而其难以经久，亦略相似。比较两者的得失，则计钞之利，不啻十倍于大钱。而其弊则亦不过造伪不行而止”。他在提出具体的新钞法之前，指出过去行钞的十种弊端：

> 一则禁用银而多设科条，未便民而先扰民；二则谋擅利而屡更法令，未信民而先疑民；三则有司喜出而恶入，适以示轻；四则百姓以旧而换新，不免多费；五则纸质太轻而易坏；六则真伪易淆而难识；七造钞太多则壅滞，而物力必贵；八造钞太细则琐屑，而诈伪滋繁；九则官吏出纳，民人疑畏而难亲；十则制作草率，工料偷减而不一。

这都是从研究过去行钞的历史所得的结论。接着他提出九条办法，都是针对所举十种弊端加以纠正的。第一是拟钞之值：因为当时银贵钱贱的关系，定钞以银为本位，以两计算，分十两、五十两二种，十两以下仍以钱行使。第二是酌钞之数：滥发钞币的结果必然会使钞值低落，物价抬高。要保持钞值的固定，必须限有定数。他主张仿顺治时代的成例，“每年先造钞十万两，计十两者五千张，五十两者一千张。试行一二年，计可流通，则每岁倍之，又得流通，则岁又倍之。极钞之数以一千万两为限”。这一千万两的定数是根据国家岁入酌定的，国家岁出岁入总数不过四千万两，发钞总数不过每年岁出入的四分之一，是不会不流通的。第三是精钞之制：为防止十弊中的第四、第五、第六、第八、第十诸弊，他提议立一制钞局："选织造处工人，以上等熟丝织如部照之式，分为两等，方尺有五寸者为一等，方尺有二寸者为一等。四围篆织花纹，中横嵌大清通行宝钞六字满文于额，直嵌大清宝钞天下通行八字汉文于两旁。按每岁应制钞张数造办，以方尺五者为库平足色纹银五十两，尺二者为库平足色纹银十两。选能书吏于钞中满汉合璧作双行书，每年拟订数字，每字一千号，编为一簿。钞之前按簿上每张填某字某号，钞之后书某年月日户部奏准大清宝钞与银钱通行使用，伪造者斩，告捕者赏银若干两，仍给犯人财产。诬告者坐。皆汉书。再请饬另铸大清宝钞印一枚，于中间满汉文银数上钤以印。前某字某号上钞与簿钤骑缝印。钞质必厚实如上等江绸；篆文必细致；满汉书必工楷一律；印文必完整；印油必鲜明。监造各官有草率不如式者治以罪。禁民间不得私织如钞花样，有犯必惩。再请饬于制钞局特派一二有心计之员，另处密室，于每钞上暗设标识数处，所设标识，唯此一二人知之。仍立一标识簿载明每年之钞标识几处，如何辨认，封藏以便后来检对。其识按年更换，以杜窥测。一切均不得假手书吏，以防泄露。"第四是行钞之法：丝钞织成后即交各银号官盐店典铺，给以微利，每库平五十两者只令缴市平五十两，库平十两者只令交市平十两。银号领钞缴银后，许加字号图记花字于钞之背面，听各处行用。许作捐项及办解钱粮，与银各半交纳。第五是筹钞之通：宝钞发出后，因为许作捐项和钱粮交纳，结果是仍旧回到部库和藩库。为求周转流通，所有中央地方发出款项都酌量以钞搭放。仍许持钞人向银号兑取现银。如银号故意勒措，不肯兑换，扣减不肯如数，许民人指控，治之以罪。第六是广钞之利：钞利轻赍和行远，又无成色与重轻，应鼓励民人行用，听向银号兑换，并随处上纳钱粮。天下州县均于城内立一收钞银号，持钞人或作交钱粮或兑换银钱，均即如数兑交。京外各行钞银号均饬于招牌上加钞字。为防止造伪起见，行使宝钞人许于钞背记明年月收自何人，或加图记花字，遇有伪钞，不罪用钞之人，唯究钞所由来，逐层追溯，得造伪之人而止。第七是换钞之法：部库设人专司钞之出入，各地行钞但钞之背面图记花字已满者即付送制钞局，将钞截角，另贮一库。遇有伪钞，便可对明。第八是严钞之防：法行之后，不得另有更张。造钞之制，不得渐减工料，致失本来制度以坏法。民人有伪造者，即照钞文治罪，不得轻纵以坏法。第九是行钞之人：商民交易力为设法，不经官吏之手，同时严防官吏舞弊，阻钞行用。尤贵经国大臣相时之轻重而收发操纵之。（《王侍郎奏议》卷一《条议钞法折》）

综合以上各点，他的主要意思是发行一种仿明洪武宝钞以银为本位的丝织宝钞，交银号流通，商人方面可得些少利益，持钞人可用于缴纳国税。各地方均设收钞处，持钞人可以随时兑换银钱。钞本身用丝织，并设暗记，行使人可在背面记钞之由来，以防伪造。虽然没有钞本，但因发行有定额，总数不过每年收入四分之一，且可兑现，流通自然不成问题。这条陈提出以后，朱批大学士会同户部议奏，便无下文。虽然没有结果，王茂荫却因这条陈而被政府注意，以为他的历史知识很够得上做一个理财家了。

一年后福建巡抚王懿德又奏请行钞法。他说：

> 自海防多事，销费渐增，粤西军务、河工，拨款不下千数百万，目前已艰，善后何术！捐输虽殷，仅同勺水，督催稍迫，且碍闾阎。与其筹划多银，不若改行钞引。历考畿辅山左，以及关东，多用钱票。即福建各属，银钱番票，参互行使。便于携取，视同见金。商民亦操纸币信用，况天下之主，国库之重。饬造宝钞，尤易流转。唯钞式宜简，一两为率，颁发藩库，通喻四民，准完丁粮关税，自无窒滞。或疑库银溢出，悉成钞引，银日以少，钞日以贱。岂知朝廷不蓄为宝，以天下之财，供天下之用，能收能发，自能左右逢源也。（《清史稿》列传卷二一四《王懿德传》）

主张发行一两的宝钞，与王茂荫所提的十两、五十两两种票面价值不同。这一提议也同样被驳。《东华录》记：

咸丰二年（1852）六月丁未，先是福建巡抚王懿德奏筹行钞法，以济军需。令军机大臣同户部议奏。至是奏称：民间行用铺户银钱各票，乃取银取钱之据。若用钞则钞即为银，钞即为钱，与铺户各票之持以取银钱者不同，必致民情不信，滞碍难行。该抚所请改行钞法之说，应无庸议。报闻。（潘颐福《咸丰朝东华录》卷一五）

同年九月署镶红旗蒙古都统花沙纳也上疏请行钞法。他说：

查前代行钞皆不能无弊：盖钞用纸质，易于作伪，弊一；朝令夕改，民不信从，弊二；官项不收，自相矛盾，弊三；禁银禁铜，抑勒滋扰，弊四；积年添造，壅滞难行，弊五；不议更换，昏烂辄废，弊六。谨拟造钞之法：一、钞质以缓为之，连用二印志书迹于其中，则真伪易辨。一、钞式织成，按千文编号，以免混淆。一、钞绫用正黄色，印花用上等朱砂，印板用精铜铸就。一、银钞数目，自一两、五两、十两至五十两分四等，每张计费银五钱。一、宝钞之费，一千七百张共需银八百五十两，即可当万金使用。一、钞分四等，钞式则一。一、钞皆准银，较准钱为简便。一、钞银拟造满一万万两为止。一、造钞除五六十年后奏请更换外，或大工大役，估计所需，必须添造，工竣停止。一、法律宜严治伪造者，宽待误收者。一、造钞伊始，先将行钞条例颁示天下。将来帑项极充，毋庸再用，准其抵交入库。其行钞之法：一、请银钱与钞并用。一、请设督理钞局官。一、外省用项由钞局会同户部酌给银半钞半，或搭放宝钞二成，依次递增，半钞而止。一、内自京城，外至各省督抚州县乡市各钱店一律畅行，不准阻挠。一、民间交易，银钞听其自便，唯交官银两，必须银钞各半。一、钞宜上下通行，凡完粮纳税捐项统用银钞各

半。一、凡以钞完粮纳官者，概免倾熔火耗。一、宝钞既行，不必禁银禁铜，徒滋纷扰。（《清史列传》卷四一《花沙纳传》）

花沙纳也主张用银钞。和王茂荫的主张不同的是：钞用绫制；钞额分一两、五两、十两、五十两四种；钞只能做交官项用，不能兑现；发行额多至一万万两。

四

经过王茂荫、王懿德、花沙纳三人接连上疏请行钞法后，清廷正苦于无法解决财政困难，也就怦然动心，让原提议人妥商办法。王懿德这时在福建，不能预议。便特派左都御史花沙纳和陕西道监察御史王茂荫妥议钞法，奏明办理。两人虽都主张行钞，但是所提的办法不同，在政治地位上又高下悬绝，虽然表面上是两人会同户部堂官妥议，并拟定简明章程，绘具钞式具奏，实际上全是花沙纳和户部的主张。王茂荫的提议要点全被搁置。据《花沙纳传》：

三年（1853）二月会议行钞章程。略云：理财之道，固贵相时济用，尤宜慎始。请定简明章程，于京师先为行用，俟流通，各省一律遵办。不必袭用钞名，即称为票，使商民日用相安。如所议行。（《清史列传》卷四一《花沙纳传》）

《东华录》记：

咸丰三年（1853）二月辛丑谕内阁：兹据花沙纳等公同酌议（钞法）具奏，并绘具官票式样进呈。朕详加披览，所拟章程各条，尚属周密，着即照所请定为官票名目，先于京师行用。俟流通渐广，再行分颁各省，一律遵办。官票之行，与银钱并重，部库出入，收放相均。其民间银钱私票行用，仍听其便，商贾交易，亦无抑勒，洵为裕国便民良法。总期上下相信，历久无弊，即使国用充裕，官票照旧通行。（《东华录》卷一九）

官票面额有一两、三两、五两、十两、五十两五种。“钞制以皮纸，额题户部官票，左满右汉，皆双行。中标二两平足色银若干两。下曰户部奏行官票，凡愿将官票兑换银钱者与银一律，并准按部定章程搭交官项，伪造者依律治罪。边文龙。”（《清史稿》卷一〇五《食货志》五）花纹字画均蓝色，银数有用墨戳钤印，也有临时填写的，字都特大。写或印银数处印朱方印，文曰户部官票永远通行，左满右汉。骑缝处钤户部官票所关防长方朱印，亦左满右汉。用千字文编字，或印或写，号数年月均用墨笔写。边钤每两比库平少六分小墨戳。左下端有黑花押。背面或钤私印或写前手行用人名铺号。经过几个月的筹备，于咸丰三年（1853）五月戊申正式颁行。[①]

王茂荫是极力反对户部的方案的，户部原方案经批准的主要两点是：第一，提取各州县所存谷价银两，给以银票，为将来买补之用；第二，于各省当杂各商生息帑本内，酌提十分之三，解交藩库报部候拨。户部核明银数，应造一百两、八十两、五十两之票若干张，汇发各省，按原提本银数目，分给各该商；准令该省捐纳封典职衔贡监之人，向各商买票报捐，归还原提银款。其各商应缴息银，仍如其旧。关于第一点他认为可行。第二点损害钱庄、典商原有利益，他大声疾呼，以为亏商病国，绝对难行。他说：

各省州县皆有典规，岁数千两至万两不等。即平居无事，而已视典商为鱼肉。今令州县以提帑本发部票，则必以火票脚价部费

---

①《清史稿》本纪卷二〇：“咸丰三年（1853）五月戊申始制银钞。”银钞即官票，亦即银票。

为借口，而收银有费，发票有费，费之轻重，固视官之贪廉，然官即能廉，吏亦断无空过之事。此商之亏一也。商之缴银也，限以三月，由州县而藩司，而报部，不知几月。迨部中核明银数，造票有时，发票有时，由该省以行至州县，分给各商，又不知几时。窃计自商缴银之日，以至领票之日，至速亦须一年。此一年中该商等本银已缴其三，而息银仍如其旧，此息竟从何来。此商之亏又一也。商领银票，准令该省捐纳封典职衔贡监之人向各商买以报捐，归还原款。窃计捐生有银报捐，何为必欲买票。且买票入手，不知有无真伪，持票上兑，不知有无留难，何如持银上兑之可恃。苟非与该商素识，委曲代计补亏，断不向买。设领票年余，而素识中竟无欲捐之人，其票必悬而无着，则商之亏又一也。由前二亏，亏固难免，由后一亏，亏更无期。于此而谓于商无亏，恐未可信。夫提取存本，固商之本分，亦商所乐从，今欲济急需，则竟提用，俟度支充裕，再行发给可耳。若如部议提本给票买票三层周折，而仍归于报捐，名避勒捐而实较捐之费为更甚矣。（《王侍郎奏议》卷三《条奏部议银票银号难行折》）

同日他又上奏请求把他前次所上钞法条陈再行详议：

再查部臣议行银票，意谓票与钞相关，欲以此试钞之行否。臣窃谓此意似未深思也。诚欲试钞法，当如其法而用之，方为试行。若变易其法，则行与不行，皆各自一事，安得因此而概彼。夫行钞首在收发流通，唯收之能宽，斯发之不滞。今银票之发，唯以抵存本，而收唯以报常捐，上下均隘其途，安得而流通乎？（《王侍郎奏议》卷三《请将钞法前奏再行详议篇》）

由此可见，所谓官票纯然是一种不兑换的债券，政府收回各地钱庄、典商生息本银十分之三后，发出同样价值的官票，这种官票又只能用于报捐，和王茂荫所提议的办法完全不同。政府的威权也不能强迫民间乐于行用。结果颁行新纸币的消息一经传出，京城内的市面立刻混乱，商铺纷纷歇业倒闭。据都察院左副都御史文瑞奏：

> 民间于钞法不知其利，而宣传其害，竟畏之如虎。十余日来钱铺已关闭三十余处。昨日内外城一昼夜间陡然关闭者又不下二百余处之多。即素日资本富厚，最著名之钱铺亦皆关闭，粮店亦间有关闭者。街市扰攘，人人惊危。（罗尔纲先生藏钞本《道咸奏稿》）

兵科给事中吴廷溥奏，钱铺之关闭，主要原因是挤兑：

> 新正以来，警报交至，富商挟资出京，不可胜计。都城关闭钱铺每日三五家或七八家不等。讵本月十五日一日之内，关闭钱铺七八十家，通计前后所关有百数十家。道路宣传，惶骇失措。推原其故，盖由户部张贴行钞告示，外间传闻各铺私票一律禁止。存票之家，争往钱铺取钱，络绎奔走，到处挤闹，逐队成群，嚣然不净。奸徒借端滋扰，势所难免。（罗尔纲先生藏钞本《道咸奏稿》）

同时军营中也不愿行使新钞：

> 咸丰三年（1853），时议行钞币。翁心存疏言："军营搭放票钞，诸多窒碍。钞币之法，施行当有次第，此时甫经颁发，并未试用，势难骤用之军营。"（《清史稿》列传卷一七二《翁心存传》）

官票颁行未久，接着又发行钱票，此议起于文瑞，《清史稿》记：

咸丰三年（1853）疏言："钞法之弊，放多收少，半为废纸。放少收多，民间钞无从得。若收放必均，是与之甲而取之乙，徒扰无益。非易银钞为钱票不可。拟就道光年间所设官号钱铺五处，分储户工两局卯钱，京师俸饷照公费发票之案，按数支给，以钱代银。"并具条目六事。疏入议行。（《清史稿》列传卷二〇九《文瑞传》）

《东华录》卷二十三记：

咸丰三年（1853）九月庚申，谕内阁："惠亲王等会奏请颁行银钱钞法一折，据称银票以便出纳，钱钞以利流通，请令京师及各直省，均由户部颁行银票钱钞，任听民间日用行使，并完纳地丁钱粮盐关税课及一切交官等项；俾文武官员军民人等咸知银票即是实银，钱钞即是制钱；核定成数，搭收搭放，以期上下一律流通等语。自来制用常经，银钱并重，用楮作币，历代通行。现在银价昂贵，需用浩繁，民间生计维艰，必须与时通变，使钞票与银钱兼权并用，以冀裒多益寡，日益充盈。……询谋佥同。着即照所议，由户部制造钱钞，颁发中外，与现行银票相辅通行。其应如何搭收搭放，酌定成数，以昭限制，总期官民两便，出纳均平。所有一切应办事宜，着户部详细酌核，妥议章程具奏。"

可见钱钞是与官票相辅而发行的。合钱钞与官票简称钞票，是现在钞票一词的语源。两个月后户部议定钞式和搭收搭放成数钞票比率，经批准颁行：

十一月乙丑谕内阁："比年以来，银价日昂，民生愈困，小民输纳税课，每苦于银贵，而转运制钱，又多未便。朕……酌古准今，定为官票宝钞，以济银钱之不足，务使天下通行，以期便民裕国。着照部议，凡民间完纳地丁钱粮关税盐课及一切交官解部协拨等款，均准以官票宝钞五成为率。官票银一两抵制钱二千，宝钞二千抵银一两，与现行大钱制钱相辅而行。其余仍交纳实银，以资周转。京库应放之项，官票宝钞亦以五成为限。……并准五城殷实铺商具结承领宝钞，俾民间自行通用。即由五城御史随时支发验收。……如有伪造等弊，即行按例治罪。其有阻挠不肯行使者，以违制论。”（《咸丰朝东华录》卷二四）

“钞额题大清宝钞，汉字平列，中标准足制钱若干文。旁八字为天下通宝，平准出入。[①]下曰此钞即代制钱行用，并准按成交纳地丁钱粮一切税课捐项，京外各库一概收解。”（《清史稿·食货志》五）“每钱钞二千文抵换官票银一两”，边文如票。花文字画均蓝色。钱数有刻印的，也有临时填写的。中钤“大清宝钞之印”朱方印，骑缝处钤圆形印，年月下有黑色长方印。编号用千字文，与号数均用木戳印。钱钞行后从三年（1853）十二月到四年（1854）三月几个月中“已发百数十万。于是兵丁之领钞者难于易钱市物，商贾之用钞者难于易银置货，费力周折，为累颇多”（《王侍郎奏议》卷六《再议钞法折》）。

王懿德和王茂荫都是主张行钞法的，却都反对当时所行的办法。王懿德以为收钞不应限以成数，政府发钞目的是在民间流通，但是一面要叫人家乐于行用，一面却只收一半，百姓交纳官项时，一定要一半银子，一半票钞，自己只肯收回一半，如何能叫人乐于行用。他说：

钞之能行，不在于发，而在于收。内自部库以及各关税务，外则丁耗钱粮盐典契纸各税，果能悉收钞票，不限成数，且示以非钞不用，则百姓争相买钞：有银之家以钞轻而易藏，纳课之氓以率定而无损，贸迁之商以利运而省费。部臣见未及此，唯恐解钞而不解银，故限以成数。夫以为无用，则钞银均非可食可衣；以为有用，

---

① 按罗尔纲先生所藏宝钞，旁八字为“天下通行，均平出入”。《清史稿》所记误。

则钞银不能畸轻畸重。今于领钞之时，区以一省，由部知照，方能行用，己不自信，人岂可强，徒开借端渔利之门。请饬部臣及各省督抚，以此发即以此收，无论各项度支，示天下非钞不用。新收买钞银两积于部库藩库，以为母金。行钞不分畛域，则银日丰而本源厚。（《清史稿》列传卷二一四《王懿德传》）

户部的人主张发行钞票的目的是拿它当作银子给人，却不愿意商民当真把它完全作银子交回。王懿德的见解是他们所不能接受的，这条陈自然不能通过。王茂荫比他更进一步，主张票钞都应兑现。兑现的方法特别提出应给商人以相当利益。因为照规定的法制，票钞只能按成数交纳官项，在京师则放多而收少，在军营则简直有放无收，在直省州县则又有收而无放。这原因是政府和民间直接发生收放关系，缺少一个中间交互流通的枢纽。这枢纽应该是商人。要商人来做枢纽，必须给以相当的利益才行。他在这原则下提出四条办法：

一、拟令钱钞可取钱也。查市行钱票，与钞无异，而商民使用者以可取钱也。宝钞准交官项，本自贵重，而人总以无可取钱，用多不便。若于准交官项之外，又准取钱，自必更见宝贵。

二、拟令银票并可取银也。现行银票钱钞，均属天下通行，而行远要以银票为宜。欲求行远，必赖通商，欲求通商，必使有银可取。人疑无如此现银以待取，而不知各省之钱粮关税，皆现银也。今既准以银票交官矣，此抵交之银不归之商人乎？既可准其抵交，何妨准其兑取。自上计之，二者初无所殊，而自商视之，则二者大有所异。盖抵交迟而兑取速，抵交滞而兑取灵。凡州县征收钱粮，必有银号数家，将钱统易为银，将银统镕为锭，以便解省。今使商人持钞至倾镕钱粮之银号，准其兑取现银，则商人之用钞便；而得钞不待倾镕，即可解省，于银号亦便。在各州县收钞于商与收钞于民，初无所异，而零收之与整兑，亦有较见为便者。今若于准交之外，再加准兑取一层，则钞益贵重。处处可取银，即处处能行用，而不必取银。

三、拟令各项店铺用钞可以易银也。各店铺日卖货物，惯用市票，何独惮于用钞，以市票能易银以置货，宝钞不能易银，即不能置货。此虽强令行用，将来货物日尽，宝钞徒存，市肆必至成空，不独商人自虑，即国家亦不能不为代虑。查银钱周转，如环无端，而其人厥分三种：凡以银易钱者官民也；以钱易银者各项店铺也；而以银易钱，又以钱易银，则钱店实为之枢纽焉。各店铺日收市票，均赴钱市买银，而钱店则以银卖之。今请令钱市凡以票买银者必准搭钞，则各店铺用钞亦可易银，而不惮于用钞矣。各店铺不惮于用钞，则以银易钱之人，无非用之于各店铺，凡令钱店开票者，亦可准令搭钞矣。各钱店开票亦可搭钞，则以银买各店铺之票而亦不惮于用钞矣。凡以三层关节为之疏通，使银钱处处扶钞而行，此各行互为周转之法。

四、拟令典铺出入均准搭钞也。查现在典铺取赎者用钞不敢不收，而当物者给钞率多不要。使典铺之钞有入无出，将来资本罄而钞仅存，不能周转，必至歇业。典铺歇业，贫人益无变动之方。应请令嗣后出入，均许按成搭钞，此一行自为周转之法。

在这四条办法中，后两条是专门替商人特别是银号、钱庄、典铺说话的。第二条银票兑现即以州县钱粮各地关税所收之银为准备金，这是户部万不肯答应的。第一条钱钞兑现，他也另筹了一个具体办法。这办法是让户部宝泉局把逐月所加铸的钱提出积存，作为兑现的准备，约计半年后可存三十余万串，即刻出示许民人于半年后兑现。如钱将尽而钞仍纷来，竟不能给，则不妨示期停止，令半年后再取。这半年一兑现的办法，虽然是不彻底，到底比完全不兑现强些，宝钞的信用也许经明令准许兑现而稍好。但是，这办法也是要政府拿出本钱的，政府自然又是不肯。在折尾王茂荫又说：

现行官票宝钞，虽非臣原拟之法，而言钞实由臣始。今兵丁之领钞而难行使者多怨臣，商民之因钞而致受累者多恨臣。凡论钞之弊而视为患害者莫不归咎于臣，凡谕钞之利而迫欲畅行者莫不责望于臣。

他是户部右侍郎，专管钱法，但是所施行的办法，却并不是他的主张。他的意见也不为上官所采纳，他在折中明白地说：

臣既在户部，凡有所见，必取决于总理祁儁藻尚书文庆，乃所商多未取决，而设想更已无方。……（《王侍郎奏议》卷六《再议钞法折》）

他明知现行币制的不合理，却又被朝野人士指为这新制度的负责者，怨恨集于一身。为着皇朝的前途，为着个人的责任，他不能不提出这补救的办法。结果因为折中第二条银票兑现的办法，和政府的政策抵触，政府的本意是要集中现银，他却提出让商人可以随时兑现，在政府看来，这办法是会把所有现银都分散到商人手上去的。因此王茂荫大被申斥。咸丰四年（1854）三月甲辰上谕：

王茂荫身任卿贰，顾专为商人指使，且有不便于国而利于商者，亦周纳而附于条款内，何漠不关心国事，至如此乎？

并令交奕䜣、载铨速行核议。三日后上谕：

恭亲王奕䜣亲王衔定郡王载铨奏：……遵议王茂荫条陈钞法，室碍难行一折；着即照所奏，均无庸议。宝钞之设，原以裕国便民。王茂荫由户部司员，经朕洊擢侍郎，宜如何任劳任怨，筹计万全。乃于钞法初行之时，先不能和衷共济，只知以专利商贾之词，

率行渎奏，竟置国事于不顾，殊属不知大体。……王茂荫着传旨严行申饬。（《咸丰朝东华录》卷二六）

几天后就调他做兵部右侍郎，解除他对新币制的发言权。

钞法颁行后不到两年，票面价格日低，钱价愈高，票银一两宝钞一千只值制钱四五百文。主要原因除不能兑现外，还有官吏的舞弊，一方面不顾法令，不收民间票钞；另一方面又向民间收现银现钱，却另买票钞缴解。《咸丰朝东华录》卷三十五记：

五年（1855）九月癸酉谕内阁：……兹据李钧奏称：河南省州县于征收钱粮时专收银钱，不收票钞。解司之时，则收买票钞，按五成搭解。以致商民于钞票不知宝贵。现在票银一两宝钞一千均止易制钱四五百文。河工领款，系八成票钞，二成现银，所领票钞，难于行使，每遇险工，无从抢护。山东省藩库，于各领款则照二成搭放，而于州县解款，并不搭收票钞，更形壅滞。

五年后京城市价银票一两，仅值钱二百余文，实银则值钱六千有余。银票二十余两始能抵银一两。钱票到咸丰十一年（1861）时也跌到每千仅值当十钱一百余文。《清史稿·食货志》五说：

钞法初行，始而军饷，继而河工，搭放皆称不便，民情疑阻。直省搭收五成，以款多抵拨，既艰搭放，遂复不肯搭收。民间得钞，积为无用。京师持钞入市，非故增值，即匿货。持向官号商铺，所得皆四项大钱，不便用。故钞行而中外兵民病之。其后京师以官号七折钱发，钞直益低落，至减发亦穷应付，钞遂不能行矣。

施行钞法的本意是补救军饷和河工的费用，所得的结果却是军营不要，河工不要，百姓不要，商人不要，连地方政府也不要了。

五

银票颁行后，钱法派提议鼓铸大钱。同年五月辛未铸当十大钱，八月庚子铸当五十大钱，四年二月甲午铸当百、当五百、当千大钱。三月铸铁制钱当十大钱。六月铸铅制钱（《咸丰朝东华录》卷二〇—二六）。铜“大钱当千至当十凡五等，重自二两递减至四钱四分。当千、当五百净铜铸造，色紫。当百当五十当十铜铅配铸，色黄。百以上文曰咸丰元宝，以下曰重宝。幕满文局名”（《清史稿·食货志》五）。

在当十、当五十大钱颁行以后，当国的王大臣又请铸当百、当五百、当千大钱，王茂荫上折极力反对。他说：

当五十之钱，市人已多私议，奸人已多私铸，第为时未久，尚未见大阻格耳。今王大臣奏请添铸当百当五百当千三种，而当千但以重二两为率，其余以次递减。为裕筹经费起见，诚为至计。此法果行，岂非大利。顾臣考历代钱法，种类过繁，市肆必扰，折当过重，废罢尤速。……若当千之钱重二两，非所谓折当太重，分量过悬殊耶？论者谓折当太重，谓其嫌于虚耳。大钱虽虚，视钞票则较实，岂钞可行而大钱转不行！不知钞法以实运虚，虽虚可实，大钱以虚作实，似实而虚。故自来行钞可数十年，而大钱无能数年者，此其明征也。论者又谓国家定制，当百则百，当千则千，谁敢有违！是诚然矣。然官能定钱之值，而不能限物之值，钱当千民不敢以为百，物值百民不难以为千。自来大钱之废，多由私铸繁兴，物价涌贵，斗米有至七千时，此又其明征也。……顾使当千当百虽不行，而当十、当五十犹可行，似不妨于一试，而臣又虑其不能也。信为国之宝，现行大钱钞票，皆属权宜之计，全在持之以信，守而不改，庶几可冀数年之利。今大钱分两式样甫经奏定，颁行各省，大张晓谕，刊刻成书，未及数月，全行变更；当五十者较向所见而忽大轻，当一百者较向之五十而犹见轻，且当五百、当千纷见错出，民情必深惶惑，市肆必形纷扰，而一切皆不敢信行。钱为人人日用所必需，裕国便民，所关甚重。万一如臣所虑，诚恐贻悔。（《王侍郎奏议》卷六《论行大钱折》）

制钱一文重一钱二分，当十钱重四钱八分，算是以四制钱的重量当十钱之用。相差尚不甚远。当千钱只重二两，则以十六制钱的重量当一千钱之用，这折当未免太悬殊了。王茂荫指出通货膨胀和物价的关系："钱当千民不敢以为百，物值百民不难以为千。"因为"官能定钱之值，而不能限物之值"。这是很有道理的。奏入政府置之不理。接着他又第二次上书反对，指出大钱之病国病民的三难二弊。他说：

今行当百以上三种大钱，与原行当五十大钱分两式样，无甚可辨。若恃字为辨，则此何以贵？彼何以贱？愚民莫解，恐致瞀乱。此其一难。钱本以便零用，今一钱而当五百当千，窃恐以易市物，难以分析，以易制钱，莫与兑换。此其二难。大钱虽准交官项，然现在准以五成搭交者有官票，有宝钞，再加大钱，何能并搭。此其三难。

然此犹其小也。最大之患，莫如私铸。论者以为私铸正可增官铸之用，可以无患。不知官钱以当千发之，以当千收之，故可无亏。若奸人以四两之铜，铸两大钱，即抵交一两官银，其亏国将有不可胜计者。旧行制钱每千重百二十两，熔之可以得六十两，以铸当千，可抵三十千之用。设奸人日销以铸大钱，则民间将无制钱可用，其病民又有不可胜言者。即此二弊，已无法杜，无论其他。

最后，他明知政府绝不肯取消认为有利可图的当五百和当千大钱，只好提出两种补救办法：第一是在当千和当五百、当百三种大钱上加钳银点，"当千者十点，当五百者五点，当百者一点"，以示贵重，辨别较易，造伪较难；第二是请求把户工两局所铸当十、当五十两种大钱划一重量。原来这两局是各自为政的，户局铸当五十钱重一两八钱，工局铸的却只重一两五钱；户局铸当十钱重六钱，工局铸的却只重五钱。请一律照工局重量改铸，使“新钱旧钱式样无甚悬殊，市肆行用，不致訾乱”（《王侍郎奏议》卷六《再论加铸大钱折》）。这奏折政府也还是置之不理。

王茂荫所指出的大钱制的流弊和必然的后果，不久即由事实证明了。咸丰四年（1854）七月户部奏：“当千、当五百大钱，甫经行使，即形壅阏者，以折当过多，私铸益众，利之所在，法难尽除。……请将宝钞发钱行经纪，验明局铸大钱，如数收回。”并停铸当二百、三百、四百大钱。又以当百以下大钱，有奸商折算等弊，严令照钱面数目行使，不准折减（《咸丰朝东华录》卷二八），但仍壅滞不行（《清史稿》列传二〇九《文瑞传》）。咸丰五年（1855）八月扬州军营以大钱不便兵民交易，奏请停收停放（《咸丰朝东华录》卷三四）。至咸丰九年（1859）当十大钱仅值制钱一文，据袁希祖奏：

> 咸丰初以道梗铜少，改铸大钱。未几当百、五十皆不行，唯当十行之。始直制钱三五，近则以十当一。银直增贵，百物腾踊，民间重困。……向日制钱重一钱二分，大钱重四钱八分，以之当十，赢五钱四分。今以十当一，是反以四钱八分铜作一钱二分用也。民间私镕改铸，百弊丛生。今天下皆用制钱，独京师一隅用大钱，事不划一。请悉复旧规，俾小民易于得食，盗源亦以消弭。（《清史稿》列传二〇九《袁希祖传》）

大钱制行不通，只好“悉复旧规”，不再讲币制改革了。

论戊戌变法

一、做不了官怎么办

清德宗光绪二十四年（1898），以康有为、梁启超为中心的变法运动，全盘失败，到今年（1948年——编者注）恰好是五十周年。这一桩历史公案，虽然是半世纪前的事情了，但在今天，似乎还很新鲜，具有现实意义。

这一年是戊戌年，通常叫这一次失败的革新运动为戊戌政变。梁启超曾著有《戊戌政变记》一书，是这次运动最主要的史料。

这一年二月德国胶州湾租借条约签订，三月帝俄租借旅顺、大连，四月许英国在广东九龙设立租界，对日承诺福建省不割让于他国，英国租借威海卫。

往前推，光绪二十年（1894）中日战争，二十一年（1895）订了割地赔款求和的《马关条约》。

再往前，光绪十年（1884）的中法战争，法国占安南。同治八年（1869）的帝俄占伊犁。咸丰七年到十年（1857—1860）的英法联军，订了《天津条约》和《北京条约》。道光十九年到二十二年（1839—1842）的鸦片战争，订了《南京条约》。

外侮纷至沓来，主权日蹙一日，士大夫中的进步人物康有为着急了，光绪二十三年（1897）十二月，德占胶州后，驰赴北京，上书极陈事变之急说：

> 昔者安南之役，十年乃有东事，割台之后，两载遂有胶州，

中间东三省龙州之铁路，滇粤之矿，土司野人山之边疆尚不计矣。自尔之后，赴机愈急，事变之来，日迫一日，教堂遍地，无刻不可起衅，矿产遍地，无处不可要求，骨肉有限，剥削无已。且铁路与人，南北之咽喉已绝，疆臣斥逐，用人之大权亦失。浸假如埃及之管其户部，如土耳其之柄其国政，枢垣总署，彼皆可派其国人，公卿督抚，彼且将制其死命，鞭笞亲贵，奴隶重臣，囚奴士夫，蹂躏民庶，甚则如土耳其之幽废国主，如高丽之祸及君后，又甚则如安南之尽取其土地人民，而存其虚号，波兰之宰割均分，而举其国土，马达加斯加以挑水起衅而国灭，安南以争道致命而社墟，蚁穴溃堤，衅不在大。唯恐自尔之后，皇上与诸臣，虽欲苟安旦夕，歌舞湖山而不可得矣，且恐皇上与诸臣求为长安布衣而不可得矣！

士大夫的利害和皇上的利害是一致的，再不想办法，不能“苟安旦夕，歌舞湖山”，甚至不能为“长安布衣”，怎么得了？第二年三月廿七日，京官二百余人在北京粤东会馆召开保国会，主张保地保民保权保教，康有为演说，于列举过去四十天内，失地失权二十事之后，接着说：

贾谊所谓何忍以帝王尊号为戎人诸侯。二月以来，失地失权之事，已二十见，来日方长，何以卒岁？缅甸安南印度波兰，吾将为其续矣。观分波兰事，胁其国主，辱其贵臣，荼毒缙绅，真可为吾之前车哉！必然之事，安能侥幸而免乎！印度之被灭，无做第六等以上人者。自乾隆三十六年至光绪二年（1771—1876），百余年始有议员二人。香港隶英人，至今尚无科第，人以买办为至荣。英人之窭贫者皆可为大班，吾华人百万之富，道府之衔，红蓝之顶，乃多为其一洋行之买办，立侍其侧，仰视颜色，呜呼哀哉！及今不自强，恐吾四万万人，他日之至荣者不过如此也！

元人始来中国，尝废科举矣。其视安南之进士，抱布贸丝，有以异乎？故我士大夫设想他日，真有不可言者。即有无耻之辈，发愤做贰臣，前朝所极不齿者，而西人必不用中人，以西人之官必有专门，非专学不能承乏也。若使吴梅村在，他日将并一教官不能得，安敢望祭酒哉！即欲如熊开元做僧，而西教专毁偶像，佛像佛殿，将无可存，僧于何依？即欲蹈东海而死，吾中国无海军，即无海境，此亦非干净土矣。做贰臣不得，做僧不得，死而蹈海不得，吾四万万之人，吾万千之士大夫，将何依何归何去何从乎！

痛哭流涕说了一场，说的是如中国成为波兰、印度，士大夫便做不成官了，即使发愤做汉奸，人家也不要，做和尚没有庙，投海没有海，怎么办啊！怎么办啊！结论只有一条路，"不责在上而责在下，而责我辈士大夫"，也就是韩文公"天王圣明，臣罪当诛"的译文。他要求士大夫向日本高山正芝学习，学他要求变法，学他"在东京痛哭于通衢，见人辄哭"，终于哭出明治维新来。

士大夫的利益寄托于皇家的存在，要保绅权、官权，其前提为保皇权。皇帝是无可责备的，蚩蚩庶民轮不到责备，因之该责备，该挺身而起，为皇家画一蓝图，指出一条"新路"的，也就义不容辞，是士大夫之责了。

可惜，康有为早生了五十年，要不，看看今天的希腊、西班牙、日本以及无数的典型例子，他实在用不着担心。而且，在今天，不但不以买办为辱，有若干士大夫还巴不上这地步呢。吴梅村如在，一定可以做祭酒，熊开元可以做外国和尚。至于蹈海，华盛顿之豪华旅舍，巴商之橡树园，"虽不能至，心向往之"！

二、其唯变法乎

当年所谓变法，也是今日所谓革新。

时代不同了，当然名目不同。时代变了，这些人没有变，没有变的是“不责在上”。

关于变，康有为主张：“观万国之势，能变则存，不变则亡，全变则强，小变仍亡。”又说：“不变则已，若决欲变，则势当全变。”就理论说，主张全变，就事实说，所谓全变是相对的，即在上不变，士大夫之利益不变，人民之被剥削、被虐待、被屠杀不变。

何以明之?

第一，所谓戊戌变法，是少数士大夫抬着清德宗实行新政，是以清德宗为主体的自上而下的变而不乱的改良运动。光绪二十三年（1897）十二月康有为上书：

> 伏愿皇上因胶警之变，下发愤之诏，先罪己以励人心，次明耻以激士气，集群才咨问以广圣听，求天下上书以通下情，明定国是，与海内更始……最要者，一曰采法日俄以定国是，二曰大集群才以图变政，三曰听任疆臣各自变法。

并且指出要：“自兹国事付国会议行，采择万国律例，定宪法公私之分。”次年正月上书：“日本维新之始，大誓群臣以定国是，立对策所以征贤才，开制度局而定宪法，皇上若决定变法，请先举此三者。”一句话，他的主张是君主立宪，立宪是为了保障君主的权益，巩固士大夫的权益。等到皇家被推翻了，这批改良主义者逻辑上自然就成为保皇党。

假定用今天的说法来分析五十年前的局面，慈禧太后、荣禄、袁世凯这个穷凶极恶、反动顽强的集团，宁可将中国送给外国，不与家奴的主张，当然是极右派。孙中山即被清廷称为匪徒叛逆，改名“孙汶”所领导的革命党，主张推翻君主，把专制独裁政体连根挖掉，主张实行民主立宪政体的，当然是极左派。至于康有为站在皇帝的立场，反对慈禧的昏庸淫虐，反对满洲亲贵的昏聩无能，是和右派对立的；站在士大夫的立场，对外要保国保权保土保士大夫的利益，对内保皇保教，尤其是保皇这一点，是和左派完全相反的；就保皇而论，和右派一致。所不同的，一个是保有位无权的青年皇帝，一个是保有权无位的慈禧太后；一个无权，所以要变法，一个有权，所以不许变法，因而引起正面冲突，造成所谓政变。就立宪而论，又和左派一致，所不同的，康派主张在皇帝领导之下行宪，而革命党则认为立宪的前提为推翻万恶的君主专制独裁制度。正当君主立宪派奔走呼号、大声喊变、开学会、办报馆、演说、请愿的时候，革命党在丢炸弹、搞会党、组民众、声讨那拉氏，正面和清廷斗争。

君主立宪派也就是后来的保皇党，既要宪法又要君主的，正是所谓中间路线。

历史的记录证明孙中山先生所领导的路线是正确的，那拉氏和君主立宪派而今安在哉！

第二，如何变呢？据梁启超《新政诏书恭跋》编一简表：

四月二十三日	上谕定国是，举办京师大学堂。
二十五日	上谕引见康有为、张元济、黄遵宪、谭嗣同，梁启超着总理衙门查看具奏。
五月初二日	废八股，科举四书文改试策论。
十五日	官书局译书局并入大学堂，梁启超赏六品衔，办理译书局事务。
十六日	论振兴农务，着各督抚劝谕绅民，兼采中西各法，切实兴办，不准空言搪塞。
十七日	悬赏劝奖鼓励工艺新书新法新器，准予专利售卖，并创建学堂，开辟地利，兴造枪炮等厂，照军功例，给予特赏。
二十一日	裁并绿营练勇，改练西法洋操。
二十二日	令地方兴办中学小学，保护教堂，不准再有教案。

二十三日　　举办经济特科。

二十八日　　水陆各军，裁空粮，节饷需。

六月初一日　　制定科举章程。

初八日　　上海《时务报》改为官报。

十一日　　各省学堂特派绅士督办。删改衙门则例。

二十三日　　上谕褒奖湖南巡抚陈宝箴讲求新政，锐意整顿。筹办水师铁路矿务等专门学堂。

二十九日　　于京师设立农工商总局，各省府州县，皆立农务学堂，开农会，刊农报，讲农器。各省设农工商分局。

七月初十日　　上海设立编译学堂，书籍报纸，一律免税。

十三日　　各省设立商会，上海设总商会。

十四日　　裁撤冗官，詹事府、通政司、光禄寺、鸿胪寺、太常寺、太仆寺、大理寺归并内阁及礼、兵等部，裁湖北、广东、云南三省巡抚，裁东河总督及粮道、盐道。

二十日　　杨锐、刘光第、林旭、谭嗣同赏加四品卿衔，在军机大臣章京上行走，参与新政事宜。

二十三日　　设立医学堂。

二十六日　　设立茶务学堂及蚕桑公院。

二十七日　　筹办速成学堂。劝谕绅民创设报馆。

八月初一日　　户部编岁出岁入表颁行天下。袁世凯以侍郎候补，责成专办练兵事务。

很明白，变的是形式，把书院改学堂，没有提及经费、设备、师资、图书、仪器。废了八股文，改为新式时务八股。练新军以用西法操练为要。振兴实业，多添了若干新式衙门。兴办农务，创办学堂，建立工厂，都用一纸谕旨交绅士去做。果然，如康有为所建请的“诏令日下”，算是“百举”并不维新。

改革不但限于形式，而且只是文字上的。五月二十八日谕旨：“当兹时事多艰，朕宵旰焦劳，力图振作，每待臣下以诚，而竟不以诚相应。各该疆臣身膺重寄，具有天良，何至告诫谆谆，仍复掩饰支吾，苟且塞责耶！”七月初十日上谕：“近来朝廷整顿庶务，如学堂、商务、铁路、矿政，一切新政，迭经谕令各将军督抚切实筹办，乃各省积习相沿，因循玩懈，虽经严旨敦迫，犹复意存观望。”说明新政的推行，只限于文字，没有丝毫现实的意义和作用。

新政一方面只是形式上、文字上的蓝图；另一方面当时最重要的问题，人民的痛苦，没有一字提到，人民的要求，没有一句话说到。谈改革而不顾到人民，设新政而不为人民生活福利着想，即使退一步说，没有政变，这一连串的所谓新政，果真着着推行，也无救乎清皇朝的覆灭，也无法抵抗外来的侵略，这批士大夫还是不免“求为长安布衣而不可得”，只好到海外去保皇！

三、摇身一变

五十年前的士大夫，今天叫作知识分子，摇身一变，人名变了，本质没变。他们仍然主张变，主张变而不乱，主张“不责在上而责我辈士大夫”。五十年的时间不算长，戊戌这一段史实，在今天看起来，还是新鲜的、现实的、具有教育意义的。

第三章　古人如何打仗：一将功成万骨枯

古代的战争

苏联国防部长马利诺夫斯基在苏共二十一次代表大会上，讽刺美英战争狂人的核战争方案说："先生们，你们的手太短了！"

现代战争广泛运用科学技术成就，苏联的洲际火箭、导弹可以击中地球上任何一个角落，百发百中；苏联的科学技术成就有力地保障了世界和平，使得手太短的战争狂人不敢轻于发动毁灭自己的战争。

手的长短说明今天两大阵营的军事力量。

古代也是如此。在远距离的杀伤武器发明以前，战争是人与人的搏斗，枪、刀、箭、槊等都是手的延长。战将和士兵的体力，运用武器的熟练程度，武器的重量，和勇敢、机智相结合，在战争中发生作用。

在战争进行中，士兵和士兵、战将和战将搏斗，面对面地厮杀，往往以伤亡较多的一方无力继续进行战斗而结束战局。

将军和将军的厮杀，大战几百个回合。甲杀了乙或乙杀了丙，虽然不一定决定战争的胜负，但是，在有些场合，却起着关键性的作用，特别是敌方的主将或骁将阵亡，失去指挥，影响士气，就非打败仗不可了。

小说和戏文上常常描写、演出战争，戏台上除了战争双方的队伍用几个战士作为大军的象征外，战争展开的重点通常放在两方主将的搏斗上面，这种表现手法是有历史事实根据的。

在斗将的场合，有大战几百个回合之说，一个回合的意思是交手一次。战将无论骑将或步将，都得手执武器。两军相对，中间有一段距离，双方同时前进，到了面对面接触的程度，互用武器杀伤对方，一击不中，就得退回来，准备第二次的接触，这样一进一退，就叫一个回合。在生和死的搏斗中，手的长短也就是武器的长短、重量，是有极重要意义的。长枪、大刀、马槊等长武器要比剑、短刀这类短武器更为优越。而更重要的则是使用武器的熟练程度、人的机智，这就要讲武艺了。同样的体力和武器，决定胜负的是武艺。战将为了保护自己，就得戴盔披甲，一副盔甲分量是很重的，骑将的马也得披甲，再加上武器本身的重量，没有极健壮的体力是支持不了的。在有些场合，斗到相持不下的时候，还得换马。也有这样一种情况，战将本人并未打败，只因马力乏了，或者马受伤了，进退不得，被敌方杀伤，吃了败仗。“射人先射马”，就是这个道理。

战争时用旗、金、鼓指挥，叫作三官。

旗是管节度的，大将有大纛，指挥全军；有方面旗，东碧，南赤，西白，北黑，中央黄，指挥各方。因为人多距离远，讲话听不见，走马传令费时间，就用旗来指挥：中央旗挥动，全军集合，旗俯即跪，旗举即起，卷旗衔枚，卧旗俯伏，见敌旗三挥，布阵旗左右挥。方面旗举，方面兵急需装束，旗俯即进，旗竖即住，旗卧即回。召将用皂旗，一点皂旗队头集，二点皂旗百人将集，三点皂旗五百人将集，一点一招千人将集。

金、鼓管进退，击鼓进军，鸣金退军。

击鼓三通共千槌，一通三百三十三槌（一说三百六十五槌）。行军平时挝鼓吹角戒严，吹角一十二变为一叠，鼓音止，角音动，一昼夜三角三鼓。大将以下都按级别备金鼓，遇有紧急事故，先头部队击鼓报警，全军就进入战争准备状态了。[①]

杀败敌人以首级论功，是沿袭秦的制度，杀一个敌人赐爵一级来的。

报功和发表战绩时也照例要夸大一番，以一为十，例如杀敌百人，露布上必定要写千人之类。[②]

帅旗是中军所在的标志，也是全军指挥的中心，帅旗一倒，全军就失去指挥，陷于混乱。以此，夺取敌方的帅旗也就成为古代战将的主要目标了。

---

① 参见［宋］曾公亮：《武经总要》卷二；《通典》卷一五七。

② 参见《资治通鉴》卷六六。

古代的斗将

两军对垒，将和将斗，叫作斗将。我国的武打戏有悠久的传统，武打戏中的斗将，突出地集中表现了勇士们的英勇气概，更是受人欢迎。其实，不只是今天的人们喜欢看斗将的戏，古代人也是喜欢的。例如司马光编《资治通鉴》，态度很严肃，取材极谨慎，但写晋将陈安的战斗牺牲，却十分寄予同情。

太宁元年（323）七月，晋将陈安被赵主刘曜打败，率精骑突围，出奔陕中。

刘曜遣将军平先等追击陈安。

陈安左手挥七尺大刀，右手运丈八蛇矛，近则刀矛俱发，一杀就是五六人，远则左右驰射，边打边逃。平先也勇捷如飞，和陈安搏斗，打了三个回合，夺掉陈安的蛇矛。

到天黑了，下着大雨，陈安和几个亲兵只好丢掉马，躲在山里。第二天天晴了，赵军追踪搜索，陈安被擒牺牲。

陈安待将士极好，和将士共甘苦。死后，陇上人民很想念他，为他作壮士之歌，歌词道：

> 陇上壮士有陈安，躯干虽小腹中宽，爱养将士同心肝，騄骢交马铁瑕鞍。七尺大刀奋如湍，丈八蛇矛左右盘，十荡十决无当前。战始三交失蛇矛，弃我騄骢窜岩幽，为我外援而悬头；西流之水东流河，一去不还奈子何！

为我外援而悬头，这是陈安被陇上人民长久思念的道理。司马光在北宋对辽和西夏的战争中，怀念古代孤军抗敌的民族英雄，闻鼙鼓而思将帅，怕也是有所寄托吧。

宋曾公亮《武经总要》也记了几件斗将的故事。一是史万岁。隋将窦荣定将兵击突厥，史万岁到辕门要求参军，窦荣定早听说史万岁勇敢的声名，一见大喜。派人告诉突厥，各选一壮士决胜负。突厥同意，派一骑将挑战，荣定就派史万岁应战。万岁驰出，斩敌骑而回。突厥大惊，立刻退军。

一件是白孝德的故事。史思明攻河阳，使骁将刘龙仙率铁骑五千临城挑战。龙仙健勇，骄傲轻敌，把右脚放在马鬣上，破口谩骂。

唐军元帅李光弼登城，看敌人情况，对诸将说："谁能去干掉他？"大将仆固怀恩报了名，光弼说："这不是大将干的事，看还有谁去？"大家都推白孝德。

光弼问白孝德要多少兵，孝德说，我一个人就行了。光弼很称赞他的勇气，还问需要什么，孝德只要五十个骑兵，大军鼓噪助威。

孝德手持两个蛇矛，骑马过水，刘龙仙见他只一个人，不以为意，还是把脚放在马鬣上。稍近，龙仙刚要动弹，孝德摇摇手，好像叫他别动，龙仙不知其意，也就不动了。孝德对他说："侍中（光弼官称）叫我来讲话，没有别的。"龙仙退却几步，还是破口大骂。孝德勒住马，瞪着眼说："狗贼，你认得我吗？"龙仙说："谁啊？"孝德说："我是大将白孝德。"龙仙骂："是什么猪狗！"孝德大叫一声，持矛跃马便刺，城上一齐鼓噪，五十骑也跟着冲锋，龙仙来不及射箭，只好沿堤乱转，孝德追上，斩首而回。

一是王敬荛，说他多力善战，所用的枪、箭都用纯铁制成。枪重三十多斤，摧锋破敌，都以此取胜。

斗将的武艺

战将和战将面对面的搏斗中，武艺起决定作用。

小说戏文里记着许多回马枪、夺槊、绢索的故事。

唐玄宗时名将哥舒翰善用回马枪。他有家奴名左车，十五六岁，很有力气。哥舒翰每追敌人靠近了，用枪搭敌人的背，大喝一声，敌人失惊回头，趁势刺中喉头，挑起三五尺掼下，没有不死的。这时左车便下马割取首级，每次如此。

唐太宗的大将尉迟敬德善于避矟，每战，单骑冲入敌阵，敌人的矟四面攒刺，终不能伤。又会夺敌矟，反刺敌人，出入重围，往还无碍。

太宗的兄弟齐王元吉也会使矟，看不起敬德，要和他比赛。太宗叫两人把矟的刃去掉了，光用矟杆相刺。敬德说："带刃也不能伤我，不必去。但我的可以去掉。"比的结果，元吉竟不能中。

太宗问他："夺矟避矟，哪个难些？"敬德说："夺矟难。"太宗就叫夺元吉的矟。元吉执矟跃马，一心打算刺杀敬德，不料一会儿工夫，他的矟三次被敬德所夺。元吉以骁勇著名，虽然口头上十分称赞，心里却非常恼恨，以为丢人。

王世充领步骑数万来战，骁将单雄信领骑直追太宗，敬德跃马大呼，横刺雄信坠马，敌军稍退，敬德护卫着太宗突出敌围。[①]

长武器毕竟只能在近距离面对面厮杀，远一些就不济事了。这时，弓箭就起了作用。另外，有一种抛掷式的武器叫绢索。武则天时，契丹将李楷固善使绢索和骑射、舞槊，每次冲锋，都如"鹘入鸟群，所向披

---

① 参见曾公亮：《武经总要》后集九。

靡。黄麞（地名）之战，（唐将）张玄遇、麻仁节皆为所缗”[①]。

长武器也讲究重量，《新唐书》卷一九三《张兴传》：“为饶阳裨将，安禄山反，攻饶阳，兴擐甲持陌刀，重十五斤，敌人登城，兴一举刀就杀几个人，敌人很害怕。”《宋史·兵志》十一记，1000年时神骑副兵马使焦偓献盘铁槊，重十五斤，在马上挥舞如飞。还有相国寺和尚法山，还俗参军，用铁轮拨，浑重三十三斤，头尾有刃，是马上格战的武器。

唐代中期流行用陌刀作战，最著名的陌刀将是李嗣业，每为队头，所向必陷。748年高仙芝攻勃律（国名，在今新疆边外巴基斯坦境内。本为东、西布鲁特人所居。布鲁特即勃律），嗣业和郎将田珍为左右陌刀将，吐蕃十万众据守娑勒城，据山因水，嗣业领步军持长刀上山头，大破敌军。756年和安禄山香积寺之战，嗣业脱衣徒搏，执长刀立于阵前大呼，挡嗣业刀的人马都碎。[②]阚棱善用两刃刀，长一丈，名曰陌刀，一挥杀数人，前无坚对。[③]《裴行俭传》和《崔光远传》也都记有用陌刀作战的故事。《通鉴》卷二〇二注：陌刀，是大刀，一举刀可杀数人。《唐六典》说，陌刀是长刀，步兵所用，就是古代的斩马剑。

---

① 参见《资治通鉴》卷二〇六。

② 参见《旧唐书》卷一〇九。

③ 参见《新唐书》卷九二，《阚棱传》。

论夷陵之战

夷陵之战发生于蜀章武元年（221）。这年七月，刘备率军伐吴，孙权写信请和，刘备盛怒不许。到第二年六月，吴将陆逊大破蜀军于夷陵（今湖北宜昌），刘备退屯白帝城；十月，孙权又遣使请和，刘备答应了。这一仗前后历时一年，吴将陆逊坚取守势，捕捉战机，最后以火攻取得大胜，是历史上有名的战役之一。

战事发生的原因是荆州的归属问题。

208年，赤壁战役之后，曹军败退，留曹仁、徐晃守江陵，周瑜、刘备水陆并进，追到南郡（今湖北江陵县东南），瑜军围曹仁，相持了一年多，曹仁弃城走。孙权以周瑜为南郡太守。刘备推刘琦为荆州刺史，南征四郡，武陵（今湖南常德）、长沙（今湖南长沙）、桂阳（今湖南郴州）、零陵（今湖南零陵）皆降。刘琦病死，诸将推刘备为荆州牧，驻公安（今湖北公安）。刘备从此有了根据地。

荆州原来不属孙权，赤壁之战，刘备是有功劳的，南征四郡是刘备自己的战果，蜀吴双方怎么会发生荆州的归属问题呢？据《吴书·鲁肃传》：“后备诣京见权，求都督荆州，唯肃劝权借之，共拒曹公。”鲁肃死后，孙权评论他：“后虽劝吾借玄德地，是其一短。”看来当时兵力，孙强刘弱，孙权兵力可以直取四郡，刘备要求有个立足之地，鲁肃从孙刘联盟、为曹操树敌的战略出发，劝孙权答应，有了这个默契，刘备才能南取四郡，和孙吴成掎角之势，所以“曹操闻权以土地业备，方作书，落笔于地”，给曹操以极大威胁。

214年，刘备取益州。第二年孙权就要讨还长沙、零陵、桂阳三郡。刘备不肯。孙权派吕蒙率军争取，刘备也到公安，派关羽争三郡。鲁肃驻益阳（今湖南益阳），和关羽相聚。鲁肃责备关羽不还三郡。关羽说：赤壁之战，刘备和吴军勠力破魏，岂能徒劳？连立足之地都没有！达不成协议。正好这时曹操南定汉中，蜀汉北方受到威胁，刘备赶紧与孙权联合，分荆州为二，江夏、长沙、桂阳属吴；南郡零陵、武陵属蜀，以湘水为界，双方罢兵。暂时妥协了，但问题并未根本解决。

219年，关羽率众攻曹仁于樊（今湖北襄阳），水淹于禁七军，斩将军庞德，威震华夏。曹操遣使说孙权，出军攻关羽后路，权将吕蒙诱降关羽在江陵、公安的守将，尽虏羽军妻子。羽军遂散，关羽父子出走，为孙权所杀。

刘备失了荆州，也就失去了向东出川的门户，和曹操抗衡的军事重镇，在战略上是非争不可的。

他和关羽、张飞的关系，从汉灵帝末年，184年黄巾起义以后，便相从征伐，“寝则同床，恩同兄弟”。小说上桃园结义之说，便是从这两句话演绎出来的。三四十年的战友、君臣，镇守出川门户的上将，一旦摧折，刘备的感情冲动是可想而知的。221年张飞又为部下所杀，持首级奔吴，旧仇加新恨，伐吴报仇便成为他的最后志愿，什么好话也听不进去了。

诸葛亮远在隆中对策时，便指出孙权“可与为援而不可图”。赤壁战前，他和鲁肃共同努力，定下了联合抗曹的大计。他是始终坚持刘、孙两家联合的方针的。但他也深知刘备的个性，对关羽、张飞的感情和荆州在军事上的重要性，明知用言语是劝阻不了刘备的。夷陵败后，他叹气说：

> 使法孝直（正）若在，则能制主上，令不东行。就复东行，必不倾危矣。

赵云是坚决反对伐吴的，他指出主要的敌人是曹操，不是孙权。如先灭魏，则吴自服。当前形势，绝不应该放掉主要的敌人，先和孙吴交兵。广汉处士秦宓也说天时不利，朝臣很多人都反对，刘备一概不听。

蜀吴交兵后，孙权遣使求和。吴将诸葛瑾驻公安，写信劝刘备，要他留意于大，不要用心于小。指出关羽和汉朝的轻重，荆州和海内的大小，虽然都应仇疾，但要分清先后。论点和赵云是一致的，刘备当然不能接受。

交战双方，蜀军由刘备自己指挥，兵四万余人，大将吴斑、冯习攻破权将李异、刘阿等于巫，进军秭归。将军黄权自请为先锋，劝刘备为后镇，刘备不听，派他督江北军以防魏师。夷陵败后，交通断绝，他不肯降吴，只好降魏。备军从巫峡、建平连营直到夷陵界，立数十屯，竖栅连营七百多里，全军成一条直线，居高临下，兵力分散。曹丕听说蜀军布置之后，笑道：刘备不懂兵法，岂有立营七百里而可以拒敌的！必败无疑。

吴军以陆逊为大都督，率诸将朱然、潘璋、宋谦、韩当、徐盛、鲜于丹、孙桓等五万人拒守。蜀军远来，利于速战，吴军诸将要迎击，陆逊坚决不许。他指出蜀军锐气方盛，而且乘高守险，不利进攻，如有不利，影响全局。不如坚闭固拒，伺机捕捉战机，以逸待劳，取得胜利。

两军对峙相持了七八个月，蜀军兵疲意沮，陆逊乘机发起攻击，先攻一营，得不到便宜。诸将正埋怨他枉然死了许多人，陆逊却说，我已经找到破敌的方法了，下令诸军每人拿一把茅草，乘风纵火，全线进攻，阵斩蜀大将张南、冯习，连破四十余营，蜀军溃败，刘备退守白帝城。

蜀军败后，吴诸将要求直取白帝，陆逊认为曹丕正在大合士众，不怀好意。下令退军。

这年十一月，孙权遣使到蜀汉聘问，刘备也遣使报聘，两国又恢复和平，重建了对魏的犄角之势。

这次战役，刘备犯了两个大错误：第一是政略的错误，正如赵云、诸葛瑾所指出的，他把大小、轻重摆错了次序，因荆州之失、关羽之死而发动对吴战争，破坏了两国联合共同抗曹的正确策略；第二是战略的错误，不听黄权的忠告，把他一军放在江北，削弱了兵力，又把全军列成纵深战斗序列，战线过长，兵力分散，前军一败，后军动摇，彼此不相呼应，造成全面的败局。

京剧《夷陵之战》是根据历史事实编成的历史剧，剧情是符合历史真实情况的。主题思想是通过战争的失败来批判刘备个人的"义气"，赵云、诸葛亮的谏阻，诸葛瑾的求和，直到马良死后刘备的自责，都表达了这个看法。就演出而论，是成功的。特别是保留了传统剧目哭灵牌一折，造成全剧的高潮。问题也正是出在这里，恰恰因为前半部把刘、关、张三人的关系写得深了，再加上这一哭，又哭得这么好，将观众的同情逐步引到刘备方面，相对地把主题思想削弱了。

剧中次要人物关兴是关羽的次子，做过侍中、中监军的官，早死。张飞的儿子张苞也是早夭的。看来都没有参加夷陵之战。剧本把这两人写成蜀军的大将，通过他们加强刘备主战拒和的决心，是完全可以的。

马良在征吴之役，奉命到武陵招抚当地少数民族，军败后，他也被杀。剧本把他写成掩护刘备，中箭身死，也是可以的。

回纥助唐记

一千二百多年前，中国发生内战，长安、洛阳两个都城全陷落了。天宝皇帝抛弃了人民和土地，带着他宠爱的妃子出奔，一直逃到成都。在成都待了一阵，托将军郭子仪，尤其是盟邦回纥的福，居然打了几个胜仗，收复了京城，举行了还都大典，一切都复了原，腐化、贪污、作弊，加上卖官鬻爵，连和尚道士的度牒都卖钱，还有恶性通货膨胀。唯一未复原的是马嵬驿的孤坟。还有，年纪过七十了，儿子早当了家，只好当太上皇，吃碗有点别扭的闲饭。

回纥的骑兵是有名的，排山倒海而来的骑兵方阵，冲破了安禄山、史思明的曳落河（壮士、外族军），击溃了安庆绪、史朝义的蕃将汉兵。当然，也根据唐回条约，抢光了洛阳、长安和沿途所经的城市，榨干了中国人民的血汗，蹂躏侮辱了中国的子女。还在唐回商约的保证下，每年来笑纳一笔可观的保护费，或者说是援助费吧。

史实是这样的，不妨回忆一番：

天宝十四载（755）十一月安禄山反于河北，以讨伐杨国忠为名，步骑精锐，烟尘千里，鼓噪震地；十二月陷洛阳，第二年六月入潼关，取长安，天宝皇帝南奔。他的儿子北奔，就当时最强的朔方军组织流亡政府。

朔方的统帅是郭子仪，有五万大军，还有许多骁猛的蕃将，本钱还不错。中原方面，有张巡、许远用力阻挡安禄山，不许他南下。长江以南的局面是完整的。回纥可汗和吐蕃赞普都派人来说愿意出兵援唐。九月，唐肃宗为了要"借兵于外夷以张军势"，派一个宗室和蕃将仆固怀恩出使回纥，发援汗那兵和西方蕃族兵，条件是大大的经济报酬。

回纥派了贵将葛罗支带两千精骑和郭子仪合军，一到就打了个大胜仗。郭子仪觉得有办法了，劝唐肃宗再请回纥援助。回纥怀仁可汗也真慷慨，至德二年（757）九月又派他的儿子叶护和将军帝德带四千余骑来助战。皇太子广平王俶做天下兵马元帅，和叶护结拜为兄弟，统率朔方、回纥、安西、南蛮、大食兵十五万，号称二十万，一个实实在在的国际联军，从凤翔出发，削平“内乱”，收复失地。

回纥军的给养每天羊二百只，牛二十头，米四十斛。替唐朝作战的条件，说明在两都收复后土地人众归唐，玉帛子女归回纥，也就是政治的主权，拿不走的土地算一份，经济的物资和女人之类也算一份，两家平分。一个可以回老家，一个呢，做一票大买卖。

第一次大战是香积寺之战。在长安西，澧水东。

开头唐军被敌人齐头并进的曳落河突破，阵势乱了。苦战了一阵子，前军用长刀冲锋，稳住战局。突然从斜刺里杀出仆固怀恩的回纥军，两头夹击，十万敌军被歼灭了六万，当晚退出长安。

第二天大军进入西京，叶护立刻下令大抢，履行条约。

广平王没办法，只好拜于叶护马前，说是“今始得西京，若遽俘掠，则东京之人皆为贼固守，不可复取矣。愿至东京乃如约”。叶护想这道理也对，答应到洛阳再动手。

第二役是新店之战，在陕城西面。

安禄山的部队有十五万，郭子仪军一接仗就吃了亏，又是回纥军抄背后。大风黄土中万马奔腾，箭似连珠，安禄山军着了慌，一下就垮了。又是两头夹击，完成了一个歼灭战。第二天大军进入东京。

这一回双方都忠实实行条约上的权利，回纥军整整放开手抢了三天。政府库藏光，民间积蓄光，大元帅干瞪眼。回纥军到第四天还不肯住手，洛阳的绅士们只好再来一次自动的慰劳，献出中国的名产缯帛万匹，才算收了手。于是大元帅接收了空城，家家像洗过一样的空房子，和丢了老婆不见女儿的丈夫和父母。不过，主权是完整的。

叶护凯旋到长安，皇帝派群臣郊迎，在长乐驿举行慰劳仪式，在宣政殿摆庆功宴，人人赐帛绣缯器。叶护乐极，说要亲自回国，再调一批人马来，直捣范阳，奠定统一。皇帝也乐了，大夸奖说："为朕竭义勇，成大事，卿等力也。"拜为司空，爵忠义王，每年赐绢二万匹。

岁币之外，是和亲。和亲照汉朝的老规矩，是拿宗室女子或民间美女来代替的。这次却不然，为了表示亲善，唐肃宗居然舍了自己亲生的小女儿宁国公主，奉送给他所册立的回纥英武威远毗架汗磨延啜。陪送使臣为了这一点，当面和可汗说明，是皇帝亲生公主，"恩礼至重"！于是公主成为回纥可敦，唐天子天可汗成为回纥可汗的老丈人，一门真正的亲戚。

当然，回纥军第三次来华，回纥王子骨啜特勒、宰相帝德又率领骑兵三千来助战。

乾元二年（759）二月，九节度师溃于相州，回纥将军奔还长安。为了安慰，为了下次的援助，这些败军之将还是运回了比过去所得更多的赏赐。

宝应元年（762）九月，洛阳又失陷了，唐使臣刘清潭又到回纥去乞师。回纥先以为唐朝连遭玄宗和肃宗之丧，中国无主，落得趁火打劫。出兵到朔方三受降城，眼见边地已经残破不堪，越发起了轻视的念头，对天可汗的使臣加以困辱。唐朝急得没办法，还是请仆固怀恩去办交涉。这时的回纥可汗是怀恩的女婿，左劝右劝，才答应助唐。可是出师路线，左不行，右不行，最后才挑了一条不会和敌军接触，而沿途给养又充足的陕州线。

天可汗派皇太子雍王适做天下兵马元帅，行营在陕州。过河去见回纥可汗，同去的有两个将军和两个高级幕僚。一到便被逼向回纥可汗行拜舞礼，为了顾全体面，抵死不肯。将军幕僚每人被鞭一百，两个当场打死，剩下两个屈辱地跟元帅回营，什么也没有说，更说不上军事的配合了。

东都再度收复，回纥军又随至大掠，杀人抢东西，无所不为，老百姓无处投奔，只好逃避到圣善寺和白马寺，求泥菩萨庇护。把回纥军搞恼了，一把火连烧了十几天，杀了一万多人。唐朝的官军也痒了手，在汝州、郑州照样来一套，整整三个月工夫，弄得这战区，没有一所房子是完整的。老百姓衣服被剥光，只好穿纸衣裳过日子。

为了报答收复东都的大功，天可汗册封回纥可汗为颉咄登里骨啜蜜施合具录英义建功毗伽可汗，可敦为娑墨光亲丽华毗伽可敦，从可汗到宰相，共赐实封两万户，将军都封王和国公。

回纥先把所掠宝货安置在河阳，派兵守护，到回国时，又把沿途民家一扫而光。唐朝地方政府的招待稍不如意，便杀人放火，闹得没有人敢替回纥办差。唐朝政府也知道这情形，广德元年（763）七月下令：凡回纥行营所经过的地方，免今年田租一年以示体恤。

回纥从此算是唐朝的有功有德的盟邦了。对盟邦是不应该不友好的，对盟邦不友好便是违反政府利益，大逆不道。推而论之，即使是盟邦对我们稍有不友好情形，也应该容忍、原谅，务必在和谐的空气中，保持大国风度。

以下是零碎的一连串的回纥对唐表示友好的事实：

广德元年（763）闰正月己酉夜，有回纥十五人犯含光门，突入鸿胪寺，守卫不敢拦阻。含光门在朱雀街西，是中央政府机关所在地，鸿胪寺是国宾招待所。

大历七年（772）正月，回纥使臣突出鸿胪寺，在闹市抢女人，殴击干涉他们的官吏。接着又一哄冲出三百多骑兵要冲进金光门、朱雀门，闹得皇城门全关上，长安罢市。政府派出经常出使回纥的太监，多方说好话，赔笑脸，才算了结此案。

同年七月又跑出鸿胪寺，到大街抢劫，连长安县令邵说也给赶跑了，把他的坐马抢走。邵说只好低头，另换一匹马回家。

大历九年（774）七月壬寅，回纥白天在大街上杀人，地方官把杀人犯拘捕之后，皇帝下令特赦。

次年九月戊午，回纥又是白天在大街上杀人，把一个市民肠子刺出，被拘囚在万年县监狱。回纥使臣赤心立刻带人劫狱，把狱吏砍伤，犯人抢走。政府得到报告，为了亲善，没有说话。

以上这几个例子只是在首都的暴行，而且只是当时史官所记下的暴行，至于其他地方的、史官所没有记下的更不知有多少了。

可是，就是这几个例子也足够了，在堂堂天可汗国的首都，在国宾招待所里，在皇城城门口，在政府机关，在大街广巷，攻打皇城，攻击官署，抢劫地方长官坐马，杀人劫狱，其他地方可想而知，对平民百姓又可想而知了。

不只如此，大历十三年（778）正月，回纥大军入寇太原，唐军抵抗，死了一万多人，回纥纵兵大抢，过了一个月才被更大的兵力所压迫退出。政府还是容忍，也不问为什么来攻击来抢，回纥使臣来了，还是照旧招待。

而且，从758年以来，根据唐回商约，回纥用马来换唐的缯帛，每马一匹换帛四十匹。回纥每年赶几万匹马来通商，大部分是老的病的。买的不够数，给的缯帛不够数，立刻闹翻，不是动手打就是用军队打。政府苦于无法应付，而又不敢不应付，只好竭尽库藏，实在没办法，有时闹得由公务员捐月薪、将军献家财。每一次回纥使臣回去，所得的赏赐和马价要用一千多辆车子才够装。

这情形一直到843年，回纥接连发生内乱，部落离散，唐军大破回纥之后，才结束了这九十年来的“亲善关系”。

可惜，史缺有间，要不然，一定会有多少次的敦睦邦交令可以让我们参考。

阵图和宋辽战争

在古代，打仗要排阵，要讲究、演习阵法。所谓阵法就是野战的战斗队形和宿营的防御部署；把队形、部署用符号标识，制成作战方案，叫作阵图。

根据阵图在前线指挥作战或防御的带兵官，叫作排阵使。

从历史文献看，如郑庄公用鱼丽阵和周王作战，到清代的太平军的百鸟阵，无论对外对内，无论是野战或防御，都要有阵法。没有一定的组织形式，几千人几万人一哄而上，是打不了仗的，要打也非败不可。其中最为人所熟知的是诸葛亮的八阵图，“功盖三分国，名成八阵图”的诗句，一直为后人所传诵。正因为如此，小说戏剧把阵图神秘化了，如宋辽战争中辽方的天门阵，杨六郎父子虽然勇敢，但还得穆柯寨的降龙木才能破得了。

穆柯寨这出戏虽然是虚构的，但是就打仗排阵来说，也反映了一点历史的真实性。从976年到1085年前后，这一百一十年中，北宋历朝的统治者特别重视阵图。（无论是在这时期以前或以后，关于阵图的讨论、研究、演习、运用，对前线指挥官的控制和阵图在战争中的作用，都比不上这个时期。）从这一时期的史料分析，北宋的统治者是用阵图直接指挥前线部队作战的，用主观决定的战斗队形和防御部署，指挥远在几百里以至千里外的前线部队。敌人的兵力部署、遭遇的地点、战场的地形、气候等，都凭主观的假设决定作战方案，即使作战方案不符合实际情况，前线指挥官也无权改变。照阵图排阵打了败仗，主帅责任不大；反之，不按阵图排阵而打了败仗，那责任就完全在主帅了，败军辱国，罪名极大。甚至在个别场合，机智一点而又有担当的将领，看出客观情况不利，不按阵图排阵，临机改变队形，打了胜仗，还得向皇帝请罪。

宋辽战争的形势，两方的优势和劣势，989年熟悉北方情况的宋琪曾做具体分析，并提出建议。他说："每蕃部南侵，其众不啻十万。契丹入界之时，步骑车帐，不从阡陌，东西一概而行。大帐前及东西面差大首领三人各率万骑，支散游奕，百十里外，亦交相侦逻，谓之栏子马。……未逢大敌，不乘战马，俟近我师，即竞乘之，所以新羁战蹄，有余力也。且用军之术，成列而不战，俟退而乘之。多伏兵断粮道，冒夜举火，土风曳柴，馈饷自资。退败无耻，散而复聚，寒而益坚，此其所长也。中原所长，秋夏霖霪，天时也。山林河津，地利也。枪突剑弩，兵胜也。败丰士众，力张也。"契丹以骑兵冲锋为主，宋方则只能凭气候地利取守势。以此，他建议"秋冬时河朔州军，缘边砦栅，但专守境"。到戎兵马肥时，也"守陴坐甲，以逸待劳……坚壁固守，勿令出战"。到春天新草未生，陈草已朽时，"蕃马无力，疲寇思归，逼而逐之，必自奔北"。最后，还提出前军行阵之法，特别指出，要"临事分布，所贵有权"①。宋太宗采纳了他的一部分意见，沿边取守势，做好防御守备，但要集中优势兵力，大举进攻。至于授权诸将，临事分布，则坚决拒绝了。

由于宋辽的军事形势不同，采取防御战术，阻遏骑兵冲击的阵法便成为宋代统治者特别关心的问题了。在平时，和大臣研究、讨论阵图，如987年并州都部署潘美、定州都部署田重进入朝，宋太宗出御制平戎万全阵图，召美、重进及崔翰等，亲授以进退攻击之略。②997年又告诉马步军都虞候传潜说："布阵乃兵家大法，小人有轻议者，甚非所宜。我自作阵图给王超，叫他不要给别人看。王超回来时，你可以看看。"③1000年，宋真宗拿出阵图三十二部给宰相研究，第二年又和宰相讨论，并说："北戎寇边，常遣精悍为前锋，若捍御不及，即有侵轶

---

① 参见《宋史》卷二六四，《宋琪传》。

② 参见李焘：《续资治通鉴长编》卷二八。

③ 参见李焘：《续资治通鉴长编》卷四〇。

之患。今盛选骁将，别为一队，遏其奔冲。又好遣骑兵出阵后断粮道，可别选将领数万骑殿后以备之。”[①]由此可见，这些阵图也是以防御敌骑奔冲和保卫后方给养线为中心思想的。1003年契丹入侵，又和宰相研究阵图，指出：“今敌势未辑，尤须阻遏，屯兵虽多，必择精锐，先据要害以制之。凡镇、定、高阳三路兵，悉会定州，夹唐河为大阵。量寇远近，出军竖栅，寇来坚守勿逐，俟信宿寇疲，则鸣鼓挑战，勿离队伍，令先锋、策先锋诱逼大阵，则以骑卒居中，步卒环之，短兵接战，亦勿令离队伍，贵持重而敌骑无以驰突也。”[②]连远在河北前线部队和敌人会战的地点以及步外骑内的战斗部署都给早日规定了。景德元年（1004）八月出阵图示辅臣，十一月又出阵图，一行一止，付殿前都指挥使高琼等。[③]1045年宋仁宗读《三朝经武圣路》，出阵图数本以示讲读官。[④]又赐辅臣及管军臣僚临机抵胜图。[⑤]1054年赐近臣御制攻守图。[⑥]1072年宋神宗赐王韶御制攻守图、行军环株、战守约束各一部，仍令秦凤路经略司抄录。[⑦]1074年又和大臣讨论结队法，并令五路安抚使各具可用阵队法，及访求知阵队法者，陈所见以闻[⑧]，出攻守图二十五部赐河北。[⑨]1075年讨论营阵法，郭固、沈括都提出意见，宋神宗批评当时臣僚所献阵图，以为皆妄相惑，无一可取，并说：“果如此辈之说，则两敌相遇，须遣使预约战日，择一宽平之地，仍夷阜塞壑，诛草伐木，如射圃教场，方可尽其法耳。以理推之，知其不可用也决矣。”否定当时人所信从的唐李筌《太白

---

① 参见李焘：《续资治通鉴长编》卷四七、四九。

② 参见李焘：《续资治通鉴长编》卷五四。

③ 参见李焘：《续资治通鉴长编》卷五七、五八。

④ 参见李焘：《续资治通鉴长编》卷一五四。

⑤ 参见李焘：《续资治通鉴长编》卷一五六。

⑥ 参见李焘：《续资治通鉴长编》卷一七六。

⑦ 参见李焘：《续资治通鉴长编》卷二四一。

⑧ 参见李焘：《续资治通鉴长编》卷二五四。

⑨ 参见李焘：《续资治通鉴长编》卷二五六。

阴经》中所载阵图，以为李筌的阵图只是营法，是防御部署，不是阵法。而采用唐李靖的六花阵法，营阵结合，止则为营，行则为阵，以奇正言之，则营为正，阵为奇，定下新的营阵法。沈括以为“若依古法，人占地二步，马四步，军中容军，队中容队，则十万人之队，占地方十余里，天下岂有方十里之地，无丘阜沟涧林木之碍者！兼九军共以一驻队为篱落，则兵不可复分，如九人共一皮，分之则死。此正孙武所谓縻军也”[①]。可见宋神宗的论断，是采取了沈括的意见的。宋代统治者并以阵法令诸军演习，如宋仁宗即位后，便留心武备，令捧日、天武、神卫、虎翼四军肄习战阵法。[②]1044年韩琦、范仲淹请于鄜延、环庆、泾原路各选三军，训以新定阵法；于陕西四路抽取曾押战队使臣十数人，更授以新议八阵之法，遣往河北阅习诸军。这个建议被采纳了，1045年遣内侍押班任守信往河北路教习阵法。[③]到命将出征，就以阵图约束诸将，如979年契丹入侵，命李继隆、崔翰、赵延进等将兵八万防御，宋太宗亲授阵图，分为八阵，要不是诸将临时改变阵法，几乎打大败仗。[④]1070年李复圭守庆州，以阵图授诸将，遇敌战败，复圭急收回阵图，推卸责任，诸将以战败被诛。[⑤]

在宋代统治者讲求阵法的鼓励下，诸将纷纷创制阵图，如1001年王超援灵州，上二图，其一遇敌即变为防阵，其一置资粮在军营之外，分列游兵持劲弩，敌至则易聚而并力。[⑥]1036年洛苑使赵振献阵图，1041年知并州杨偕献龙虎八阵图，青州人赵宇献大衍阵图，1045年右领军卫大将军高志宁上阵图，1051年泾原经略使夏安期上弓箭手阵图，1055年并代钤辖苏安静上八阵图，1074年定州路副都总管、马步军都虞候杨文

---

① 参见李焘：《续资治通鉴长编》卷二六〇；沈括：《梦溪笔谈》。

② 参见《宋史》卷二八七，《兵志》一。

③ 参见《长编》卷一四九、一五五。

④ 参见《长编》卷二〇；曾公亮：《武经总要》后集三。

⑤ 参见《长编》卷二一四。

⑥ 参见《长编》卷五〇。

广献阵图及取幽燕之策。这个杨文广就是宋代名将杨六郎的儿子，后者也就是为人所熟知的穆柯寨里被俘的青年将领杨宗保。[①]

在作战时，选拔骁将做排阵使。如976年攻幽州，命田钦祚与郭守文为排阵使，钦祚正生病，得到命令，喜极而死；1002年周莹领高阳关都部署，为三路排阵使；1004年澶渊之役，石保吉、李继隆分为驾前东西都排阵使；等等。[②]

由于皇帝事先所制阵图不可能符合客观实际情况，统军将帅又不敢违背节制，只好机械执行，结果是非打败仗不可。1075年宋神宗和朝廷大臣研究对辽的和战问题，张方平问宋神宗，宋和契丹打了多少次仗，其中打了多少次胜仗，多少次败仗，宋神宗和其他大臣都答不出来。神宗反问张方平，张说，“宋与契丹大小八十一战，唯张齐贤太原之战，才一胜耳”。八十一仗败了八十次，虽然失于夸大，但是，大体上败多胜少是没能疑问的。打败仗的原因很多，其中之一是主观主义的皇帝所制阵图的罪过。

相反，不凭阵图，违背皇帝命令的倒可以不打败仗。道理是临机应变，适应客观实际情况。著例如979年满城之战，李继隆、赵延进、崔翰等奉命按阵图分为八阵。军行到满城，和辽军骑兵遭遇，赵延进登高瞭望，敌骑东西两路挺进，连成一片，不见边际。情况已经危急了，崔翰等还在按图布阵，每阵相去百步，把兵力分散了，士卒疑惧，略无斗志。赵延进、李继隆便主张改变阵势，把原来“星布”的兵力，集中为两阵，前后呼应。崔翰还怕违背节制，万一打败仗，责任更大。赵延进、李继隆拍胸膛保证，如打败仗，由他两人负责。这才改变阵势，兵力集中了，士卒忻喜，三战大破敌军。这里应该特别指出，赵延进的老婆是宋太宗尹皇后的妹子，李继隆则是宋太宗李皇后的兄弟，两人都是

---

① 参见《宋史》本传，卷一一八、一三二、一三三、一五七、一七〇、一七九、二五四、二五七。

② 参见《长篇》卷二五九，注引陈师道：《谈丛》。

皇帝亲戚，所以敢于改变阵图，转败为胜。[①] 另一例子是1001年威虏军之战。镇、定、高阳关三路都部署王显奉诏于近边布阵和应援北平控扼之路。但辽军并没有根据宋真宗的“作战部署”行事，这年十月入侵，前锋挺进，突过威虏军，王显只好就地迎击。刚好连日大雨，辽军的弓以皮为弦，雨久潮湿，不堪使用，王显乘之大破敌军。虽然打了胜仗，还是忧悸不堪，以违背诏令，自请处分。宋真宗亲自回信慰问，事情才算结束。[②]

前方将帅只能机械地执行皇帝所发阵图，在不符合实际客观情况下，也无权临机应变，以致造成屡战屡败，丧师辱国的局面，当时的文臣武将是很深切了解这一点的，多次提出反对意见，要求不要再发阵图，给前方统帅以机动作战的权力。例如989年知制诰田锡上疏说：“今之御戎，无先于选将帅，既得将帅，请委任责成，不必降以阵图，不须授之方略，自然因机设变，观衅制宜，无不成功，无不破敌矣。……况今委任将帅，而每事欲从中降诏，授以方略，或赐以阵图，依从则有未合宜，专断则是违上旨，以此制胜，未见其长。”[③]999年，京西转运副使朱台符上疏说：“夫将帅者王之爪牙，登坛授钺，出门推毂，阃外之事，将军裁之，所以克敌而制胜也。近代动相牵制，不许便宜。兵以奇胜，而节制以阵图，事惟变适，而指踪以宣命，勇敢无所奋，智谋无所施，是以动而奔北也。”[④]1040年三司使晏殊力请罢内臣监军，不以阵图授诸将，使得应敌为攻守。[⑤]同时王德用守定州，也向宋仁宗指出真宗时的失策：“咸平景德（时）边兵二十余万，皆屯定武，不能分扼要害，故敌得轶境，径犯澶渊。且当时以阵图赐诸将，人皆谨守，不敢自为方略，缓急不相援，多至于败。今愿无赐阵图，第择诸将，使应变

① 参见《宋史》卷二七一《赵延进传》，卷二五七《李处耘传附李继隆传》；《长编》卷二〇；《武经总要》后集三。

② 参见《宋史》卷二六八，《王显传》。

③ 参见《长编》卷三〇。

④ 参见《长编》卷四四。

⑤ 参见《长编》卷一二六；《欧阳修文集》三，《晏公神道碑铭》。

出奇，自立异功，则无不济。”[①]话都说得很透彻，但是，都被置之不理，像耳边风一样。其道理也很简单，一句话就是统治者对爪牙的不信任。最好的证据是以下一个例子。922年盐铁使李惟清建议慎擢将帅，以有威名者俾安边塞，庶节费用。宋太宗对他说私话：“选用将帅，亦须深体今之几宜。……今纵得人，未可便如古委之。此乃机事，卿所未知也。”[②]由此看来，即使将帅得人，也不能像古代那样授权给他们，而必须由皇帝亲自节制，阵图是节制诸将的主要手段，是非要不可的。

王安石和宋神宗曾经几次讨论宋太宗以来的阵图问题，并且比较了宋太祖、太宗兄弟两人的御将之道，说得十分清楚。一次是在熙宁五年（1072）八月：

> 神宗论太宗时用兵，多作大小卷（阵图）付将帅，御其进退，不如太祖。
>
> 王安石曰：太祖知将帅情状，故能得其心力。如言郭进反，乃以其人送郭进，此知郭进非反也，故如此。所以如进者皆得自竭也。其后郭进乃为奸人所摧，至自杀。杨业亦为奸人所陷，不得其死。将帅尽力者乃如此，则谁肯为朝廷尽力？此王师所以不复振，非特中御之失而已。
>
> 神宗曰：祖宗时从中御将，盖以五代时士卒或外附，故惩其事而从中御。
>
> 王安石曰：太祖能使人不敢侮，故人为用，人为用，故虽不中御，而将帅奉令承教无违者，此所以征则强，守则固也。[③]

指出从中御将，颁赐阵图是惩五代之事，是怕士卒叛变，怕将帅割

---

①参见叶梦得：《石林燕语》九。

②参见《宋史》卷二六七，《李惟清传》。

③参见《长编》卷二三七。

据，指出宋太祖虽不中御，而将帅奉令唯谨。反面的话也就是宋太宗和他以下的统治者，不能使人不敢侮，因之也就越发不放心，只好从中御将，自负胜败之责了。

另一次讨论在第二年十一月：

> 宋神宗问先朝何以有澶渊之事。
>
> 安石曰：太宗为傅潜奏防秋在近，亦未知兵将所在，诏付两卷文字云，兵数尽在其中，候贼如此，即开某卷，如彼，即开某卷。若御将如此，即唯傅潜王超乃肯为将。稍有才略，必不肯于此时为将，坐待败衄也。但任将一事如此，便无以胜敌。①

连兵将所在、兵数多少也不知道的前方统帅，只凭皇帝所发阵图作战。这样的统帅，这样的御将之道，要打胜仗是绝对不可能的。这是宋辽战争中宋之所以屡战屡败，不能收复幽燕的原因之一。这也是宋代著名将帅如广大人民所熟知的杨业，所以遭忌战死，狄青做了枢密使以后，被人散布谣言去职忧死的原因。因为这些人都不像傅潜、王超那样，而是有才略、有决断、有经验、有担当的。同时，这一事实也反映了宋代统治阶级内部的深刻矛盾。

① 参见《长编》卷二四八。

谈甲午海战

甲午战争是中国近代对外战争史上重要的转折点，这一仗日本打败了清朝，北洋海军全军覆没，清朝政府委曲求和，忍辱割地赔款，订立不平等条约，将已经走向没落的腐朽的清朝统治，推向悬崖的边沿。同时，也因为这一不光彩的败仗，一连串的屈辱，激发了全国各阶层人民的同仇敌忾，看清楚了清朝统治者的真实面貌，知道非用自己的力量来保家卫国不可，非用自己的力量来反抗侵略不可，高举反对帝国主义的大旗，敢于斗争，进一步敢于革命，从而改变了中国历史的面貌。

这一仗是腐朽的垂死的封建主义和新兴的资本主义国家间的战争，清朝政府的失败是必然的。但是，应该着重指出，军事上的失败是次要的，主要的是政治。

首先是清朝政府的失败主义，注定了战争的结局。清军统帅李鸿章从一开始便不敢抗争，不惜牺牲一切来换取和平。当敌人忙着备战，引起战火，甚至在击沉清政府的运兵船高升号时，李鸿章始终采取避战方针，幻想通过俄、英、法、美等国的斡旋，出卖中国人民的利益，求得暂时的妥协。事实是你越退让，敌人便越疯狂；你越不敢打，敌人便越要打，以退让、出卖国家主权来换取屈辱的妥协，结果导致甲午战争的完全失败。

更有讽刺意义的是海陆军统帅主和，手无寸铁的文人却坚决主战，以翁同龢为首的一批清谈家和傀儡皇帝却极力主战。他们没有实权，不懂军事，却大嚷大叫，制造了强烈的舆论，可是在实际行动上却拿不出一点办法来，更谈不上和人民联结在一起了。这样，统治集团内部就形成两派，翁同龢和皇帝这派主战，李鸿章和西太后这派主和，吵个不休。在两派的混吵中，敌人却全部一致，全力进攻，清朝政府呢？一面向各国哀求斡旋，一面被动挨打，正因为在不惜牺牲一切祈求和平，也就没有认真备战；也正因为没有认真备战，也就不能不接连打败仗，这样，连屈辱的妥协也哀求不到了。政治的腐烂，决定了战争是非失败不可的。

以这次著名的海战为例，事实也正是这样。

中日两国海军的实力，李鸿章是清楚知道的，他在光绪二十年（1894）七月二十日（阴历）报告清朝政府：

> 查北洋海军可用者只镇远、定远铁甲船二艘，为倭船所不及。然船重行缓。吃水过深，不能入海汊内港。次则济远、经远、来远三船，有水线甲、穹甲而行驶不速。致远、靖远二船，前定造时号称一点钟十八海里，近因行用日久，仅十五六海里。此外各船逾旧逾缓。海上交战，能否趋避，应以船行之速迟为准，速率快者，胜则易于追逐，败亦便于引避。若迟速悬殊，则利钝立判，西洋各大国讲求船政，以铁甲为主，必以极快船只为辅，胥是道也。
>
> 详考各国判行海军册籍，内载日本新旧快船推为可用者共二十一艘，中有九艘自光绪九年后分年购造，最快者每点钟行二十三海里，次亦二十海里上下。我船订购在先，当时西人船机之学尚未精造至此，仅每点钟行十五至十八海里，已为极速，今则二十余海里矣。
>
> 近年部议停购船械，自光绪十四年（1888）后，我军未增一船。……倭人心计谲深，乘我力难添购之际，逐年增益。

战舰的吨位和航行速度，决定海军的作战力量。北洋海军只有两条大铁甲舰，且船老行迟；日本呢，主力舰吨位虽小，却船新行速。更重要的是清朝从光绪十四年（1888）以后未添一船，日本却从光绪九年（1883）以后逐年添造，白白给日本以六年时间，走到前面，这不是单纯的军事问题，而且是政治问题。

其次是速射炮的出现。《晨园漫录》指出：

> 我各军舰之购置，其最新者亦距开战十二三年。其时军舰之牺装大抵专注重舰首之重炮，而于两舷侧之速射炮，则不甚加意。试一检查各舰之炮位表可以知之矣。其后速射炮日益发达，我各舰依然仍旧，未曾加以改造。

李鸿章知道不知道这情况呢？他是知道的，并且专写报告要求添装，但是政府决策是“停购船械”，实现不了。可见这也不是单纯的军事问题了，而且是政治问题。

主力舰舰首的重炮比敌人的威力大，在战时是可以发挥作用的。但是到临战时重炮的炮弹一共只有三枚，英人泰莱亲身参加了这次海战，他在《甲午中日海战见闻记》中说：

> 在旅顺查看军械清单，得知一可悲之事实，战舰中十英寸口径之大弹，只有三枚。其练习用之小弹亦奇绌。唯其他诸舰，弹储尚足。

他立刻向李鸿章提意见，要求补充。结果负责后勤的官员答复，此种炮弹不能制造。这个官员是谁呢？李鸿章的亲戚张士珩，这难道不是政治而是军事问题？泰莱明确地指出：“盖腐败，中饱，及援结私亲诸症，使其手下各组织无复完肤者，其病源皆在鸿章自身，而彼之染此诸症，且视寻常中国官吏为甚。”事后，他总结说：“是故中国舰队，就重炮及铁甲而论，至少与日本相埒，炮术甚精。训练虽稍有遗憾，唯水兵可称善战。极严重之事因厥为子弹之缺乏。此缺乏也，吾人有理由可信其咎非仅在疏忽，而在其工厂总办之通敌卖国。”其实，更确切地说，应该是“其病源皆在清朝政府自身”，李鸿章不过是代表人物之一而已。

海战发生在1894年9月17日。

据泰莱的观察，海军战士的士气很高："呈欣欣之色者，大率为水手。彼等举动活泼机敏，以种种方式装饰其炮座，若不胜其爱护者，其响望之情盎然可觉。"又说："唯水兵可称善战。"

提督丁汝昌是陆军出身的，战事由海军总兵刘步蟾指挥。刘步蟾是海军中公认"怯懦已素著"的胆小鬼。

发现日舰后，刘步蟾发出信号，改变丁汝昌和将领们一致决定的分段纵列式、两主力舰居前的战斗序列，改为诸舰相并横列，以主力舰居中的横阵。这样，敌舰炮火就会集中两翼的弱舰，不致集中到刘步蟾指挥的旗舰了。他本人比较安全了，可是北洋海军的命运也就由这一个怕死的指挥官改变阵势而决定了。他是知道这两种不同战斗序列的意义的，为了个人的安全而牺牲全军，这不只是军事上的严重错误，而且是政治上的严重错误。

交战后，北洋舰队凌乱成半月形，仅有的三个重炮弹，有一弹射入日舰松岛之腹内。"北洋士兵均狞厉振奋，毫无恐惧之态。"致远舰经过激战，炮弹打完了，管带邓世昌开足马力去撞日舰吉野，和敌人同归于尽，被日舰鱼雷击中牺牲。超勇等四舰亦被击沉，济远船见致远沉没，管带方伯谦先逃，撞沉另一战舰，剩下的残舰也先后驶出阵地逃避，这场不光彩的海战就此结束了。

电影《甲午风云》中的正面人物是邓世昌和李士茂、王国成，反面人物是方伯谦和李鸿章，都是符合历史实际的。当时虽然有人为方伯谦被军法处死而鸣不平，写了一本《冤海述闻》的书，但这是不可信的，没有根据的。书中说日海军击沉高升号时，济远发炮打伤日船有功，其实，方伯谦一见日船就害怕，赶忙挂白旗，日舰不理；他又挂日本旗，又不理，就赶忙逃走，只是由于士兵英勇，李士茂、王国成等违令发炮，才能打伤日舰。就方伯谦两次临阵脱逃而论，他的死是千该万该的。

这次海战失败的教训是：第一，和平不可能是祈求得来的，也不可能是从任何国际活动或会议得来的，祈求和妥协只能招致屈辱和失败。第二，侵略战争既然强加于人，那么反侵略战争就是不可避免的。当敌人着着进攻，战争怎么有可能单方面避免呢？相反，只有团结一致，被侵略者奋起抗战，沉重打击侵略者才能保国卫民，取得胜利。第三，战争是政治的继续，也是政治表现的形式，甲午战争的失败，主要不是军事上的，而是政治的腐烂和内部的不团结。第四，只有敢于斗争，敢于革命，敢于胜利的人民，才有可能阻止战争的爆发，也才有可能在战争中取得胜利，保障和平的事业。

最后，还要插一句话，清朝政府从光绪十四年（1888）起就决定不再添买军舰和武器了，那么，海军经费用到什么地方去了呢？《晨园漫录》指出了这笔钱的去路："拨其经费，作为建造颐和园之用！"

捻与捻军笔记

《民间文学》指定要我写有关捻军的文章，我对这个问题没有做过深入的研究，只好从头学起。几个月来，先后读了新出的《安徽民间故事》《安徽捻军传说故事》和《捻军史初探》《关于捻军史的几个问题》，以及《民间文学》所刊载的捻军的故事。这些书和文章，主要是根据广泛深入的调查研究得来的民间口头资料，其中绝大部分是由捻军领导人的后人和捻军地区的老年人所提供的，都是正面材料，是活的史料，不但史实正确，而且爱憎分明，生动活泼，非常之好。同时也读了大量的反面材料，如《中国近代史资料丛刊》的《捻军》和《捻军资料别集》《捻军史料丛刊》，等等，这些资料和前者相反，都出于捻军所反对的清朝的官僚和地主阶级之手，其中有些资料是镇压捻军的刽子手如曾国藩、李鸿章、左宗棠等人的书札。尽管他们对捻军的斗争尽歪曲诬蔑的能事，但是纸毕竟包不住火，在研究敌情，决定对策，在比较捻军和清军的纪律，各地人民对捻军和清军的态度时，真话就出来了，因为不说真话就不行，全说假话，这个仗便没法打。从这些大量的反面史料中，不但可以清楚地看出这些刽子手对捻军的恐惧和镇压捻军的战略、战术，也可以从他们偶尔流露出的真话，与民间传说相印证，证明这部分已经搜集到的口头资料的可靠性及真实性。

以下就根据这些反面资料，谈捻与捻军的一些问题。

捻　子

18世纪后期，至迟在19世纪初期，安徽、河南、江苏三省交界一带兴起了一种农民武装力量，称为捻或捻子。咸丰元年（1851），张洛行在安徽雉河集（今安徽涡阳）举起抗清义旗。咸丰三年（1853）五月以后，太平军北伐部队路过江北各地，捻子受了太平军的积极影响，爆发了全面的起义，成为捻军。从1851年到1868年十八年中，在安徽、河南、山东、江苏、湖北、山西、河北、陕西、四川、甘肃十省地区，进行了英勇壮烈的波澜壮阔的反清斗争，在中国农民革命史上写下了光辉的一页。

从捻子到捻军的覆灭，时间有七八十年。

捻或捻子这一名词的来源，有各种不同的解释，如《湖北通志》以捻为捏，把许多人捏在一起，仓促捏成，撒手立散，是临时组织的意思。《湖北通志》七十三：

> 咸丰元年辛亥（1851）秋闰八月……初安徽颍、亳、寿诸州及河南汝宁、光州、南阳各郡，风气犷悍，往往聚徒党劫掠为生，俗谓之捻子。捻者捏也。亡赖招呼成队，若手之抟物，仓促捏成，撒手立散。蔓延江南之淮、徐、海，山东之兖、沂、曹、济，湖北之襄、枣、钟、随。以诸省论，皆属边界；以大势论，则居天下之中。自粤匪倡乱，群捻揭竿而起，受其嗾指，或分扰以掣我军，或前驱以助贼势，亡虑千数百股。

如《牟平县志》说是“以捻香聚众起，故曰捻”。《莱阳县志》和《寿光县志》则以为“捻匪者起于皖北。当嘉庆时，苏、皖、鲁之交，乡民迎神赛会，有燃油纸捻为龙戏之俗。洪秀全占据金陵，皖北苦于兵祸，捻党结聚，初立名号，曰堂主，曰先锋，或数百人为一捻，数千人为一捻，遂成流寇，故曰捻匪”。《掖县志》则以为“以其贩私盐、捻小车，故名”。《涡阳县志》和王闿运《湘军志》则以为“其党明火劫人，捻纸燃脂，因谓之捻”。另一种说法则以为一股谓之一捻，如陶澍在嘉庆十九年（1814）条陈缉捕豫皖等省红胡匪徒折子里所说：

> 每一股谓之一捻子，小捻子数人，数十人，大捻子一二百人不等。

黄钧宰《金壶七墨》、佚名《山东军兴纪略》、方玉澜《星烈日记汇要》的说法大体相同。

以上各种说法，绝大多数是望文生义，不可相信的。只有最后一种说法，每一股谓之一捻子才是捻的真正语源，因为根据调查，现在皖北的涡、蒙、亳一带一直到河南南部，湖北北部一带的方言，叫一股子，一伙人还叫作捻。“捻儿上的”这句口头话到现在也还流传在人民中间。

关于捻的性质、作用，河南固始人蒋湘南有很具体的描写，《蒋子潇先生遗集·读汉书游侠传》：

> 江淮间有所谓捻子者，数百人为一群，抬炮、鸟铳、刀、矛各杀人器皆具，蚁拥蜂转，地方官莫敢谁何。予尝视其魁，下中人耳。而所在阛门，呼曰响老。响老者，人有不平事辄为之平。久之，赴愬者众，赞口洋溢轰远近，如风鼓雷鸣，则成响捻子也。因问其主人曰：“国家为民设官，百里一县，若等有事，胡不之官而必之捻子为？”士人嚬蹙曰：“难言也。官衙如神庙然，神不可得而见，司阍之威，狞于鬼卒，无钱者不能投一辞也。投矣而官或不准，准矣而胥或不传，传矣而质或无期，质矣，而曲直或不能尽明；然已胥有费，吏有费，传卷有费，铺堂有费，守候之费又不可以数计，故中人之产，一讼破家者有之。何如愬诸响老，不费一钱而曲直立判，弱者伸，强者抑，即在一日之间乎？”余于是喟然曰：捻子其汉代之游侠耶！当其闻难则排，见纷则解，不顾其身，以殉人之急，合于太史公所谓救危振赡，有仁义行者。然而重诺市义之后，无业者投之，亡命者投之，贩盐、掘冢、博掩者投之，兄事弟畜，盗贼以薮，背公死党，无不可为，自古侠魁未有不为罪魁

者。班孟坚曰："杀身亡宗，非不幸也。盖其人亦自知末流之无可归矣。"孟坚与子长违，而各成其是，皆足以观世变云。

这是一篇极有史料价值的文字。作者是举人，道光时代曾经主持过陕西关陇书院的讲席，是地主阶级知识分子。他这篇文章写作于捻军起义之前，生动地指出：第一，捻子是农民的武装力量，农民自己有了组织、有了武器，地方官便奈何他们不得。第二，捻子的首领叫响老，是专为老百姓打不平的，替老百姓申冤雪枉，做的好事多了，得到人民支持，成为响捻子。第三，对比清朝地方官和响捻子的作用，老百姓有冤枉，假如经过官府，官府就像个神庙，神是见不着的，衙门门房的威风，比神庙的鬼卒还可怕，不送门包是投不进状子的。送了钱，告了状了，官可能不准。官即使准了，衙门的胥役或者不传。即使传了而审案的日子又没个准。即使审了，是非曲直也不一定弄得清楚。就是这样，要送钱给门房，给胥役，给吏；传卷得给钱，开庭审案得给钱，至于等候开庭的那些日子的费用就更没法计算了。要告官府，中等家庭的生活，一告就得破产，还不一定申得了冤，又何如去告响老，不花一个钱，曲直立刻分明，弱的申了冤，强的栽了跟头，一半天就解决问题呢！蒋湘南从老百姓那里了解了捻子的情况以后，便以赞叹的口吻，类比捻子为汉代的游侠，文章表面上赞美的是捻子，而实质上却对清朝地方官僚的统治流露出不满的情绪。他的阶级立场是很鲜明的，在惋惜自己的阶级统治机构无能的情况下，说出了人民对捻子的真实估价。

蒋湘南还写了一首《捻子》的长诗：

淮西叛唐代，教民尚勇斗，习染一千载，至今沿其陋。儿童矜带刀，长大詡弓彀，架炮肩机枪，蜂蚁纷相就，伙涉数百人，亡命皆辐辏，响者为头目（能排难解纷者，众奉为首，呼曰响者），见难必拯救，睚眦无不报，杀人当白昼，其名曰捻子，红胡乃诅咒（良民詈之曰红胡子）。捻子有强弱，众寡皆盗寇，两捻或不合，一战祸已构。其先下战书，来使必丰侑，期前各亮兵，门前勿驰蹂（凡捻子相斗，必先下战书定期。期前三日，此捻子向彼捻子门前耀武，次日，彼捻子亦向此捻子门前耀武，各不相见，谓之亮兵）。至期择广场，对垒排猎围，戚邻作调人，长跪口为授（说和者具衣冠至场中长跪，二捻子头目亦长跪），和则两相揖，不和两相嗾。但听枪鸣鸟（捻子以鸣鸟枪为相骂），遂如圈逸兽。伤锚者折股，中刃者绝脰，黠者抢枪炮，飞跳捷于狖（无赖少年有专习抢枪炮者，各捻子皆出重资赁之）。战胜奏凯归，战败仍守候，匿尸不报官，养锐仇必复。汝、光邻凤、颍，习惯真逐臭，新例罪纵加（新例：南、汝、光有十人结伙者，即发烟瘴），顽梗终如旧……我生于此邦，颇知其所狃，地本瘠而贫，人亦蠢不秀，博进为生涯，私盐转贩售，官亦姑容之，民穷且宽宥。固始与息县，疆界相错繍，固境有水利，安静袭仁寿，息境沟渠堙，饥寒遑恤后，恒产自来无，恒心何处逗？……

这首长诗说明了这一带地区，长期以来民间就有尚武斗争的传统；捻子的产生，主要是地瘠民贫，饥寒交迫，以固始和息县相比，固始水利好，人民生活好些，息县水利不修，就有捻子的组织；除了强调捻子响老排难解纷的行为以外，也说明了捻子是自发的农民武装组织，特点是分散独立，不相统属，没有统一的领导，并且这捻与那捻之间，有时还发生私斗。诗中的良民指的是地主，说人民蠢而不秀，也正是说明了这一地区人民的反抗地主阶级压迫的优良传统。从这一篇文章和长诗来看，捻子时期的主要行动是农民为了保卫自己而组织起来，有了武装力量，有了领袖，便能够团结在一起，免于或少受地主阶级的迫害，在有冤屈需要申雪的时候，捻子的头目响老便代行了地方官府的职权，由于他们是生活在人民当中的，熟悉了解情况，因之，也就可以立刻判别曲直，为人民申冤做主，因而也越发得到人民的支持，成为地方官府奈何不得的力量。

另外，由于这一地区地瘠民贫，捻子经常在春秋二季，援旗麾众，外出打粮，夺取地主的粮食浮财，由近及远，粮尽再出。[①]年成好活动得少些，一遇之灾荒，便到处出动。[②]居则为民，出则为捻。[③]各地的地主为了保卫自己的利益，也纷纷组织武装力量，成立寨、堡，抵抗捻子的袭击。捻子和地主阶级的武装斗争相持了几十年，清朝的地方官顾得这头，顾不得那头，这一股打退了，那一股又起来了，弄得筋疲力尽，只好闭着眼睛不管，图个暂时安便。就这样，捻子的声势越来越大，人越来越多，活动地区越来越广。1851年雉河集结盟以后，有了统一的组织和领导，到了和太平天国结合以后，有了明确的政治目标，高举反清义旗，军事组织和战略战术也有了进一步的提高，捻军便成为太平天国后期和太平天国灭亡以后，打击清朝封建统治的重要力量。

军民关系

研究捻军、清军和当时人民的不同关系，是了解捻军性质的主要标志之一。

当然，捻军本身没有留下任何文献资料，但是，反面资料谈到当时两军和人民关系着实不少。例如陈昌《霆军纪略》说：

> 同治五年（1866）八月，是时捻踪所近，百姓迁徙一空，闭寨自守，贼得因地为粮，而官军无从买食；及得一饱，而贼已远扬。其兵民相仇之地，奸民得借口纠众以与官军为难，夺其衣物器械，戕其身命，至有活埋零队兵勇，或举数十百人而同付一坑者，其咎不尽在兵，亦不尽在民也。

---

① 参见佚名：《山东军兴纪略》卷二之上。

② 参见黄钧宰：《金壶七墨》。

③ 参见王定安：《求阙斋弟子记》。

捻军可以因地为粮，而清军则无从买食，有些地区的人民则更进一步，专和清军为难，不但夺取清军的衣物器械，还杀害零散的清军，甚至活埋数十百个清军，在这种对比下，人民对于捻军和清军的爱憎不是很分明吗？

杜松年的《知非斋琐记》具体记述了河北东部人民仇视清军的行动：

> 直东从贼各村妇女亦刁悍异常。每遇官兵列队而来，妇女悉持竹帚铁锨，从上风扬土；杀之不惧。
>
> 马贼既起，从逆者达数万人。官兵所至各村，仅有老弱妇女供应炊汲，毫无畏惧者，其壮丁均在贼中也。贼来其村，不特不掳掠，反以财物与之，所以人乐从贼。
>
> 兵勇掳掠奸淫，村民恨忿，各筑堡寨，官军至，列队登埤以拒。骄兵悍将必欲入村，往往互相格斗，兵民从此成仇。
>
> 军中文武委员往来，若仅四五人，村中即杀之，行李马匹并掘一坎，与尸同埋，无迹可寻，被害甚众。
>
> 恒提军（恒龄）马队入直，有四十余骑入一村求食，村众醉以酒，掘大坑，人马全埋杀之。
>
> 村人埋杀弁兵，人少者逼令本人自掘坑坎，毒虐备至。
>
> 卓胜营（金运昌所部）入直隶，分队追贼，至吴桥境，一哨百余人住宿一村，悉被埋杀。

作者是河北静海人，道光二十九年（1849）举人，做过山西大宁知县，记的是本乡本土的事情，当然是可信的史料。

《瑛兰坡[①]藏名人尺牍·周尔墉》二十三：

> 昨日闻宋郡逃难妇女及捻败后贼营妇女被掠自行逃出者，均望

①瑛兰坡即郑瑛棨，汉军正白旗人，在河南做官多年。

汴垣而来，为数约数百名，入城时，均经在官人扣住，以布蒙头，不分老少妍媸，每人八百大文，听人略卖，妓馆倡楼，视为奇货，两日来闻卖去者已不少。

二十四又说：

收养被难妇女一事，前日闻之极确。

对于逃难的妇女和从捻军出来的妇女，清朝官府和军队所采的手段就是略卖，以布蒙头，八百大文卖作妓女，这种行径，人民怎么能够不恨！不起来反对呢？

又如葛士达《远志斋稿·尉氏军中呈贾云阶师书》：

东豫民俗顽悍，各立圩寨，贼至献粮纳款，兵至反闭关绝市，甚有乱放枪炮，击伤弁勇，守令莫能主张，似此为乱乐祸，上下离心，兵民隔绝，即寇氛少已，时势岂可问哉！

明白指出河南东部人民，捻军来则献粮纳款，清军来则闭关绝市，甚至用武器抗拒。李棠阶也说：

今日大患在官与民如寇仇……官不能卫民，民思自卫，犹属良善之徒。若民并不得自卫，则焚杀淫掠，既被惨祸，不能自存，必皆从贼。民日少，贼日多，何由得平！十余年来，日计平贼，而贼益滋蔓，可不反思其故乎？颍、亳、陈、汝之前车可不鉴乎？今闻山东、直隶之交，如曹、单、东明一带，又皆为贼矣。民岂甘于为贼？上为官驱，下为贼扰，不能安居，势所必至耳。[①]

①《李文清公遗书》二，《与周春门观察书》。

指出这一带人民之所以欢迎捻军，是由于清军的焚杀淫掠，人民不能自卫，只有归顺捻军一条道路。孟传铸写了一篇《禁兵掠食论》，他说：

> 比来兵勇劫掠村墟，主帅佯曰不闻；有踵门泣告者，大声恐喝，逐去之，不使尽所欲言。意谓轻骑逐寇，势难重赍；贼过之地，市肆皆虚，非掠食则饿殍矣。初不令其掠资财也，掠妇女也，掠牛马也。抑知食既可掠，则瞋目叱叱，张威横行，室内之物，乘机恣取，何独贪于饮食，廉于资财、妇女、牛马乎？[①]

指出清军抢粮食、抢资财、抢妇女、抢牛马，不折不扣地是强盗。这种行径，领兵将帅是知道的，却一意包庇，被害百姓来告状，反而大声恐吓，赶出去完事。结果闹得清军所到地方，不但老百姓闭门不纳，连有些城市的地方官也闭门不纳了。刽子手曾国藩有一个批牍，标题是《全军营务处李副将昭庆呈，军抵嘉祥，城门不开，请饬东省州县，遇有官兵到境勿得闭门由》，批语是：

> 该军初五日驰抵城外，黄令何得闭门不纳？……坚闭城门，禁绝出入，则大不可！……东豫两省民间圩寨，本已恨兵如仇，若各州县再为之倡，则以后行军，处处皆成荆棘，实属有碍大局。[②]

可见他是知道东豫两省人民恨兵如仇的。可是一到连地方官也闭门不纳清军的时候，便认为有碍大局了。他的学生李鸿章在给他的信里也说：

---

① 参见《秋根书室诗文集》卷七。

② 参见《曾文正公全集》，《批牍》卷三。

直境柴草维艰，兵与贼皆取资于民，千里无寨，所过已如梳篦，故民仇兵甚于仇贼，久必不堪设想。鸿章谓从军十六年，此为下下策。①

另一刽子手左宗棠在给他儿子的信里说：

直隶之大、顺、广一带与山东、河南各处接壤，各处民团凶悍异常，专与兵勇为仇，见则必杀，杀则必毒。②

同时的大官僚翁同龢在日记里记着：

同治七年（1868）二月初六日，仆人曹喜归省，行至涿州南，见难民遍野，露处号呼，而官兵抢掠之酷，又倍于贼，万口同声，似非无据。③

以上这些资料都出于封建官僚之手，而且还都出于直接屠杀捻军的刽子手之手，他们共同供认，各地的人民仇恨清军，欢迎捻军，捻军和人民的关系，不是很清楚了吗？

相反，说捻军正面好话的，当然不会有。但是，也有偶尔流露出来的个别真话，例如林纾在《六合十龄童子贼中寻弟记》一文中便说：

捻既窟宅于滁，亦伪立官府，不复遮杀行旅。

①参见《李文忠公全集》，《朋僚函稿》八，《复曾相》。

②参见《左文襄公家书》卷下。

③参见《翁文恭公日记》第八册。

可见捻军在取得城池，建立政权以后的军纪情况。这种情况恰和清军的焚杀淫掠，形成鲜明的对比。

曾国藩、李鸿章论捻军

曾国藩、李鸿章都是镇压太平天国的刽子手，在长期战争中积累了一些反革命的军事经验。尽管如此，两个老奸巨猾，面对捻军的战略战术，却都感到难以应付，外表镇定，内心恐慌，曾国藩在和捻军接触以后，仔细研究分析捻军情况，他向皇帝报告：

> 臣查群贼之中，以任柱之骑为最悍，以赖文光之谋为最诡。

又说：

> 该逆狡诈多端，飘忽异常，从不肯与堂堂之阵，约期鏖战，必伺官军势孤力弱之时，出不意以困我。

对捻军和太平军的比较，以为：

> 捻匪奔突六省，久成流寇之形，虽人众不及发逆，而马队则数倍过之。[①]

在致吴南屏的信里也说：

> （捻军）飘忽无常，伺隙则逞，稍一失势，则电掣扬去，终不得痛击而大创之。故捻匪之人多志大远不如粤匪，而其狡黠多马则

① 参见王定安：《求阙斋弟子记》。

> 反过之；中原之民穷财尽，难于行军，则又倍于江南也。[①]

指出捻军和太平军的不同，人多志大远不如太平军，飘忽多马则超过太平军。捻军的战术，见有利形势，就狠狠地打，稍一失利，便电掣扬去，保全有生力量，这个估计是完全正确的。

在吃了捻军多次苦头以后，曾国藩在写给李元度的信里说出了自己恐惧的心情：

> 捻匪势极猖獗，善战而不肯轻用其锋，非官军与之相逐相迫，从不寻我开仗。战则凶悍异常，必将马步层层包裹，困官军于核心，微有不利，则电掣而去，顷刻百里，故我有大挫之时，而贼无吃亏之日，其难办有数倍于长毛者。不谓衰惫之年，遇此棘手之事，恐湘、淮各勇，俱不能了此贼，身名不足惜，大局殊可忧。[②]

他总结了捻军的长处和短处，写信告诉他的兄弟曾国荃说：

> 此贼故智，有时疾驰狂奔，日行百余里，连数日不少停歇。有时盘于百余里之内，如蚁旋磨，忽左忽右。贼中相传秘诀曰："多打几个圈，官兵之追者自疲矣。"僧王曹县之败，系贼以打圈之法疲之也。吾观捻之长技约有四端：一曰步贼长竿，于枪子如雨之中冒烟冲进；二曰马贼周围包裹，速而且匀；三曰善战而不轻试其锋，必待官兵找他，他不先找官兵，得粤匪初起之诀；四曰行走剽疾，时而数日千里，时而旋磨打圈。捻之短处亦有三端：一曰全无火器，不善攻坚，只要官吏能守城池，乡民能守堡寨，贼即无粮可掳；二曰夜不扎营，散住村庄，若得善偷营者乘夜劫之，胁从者最

① 参见《曾文正公全集》，《书札》卷十三。

② 参见《霆军纪略》。

易逃溃；三曰辎重妇女骡驴极多，若善战者与之相持，而别出奇兵袭其辎重，必大受创。此吾所阅历而得之者。[①]

在另一信中，又说：

捻匪长处在专好避兵而不肯轻战，偶尔接战，亦复凶悍异常，好用马队四面包围，而正兵则马步夹进。马队冲突时多用大刀长枪，步队冒烟冲突时，专用长锚猛刺，我军若能搪此数者，则枪炮伤人较多，究非捻匪所可及。劈山炮尤为捻所畏。[②]

经过反复研究，曾国藩制订了消灭捻军的恶毒方案，为了对付捻军的飘忽战术，避免老是跟踪追击，陷于被动，他在临淮、徐州、济宁、周家口四个据点各置重兵，防遏捻军冲突；又穷凶极恶地颁布清圩法令，断绝人民对捻军的接济；另练大批马步队，作为游击之师，往来策应。同治四年（1865）六月，在复莫子偲（友芝）信中说：

外间小视此捻，谓可甕于老巢，而平之于旦夕，诚能如此，宁非快事。捻酋万马奔突，剽悍异常，赖逆（文光）发股，百战之余，诡诈百出，二贼相合，已成流寇，断无坐待官军合围之理。此次雉河之役，援师略集，重围遽解，贼势未衰，分遁归、陈，计趋巩、洛，若官兵与之俱流，殆将着着落后，疲于奔命。鄙意于临淮、徐州、济宁、周家口四路，安置重兵，以遏其冲；又搜查颍、凤、归、陈四属匪圩，以清其源，另练马步大枝劲旅，以为游击之师，庶几以堤之止，制水之流，或者渐有归宿。[③]

---

① 参见《曾文正公全集·家书》，同治五年十二月二十二日。

② 同上。

③ 参见《曾文正公全集·书牍》。

这个恶毒的战略没有如他所想望的“以堤之止，制水之流”，而是被捻军突破而彻底失败。但是这个方针被他的学生李鸿章继承下来，扑灭了捻军革命的火把。

李鸿章是淮军领袖，和湘军领袖的曾国藩是有矛盾的。但在镇压捻军这一血腥行动上，又完全继承曾国藩的衣钵。同治七年（1868）三月二十五日，他在复曾国藩的信里说：

> 细察贼情，以走自活，即以走疲我；遇单弱兵将及马队孤行，则又纵骑一扑，其僄猾过于任柱，任好战犹项，张则似刘……贼中云：“不怕打而怕围。”但谁肯弃一块净土与之？

任柱是捻军骑兵统帅，张指梁王张宗禹。李鸿章是很怕任柱的，称为今日第一等骑将好汉，他在同治六年（1867）十一月十八日复应敏斋观察信中说：

> 捻逆与粤匪差异。踞城之贼，殪其魁则余众立溃。捻以走为业，蒙、亳、曹、郓之为首者，大率亲族男女偕行，穷年奔窜，练成猾劲。父兄死而子弟代，若世守家法然。任柱称雄十年，拥骑万匹，东三省及蒙古马兵俱为战尽，实今日第一等骑将好汉。刘省三、鲍春霆皆畏其锋。[①]

1868年8月，捻军最后被包围，全军覆没于山东徒骇河边，梁王张宗禹投水自杀。正如历史上著名的农民革命领袖黄巢、李自成一样，他们虽然牺牲了，但人民总是传说他们还活着，张宗禹也是一样。有这样一个故事：

---

① 参见《李文忠公全集》，《朋僚函稿》七。

清同治七年西捻张总愚（宗禹）之乱，官书谓捻窜至茌平境之广平镇，被围于徒骇、黄、运之间，大股歼灭，张总愚携八骑，至徒骇河滨投水死。然故老或谓此督师者之饰词也。张酋败后，逃至邑治东北之孔家庄，变姓名为童子师，后二十余年病死，即葬于其庄，至今抔土尚存焉。其临没时告人曰，吾张总愚也。先是庄人恒见其醉饮时持杯微呼曰："杀呀！"因怀疑莫释，至是始恍然。[①]

① 参见《沧县志·轶闻》。

历史的侧面

第四章 历史的隐秘角落

盟与誓

誓，《说文》云："约束也。"《礼·曲礼》："约信曰誓，莅牲曰盟。"《疏》："誓，用言辞共相约束以为信也。"誓和盟的区别，第一点大概只在用牲和不用牲，盟的仪节比较隆重，须筑坛，所用的牲依与盟者的身份而降，大概用的是牛、马、豕、鸡之类，杀牲取血，拿血来涂一涂嘴，写盟辞，埋所用的牲和盟辞于坛下，盟礼就算成功。誓则比较简单，大多不用什么仪节，对着什么事物，请牲做见证，发一下誓就了事。不过也有例外，有时或亦有用牲做盟辞，所唯一的不同是不歃血，如《国语·齐语》：桓公与诸侯饰牲为载，以约誓于上下庶神。贾逵注曰："饰牲陈其牲，为载书加于牲上而已，不歃血也。"第二点的区别，是地位的差别，概括地说盟的双方地位大概相等或相近，誓则往往为片面地或自动地以决断的言语约束此后的行动。举例如《左传》僖公二十八年（公元前632）：

王子虎盟诸侯于王庭，要言曰："皆奖王室，无相害也，有渝此盟，明神殛之，俾队其师，无克祚国，及其玄孙，无有老幼。"

诸侯的地位相等，与盟的全受这盟约的拘束，这是盟，如《左传》隐元：

郑庄公置姜氏于城颍而誓之曰："不及黄泉，无相见也。"

《宋史》卷二五五《向拱传》：

拱知陕州，会廷州高允权卒，命拱权知州事。所属部落有侵盗汉户者，拱召其酋帅犒之，令誓不敢侵犯。

这是誓，前者是自动的片面的，后者则是被动的片面的。第三点是立场不同，盟大抵多用于国际的关系和政治的约束，誓则多偏于私人和世俗事务。如《左传》僖公二十八年（公元前632）：

宁武子与卫人盟于宛濮曰："天祸卫国，君臣不协，以及此忧也，今天诱其衷，使皆降心以相从也。不有居者，谁守社稷，不有行者，谁扞牧圉……有渝此盟，以相及也，明神先君，是纠是殛。"

这是一个政治的约束。《晋书》卷六十二《祖逖传》：

逖北渡江，中流誓曰："祖逖不清中原而后济者如此江。"

这是一个私人的决定。

盟、誓的大概不同点如上述，但在实际上，盟与誓易混淆互易，界限极不清晰，例如《左传》庄公三十二年（公元前662）：

庄公许孟任以为夫人，割臂以盟。

男如恋爱的许诺本属私人生活，但因其约束为双方面的，又混称为盟。《淮南子·齐俗训》所举三种不同的盟，实际上亦即是誓。

胡人弹骨（胡人之盟约，置酒入须骨中，饮以相诅也），越人契臂，中国歃血，所由名异，其于信一也。

又有一种特别的仪式，介于盟、誓之间，既不能称为盟，亦非单纯之誓，如《春秋》桓公三年（公元前709）：

夏齐侯卫侯胥命于蒲。

《公羊传》解释为："胥命者何？相命也。"注："胥，相也。时盟不歃血，但以命相誓。"又有盟而兼誓者，如《汉书·高帝纪》：

与功臣剖符作誓，丹书铁契，金匮石室，藏之宗庙。

此在汉高帝则为誓，在诸功臣则为与帝盟。《宋史·蛮夷传》：

南八姓诸岛蛮并来乞盟，立竹为誓。

岛蛮恐对方不信其诚意，先自立誓，作乞盟的手段。

盟与誓都是先民时代原始宗教意识所遗留的残滓。对象虽然同是人类，却同样地有一种神秘的某种事物为最高的证见和执行者。这一执行者的威权同为双方所共惧敬信。近代科学思想发达，无形中一方面抛去幕后的监督者信仰，另一方面却仍保留着表面的仪式和习惯，加上许多的空洞名词，冀图仍旧利用这种仪式来解决一切政治的、国际的、私人的问题，结果是去皮存毛，徒然糟蹋无量数的有用的白纸。

古代有专掌盟誓的官，掌盟的名为司盟，誓则为大司徒十二教之一。又有诅祝，有条狼氏，亦司盟誓。《周礼·秋官》：

> 司盟掌盟载之法，凡邦国有疑会同，则掌其盟约之载及其礼仪。北面诏明神，既盟则贰之。盟万民之犯命者，诅其不信者亦如之。凡民之有约剂者，其贰在司盟。有狱讼者，则使之盟诅，凡盟诅各以其地域之众庶，共其牲而致焉。既盟，则为司盟共祈酒脯。

其取权极大，主保管一切盟约副本，上自国际，下至小民均掌之。甚至狱讼亦取决于盟诅。《地官》：

> 大司徒之职，掌……八曰以誓教恤，则民不怠。

使民自为约束，因而施教。《春官》：

> 诅祝掌盟、诅、类、造、功、说、禬、荣之祝号，作盟诅之载辞，以叙国之信用，以质邦国之剂信。

《秋官》：

> 大司寇之职……凡邦之大盟约，莅其盟书而登之天府，大史、内史、司会及六官皆受超其贰而藏之。
>
> 条狼氏掌执鞭……凡誓，执鞭以趋于前，且命之，誓仆右曰杀，誓驭曰车轘，誓大夫曰敢不关鞭五百，誓师曰三百，誓帮之大

史曰杀，誓小史曰墨。

盟的方式，最普通的是用牲和盟辞。《周礼·秋官》郑注云：

> 载，盟辞也。盟者书其辞于策，杀牲取血，坎其牲，加书其上而埋之，谓之载书也。

例如《左传》僖公二十五年（公元前635）：

> 秋，秦、晋伐鄀，楚斗克、屈御寇以申、息之师戍商密，秦人过析，隈入而系舆人，以围商密，昏而传焉。宵，坎血加书，伪与子仪、子边盟者。商密人惧曰："秦取析矣，戍人反矣。"乃降。

昭公六年（公元前536）：

> 宋寺人柳有宠，太子佐恶之，华合比曰："我杀之。"柳闻之，乃坎、用牲、埋书而告公曰："合比将纳亡人之族，既盟于北郭矣。"公使视之，有焉。遂逐华合比。

以牲血涂口书简，埋牲享神使做证见，以故背盟称"寒盟"，责背盟曰："口血未干。"称所书之盟辞曰丹书。

盟的意义要双方面或多方面同受所书盟辞的约束，但也有例外，如《汉书》纪吕氏之变，有：

> 高皇帝刑白马而盟曰："非刘氏而王者天下共击之。"

这一盟辞的内涵却只是单方面的，只是限制着非刘氏，要求天下拥戴他自己的家族，同时他自己并不对这约辞负责。盟的仪式也不一定限于用牲，随地域而异，有割臂出血为盟的，如《汉晋春秋》：

桓帝与单超入室定谋，啮超臂出血以为盟，乃诛梁冀。

有斫树以为盟的，如《高士传》：

胡昭止周士勿害晋宣帝，斫枣树共士而别。

有刻石为盟的，如《华阳国志》：

昭王刻石盟誓曰："秦犯夷输黄龙一只，夷犯秦输清酒一钟。"夷人安之。

有割心为盟约的，如《左传》定公四年（公元前506）：

王割子期之心以与随人盟。

誓的仪节比较简单，随时随地随物均可立誓。但也有例外，大抵文化比较落后的民族的誓的方式就比较隆重，并且对于所立的誓的守信程度也比较深。誓的使用场所，大概地归纳起来，一用于军旅，如《周礼·秋官》：

士师……以五戒先后刑罚，毋使罪丽于民。一曰誓，用之于军旅。

《尚书》有《甘誓》《汤誓》《牧誓》《费誓》《秦誓》《泰誓》等篇，都是当时的誓师词。二用于民事，如《周礼·地官》：

大司徒之职，掌……八曰以誓教恤，则民不怠。

三用于狱讼，如《周礼·秋官》：

有狱讼者，则使之盟诅。

四用于表深爱，立约束，如《诗·国风·氓》：

及尔偕老，老使我怨，淇则有岸，隰则有泮，总角之宴，言笑晏晏，信誓旦旦，不思其反，反是不思，亦已焉哉！

五用以表决心，如《史记》卷六十五《吴起传》：

吴起东出卫郭门，与其母别，啮指而盟曰："起不为相，不复入卫也。"

六用以明心迹，如《左传》僖公二十四年（公元前636）：

子犯以璧授公子曰："臣负羁绁从君巡于天下，臣之罪甚多矣……请由此亡。"公子曰："所不与舅氏同心者，有如白水。"投其璧于河。

七用以怀报复，如《左传》宣公十七年（公元前592）：

晋侯使郤克征会于齐，齐顷公帷妇人使观之。郤子登，妇人笑于房，献子怒，出而誓曰："所不此报，无能涉河。"

八用以表诚心，矢降伏，如前所引《宋史·向拱传》：

拱召其酋帅，令誓不敢侵犯。

誓有时也没有书面的誓词，如《宋史·昭宪杜太后传》：

建隆二年（961），太后……疾亟，召赵普入受遗命……命普于榻前为约誓书，普于纸尾书“臣普书”，藏之金匮，命谨密宫人掌之。

或镌之于金属器，《续湘山野录》：

罗隐代钱武肃谢赐铁券表：“镌金作誓，指日成文。”

或勒誓词于石柱石表，《宋史》卷二百八十三《丁谓传》：

谓……为转运使除三司户部判官……改夔州路。初，王均判，朝廷调施、黔、高、溪州蛮子弟以捍贼，既而反为寇，谓至，召其种酋开谕之，且言有诏赦不杀，酋感泣，愿世奉贡，乃作誓刻石柱立境上。

《明史》卷一百七十一《王骥传》：

骥度贼终不可灭，乃与思陆约，立石表誓金沙江上曰：“石烂江枯，尔乃得渡。”

普通多用言语来表达誓者的决意和自身约束，大抵都凭某一事物立誓，最通常的是指着江河，如上所引晋文公之盟白水，郤献子之誓不涉河，又如《晋中兴书》：

符洪使弟雄步骑五千人入潼关，兄子青轵入关，指河誓曰：

"若事不捷，汝死河北，我死河南，为鬼无相见也。"

《新唐书》卷一一二《王义方传》：

（义方）素善张亮，亮抵罪，故贬吉安丞。道南海，舟师持酒脯请福，义方酌水誓曰："有如忠获戾，孝见尤，四维廓氛，千里安流？神之听之，无作神羞！"是时盛夏，涛雾蒸涌，既祭，天云开露，人壮其诚。

《元史·扎八儿火者传》：

太祖军溃，从行者仅十九人，至班朱尼河绝粮，得野马食之，举手仰天而誓曰："使我克定大业，当与诸人同甘共苦，有渝此言，有如河水！"①

过去人以为一切事物具有专门的神凭附着，其中最能为人祸福的是河神，过河必祭以玉帛酒食，否则必有风涛险阻不得过，或竟葬身水底。以此对河神立誓以后，将来如不能实行，或竟背誓时，若要过此河，必为神所谴责。或指着上帝，如《左传》襄公二十五年（公元前548）：

（崔杼、庆封立景公）盟国人于大宫曰："所不与崔、庆者。"晏子仰天叹曰："婴所不唯忠与君利社稷者是与，有如上帝！"

或并指天地，如《唐书》卷一一〇《李多祚传》：

① 此段引文与《元史》原文有出入。之下引文多有类似情况，不一一注明。——编者注

多祚引天地以自誓，辞气毅然。

《会稽先贤传》：

陈业兄渡海倾命，时依止者五六十人，骨肉消烂而不可辨别。业仰黄天誓后土曰："闻亲戚者必有异焉。"因割臂流血以洒骨上，应时受血，余皆流去。

或泛言天以立誓取信，《论语·雍也》：

子见南子，子路不说。夫子矢之曰："予所否者，天厌之，天厌之！"

或凭着某一神立誓，《齐书》卷二十六《王敬则传》：

王敬则为暨阳令，引神为誓，招致劫贼。（节录）

《竹林七贤论》：

刘伶禁酒，具酒肉礼鬼神祝誓。（节录）

《唐书·王义方传》：

（张）亮兄子皎自朱崖还，依义方，将死，诿妻子，愿以尸归葬，义方许之。以皎妻少，故与之誓于神，使奴负柩，辍马载皎妻，身步从之。既葬皎原武，归妻其家，而告亮墓乃去。

《江南通志》：

张采，太仓人。崇祯戊辰进士，归籍乡老于城隍庙誓曰："自今以往幸通籍，毋以势凌人，毋纵奴仆横行，毋使宗党子弟肆里门，毋使私属隶官，有渝约者共斥之。"风俗亦大变。

或指日为誓，《左传》襄公二十三年（公元前550）：

初，斐豹隶也，著于丹书。栾氏之力臣曰督戎，国人惧之。斐豹谓宣子曰："苟焚丹书，我杀督戎。"宣子喜曰："而杀之，所不请于君焚丹书者，有如日。"

或指父母墓为誓，《晋书》卷八十《王羲之传》：

羲之为会稽内史，慨然称疾去郡，于父母墓前自誓……朝廷以其誓若，亦不征。

或誓以所信仰的时人，《南史》卷六十九《虞荔传》：

（荔弟）寄少笃行，造次必于仁厚……或言誓为约者，但指寄便不欺。其至行所感如此。

或誓生恶疾以明无他，《辽史·刘哥传》：

刘哥……请帝博，欲因进酒弑逆，帝觉之不果，被囚。一日召刘哥，锁项以博，帝问："汝实反耶？"刘哥誓曰："臣若有反心，必生千顶疽死。"遂贯之，耶律屋质固诤，以为罪在不赦，命屋质按之，具服。诏免死，流乌古部，果以千顶疽死。

或誓为神殛以明非妄，《括异志》：

嘉兴府周大郎每卖香时绕与人评直，或疑其不中，周曰："此香若不好，出门当逢恶神扑死。"常以此誓为词。淳祐年间（1241—1252），忽一日过府后桥，如逢一物绊倒，众即扶持，气已绝矣。

或誓以解猜疑，《北史》卷四十八《尔朱荣传》：

（荣）在明光殿重谢河桥之事。誓言无复二心。庄帝自起止之，因复为荣誓，言无疑心。荣喜。

或誓以坚友谊，《金史·欢都传》：

欢都，完颜部人。祖石鲁，与昭祖同时同部同名，交相得，誓曰："生则同川居，死则同谷葬。"

在军队中，或折箭为誓，《金史》卷九十一《杨仲武传》：

仲武往谕木波，其酋帅乃举酒酹天，折箭为誓，愿终身不复犯塞。

或寄刀为誓，《晋书·姚泓载记》：

姚懿乃卑辞招诱，深自结托，送佩刀为誓。

或埋棺为誓，《珍珠船》：

长沙有铜棺山。湘中记云："程普关羽分界于此，共铸铜棺为誓，相侵者以铜棺贮之。"

或饮血为誓，《明史》卷一百二十四《陈友定传》：

（明使）至延平招谕友定，友定置酒大会诸将及宾客，杀明使者，沥其血酒瓮中，与众酌饮之，酒酣，誓于众曰："吾曹并受元厚恩，有不以死拒者，身磔，妻子戮。"

妇女则或断耳为誓，《南史》卷七十四《卫敬瑜妻王氏传》：

霸城王整之姊嫁为卫敬瑜妻，年方十六而敬瑜亡，父母舅姑咸欲嫁之，誓而不许，乃截耳置盘中为誓，乃止。

或截发为誓，陶宗仪《辍耕录》：

张春儿，叶县军士李青妻也。年二十，青疾革，顾谓春曰："吾殆矣！汝其善事后人。"春截发示信，誓勿再适，未几青死，乃自经。

《史蛮夷传》：

南八姓诸岛蛮并来乞盟，立竹为誓。

四川夷人也有这同样的习惯，名为打誓，《宋史》卷三百一《寇瑊传》：

（瑊）为梓州路转运使……用夷法，植竹为誓门，横竹系猫、犬、鸡各一于其上，老夷人执刀剑，谓之"打誓"，呼曰："誓与汉家同心击贼。"即刺牲血和酒而饮。

或至断指截耳为誓，《明史》卷二百十一《何卿传》：

威茂番十余砦连兵劫军馕，且攻茂州及长宁诸堡要抚赏。卿……以计残其众，战屡捷……诸番窘……乃争献首恶，歃血断指耳，誓不复叛。卿乃与刻木为约，分处其曹，画疆守。

蒙古人有磨金置酒中作誓的仪式，《明史》卷一百四十七《黄淮传》：

阿鲁台归款，请得役属吐蕃诸部，求朝廷刻金作誓词，磨其金酒中，饮诸酋长以盟。

匈奴人盟誓亦采饮血立约的形式，《汉书》卷九十四《匈奴传》：

韩昌张猛即与为盟约……与单于及大臣俱登匈奴诺水东山，刑白马，单于以径路刀金留犁挠酒，以老上单于所破月氏王头为器者共饮血盟。

最惨的是四川番人的埋奴设誓，《明史》卷二百四十七《李应祥传》：

（万历十四年四川总兵官李应祥讨平松茂诸番）其逃穷谷者……乞降，应祥令堆奴设誓，然后许之。埋奴者，番人反接其奴，献军前，呼天而誓，即牵至要路，掘坎埋之，露其首，凡埋二十三人。

又讨平建昌越雟诸卫番倮，擒建昌酋安守，西南邛笮苴兰靡莫诸酋及商山四堡番皆震怖乞降，各埋奴道左，呼号顿首，誓世世不敢叛。

平常私人立心要除去其一种不良习惯时，所采用的是心誓，《南史》卷七十五《顾欢传》：

> 始兴人庐度……有道术，少随张永北侵魏，永败，魏人追急，阻淮水不得过，度心誓曰："若得免死，从今不复杀生。"须臾见两楯流来，接之得过，后隐居庐陵。

据古人的解释，誓之效否也与气候、人品有关，王充《论衡》：

> 小人皆怀毒气，阳地小人毒尤酷烈，故南越之人祝誓辄效。

无论是盟还是誓，所采取的方式是怎样不同，它们的背景始终脱离不了神和鬼的超人威权。从有历史，从最初有文字记载一直到现在，无论在什么时代、什么地域、什么部族，即使是在今天，我们也还可以看见有若干绅士在模仿举行神权时代的种种仪式，并且仍为其他的一些绅士所崇信。这神或鬼的偶像已被推翻，被举出另一大神名为正义的来替代。

从商品生产想到中国商人的起源

最近，人们在学习政治经济学的时候，对商品生产问题很有兴趣。从商品生产，就会想到“商”字，就会想到“商人”这一名词。“商人”这一名词是怎么来的呢？从历史文献看，商人在中国，是有很悠久的历史了。

《史记·郑世家》说郑桓公友为周幽王司徒，和集周民，周民很喜欢他，河洛之间的人民都想念他。后来郑桓公带领一部分周民东迁到洛水以东，立国于新郑，这一部分周民就定居下来了。

周民中一部分会做买卖的商人，即殷遗民。

殷遗民即商人，被集中在成周即今洛阳的经过是这样的：

武王伐纣，取得胜利以后，周虽然取得了统治权，但东方殷人的实力并未被完全摧毁。控制的办法是分而治之，派兵镇压。把殷的中心河内地区分为三国，邶封给纣子武庚，鄘以武王弟管叔为尹，卫以武王弟蔡叔为尹，叫作三监。管蔡二叔统率周的军事力量，是镇压殷民、监视武庚的。到武王死，成王还幼小，周公执政，管蔡二叔和武庚联兵反叛，周公东征平定，建立洛阳为镇压东方的军事中心，叫作成周。把殷民迁到洛阳。《尚书·多士》：“成周既成，迁殷顽民。”《毕命》：“毖殷顽民，迁于洛邑。”又把部分殷遗民分散到各地去，如以原来商、奄之民封周公子伯禽，建鲁国；又赐以殷民六族。于原来殷墟封武王少弟康叔，又赐以殷民七族。[①]或编入军队，如伯懋父敦盖“王命伯

①《左传》定公四年（公元前506）。

懋父以殷八自征东夷”等。

殷遗民被强迫集中在洛阳，周人叫他们作顽民，经常被召集训话，不许乱说乱动，过着被监视的生活。殷遗民是周民的一部分，却被另眼相看。他们既无政治权利，又失去了土地，怎么过日子呢？只好东跑西跑做买卖。这一行业周的贵族不屑做，庶民要种地不能做，而又为社会所需要，日子久了，商业便成为了殷遗民的主要行业。

殷遗民怎么会叫作商人呢？这是因为殷是盘庚迁亳以后的称呼，在盘庚以前几百年原来是叫商的。契封于商，商是地名，商人之名是从商这个地名转为朝代名而来的。盘庚以后，虽然改称殷了，但习惯上还保存着商的称呼。殷、商兼称，殷人即商人。直到《尚书·多士》，在周王朝对“殷顽民”的训词中，还称殷的首都为“天邑商”呢。

据文献、甲骨文和殷墟遗物的情况来看，商朝已经有了货币，用贝以朋计算，有来自各地的许多商品，商业是相当发达的。

所以商人这一名词出于商朝的人，从周人的角度说，商人是“顽民”，是被另眼相看的人，但也是被社会需要的人。商人（做生意的人）出于商人（殷遗民）。共处日子久了，郑国内商人保证不造反了，民族的界限逐渐泯灭了，周人中也有人来参加商业活动，甚至某些贵族也来做买卖了，这样，商人就失去了原来“顽民”的意义，成为从事商业活动的职业的专称，成为古代封建社会士、农、工、商四民之一了。

郑国的商人

春秋时代郑国的商人最活跃。《左传》里曾有记载。最有名的是弦高犒师的故事。秦兵偷袭郑国，经过滑国的时候，郑商人弦高到周去做生意，路上碰到敌兵，弦高急中生智，用十二头牛劳军。秦军以为郑国有备，只好灭滑而还［僖公三十三年（公元前627）］。其次是晋国荀罃被楚国俘虏，郑国的贾人打算把他夹带在贩运的棉衣中偷运出境。已经准备好了，楚国却释放荀罃回国。后来郑贾人到晋国做买卖，荀罃很感激他，十分热情地款待。郑贾人过意不去，转到齐国做买卖去了［成公三年（公元前588）］。从这两个故事看来，郑国商人北到周，南到楚，西到晋，东到齐，不但到处做生意，而且气派很大，一个假冒他的国家慰劳敌军，一个帮助晋国将领逃亡，都不是做小买卖的人所能干的。

还有，商人这一行业似乎还被社会尊重，有人取作名字，齐国一个贵族就名叫商人［文公三年（公元前624）］。至少地位在皂隶之上，排列的顺序是庶人、工、商、皂隶、牧、圉［襄公十四年（公元前559）］。当然，排列的地位在庶人、工之下，看来贵族是不屑于干这一行的。他们在社会上起互通有无的作用，所以有“同恶相求，如市贾焉”的话［昭公十三年（公元前529）韩宣子语］。

为什么郑国的商人最活跃呢？第一是郑国的地理位置适中，郑国位于济、洛、河、颍四水之间，以今河南新郑为首邑，水陆交通便利，为南北必经的要道。郑的商人如前所说，足迹遍及齐、周、楚、晋。虽然在军事、政治上郑介于齐、秦、晋、楚几大国之间，齐楚、晋楚争霸，都要先打郑国，长期间两面挨打，是霸国必争之地，但在经济上却大占便宜；郑的商人转运各国商品，在当时国际上很吃得开，郑国也得到好处。第二是人的因素，这就牵涉商人这一名词的由来了。《左传》昭公十六年（公元前526）记载了一段极有意义的故事：

晋国韩起（宣子）到郑国聘问。他有一个玉环，另外相同的一个在郑国商人手上。想拼齐一对，和郑的国君商量。郑国执政子产不答应，说："这不是官府的东西，情况不了解。"

韩起只好向商人去买，已经成交了。商人说："还得告诉一下政府。"

韩起再和子产商量。子产说："从前我先君桓公和商人都是从周来的。肩并肩地劳作，斩除蓬蒿藜藿，共同开发这个地方，建立城市，共处得很好。还立了盟誓，世代相守，一直到今天。誓约说：'你不要造反，我也不强买，也不取讨和抢劫你的东西。你发了财，有利市宝贿，我也不干预。'现在你是为友好来访问的，却要敝邑强夺商人的货物，这不是明叫我们破坏盟誓吗？怕不大好。我想你得了环，却失了诸侯，一定不干。"

第三是商品生产的发达，当时的社会生产状况，已经突破了地区性的自足自给的经济情况。只有在商品生产超过自给自足的基础上，才会有大规模的地区间的广泛交换的可能。从《左传》的记载看，虽然只提到郑、晋、齐、周、楚之间的商品交换，但是，事实上绝不只这些地区，是可以想见的。虽然只提到郑国商人的多地区的商品交换，但是，也可以肯定，别国的商人，也是在同样情况下，在进行多地区间的商品交换的。

这几个故事说明：第一，郑的商人是和郑的开国国君一起从周来的，共同开发了郑国。第二，郑国国君和商人订了盟誓，内容是商人保证不造反，支持郑君，郑国呢，保护商业，一条条规定了明确保护办法。由此可见，除了农业以外，郑国从开国以来，就一直依靠商人，发展商业，取得国内和国际商品交换的利益，也可以看出，在春秋时代，虽然郑国所受战争的祸害最多最大最久，却终能勉强站住，一直到三家分晋以后才为韩所灭。第三，是春秋时代的商品生产和商品交换的情况。虽然，在长期间各国之间不断发生战争，但是，并没有完全妨碍各国间商人的商品交换活动。从情况中，也可看出当时社会生产力的发展情况。

诈降和质子

赤壁之战里有两起诈降，一起是曹操教蔡中、蔡和诈降孙权，理由是兄长蔡瑁被杀。临行时曹操对他二人说："二位将军的家眷现在荆州，必当妥为照应。"恰也正因为不带家眷，被黄盖识破是诈降。一起是黄盖诈降曹操，用苦肉计，周瑜当着蔡中、蔡和打了黄盖一顿，曹操果然相信了，吃了火攻的大亏。

投降要带家眷，曹操教人诈降也要扣留家眷，带兵官的家眷在封建社会里历来是被当作抵押品的。有专门名词叫作"质"和"质任"。

最早见于史书的例子是周郑交质，郑庄公做周平王的卿士，平王和虢公要好，郑庄公不高兴，发牢骚，平王再三解释还不行，只好交换儿子做抵押，周王子狐为质于郑，郑公子忽为质于周。一个是王，一个是诸侯，君臣两人闹别扭，只好用交换活的抵押品来解决。在当时是个大笑话。[①]但是也说明了另外一种情况，那就是在敌国之间、小国大国之间、弱国强国之间或者是臣对君等的片面的或相互的交纳抵押品的行为，是被认为合理合法的。

三国时的例子很多，曹操为张绣所败后，对诸将说："我降了张绣，错在没有取他的'质'，弄到这个地步。吃了这个亏，长了一智，你们看着吧，从今以后，再也不吃败仗了。"[②]他学到的乖就是取人家的"质"，有了活人抵押做保证，就可以强迫人服从，不敢也不忍造

---

①《左传》鲁隐公三年（公元前720）。

② 参见《三国志·魏志》卷一。

反。辽东公孙渊的哥哥公孙晃在洛阳做质子，公孙渊起兵，晃就被杀。[①]魏的制度，郡县分剧、中、平三等，中、平是内地，人民赋役就重一些，边地近敌的就列为剧，人民赋役轻一些，但是太守要送任子到邺做抵押。[②]吴、蜀两国也是如此。

晋初规定诸将以下部曲督都要送质任或任子。[③]

北宋初年规定，凡是做边地州郡官的，都要挂名兼任内地的州郡官，只许单身赴任，家眷留在内地任所。[④]

明太祖控制诸将很严密，下令："与我取城子的总兵官，妻子俱要在京住坐，不许搬取出外。"[⑤]

从这些例子可以看出，封建社会里的军事首领和帝王在他们的部将和边地守土官员之间，互相信任的基础是不存在的，保证一致的办法是把部将或边地官员的家眷做抵押品，以取得信任，叫作"委质于人"。曹操要孙权送质子就是这个意思。

人被当作抵押品，是死是活决定于家长的政治地位的变化，这是封建社会的特征之一。

---

①参见《三国志·魏志》卷八，《公孙度传》。

②参见《三国志·魏志》卷八，《王观传》。

③参见《晋书》卷二、三、七。

④参见《宋史》卷二七五，《谭延美传》。

⑤参见刘辰：《国初事迹》。

古人的业余学习

在封建社会里，学术文化是掌握在地主阶级手里的。因为只有他们才有时间，读得起书；才有钱，抄或买得起书，和请得起老师，付得出束脩。

农民、手工业者和其他的穷苦人，这样也没有，那样也没有，读不起书，更谈不上掌握学术文化。

这是封建社会阶级关系的一种表现，教育被垄断，绝大多数人民被排除在学术文化领域之外，是普遍的基本的现象。说是普遍的基本的现象，也还是有不少的例外。

历史上有不少穷困的农民、穷人，发愤图强，克服困难，顽强学习，成为著名的学者。例子很多，现在只举列入儒林传的一些人，顺便指出，正史里名列儒林传的大体是后一时代认为在某一学术领域有成就、有贡献的学者。

后汉桓荣年轻时和哥哥元卿在田里做活，一到休息时候，桓荣便打开书本，朗诵起来。哥哥笑他，白费气力讨苦吃，中什么用？后来桓荣成为学者，哥哥才叹口气说，像我们这样的农民，哪能知道念书有这样好处呢！另一学者倪宽，从名儒孔安国授业，也是家里穷，只好为人佣作，带经而锄，上学以后，给同学做杂事维持生活。虞溥《江表传》记张纮居贫，躬耕稼，带经而锄，孜孜汲汲，夜以继日，至于弱冠，无不穷览。晋徐苗白天耕种，晚上念书。梁沈峻家世农夫，他发愤好学，白天黑夜，努力钻研，到困极时便拿棍子打自己，后来博通五经，尤长于三礼。孔子去耕耘樵采时，还带着书念，一到农闲，越发努力，成为古文《尚书》学者。北齐李铉春夏务农，冬闲入学，成为当代经师。

也有的是放猪、放羊、放牛的苦孩子，经过刻苦努力成为学者的。著例如后汉的承宫，七岁时替人放猪，同村《春秋》学者徐子盛正在讲学，承宫每次经过，在门下偷听。主人发现了，要打承宫，徐子盛的学生出来阻止，承宫就此留在徐家，一面替学生们砍柴做杂活，一面学习，终于有了成就。晋朝王育替人佣工牧羊豕，住的地方靠近学堂，他便趁空捡些柴火，卖了钱请人抄书，晚上用蒲叶学写字，终于博通经史。前燕张悕也靠牧牛过活，他和王育一样，也是捡柴请人抄书，在树叶上写字，成为学者的。

他们解决生活和学习的矛盾的方法，是边劳动，边学习。没有书，便自己抄，如梁朝袁峻家里穷，买不起书，便向人借书，自己抄写，每天抄五十张纸，不抄完不休息。任孝恭向人借了书，每读一遍，讽诵略无所遗。《三国演义》里诸葛亮舌战群儒，对手之一的阚泽，是替人抄书出身的，他抄了一遍，便记得了。

上面所举的只是极少数的几个例子。由此看来，在历史上，尽管封建地主阶级包办了学术文化，但是学术文化不尽出于封建地主阶级，穷苦农民和牧猪牧羊的孩子只要有坚定的决心、持久的毅力、不懈的学习，是可以克服一切困难，攀登当时学术高峰的。当然，这些人在成为学者以后，或者有了田地，或者做了官，阶级成分变了，那是另一回事。

克服困难，勤劳学习，这是我们祖先的优良传统，是值得发扬的。

业余学习之风，古已有之。不同的是古人只能凭个人的努力，而今天呢，有各种各样业余学习的机会，党和政府为愿意学习的人准备了一切条件，看看我们先人的事迹，不值得我们思之重思之吗?

汉代之巫风

一、巫

汉代巫风特盛，武帝世巫蛊之祸，是两汉史中的一件大事。

在先民的原始信仰中，浑浑噩噩，以为风吹草动、星辰运行，甚至一石一木都有不可知的神秘的凭借者。由惊奇而恐惧，由恐惧而彷徨，由彷徨无所主而发生一种时常在动摇不定的物的崇拜，渐进而成为信仰，成为原始的宗教。替他们解释这神秘，领导着举行宗教的仪式的便是所谓巫和觋。担任这职司的人，大抵都属于族中的耆老，因为他们经验多，识见广，逐渐成为世袭的专业，做一氏族中的指导者。

《国语·楚语》："古者民神不杂，民之精爽不携二者，而又能齐肃中正……如此则明神降之，在男曰觋，在女曰巫。"巫的职司是乐神，《说文解字》五："巫，祝也。女能事无形以舞降神者之。"《商书》："敢有恒舞于宫，酣歌于室，时谓巫风。"《疏》谓："巫以歌舞事神，故歌舞为巫觋之风俗也。"巫又能前知，《荀子》："知其吉凶妖祥，伛巫跛击之事也。"又长祝咀，《史记·封禅书》："太初元年西伐大宛，丁夫人雒阳虞初等以方祠咀匈奴大宛焉。"擅祓除求雨之术，《周礼·春官》："女巫掌岁时祓除衅沐，旱暵则舞雩。"[①]

汉兴，尤重巫祝，《汉书·郊祀志上》："令祝立蚩尤之祠于长安，长安置祠祀官、女巫。其梁巫祠天、地、天社、天水、房中、堂上

① "求雨以女巫。"《左传》僖公二十二年（公元前638）："夏大旱，公欲焚巫尪。"注谓："巫尪女巫也。主祈祷请雨者。"

之属。晋巫祠五帝、东君、云中君、巫社、巫祠、族人炊之属。秦巫祠杜主、巫保、族累之属。荆巫祠堂下、巫先、司命、施糜之属。九天巫祠九天。皆以岁时祠宫中。其河巫祠河于临晋，而南山巫祠南山、秦中。秦中者，二世皇帝也。各有时日。”女巫以国家功令所祠的对象不伦不类的什么天、地、山、水、神、鬼、怪物、老巫……一起都被按期举行着古怪的典礼，保存着古代的习尚。

除上述地点以外，齐陈二地因历史的背景，巫风亦极盛。《汉书·地理志》记齐有巫儿：“齐襄公淫乱，姑姊妹不嫁，于是国中民家长女不得嫁，名曰巫儿。为家主祠。嫁者不利其家。民至今以为俗。”（这颇和近代一本反对基督教的书——《辟邪纪略》中所记“玛丽”的教徒习惯相仿）又云：“陈太姬妇人尊贵，好祭祀，用史巫，故其俗巫鬼。”巫是女人，所以能出入宫禁，做压禳诅咒的勾当（《汉书·公孙贺传》《江充传》《戾太子传》）。

二、神君与西王母

女巫所祠的神中最著是《封禅书》的神君。这故事荒唐得很有意思。对于西王母故事有兴趣的学者，常疑心为什么后来的著述家喜欢把汉武帝作西王母故事中的一个主角？这因缘从什么时候开始发生联系？这一有趣的问题，我们企图在本文中做一比较的解答。《封禅书》中的神君故事如下：

> 是时上求神君，舍之上林号氏观。神君者长陵女子，以子死，见神于先后宛若，宛若祠之其室，民多往祠。平原君[①]往祠，其后子孙以尊显。及今上即位，则厚礼置祠之内中，闻其言不见其人云……文成死明年，天子病鼎湖甚，巫医无所不致，不愈，游水发

①武帝外祖母臧儿。

根言上郡有巫，病而鬼神下之，上召置祠之甘泉。及病，使人问神君，神君言曰：天子无忧病，病少愈，强与我会甘泉。于是病愈，遂起幸甘泉，病良已，大赦，置酒寿宫神君。寿宫神君最贵者太一，其属曰大禁司命之属皆从之，勿可得见，闻其言，言与人音等。时去时来，来则风肃然，居帷室中。时昼言，然常以夜。天子祓，然后入，因巫为主人，关饮食所欲言行下。又置寿宫北宫，张羽旗，设供具，以礼神君。神君所言，上使人受书其言，命之曰画法。其所语世俗之所知也，无绝殊者，而天子心独喜。其事秘，世莫知也。

在后出的《洞冥记》中，我们发现一段故事和神君极有关系：

元光中，帝起灵寿坛，坛上列植垂龙之木，似青梧，高十丈，有朱露，色如丹斗。洒其叶地皆成珠。其枝似龙之倒垂，亦曰珍珠树。此坛高八尺。帝使董谒乘云霞之辇以升坛，至夜三更，闻野鸡鸣，忽如曙，西王母驾元鸾，歌春归乐。谒乃闻王母歌声而不见其形，歌声绕梁，三匝乃止。坛旁草树枝叶，或翻或动，歌之感也。

把两篇东西做一比较，很明显地，这两篇有直接血缘关系。因为神君是长陵女子，所以后来的西王母，便从此衍成女性。因为其事秘，世莫知，所以后来西王母和汉武帝的故事，便不得不衍成各个不同的形式——从太一衍成《洞冥记》《汉武内传》《外传》《仙传》《拾遗》《海内十洲记》《魏夫人传》（《说郛》卷一二三）、《黄帝内传》《墉城集仙录》（《道藏·洞神部·谱篆类》）、《真诰》《龟山元录》诸书的西王母，其属大禁司令之属便衍成上元夫人、南极夫人、许双成、王子登等仙真。同时，“公孙卿候神于河南，言见仙人迹缑氏城上，有物如雉，往来城上。天子亲幸缑氏城视迹”这段记载，也即为后来著作家指明西王母籍贯和氏姓的根据。

三、《焦氏易林》中的故事

《焦氏易林》是汉代一部占筮的书。每一筮辞大抵包含一个以上的故事。筮辞取其通俗，故事求其普遍。在这一部古代的故事总集中，我们发现有关于西王母的达四十条，占全书二十分之一。其中指明西王母的有十五条。在这一些零碎的故事中，可以看出汉代的巫风和民间信仰和汉代农村社会的生活。

《易林》中言及王母善祷，祝榴，祝词，祷词，一些巫的职司的有下列诸条。讼之第六需：

> 引船牵头，虽拘无忧，王母善祷，祸不成灾。

谦之第十五节：

> 穿鼻系株，为虎所拘，王母祝榴，祸不成灾，突然自来。

明夷之三十六讼、遂之四十五豫（词作祷，遂作突）：

> 穿鼻系株，为虎所拘，王母祝词，祸不成灾，遂然脱来。

按坎之二十九大有筮辞王母作灵巫：

> 棘钩我襦，为绊所拘，灵巫拜祷，祸不成灾。

可见王母即灵巫之一称。王母在古代是对于亲族中的近血缘的女性的通称。在上列的故事中所叙述的是农村未发达，野兽食人时的事情。王母是一氏族中的尊长，自然应该执行灵巫的职司，替被害者祝祷脱祸。

小畜之第九丰：

中田膏黍，以享王母，受福作亿，所求大得。

大壮之三十四咸：

畜鸡养狗，长息有储，耕田有黍，王母喜舞。

蒙之第四巽：

患解忧除，王母相于，与喜俱来，使我安居。

剥之二十三观，无妄之二十五同（末福字作昌）：

王母多福，天禄所伏，居之宠光，君子有福。

这是说王母能尽职祈祷，被她的氏族崇拜作社神，享以膏黍鸡狗，向她求加倍的收获。

农人向王母求农产物丰收，求福求禄，求解患除忧，农妇呢？自然是向王母求子了。鼎之五十萃、明夷之三十六萃、坤之第二贲有同样的筮辞说：

西逢王母，慈我九子，相对欢喜，王孙万户，家蒙福祉。

有了孩子，就须注意到孩子的“无灾无难到公卿”。要他身体长得结实、顽皮。小畜之第九大有这样的祝词：

金牙铁齿，西王母子，无有患殃，扶舍陟道，到来不久。

又大有之第十四蹇：

金牙铁齿，西王母子，无有患害，减害道利。

《山海经》和《穆天子传》诸书中的西王母记载，或许采自民间传说，或许是民间的巫风受了记载的影响，渗合为一。这先后的安排很值得我们研究。讼之第六泰：

弱水之西，有西王母，生不知死，与天相保。

临之十九临：

弱水之上，有西王母，生不知老，行者危殆，利居善喜。

既济之六三大畜：

弱水之右，有西王母，生不知老，与天相保。不利行旅。

这是打算出外旅行前的筮辞，老巫拈得泰卦，意思是吉利长寿，宜远行。不幸拈到临或既济，“行者危殆，利居善喜”。不利行旅，便应遵守不能出门了。

民众都向王母这老巫求福求什么，自然一般古圣先王也不能例外。周穆王西游的故事，在当时一定脍炙人口，据下列两条，似乎在他出发之前，曾派王良去作先容。临之第十九履：

驾龙骈虎，周遍天下，为人所使，西见王母，不忧不殆。

比之第八蹇：

长股喜走，趋步千里，王良嘉言，伯来在道，申见王母。

稷也曾奉尧命，向王母求福求子。坤之第二贲：

> 稷为尧使，西见王母，拜请百福，赐我善子。

明夷之三十六萃：

> 稷为尧使，西见王母，拜请百福，赐我喜子，长乐福有。

据《古史》记载丹朱的行事，大概这一次是稷没诚心，所以没好保佑。在讼之第六家人、师之第七离、离之三十剥、损之四十一离、央之四十三夬、归妹之四十三升诸筮辞中，更拉扯一大堆名人起哄：

> 戴尧扶禹，松乔彭祖，西过王母，道路夷易，无敢难者。

小畜之剥：

> 孔鲤伯鱼，西至高奴，木马金车，驾游大都，王母送我，騋牝牸驹。

索性连孔夫子的儿子都来参与巫祝，成为一位畜牧家了。王母在正面被农民如此崇奉捧场，自应负有替农民求福保家的义务。要是她放弃或怠职时，农民受了损失，就得大闹骂街，拿这老巫出气。剥之二十三咸：

> 三人辇车，乘入虎家，王母贪叨，盗我犁牛。

这是农家丢了牛，硬栽在她身上。无妄之二十五萃：

> 三人辇车，乘入旁家，王母贪叨，盗我资财。

这是农家丢了钱，因她没保佑，少不得也算是她的过错。

另外还有一些，除前两条似和《左传》有关系外，其余的因为故事的本身已经亡失，很难索解，无之二十五噬嗑：

> 戴喜抱子，与利为友，天之所命，不忧危殆，荀伯劳苦，未来王母。

屯之第三观、泰之第十豫、否之既济、剥之二十三无妄、家人之三十七遁：

> 东邻嫁女，为王妃后，筑公庄馆，以尊王母，归于京师，季姜悦喜。

乾之第一复、蒙之第四井（下多欢乐无疆四字）、贲之第三十二井（三人作二人）：

> 三人为旅，俱归北海，入门上堂，拜谒王母，劳赐我酒。

蒙之第四泰：

> 果体殊患，各有所属，西邻孤媪，欲寄我室，王母骂害，求不可得。

豫之十六贲：

> 泉开泽竭，王母饥渴，君子困穷，乃徐有说。

随之第十七巽：

水坯我里，东流为海，龟鳖灌啹，不睹王母。

后二条的旱灾和水灾，据《周礼·春官》“旱暵则舞雩”的记载，大概是祈祷无灵，旱了自己也得渴，水灾怕人们责问，私自跑开了。

四、西王母之祠祀与建平四年（公元前3）事件之意义

农村社会的巫风，已如上述。政府的和大都会之间的呢？我们试引证其他一些可据的文献，来和上文做一参照。

《太平御览·礼仪部》引卫宏《汉旧仪》：

祭王母于石室，皆在所二千石令长奉祠。

可见王母不但由巫的地位而进为社神，并且在汉代已被国家功令所制定，成为地方官吏定期祭祀的神祇了。《吴越春秋·勾践谋外传》记文种劝越王尊天事鬼以求福佑：“立东郊以祭阳，名曰东王公，立西郊以祭阴，名曰西王母。”书的本身及时代虽不可靠，不过多少总和民间的巫风有关。在较后的记载中，李榕《华岳志》引唐李商隐《王母祠诗》，明末屈大均《广东新语》《仇池石》《羊城古钞》都记广东有王母祠，为乡民求福禄、求子之处。宋沈括《梦溪笔谈》卷二十一载西王母咒语诅人立死。道教经典中有《道教灵验》记述西王母塑像救疾验，《道藏》中有《西王母反胎按摩玉经》，有《西王母叙诀》《广黄帝本行记修行道德条登真隐诀》《神州七转七变经》《五符经》《三皇经》《内音玉字经》《洞真西王母实神起居经》《西王母实生无死玉经》《抱朴子·杂应篇》《历代真仙礼道通鉴》卷二十及二十三、《太平御览》卷六七一引《上元宝经》诸书均载有西王母祠祀、咒法、魔让、祈福、永生的故事。最值得我们注意的是《汉书》中关于西王母的记载，卷八十四《翟方进传》：

莽于是依《周书》作大诰曰："太皇太后肇有元城沙鹿之右，阴精女主圣明之祥，配元生成，以兴我天下之符，遂获西王母之应[①]，神灵之征……"

卷九十八《元后传》：

莽乃下诏曰："更命太皇太后为新室文母太皇太后，协于新室。故交代之际，信于汉氏，哀帝之代，世传行诏。为西王母共具之祥，当为历代为母，昭然著明。"

两诏均及西王之瑞应，可见当时朝廷及贵族大官对于西王母的信仰和西王母的地位与意义。所谓行诏，《汉书·五行志》下之上：

哀帝建平四年（公元前3）正月，民惊走持稿或掫一枚，传相付与，曰："行诏筹。"道中相过逢，多至千数。或被发徒跣，或夜折关，或逾墙入，或乘车骑奔驰，以置驿传行经历郡国二十六至京师。

京师方面民众祠祭西王母的盛况，同书云：

其夏，京师郡国民聚会里巷阡陌，设祭，张博具，歌舞祠西王母。又传书曰："母告百姓，佩此书者不死，不信我言，视门枢下当有白发。"至秋止。

歌舞祠西王母和门枢白发佩书不死，正是老巫的行径，可见这时巫风的普通与狂热。同书卷二十六《天文志》也有相同的记载：

①孟康注曰："民祠祀西王母之应也。"

> 哀帝建平四年（公元前3）正月二月三月，民相惊动，欢哗奔走，传行诏筹，祠西王母。

又可见这疯狂的情绪维持时间之久。

这一件古怪事，杜邺以为是："西王母妇人之称，博弈男子之事，于街巷阡陌，明离阑内与疆外临事，盘乐炕阳之意，白发衰年之象。"以公羊家的眼光，典解为当时外家用事之征。

按《礼记·效特牲》"天子大蜡八……蜡也者索也。岁十二月合聚万物而索飨之也。蜡之祭也，立先啬而祭司啬也。祭百种以报啬也。飨农及邮来禽兽，仁之至，义之尽也。古之君子，使之必报之……黄衣黄冠而祭，息农夫也……既蜡而收，民息矣，故既蜡，君子不兴功"。蜡在岁底，农村中举行一种农事的祀典，主持的人当然是一氏族中的耆老——巫觋。其用意一面算是报答一切有功农事的事物，一面借这机会给辛苦一年的农人以一个公开的休暇娱乐机会。所以《杂记》又说：

> 子贡观于蜡。孔子曰："赐也乐乎？"对曰："一国之人皆若狂，赐未知其乐也。"子曰："百日之蜡，一日之泽，非尔所知也。张而不弛，文武勿能也。弛而不张，文武勿为也。一张一弛，文武之道也。"

"一国之人皆若狂"恰好拿来形容建平四年正月的事件。同时也足说明《焦氏易林》中关于农村社会的情形。上文所已指出的西王母故事，和什么阴阳灾异之说全不相干。实在的原因是当时政治情形腐败，外戚丁傅嬖幸董贤等用事，不恤国政，穷奢极淫，"上有好者，下必有甚焉"。政治上的松懈病态及于社会，并且深入农村。在发生农村经济崩溃的过程中，产生一种所谓民族的歇斯底里症，自上一年的年底所举行的腊祭，继续地把它延长到第二年春间而已。

昆仑奴考

1863年，在中国的民族革命的首领洪秀全定都金陵下令放奴婢禁娼妾（1853）之后的第十年，美国大总统阿伯拉罕·林肯（Abraham Lincoln）公布释奴令。在这中间，从1860年到1865年的六年中，美国的南北部发生了一场极激烈的释奴战争。

这场为解放黑奴（Negroes）而起的战争，结果是解放了几千万名的黑色人种，从高压的残酷的待遇下还给了他们的身体的自由，生命的保障。在历史上也表明了它的光荣意义。

不过就反面看，正是因为有了这场延绵六七年，流血数百万名的可怕的战争，才使我们知道解放黑奴运动在历史上的地位。因为这件事是付了如此一笔巨大的代价才完成的。再进一步看，正因为有了一本著名的暴露黑奴惨无人道生活的《黑奴吁天录》（*Unlce Tom's Cabin*）的出现才引起世人一致的注意，才努力于解放黑奴运动而引起这次为人道为正义的战争。

在阿拉伯人的、土耳其人的著名的中世纪故事《天方夜谭》（*Abrabian Nights*）上，我们时常看见有不识不知的黑奴在服侍着他的养尊处优的主人。在许多的十字军故事（Crusade's Story）上，我们也时常看到有无数的黑奴在为他们的主人——武士荷刀执盾。在无量数的诗歌、故事、神话上，无论是西班牙人的、英国人的、土耳其人的，我们也不时看见有黑奴在劳动着的事实。

因此，这些无量数的关于黑奴的叙述，使我们的脑筋中不知不觉地形成了一个对黑奴的整个生活的概念。同时也引起了一个黑奴制度是欧美非洲人的历史上专有的一个制度的事实。

然而，从事实上看并不如此固定，从许多不完全的零章断句的文献中，我们发现，在林肯布释令以前的一千二百年，在6世纪或更前的时候，中国已有黑奴制度的存在。

以下我要叙述的是6世纪以来的中国黑奴的史实，中国黑奴的来路，中国黑奴的特点与技术及关于黑奴的史料。

一

昆仑奴最早见于文献的怕是《隋书·陈棱传》与《隋书·四夷传》中的《琉球国传》。《通志》卷一百九十四《四夷传·琉球》条说：

> 初（陈）棱将南方诸国人从军，有昆仑人颇解其语，遣喻降之，琉球不听。

《文献通考》卷三二七《四裔考》P.2《琉球》条所载与此同。再看《隋书·四夷传·琉球》条：

> 大业三年（607）遣朱宽入海至琉球，明年复往，使陈棱击之。

陈棱击琉球是608年的事，那么至少，我们可以说昆仑人是在这时期已经有在中国服军役或竟是奴隶的了。

昆仑山是一个岛名，在东京湾中，近安南南部海岸。《南史》说："自林邑以南，皆拳发黑身，通号为昆仑。"《旧唐书·林邑国传》也说："自林邑以南，皆拳发黑身，通号为昆仑。"昆仑有军屯山、军突弄山、昆仑国、昆岭山诸异名。晋张华《博物志·水门》，采吴自牧《梦粱录·江船海舰》条，宋赵汝适《诸蕃志·阇婆国》条，《宋史·外国传·阇婆国》条，《文献通考》卷三二四《四裔考·阇婆》，元汪大渊《岛夷志略·昆仑》条，明张燮《东西洋考》卷九《舟师考》，费信《星槎胜览·昆仑山》条，《四夷馆考》下《暹罗馆》，黄衷《海语》卷三《昆仑山》，清胡学峰《海国杂记·大昆仑》，都有大同小异的关于昆仑之记载，今略举三书列之如下：

冷海半月，至昆仑国。——《宋史·外国传·阇婆国》条。按《文献通考》所载与此同。《酉阳杂俎》亦有《昆仑国》。

其山节然于瀛海之间，与占城及东西竺鼎峙相望。山高而方根盘旷远海之名曰昆仑。凡往西洋商贩，必得顺风七昼夜可过。俗云："上怕七洲，下怕昆仑，针迷舵失，人船莫存。"——按宋吴自牧《梦粱录》作"去怕七州，回怕昆仑"——此山产无异物，人无居室，而食山果鱼虾，居树巢而已。——罗振玉影印本《星槎胜览》

古者昆仑山又名军屯山，山高而方根盘几百里，截然于瀛海中，与占城、西竺鼎峙而相望，下有昆仑洋，因是名也……有男人数十人，怪形而异状，穴居而野处。即无衣褐，日食山果鱼虾，夜则宿于树巢……——元汪大渊《岛夷志略》P.65《昆仑》

山名叫作昆仑，国名也叫作昆仑，洋名也叫作昆仑，昆仑是南洋诸国王的姓，大臣的官号，看：

隋时其国王姓古龙，诸国皆姓古龙，讯耆老言：古龙无姓氏，乃昆仑之讹。——《通典》卷一八八，《扶南国》

其大臣曰教郎索滥，次曰昆仑帝也。又次曰昆仑教和，次曰昆仑帝索甘。其言昆仑古龙声相近，故或谓为古龙者。——同上，《槃槃国》

由于有昆仑洋、昆仑山、昆仑国，就推而远之，把属于这一带的人叫作昆仑人。

二

昆仑是黑人即马来人种的一个专用名词，专指一种拳发黑身的人种。所以这名词在中国后来就变成一种黑色的人的形容词，如：

李太后初为宫人，在织坊中，长而黑，宫人谓之昆仑。——《晋书》

慕容彦超称阎昆仑。——《五代史》

真定墨君和，眉目棱岸，肌肤若铁，年十五六，赵王镕初即位，曾见之，悦而问曰：此中何得昆仑儿也！即呼为墨昆仑，即以皂衣赐之……当时闾里有生子或颜貌黑丑者，多云无陋，安知他日不及墨昆仑耶。——《刘氏耳目记》

有琵琶康昆仑最熟……先是段和尚善琵琶，自制西凉州，昆仑求之不与，至是以乐之半与之，乃传焉，今曲调梁州是也。——《幽间鼓吹》（按康昆仑并见《国史补·韦应物》条及《太平广记》卷二〇五《汉中王瑀》条。）

文人学士有时也拿昆仑来做对象描写或开一点无害于事的玩笑。如：

"狂生崔涯与张祐齐名"。嘲一妓云："虽得苏方木，犹贪玳瑁皮；怀胎十个月，生下昆仑儿。"——唐范摅《云溪友议》卷五

"昆仑儿，骑白象，时时锁着狮子项，奚奴跨马不搭鞍，立走水牛惊汉宫"……——唐顾况《杜秀才画立走水牛歌》（715—815）

苏颋初未为父环所知，后见颋咏昆仑奴诗："指头十颋墨，耳朵两张匙。"为客所称，乃稍亲之。——《开元传信记》

把以上的例记归结起来说，我们知道在8世纪时已经有人拿昆仑奴来

做题材写诗，有人把昆仑做混名，有人拿昆仑儿来开玩笑。这样，我们可以知道在7世纪时昆仑奴已经普遍地为中国人所知，或者也已经普遍地为中国的有产阶级所豢养了。

所在再进一步地来说明昆仑奴的来路。

A.乐有小琴小鼓，昆仑奴蹈曲为乐。——《文献通考·四裔考·三佛齐》

B.太平兴国二年（977）遣使贡方物，其从者目深体黑，谓之昆仑奴。——同上，《大食》

C.海岛多野人，身如黑漆拳发，诱以食而擒之，动以千万，卖为蕃奴。——《岭外代答》卷三，《昆仑层期国》（1178）

D.昆仑层期国西有海岛，多野人，身如黑漆虬发，诱以食而擒之，卖与大食国为奴，获价至厚。托以管钥，谓其无亲属之恋也。——宋赵汝适《诸蕃志·海上亲国》（1242—1258）

E.沙华公国，其人多出大海劫夺，得人缚而卖之阇婆。——同上

F.波斯国在西南海上，其人肌里甚黑，鬓发皆虬……无城廓。——同上（按此为马来波斯非伊兰波斯）

G.番官勇猛，与东边贼国——丹重、布啰、琶离、孙他——故论——为姻。彼以省亲为名，番舶时遭劫掠之患，甚至俘人，以为奇货，每人换金三两或二两。……土人壮健凶恶，色黑而红，裸体文身，翦发跣足。——同上，《苏吉丹》

H.买人为奴婢，每一男子，鬻金三两，准香货酬之。——同上，《占城》

I.外国贼舟……多就是港口抢劫本地人往别国卖，每一人鬻金四两或五两。——《事林广记》卷八，《岛夷杂志》，《佛啰安》

J.海岛内有野人，身如漆，国人布食诱捉，卖与蕃商做奴。——同上，《昆仑层期国》

K.南海贫民，妻方孕，则诣富室指腹以卖之，俗谓指腹卖，或已

子未胜衣，邻之子独可卖，往货取以鬻，折杖以识短长，俟己子长与杖等，即偿贷者。鬻男女如粪壤，父子两不戚戚。——《南海异事》

L.洪武三年（1370）王昔里八达剌遣使奉金等表贡方物及黑奴三百人。——明张燮《东西洋考》卷三，《下港》（按《星明四夷考》卷上《爪哇》所载与此同）（1617）

M.毛思贼者婆罗属夷世，劫掠海上生人至彭亨卖之，代做昆仑奴，不如指者则杀之以供祭，每人得值三金。——同上，卷四《彭亨》

据A、B三佛齐、大食有昆仑奴，据D大食的昆仑奴是由昆仑层期国掠卖来的。昆仑奴的出产地据C、D、E、F、G、H、I、J、K是昆仑层期国、沙华公国、波斯国、苏吉丹、占城、佛啰安、南海，许多属于南洋群岛尤其是附近安南爪哇的几个小岛，是属于马来人种的血统的野人。获得的方法是掠夺，唯有K是由父母出卖的。昆仑奴的价格，通常是由二金至五金，不如命（意？）的可以杀死祭神，去路是大食、阇婆（爪哇）、三佛齐（旧港）以及各地的蕃商。到中国来的手续，如L是由爪哇国王贡献三百人，因为接壤的关系，或由安南、暹罗、三佛齐、爪哇诸地间接输入。或由商业关系，从蕃商或本国的商人输入。据《隋书》及《通典》所载，则由于宗主国的关系，来服兵役或来当奴隶，均属可能的也是必然的假设。

三

两广一带因为与南洋接壤的关系，所以蓄养昆仑奴的特别多。

宋世广中富人多蓄黑奴，有一种人水眼不眩者谓之昆仑奴。——朱彧《可谈》

喜劝蓄养黑奴，是因为他们无亲属之恋，可托管钥，更特别的是因为他们耐劳而且有特别的技能，他们来自水国，当然他们更惯习于水，由于这个概念，就形成了下列的几个故事。

曾有亲戚为南海守，因访韶右而往省焉……赠海船昆仑奴名摩诃，善游水而勇捷……每遇水色可爱，则遗剑环于水，命摩诃取之，以为戏乐。——《甘泽谣·陶岘传》，出《太平广记》卷四百二十

唐周郁自蜀沿流尝得一奴名曰水精，善于探水，乃昆仑白水之属也。——《原化记》，出《太平广记》卷二二三

故大尉相国李德裕，贬官潮州，经鳄鱼滩，损坏舟船，平生宝玩古书图画，一时沉入，遂召船上昆仑取之，见鳄鱼极多，不敢辄近，乃是鳄鱼之窟宅也。——［唐］刘恂《岭表录异》

更出于昆仑奴的容貌凶猛丑恶，习惯言语宗教不与中国人同的缘故，由于好奇心的激发，形成了下面的一个故事，使昆仑奴成为一个与朱家、郭解一流的人物：

唐大历中（766—779）有崔生者，为千牛。往视勋臣一品疾。一品命一衣红绡妓擘一瓯与生食，生赧不食。一品命红绡妓以匙进之。生去，一品命红绡妓送出，生既归，神迷意夺。时家中有昆仑奴磨勒负生入一品宅，达红绡所，复负生与红绡出，红绡遂归于生。后十余年崔家有人见磨勒卖药于洛阳市。——《裴金刑传奇》，出《太平广记》卷一九四

把一个浑浑噩噩的昆仑奴，侠化神化成为一个勇敢、聪明，武艺绝顶、义侠、飘忽的典型人物，从这点上可以看出10世纪人的尚武文学的观念与时代背景及昆仑奴的奴隶制度的发展到了一个什么地步。

到天坛南，遇一昆仑奴，驾一黄牛耕田，问曰："此有张老家庄否？"昆仑奴扶拜曰："大郎子何久不来！庄去此甚近，某当前引。"——《续玄怪录·张志传》

这一段故事的意义表明了在唐宋时代的奴隶制度中的昆仑奴的蓄养的普遍化，虽然是一个神话，一个由闭着眼说鬼话的道士或无聊文人所造作的神话，但是无论如何多少总含有一点时代的真实性的。这一点由时代所给予的真实性，这一点由时代所给予的背景，就为我们解释了当时的昆仑奴的生活状况。

在唐末的时候，似乎广州的昆仑奴的数量已经突变地激进。据外人某种文献说，黄巢破广州的时候，屠杀了外国人十二万，这话也许可信，大约这时期广州的昆仑奴因数量的增进，他们潜在的势力也跟着增进了，一旦高压力过重，就生出一种伟大的自然的反抗出来：

广州刺史路元璇，渎货无厌，多所渔虐；一昆仑奴入后堂割其首去，群昆仑奴和之，遂陷广州。（忘出何书）

这是唯一的昆仑奴的自动的革命，在我们所能找到的材料中，似乎也只有这么一件事，足以代表昆仑奴的反抗的事实。

参考书目

1.《隋书·四夷传》

2.《通志·四夷传》

3.《通考·四夷传》

4.《南史》

5.《旧唐书·林邑国传》

6.［晋］张华：《博物志》

7. [宋] 吴自牧：《梦粱录》

8. [宋] 赵汝适：《诸蕃志》

9.《宋史 · 外国传》

10. [元] 汪大渊：《岛夷志略》

11. [明] 张燮：《东西洋考》

12. [明] 费信：《星槎胜览》——罗振玉影印本

13.《四夷馆传》

14. [明] 黄衷：《海语》

15. [清] 胡学峰：《海国杂记》

16. [唐] 段成式：《酉阳杂俎》

17.《通典》卷一八八

18.《晋书》

19.《五代史》

20.《刘氏耳目记》

21.《国史补》

22. [宋] 李昉：《太平广记》

23. [唐] 范摅：《云溪友议》

24. [唐] 顾况：《杜秀才画立走》

25.《开元传信记》

26. [宋] 周去非：《岭外代答》

27.《事林广记》卷八，《岛夷杂志》

28.《南海异事》

29.《皇明四夷考》

30. 朱彧：《可谈》

31. [唐] 刘恂：《岭表录异》

32.《续去怪录 · 张志传》

宋元以来老百姓的称呼

旧戏上小生的道白，常有学名什么、官名什么，足见在封建社会里学生上学起学名，一旦做了官又有官名。那么，没上学、没做官以前，平常老百姓叫什么呢？戏文上凡是旅店里的服务员，一律都叫作店小二。至于一般人怎么称呼，因为史书上很少记载老百姓的事情，多年来也只好阙疑了。

求之正史不得，只好读杂书，读了些年杂书，这个疑算是解决了。原来阶级的烙印连老百姓起名字的权利也不曾放过，在古代封建社会里，平民百姓没有功名的，是既没有学名，也没有官名的。怎么称呼呢？用行辈或者父母年龄合算一个数目作为一个符号。何以见得？清俞樾《春在堂随笔》卷五说：

> 徐诚庵见德清蔡氏家谱有前辈书小字一行云：元制庶人无职者不许取名，而以行第及父母年龄合计为名，此于元史无征。然证以高皇帝（明太祖）所称其兄之名，正是如此，其为元时令甲无疑矣。现在绍兴乡间颇有以数目字为名者，如夫年二十四，妇年二十二，合为四十六，生子即名四六。夫年二十三，妇年二十二，合为四十五，生子或为五九，五九四十五也。

俞樾又引申徐诚庵之说，指出明初常遇春的曾祖四三、祖重五、父六六；汤和曾祖五一、祖六一、父七一，亦以数目字为名。他又引宋洪迈《夷坚志》所载宋时杂事，有兴国军民熊二、鄱阳城民刘十二、南城田夫周三、鄱阳小民隗六、符离人从四、楚州山阳县渔者尹二、解州安邑池西乡民梁小二，临川人董小七，徽州婺源民张四，黄州市民李十六、仆崔三，鄱阳乡民郑小五，金华孝顺镇农民陈二，等等。根据这些例子来分析，其一，这些人都是平常百姓；其二，地区包括现在的安徽、浙江、江西、山西、湖北等地；其三，称呼都以排行数字计算。因此，下的结论是“疑宋时里巷细民，固无名也”。

其实，宋代平民姓名见于《清明集·户婚门》的很多，如沈亿六秀、徐宗五秀、金百二秀、黎六九秀之类。明太祖的父亲叫五四、名世珍，二哥重六名兴盛，三哥重七名兴祖，明太祖原来也叫重八、名兴宗，见潘柽章《国史考异》引《承休端惠王统宗绳蛰录》，可见明太祖一家原来都是以数字命名的。至于世珍、兴宗这一类学名、官名性质的名字，大概都是明太祖爬上统治阶级以后所追起的。

元代安徽地区的平民如此，江苏也是如此。例如张士诚原名九四，黄溥《闲中今古录》说：“有人告诉朱元璋，张士诚一辈子宠待文人，却上了文人的当。他原名九四，做了王爷后，要起一个官名，有人替他起名士诚。朱元璋说：‘好啊，这名字不错。’那人说：‘不然，上大当了。’《孟子》上有：‘士，诚小人也。’这句话也可以读作‘士诚，小人也’。骂张士诚是小人，给人叫了半辈子小人，到死还不明白，真是可怜。”可见张士诚的名字也是后来起的。

不只是宋、元、明初以及清朝后期的绍兴，甚至到清朝末年以至民国初年，绍兴地方还残留着这个阶级烙印的传统，不信吗？有鲁迅先生的著作为证。他在《社戏》一文中所列举的人名就有八公公、六一公公之类，在另一篇中还有九斤老太呢。

上面讲到宋朝的人名下面有带着秀字的，秀也是宋、元以来的民间称呼，是表示身份地位的。明初南京有沈万三秀，是个大财主，让明太祖看中了，被没收家财，还充军到云南。秀之外又有郎，王应奎《柳南随笔》卷五说：“江阴汤廷尉《公余日录》云：明初闾里称呼有二等，一曰秀，一曰郎。秀则故家右族，颖出之人，郎则微裔末流，群小之辈。称秀则曰某几秀，称郎则曰某几郎，人自分定，不相逾越。”可见从宋到明，官僚贵族子弟称秀，市井平民则只能称郎，是不能乱叫的。沈万三称秀是因为有钱。另一个例子，送坟地给朱元璋的那个刘大秀则是官僚子弟，光绪《凤阳县志》卷十二：“刘继祖父学老，仕元为总管。”继祖排行第一，所以叫作大秀。

这样，也就懂得戏文里演的民间故事，男人叫作什么郎的道理了。也就难怪卖油郎独占花魁这个故事，秦小官卖油，就叫作卖油郎的来由了。还有，明清两代社会上有一句话“不郎不秀”，是骂人不成才，高不成低不就的意思，一直到现代，还有些地区保留这句话，却很少有人懂得原来的含义了。

从以上一些杂书可以看出，宋、元、明以来的平民称呼情况，这类称呼算不算名字呢，不算。也有书可证。明太祖出家时得到过汪、刘两家人的帮助。做了皇帝后他封这两家人做官，还送给这两位青年时代的朋友两个名字。《明太祖文集》卷五赐汪文、刘英敕：“今汪姓、刘姓者见勤农于乡里，其人尚未立名，特赐之以名曰文，曰英。”汪文、刘英的年龄假定和明太祖相去不远，1344年约十七八岁，那么，到洪武初年已经四十多岁了，还没有名字。其道理是做了一辈子农民。可见他们原来的无论行辈或者合计父母年龄的数字符号都不能算名字，没有上过学，没有做过官，也就一辈子做个无名之人。这两个人因为和皇帝有交情，做了署令的官，做官应该有官名，像个官样子，圣旨赐名，才破例有了名字。

这也就难怪正史上从来不讲这个事情的道理了。不但“元史无征”，什么史也是无征的道理了。

“社会贤达”考

“社会贤达”这一名词是颇为有趣的，仔细想想，会使人好笑。因为，第一，似乎只有在社会上才有贤达，那么，在政府里的诸公算是什么呢？第二，社会“贤达”如王云五先生之流者居然做了官，人不在社会而在政府，上面两字安不上，下面“贤达”两字是不是也跟着勾销呢？如虽入政府而仍为“贤达”，何以并没有创立“政府贤达”这一名词呢？第三，“社会”这一词的定义，到底算是和政府的对称呢，还是民间和政府的桥梁呢？如是前者，有几位“贤达”身在江湖，心悬魏阙，和政府本是一家，强冠以“社会”之谥，未免驴唇不对马嘴。如是后者，干脆叫半官或次官好了，用不着扭捏作态，害得有几位贤达在若干场合“犹抱琵琶半遮面”，好不难为情也。

不管怎样，这一名词是已经成为历史的了。有历史癖的我，很想做一番历史上“社会贤达”的考究，替许多未来的新贵找一历史的渊源。

想了又想，历史上实在没有“社会贤达”这东西。勉强附会，以“贤达”而得官，或虽为“贤达”而毕生志业仍在做官，甚至闹得喜极而泣、“庙堂初入泪交流”的境界，或则“头在外面”，时蒙召宴垂询之荣，生前可以登报，死后可以刻入墓志铭者，比之于古，其唯“隐士”“山人”之流乎？

首先想起的是终南捷径的故事。

《旧唐书》卷九十四《卢藏用传》：“卢藏用字子潜，度支尚书承庆之侄孙也。父瓛有名于时，官至魏州司马。藏用少以辞学著称，初举进士选不调，乃著《芳草赋》以见意。寻隐居终南山（新书作与兄微明偕隐终南少室二山），学辟谷练气之术。长安中（701—704）征拜左拾遗……景龙中（707—710）为吏部侍郎。藏用性无挺特，多为权要所逼，颇堕公道。又迁黄门侍郎，兼昭文馆学士，转工部侍郎尚书右丞。先天中（712—713）坐托附太平公主，配流岭表。（新书作附太平公主，主诛，玄宗欲捕斩藏用，顾未执政，意解，乃流新州。）开元初起为黔州都督府长史兼判都督事，未行而卒。（新书作卒于始兴。）藏用工篆隶，好琴棋，当时称为多能之士。（新书作藏用善蓍龟九宫术，工草隶大小篆八分，善琴，弈思精远，士贵其多能。）然初隐居之时，有贞俭之操，往来于少室终南二山，时人称为随驾隐士。及登朝，趦趄诡佞，专事权贵，奢靡淫纵，以此获讥于世。”（新书作：“始隐山中时，有意当世，人目为随驾隐士。晚乃徇权利，务为骄纵，素节尽矣。司马承祯尝召至阙下，将还山，藏用指终南曰，此中大有嘉处，承祯徐曰，以仆视之，仕宦之捷径耳！藏用惭。”）

这故事是非常现实的。叔祖做过大官，父亲也做地方小官，学会了诗词歌赋，又会卜卦算命写字，加上琴呀、棋呀，样样都会，够得上是名士了。偏偏官途不耀，做不了官，于是写一篇赋，自比为芳草，哀哀怨怨，搔首弄姿，怪没有识货的来抬举。不料还是白操心，于是只好当隐士了。隐得太远太深，怕又和朝堂脱了节，拣一个靠近长安的，“独上高山望帝京”。再拣一个靠洛阳的，以便皇帝东幸时跟着走。“随驾隐士”一词实在妙不可言，其妙相当于现在的上海和庐山，两头总有一个着落。隐了几年，跟了几年，名气有了，盛朝圣世是应该征举遗逸的，于是得了“社会贤达”之名而驰马奔命，赶进京师“初入朝堂”了。

苦了几年，望了几年，不料还是小官，于是只好奔走权贵，使出满身解数，巴上了太平公主，从此步步高升，要不是闹政变，眼见指日拜相执政了。

临了，被司马承祯这老头儿开了一个玩笑，说终南山是仕宦捷径。其实卢藏用也真不会在乎，他不为仕宦，又上终南山去做甚？编《旧唐书》的史官，也太过糊涂了，似乎他以为卢藏用在做“随驾隐士”时颇有贞俭之操，到做了官才变坏，其实并不然。反之，“趦趄诡佞，专事权贵，奢靡淫纵”，才是他的本性。在山中的“贞俭”是无可奈何的，试问在山中他不贞俭，能囤积松木、泉水不成？而且，如不贞俭，又如何能得社会贤达之名，钻得进朝堂去？

从这一历史故事看，“社会贤达”一词和“终南捷径”正是半斤八两，铢两悉称。

卢藏用这一着灵了，到宋朝种放也照样来一套。

《宋史》卷四五七《种放传》：“种放名逸，河南洛阳人也。每往来嵩华间，慨然有山林意。与母俱隐终南豹林谷之东明峰，结草为庐，仅庇风雨。以讲习为业，从学者众，得束脩以养母。母亦乐道，薄滋味……粮糗乏绝，止食芋粟……自豹林抵州郭七十里，徒步与樵人往返。”可见他原来是穷苦人家。可是到了隐居成名，又做大官，又兼隐士的差的时候，便完全不同了。“太宗嘉其节，诏京兆赐以缗钱，使养母不夺其志，有司岁时存问。咸平元年（998）母卒，诏赐钱三万，帛三十匹，米三十斛以助其丧。四年……赍装钱（旅费）五万……赐帛百匹，钱十万。又赐昭庆坊第一区，加帷帐什物，银器五百两，钱三十万。还山后仍特给月奉。”钱多了，立刻成大地主，《宋史》说他：“……晚节颇饰舆服，于长安广置良田，岁利甚博。亦有强市者，遂至争讼。门人族属，依倚恣横。徙居嵩山，犹往来终南，按视田亩，每行必给驿乘，在道或亲诟驿吏，规算粮具之值。”简直是个土豪劣绅了。

种放之移居嵩山，是被当地地方官王嗣宗赶走的。《宋史》卷二百八十七《王嗣宗传》：“嗣宗知永兴军府（长安）。时种放得告归山，嗣宗逆于传舍，礼之甚厚。放既醉，稍倨。嗣宗怒，以语讥放。放曰，君以手博得状元耳，何足道也！初嗣宗就试讲武殿，搏赵昌言帽擢首科，故放及之。嗣宗愧恨，因上疏言，所部兼并之家，侵渔众民，凌暴孤寡，凡十余族，而放为之首。放弟侄无赖，据林麓樵采，周回二百余里，夺编氓厚利。愿以臣疏下放。赐放终南田百亩，徙放嵩山。疏辞极于诟辱，至目放为魑魅。真宗方厚待放，令徙居嵩阳避之。”嗣宗极为高兴，把他生平所做的事——掘邠州狐穴、发镇州边肃奸贼和徙种放为除三害。

种放比卢藏用高明的地方，是又做大官，又保留隐士的身份。他的老朋友陈尧叟在朝执政，陈家是大族，脚力硬，想做官时求陈尧叟向皇帝说一声，来一套征召大典，风风光光去做官。过一阵子又说不愿做官了，还是回山当隐士。于是皇帝又大摆送行宴，送盘缠服装。到山后，地方官还奉命按时请安，威风之至。再过一阵子，官瘾又发了，又回朝，隔一晌又还山。反正照样拿薪水，并不折本。而且，还山一次再回朝，官就高一次，又何乐而不为！凑上宋真宗也是喜欢这一套，弄个把隐士来点缀盛世。一唱一和，大家都当戏作，这中间只害了老实人王嗣宗，白发一顿脾气。

从这一历史史实看，做官和做隐士并不冲突，而且相得益彰。当今的社会贤达，已经上了戏台的和正在打算上戏台彩排的，何妨熟读此传，隔天下台了，还可以死抱住“社会贤达”的本钱不放，哇啦啦大喊，一为社会贤达，生死以之，海可枯，石可烂，此名不可改。

第五章 古人的生存规矩

历史上的国民身份证——传·过所·路引

一

今天在各地所施行的国民身份证制度，尽管立法的人是自以为学的“先进”国家的衣钵，其实，仔细研究一下，形式虽欧化，骨子里的精髓，却地地道道是东方的，有其历史上的根源，意思是说，这一套办法确是两千年来的统治术的复活，旧内容，新形式。

我愿意以历史学者的立场，对这问题加以历史的探索。

从历史上来考研身份证制度，这东西古代叫作传，唐代叫作过所，宋代称为公凭，明代则名为路引。凡外国人入境，本国人从甲地到乙地，都必须随身携带，证明他的身份职业、行李多少和旅行目的；尤其是年龄，在征兵制度下，合于兵役年龄的壮丁，是不许可无故离开所属的兵役区的，没有身份证的，不是罪犯，便是逃兵，关津不许通过。君权的支柱之一是军队，身份证是保障兵源的重要措施。君权的永固必须铲除异己的力量，无论是思想上还是行动上的反对者，身份证恰恰保证了这一点。明代军民分开，路引制度的重点就特重在防闲人民，把人民圈禁在土地上，使之不能动弹反侧这一措施上。

二

王国维《简牍简署考》：“传信有二种，一为出入关门之传，郑氏《周礼注》所谓若今过所文书是也。”《周礼·地官·司徒》郑注：“传如今过所文书，当载人年几及物多少，至关至门，皆别写一通入关家门家，乃案勘而过，其内出者义亦然。”崔豹《古今注》记传之形制说：“凡传皆以木为之，长五寸，书符信于上，又以一板封之，皆封以御史印章，所以为信也，如今之过所也。”《汉书·文帝纪》：“十二年（公元前168）三月除关无用传。”注：“张晏曰：传，信也，若今过所也。如淳曰：两行书帛，分持其一，出入关合之乃得过，谓之传也。李奇曰：传，棨也。师古曰：张说是也。古者或用棨，或用缯帛，棨者刻木为合符也。”由此知古代之传，即后代之过所，传有两种，一种用木，另一种用帛，都有正副两份。

汉代的传，或用或废，前后不一，文帝十二年（公元前168）废传，景帝时复置，武帝初年又废，《汉书·窦婴传》说：“文帝时除关无用传，景帝四年（公元前153）以七国反复置。武帝时窦婴为丞相，复除之。”婴死后，又恢复了。《终军传》说：“年十八选为博士弟子，从济南当诣博士，步入关，关吏予军繻，军问以此何为？吏曰：为复传。还当以合符。军曰：大丈夫西游，终不复传还，弃繻而去。军为谒者，使行郡国，建节东出关，关吏识之曰：此使者乃前弃繻生也。”窦婴以汉武帝建元元年为丞相，元光四年死（公元前140—前131），除传当是这十年内的事。终军年十八为博士弟子，元朔五年（公元前124）六月置博士弟子五十八。死时年二十余，故世谓之终童。军入关至长安上书言事，拜为谒者给事中，从上幸雍，祠五畤，获白麟一角而五蹄，由是改元为元狩（前122）。军入关时已复用传，知复传当在元朔五年（公元前124）以前。《汉书》注："张晏曰：繻音须，繻，符也。书帛裂而分之，若券契矣，苏林曰：缉，帛边也。旧关出入皆以传，传烦，因裂繻头，合以为符信也。"复传，师古注曰："复，返也，谓返出关，更以为传。"由此知汉武帝复传以后，传的形制渐趋简单化，过关才用，管传的便是关吏。又知平民出入关用传，朝廷使者仗节出入，便用不着了。这制度似乎到东汉还因仍旧贯，《后汉书·郭丹传》说："后从师长安，买符入函谷关。乃慨然叹曰：丹不乘使者车，终不出关。"注："符即繻也，买符非真符也。《东观纪》曰：丹从宛人陈洮买入关符，既入关，封符乞人也。"和终军的故事一样，所不同的是终军是地方保送到长安受学的博士弟子，有官方的证明文件，关吏无条件予繻。郭丹则是以私人身份入关，而入关是要证明的，得想法从宛人陈洮买繻。从买字说，必定付一笔钱，也是可想而知的。

隋代叫传作公验，《隋书·文帝纪》："开皇十八年（598）九月庚寅敕，客舍无公验者，坐及刺史县令。"

唐代叫作过所，定制最为详密。《旧唐书·职官志》："尚书刑部司门郎中、员外郎（各一人）之职，掌天下诸门及关出入往来之籍，赋而审其政。关所以限中外，隔华夷，设险作固，闲邪正禁者也。凡关呵而不征。凡度关者，先经本部本司请过所，在京则省给之，在州则州给之，而虽非所部，有来文者，所在亦给（出塞逾月者给行牒，猎手所过给长籍，三月一易）。"括弧内用《新唐书·百官志》补。地方则有户曹司户参军，专掌户籍计账，道路过所。关有关令，凡行人车马出入往来，必据过所以勘之。《唐律疏议·卫禁》："诸私度关者徒一年，越度者加一等。（不由门为越）疏议曰：水陆等关，两处各有关禁。行人来往，皆有公文，谓驿使验符券，传送据递牒，军防丁夫有总历，自余各请过所而度。若无公文私从关门过，合徒一年。越度者谓关不由门，津不由济而度者，徒一年半。诸不应度关而给过所（取而度者亦同），若冒名请过所而度者，各徒一年。疏义曰：不应度关者，谓有征役番期及罪谴之类，皆不合辄给过所，而官司辄给，及身不合度关而取过所度者，若冒他人名请过所而度者，徒一年。”过所必须本人执用，如家人相冒，杖八十。主司及关司知情，各与同罪。甚至家畜出入亦需请过所。诸关津渡人，无故留难者，一日主司笞四十，一日加一等，罪止杖一百。若军务急速而留难不渡，致稽废者，自从所稽废重论。诸私渡有他罪重者，主司知情，以重者论。疏议曰：或有避死罪逃亡，别犯徒以上罪，是各有他罪重，关司知情者，以故纵罪论，各得所渡人重罪。到宝应元年（762）因军务关系，又令骆谷、金牛、子午等路，往来行客所将随身器仗，今日以后，除郎官御史诸州都统进奉等官，任将器械随身，自余私客等，皆须过所上具所将器械色目，然后放过。如过所上不具所将器械色目数者，一切于守捉处勒留。[①]

唐过所形制，据日本《三善清行智证大师传》所录圆城寺所藏圆珍过所，依原来的款式，移录如下：

越州都督府

日本国内供奉　敕赐紫衣僧圆珍年四十三行者丁满年五十驴两头并随身经书衣钵等

上都已来路次检案内人二驴两头井经书衣钵等

得状称仁寿三年七月十六日离本国大中七年九月十四日到

唐国福州至八年九月二十日到越州开元寺听习今欲

略往两京及五台山等巡礼求法却来此听读恐

所在州县镇铺关津堰寺不练行由伏乞给往

还过所勘得开元寺三纲僧长泰等状同事须给过所者准给者此已给讫幸依勘过

大中九年三月十九日　给

① 参见《唐会要·关市》。

府

功曹参军　　　　　史

丞

潼关六月十五勘入

仁寿是日本文德天皇年号，仁寿三年当唐宣宗大中七年，853年。

唐末扰乱，政府统治力量一天比一天不行，过所制度也自然而然地破坏了。后梁开平三年（909）政府想重新整顿，加强控制，特派宰相专管，《五代会要·司门》："十月敕，过所先是司门郎中员外郎出给，今寇盗未平，恐漏奸诈，宜令宰臣赵光逢专判。凡出给过所，先具状经中书点检判下，即本司郎中据状出给。"到后汉乾祐元年（948）又敕："左司员外郎卢振奏，请应有经过关津州府诸色人等，并须于司门请给公验，令所在辨认，方可放过，宜依所陈，颁示天下。"据《旧五代史·杨邠传》："邠即专国政……自京师至诸州府行人往来，并须给公凭。所由司求请公凭者，朝夕填咽。旬日之间，民情大扰，行路拥塞，邠乃止其事。"公凭《新五代史》作过所。乾祐上距开平，不过四十年，乾祐的办不通，那么，开平的怕也是纸面文章吧。宋代继承杨邠的办法，也叫公凭。使用的人似乎以商旅为最多，李焘《续资治通鉴长编》一〇六："天圣六年（1028）九月癸丑，益州钤辖刘承颜言：商旅入川无公凭者，多由葭萌私路往，请如剑门置关，仍令逐处给公凭，至者察验之，谓从其请。"便是一例。

从汉唐两代的制度推测，据《唐律》，有征役番期及罪谴之人，皆不合给过所，可以知道过所的主要作用，是防止军士或后备军的逃亡，附带的才是罪人或逃犯的度越。汉行征兵制，唐行府兵制，传或过所必须载明身份、年龄、籍贯，为的是防止合龄壮丁军伍的逃匿，是保障兵源的重要步骤。汉末征兵制度破坏，代以募兵，唐后期藩镇割据，朝廷和藩镇都以募兵作战，由此，也可以了解从汉末到魏晋南北朝这一段和唐末到元这一长时期，关于身份证制度记载不详的原因了。

三

公凭在明代叫作路引，军民往来，必凭路引，违者关津擒拿，按律治罪。

假如汉唐的传和过所，目的是偏重在保障兵源的话，那么，明代的路引，用意是偏重在钳制、束缚、管辖和镇压人民。

要明白明代路引制度的作用，最好用创立这制度的人自己的话来说明。明太祖在洪武十九年（1386）颁行的《御制大诰续编》里几次提到路引。他要四民各安其业，特别指出要互知丁业，也就是互相监视，训词说："先王之教，其业有四，曰：士农工商。昔民从教，专守四业，人民大安。异四业而外乎其事，未有不堕刑宪者也。朕本无才，曰先王之教，与民约告，诰出，凡民邻里，互相知丁，互知务业，俱在里甲。县府州务必周知，市村绝不许有逸夫。若或异四业而从释道者，户下除名。凡有夫丁，除公占外，余皆四业，必然有效。若或不遵朕教，或顽民丁多，及单丁不务生理，捏巧于公私，以构患民之祸，许邻里亲戚诸人等，拘拿赴京，以凭罪责。若一里之间，百户之内，见诰仍有逸夫，里甲坐视，邻里亲戚不拿其逸夫者，或于公门中，或在市间里，有犯非为，捕获到官，逸夫处死，里甲四邻，化外之迁，的不虚示！"人人都安于四业，才好统治。所谓逸夫，是不务四业之人，专会煽惑鼓动，不说"明王出世"，就喊"弥勒降生"，像元末传播革命的彭莹玉、韩山童、郭子兴和他自己，都是好例子。要清除这类危险分子，必须知丁，如何知丁？"知丁之法，某民丁几，受农业者几，受士业者几，受工业者几，受商业者几。"也就是调查户口，这一项他已经花了十几年工夫，调查停当，做了户帖（户口卡片）和黄册（户口调查清册），并且把户口编成里甲，十户为甲，十甲为里。甲有甲长，里有里长，头头是道了。问题是如何才能保证每一丁都是安分良民呢？一个方法是互相监视，"且欲士者志于士，进学之时，师友某氏，习有所在，非社学则入县学，非县必州府之学，此其所以知士丁之所在。已成之士为未成士之师，邻里必知生徒之所在，庶几出入可验，无异为也”。学生是有学籍的，先生有人看着，也不会有异为。至于农民：“农业者不出一里之间，朝出暮入，作息之道互知焉。”大家都彼此知道的，可以放心。这两类人假如要出门，离家百里之外，就必得有路引来证明身份。至于工人和商人，流动性较大，“专工之业，远行则引明所在，用工州里，往必知方，巨细作为，邻里探知。巨者归迟，微者归疾，出入有不难见也。商本有巨微，货有重轻，所趋远迩水陆，明于引间，归期艰限其业，邻里务必周知。若或经年无信，二载不归，邻里当觉之询故，本户若或托商在外非为，邻里勿干”。工商人外出，引上是载明远近和水陆路程的，邻里有责任调查明白，过期要向官府报告，才脱得了干系。为什么要这样做呢？是怕“使民恣肆冗杂，构非成祸，身堕刑宪，将不得其死者多矣”。一句话，复杂得很，危险得很。接着他又提出辨验丁引的诰词：“此诰一出，自京为始，遍布天下，一切臣民，朝出暮入，务必从容验丁。市村人民舍客之际，辨人生理，验人引目相符而无异。然犹恐托业为名，暗有他为，虽然业兴引合，又识重轻巨微贵贱，倘有轻重不伦，所赍微细，必假此而他故也。良民察焉。”验商引物：“今后无物引老者（引老是引已过期者），虽引未老，无物可鬻，终日支吾者，坊厢村店拿捉赴官，治以游食，重则杀身，轻则黥窜化外。设若见此不拿，为他人所获，所安（住）之处，本家邻里罪如上。”凡是良民，都要自动辨验生人的引目，要注意引和人相符，和货相符，如有问题，要立刻擒拿赴官，否则，要处连坐之罪。这样一来，就构成了一个全体四民的天罗地网，人人都是侦察调查的对象，“逸夫”就无所逃于天地之间，皇基也就永固了。

根据这原则制定的法律，《弘治会典》一一三：“凡军民人等往来，但出百里者，即验文引。凡军民无文引，及内官内使来历不明，有藏匿寺观者，必须擒拿送官，仍许诸人首告。得实者赏，纵容者同罪。”又“凡天下要冲去处，设立巡检司，专一盘诘往来奸细，及贩卖私盐，犯人逃军逃囚，无引面生可疑之人，须要常加捉督”。《明律·兵律》："凡无文引私渡关津者，杖八十。关不由门，津不由渡而越渡者，杖九十。若越渡缘边关塞者，杖一百，徒三年，因而出外境者绞。若军民出百里之外不给引者，军以逃军论，民以私渡关津论。"法意和《唐律》相同，但把军民的活动范围，限于百里之内，也就是把人民的生活圈禁在生长的土地上，法律造成了无形的百里宽广的监狱，则又比汉唐严酷得多了。

这制度就许多史料看来，在明代是被严格执行着的。如《大续编》第二十二《粮长瞿仲亮害民》："上海县粮长瞿仲亮拘收纳户各人路引，刁蹬不放回家。"由这例子，可见纳粮户没有路引，是不能回家的。如《明太祖实录》八十三："洪武六年（1373）六月癸卯，常州府吕城巡检司盘获民无路引者，送法司论罪。问之，其人以祖母病笃，远出求医，急，故无验。上闻之曰：此人情可矜，勿罪释之。"这一例子又说明了请引要用相当时间。如祝允明《前闻记》："洪武中，朝旨开燕脂河，大起工役，先曾祖焕文与焉。时役者多死，先曾祖独生全。工满将辞归，偶失去路引，分该死。"则替政府服役也要路引，失路引且有死罪。《明英宗实录》四十四："正统三年（1438）七月甲申，湖广襄阳府宜城县知县廖仕奏：诸处商贾给引来县生理，因见地广，遂留恋不归，甚至娶妻生子，结党为非，宜加禁防。事下行在户部，以为宜督责归家，其有愿占籍于所寓以供租赋者听，从之。"陆楫《蒹葭堂杂著》："宗人有欲商贾四方以自给者，听从有司关给路引以行，回籍之日，付本府长史司验引发落，有司附册填注，以凭抚案刷卷类查。"前一例是普通商贾，后一例则是皇家商人了。陆容《菽园杂记》十："成化末年京师多盗，兵部尚书余公议欲大索京城内外居民，乃差科道部属等官五十员，分投街巷，望门审验。时有未更事者，凡遇寄居无引者悉以为盗，送系兵马司。"大索即大检查户口，也可译为户口普查。寄居无引者都被捕送官，则可见在原则上，当时的外籍侨寓人也必须有引了。朱国桢《涌幢小品》卷二十《万里寻亲》记："万历乙亥（1575）云南大理府太和县人赵重华请路邮于郡太守以出，从丹阳过毗陵，被盗攫其资去，所遗者独胸囊路邮耳。”又卷十二：“陈淡，江都人，尝按云南，遣人诣其家文书匣检阅，有江西贩客路引。”张居正《张文忠公集·书牍十二·答台长陈楚石》：“巡检官职虽卑，关系甚重，此官若得其职，则诘盗查奸，功居地方有司之半，非浅鲜也。况近奉旨清查路引，严关隘，则此官尤当加意者，亟宜题请修复。”从这三个例子来看，一直到16世纪后期，路引制度还是明朝政府所奉行的控制人民的统治术，张居正做宰相，甚至还着实地整顿了一下。

明代的引也像汉代一样，是要付钱买的，《大诰》第二十一《勾取逃军》：“兵部勾取逃军，其布政司府州县贪图贿赂，不将正犯解官，往往拿解同姓名者……父母妻子悲啼送礼……有司刁蹬，不与引行。既而买引，沿途追赶。”得引不容易，管引的官也有拿卖引生利的，《大诰续编》第三十八《匿奸卖引》：“南城兵马指挥赵兴胜，警巡坊厢，路引之弊脏多，凡出军民引一张，重者（钞）一锭，中者四贯，下者三贯，并无一贯两贯引一张者。其引纸皆系给引之人自备。兴胜却乃具文关支，三年间一十五万有奇，已往七年不追，止追十八年半年纸札，其钞已盈万计。”

因为有引便可保证行旅的安全，关津的查诘，因之就发生空引（空白路引）的问题，不能不用严刑取缔。《大诰三编》第五《空引偷军》：“所在官民，凡有赴京者，往往水陆赴京，人皆身藏空引，及其至京，临归也，非盗逃军而回，即引逃囚而去。此弊甚有年矣。今后所在有司，敢有出空引者、受者皆枭，令籍没其家。关津隘口及京城各门盘获空引者赏钞十锭，赍引者罪如前，拿有司同罪。”

唯一例外，不需路引的是到京都去告密的地主豪绅，《大诰》第四十六《文引》：“凡布政司府州县耆民人等赴京而奏事务者，虽无文引，同行人众，或三五十名，或百十名，至于三五百名，所在关津把隘关去处，问知而奏，即时放行，毋得阻挡。阻者，论如邀截实封律。”

除了大量的军队镇压，层层的官僚统治，大规模的屠杀，锦衣卫和东、西厂的特务恐怖之外，明代还应用自古以来从传到过所这一套制度，把它发展，严密地组织。以人民为假想敌，强迫人民互知（互相侦察）举发，没有一丝漏洞，构成了窒杀人民、囚禁人民的天罗地网，来维持朱家万世一系专制独裁昏淫残暴的统治，这就是明代的路引制度。

有了这一套，洪武十五年（1382）明太祖安心地叫户部榜谕两浙江西之民说："为吾民者当知其分。田赋力役出以供上者，乃其分也。能分其分，则保父母妻子，家昌身裕，为仁孝忠义之民，刑罚何由及哉！近来两浙江西之民，多好争讼，不遵法度，有田而不输租，有丁而不应役，累其身以及有司，其愚亦甚矣！曷不观中原之民，奉法守分，不妄兴词讼，不代人陈诉，唯知应役输租，无负官府，是以上下相安，风俗淳美，共享太平之福，以此较彼，善恶昭然。今将喻尔等，宜速改过迁善，为吾良民，苟或不悛，则不但国法不容，天道亦不容矣。"人民出粮出丁是本分，不出，不但国法不容，连天道也不容。至于为什么要出粮出丁，出了能得什么好处，不但明太祖和他的子孙没有说过，连想也从来没有想到过。

中古时代的水力利用——硙、碾、碓

农家用以除去谷类外皮和碾米麦成粉的工具，有硙，有碾，有碓。《方言》：“硙或谓之䃺”，即磨也。《说文》：“磨，石硙也。”则硙和磨和䃺是一物异名。但据《世本》，公输般作磨硙之始，编竹附泥，破谷出米曰硙。凿石上下，合研米麦为粉曰磨，二物皆始于周。则硙是泥竹合制的，磨是石制的，功用相同，因制造原料不同而别称为硙、为磨。因之，《说文》说磨是石硙，反过来也可说石硙是磨，道理是一样的。《世本》又说硙因地异名，自山而东谓之硙是磨，江浙之间或曰砻，一直到现在，我的家乡，浙东还叫编竹附泥的磨制工具为砻，叫去谷皮为砻谷。

碾是比硙或磨规模更大的工具，据说始于后魏崔亮，《后魏书》说：“亮在雍州，读杜预传，见其为八磨，嘉其有济时用，因教民为碾（辗）。”其形制据《通俗文》：“今以粝石甃为圆槽，周或数丈，高逾二尺，中央作台，植以簨局，上穿干木，贯以石碢，有用前后二碢相逐，前备撞木，不致相击，仍随带榄杷，畜力挽行，循槽转辗，日得米三十斛。”崔亮是北魏孝文帝、孝明帝朝的大臣，卒于正光二年（521），则碾的发明，当是6世纪初年的事。

碓是从杵臼转化出来的工具，埋石臼于地，以巨木为杵，下设杠杆，以人为蹈杵舂米，比手舂省力，而且产量更多。《物原》说“轩辕臣雍文作碓”，和其他发明物的传说一样，是靠不住的。

硙、磨形积小，费用少，一般农家还能制备，至于碾、碓，规模大，投资多，就只有地主豪族才能设置了，进步的技术在不同的经济情况下，自然而然为地主豪族所包办、垄断。

到了技术更进步，应用水力做动力，造成水硙、水磨、水碾、水碓的时候，需要的资本更庞大，而且要截断水源，妨害了一般农田的灌溉，在这种场合，普通的豪族地主也不够能力，于是，新兴的进步的生产技术，又被更高级的帝王、公主、贵戚、大官和寺院所专利了。

《资治通鉴》卷七十八："景元四年（263），司马昭辟任城魏舒为相国参军。初舒少时迟钝，不为乡亲所重。从叔父吏部郎衡有名当世，亦不知之，使守水碓。"注："为碓水侧，置轮碓后，以横木贯轮，横木之两头，复以木长二尺许，交午贯之，正直碓尾，木激水灌轮，轮转则交午木戛击碓尾木而自舂，不烦人力，谓之水碓。"这一条大概是历史上最早、最详尽地应用水力做动力的记录。魏衡是吏部郎，是当世知名之士，家有水碓，可见新技术一开始应用，便落在官僚手中。

和魏衡同时，豪族大官王戎、石崇竞以水碓做累积资本的手段，以此生利，《晋书·王戎传》："戎好兴利，广收八方园田，水碓周遍天下。"《石苞传》："苞子崇被害，有司簿阅崇，水碓三十余区，他田宅称是。"皇家的公主也不甘落后，遍设水碓，《刘颂传》说："颂迁京兆太守，转反内郡（280），郡界多公主水碓，遏塞流水，转为侵害。颂表罢之，百姓获其便利。"这几个例子说明了官僚贵族剩余资本的出路。

王隐《晋书》："邓攸去石勒投李矩，借水碓舂于城东。"说明当时水碓兴设的普遍。用水力来使硙工作的，是杜预。《传畅晋诸公赞》说："杜预元凯作连机水硙，由此洛下谷价丰贱。"硙一作碾。《韵府》："机硙，水硙也。"庚信诗："决渠移水碓，开远扫平林。"水碓至于入诗，也可见那时代利用水力的盛况。

到4世纪初年，水碓已经成为社会经济里具有决定性的生产工具了，没有了它，就使米价昂贵，市场混乱。《晋书》四："太安二年（303）十一月辛巳，张方决千金堨，水碓皆涸，乃发王公奴婢，手舂给兵廪，公私穷踧，米石万钱。"隔了四年才修复，"永嘉元年（307）九月，始修千金堨于许昌以通运"。两百年后，崔亮又仿杜预遗制，"奏于张方桥东，堰谷水，造硙磨数十区，其利十倍，国用便之”[①]。既然说是国用，可见政府也伸出了手来控制，成为官营了。

降及隋代，权贵如杨素，也经营此业，《独异志》说：“杨素家富侈之极，都会之处，邸店碾硙，不知纪极。”寺院经营长生库，无尽藏（典当业），广收八方供养，资本无出路，也投资到水力来，《广弘明集》六：“隋大业八年（612）天子在辽。有王文同者，郊东王堡人也，夙与僧争水硙之利。”便是确证。

为什么有权有势的特殊人物，都对水力生产产生兴趣呢？答案是如《事物原始》所说：“今之水碓，又利于蹈碓百倍。”生产技术的进步，使生产量提高，成为最有利的投资事业，一般人拿不出这一笔大资本，即使有，还得有权有势，才能设置。这样，这新事业就走上了为特殊阶层独占的道路。

唐代的例子更多，如唐玄宗的宠奴高力士，“于京城西北，截澧水作碾，并转五轮，日破麦三百斛”[②]。《王方翼传》：“再迁肃州刺史，乃出私钱作水硙，簿其赢以济饥瘵。”[③]升平公主陪嫁的脂粉硙两轮，郭子仪的私硙两轮[④]，长安附近的河渠都被阻遏截断，成为私人的企业了，下流的农田失去灌溉，影响了农产收成，也侵蚀了国库的租赋收入，贵族官僚的利益和政府发生矛盾，于是政府在保护农民的大题目（其实是保证国库收入）下，和贵族官僚冲突了，结果是政府以政治的力量，压迫贵族官僚屈服，撤毁碾硙，也就是破坏前进的技术。第一次在721年，《唐会要》八十九：

> 开元九年（721）正月，京兆少尹李元纮奏疏三辅诸渠，王公之家，沿渠立硙，以害水功，一旦毁之，百姓大获其利。至广德二

---

① 参见《北史》卷四四；《魏书》六六作：造水碾磨数十区。

② 参见《旧唐书》卷一八四。

③ 参见《新唐书》卷一一一。

④ 参见《旧唐书·郭子仪传》。

年（764）三月，户部侍郎李栖筠、刑部侍郎王翊、京兆少尹崔昭奏拆京城北白渠上王公寺观硙碾七十余所，以广水田之利，计岁收粳稻三百万石。

《旧唐书·李元紘传》：

累迁雍州司户，时太平公主与僧寺争碾硙，公主方承恩用事，百司皆希其旨意，元紘遂断还僧寺。窦怀贞为雍州长史，大惧太平势，促令元紘改断，元紘大署判后曰："南山或可改移，此判终无摇动。"竟执正不挠，怀贞不能夺之……开元初……俄擢为京兆尹，寻有诏令元紘疏决三辅，诸王公权要之家，皆缘渠立硙，以害水田。元紘令吏人一切毁之，百姓大获其利。

第二次在764年，已见上文。第三次在778年，《唐会要》八十九："大历十三年（778）正月四日奏，三白渠下碾有妨，合废拆，总四十四所，自今以后，如更置，即宜录奏。"《旧唐书》十一："大历十三年（778）正月，坯白渠碾硙八十余所，以夺农溉田也。"这一次法令的执行，还经过一番曲折，《旧唐书·郭子仪传》（《新唐书·齐国昭懿公主传》）：

大历十三年（778），有诏毁除白渠水交流碾硙，以妨民溉田。升平有脂粉硙两轮，郭子仪私硙两轮，所司未敢毁撤。公主见代宗诉之。帝谓公主曰，吾行此诏，盖为苍生耳，尔岂不识我意耶？可为众率先，公主即日命毁，由是势门碾硙八十余所皆毁之。

到宋代也重申这妨碍农田的禁令，李焘《续资治通鉴长编》卷二四五：

熙宁六年（1073）五月戊申，诏创水硙碾，有妨灌溉农田者，以违制论，不以去官赦降原减，官司容纵亦如之。

《续文献通考》：

金宣宗贞祐中（1213—1217），谕中书省，议弛诸处碾硙，以水灌溉民田。

在唐代，六十年中在同一地区拆毁碾硙三次，最后一次还是皇帝向公主求情才办通，由此可以看出贵族官僚独占的坚持、顽强的情况，也可以看出政府法令有效的地区性和时间性。这问题如上引的宋金史料看来，一直到13世纪初年还无法解决。

这是一个贵族官僚资本控制、独占新的生产技术、方法，因而毁灭了（至少使它停滞）这生产技术方法的最具体的例子。

这个例子也解答了贵族官僚由贪污聚敛所累积的资本，投资于新兴生产事业所发生的破坏、摧毁，以致停滞生产，一句话，反生产的作用。

从幞头说起

人们自从脱离了原始、野蛮状态，物质生活不断提高，有了文化以后，没有例外，都要穿衣戴帽，这是常识，用不着多说的。但是，应该必须注意，随着时代的改变，生活习惯的改变，封建等级制度的建立，人们的服装是具有时代的特征的，不同时代的人们有着不同的服装，不同的民族也有不同的服装，服装是适应人们生活、工作的需要而不断改变的。

演出古代历史故事的话剧、电影，历史博物馆里的历史图画和历史人物画像，和以插图为主的历史连环画，附有插图的历史小丛书以及古代人物的塑像，等等，都牵涉古代人物的服装问题，把时代界限混淆了、颠倒了，把不同历史时期的服装一般化了，都会使观众有不真实的感觉，效果是不会很好的。

京戏和昆剧的戏装大体分成两类，一类是清朝的，马褂、补服、马蹄袖、红缨帽，等等，表现了满族服装的特征。除此以外，另一类清朝以前的服装则一概是汉人服装，官员戴纱帽，穿红、蓝袍，宽衣大袖；农民则一般是穿短衣服，戴笠，或小帽；武将戴盔扎靠，这是符合于一般情况的。问题是这种服装把整个清朝以前的历史时期一般化了，不管什么时代的人物，都穿一样的服装。当然，观众也能够理解，这两个剧种的古代服装只能一般化，假如要求他们按每个不同时代的历史，分别制成不同时代的服装，这是不可能的，不合实际的。但是，也还有一个界限，那便是满汉的服装不容混淆，假如让汉、唐、宋、明的人物穿上清朝的服装，那就会哄堂而散，唱不成戏。

话剧、电影等对服装的要求就要比京戏和昆剧严格些，因为话剧、电影并不像京戏、昆剧那样有固定的服装，而是随故事需要特制的，既然是为了表现历史真实性而特制，那就不可以一般化，或者颠倒时代了。至于历史人物的图画、雕塑等，根本无须制造服装的费用，标准自然更应该严格一些了。

话剧、电影、历史图画等的历史人物的服装，必须能够表现某个特定历史时期的特征，这个要求是合理的，不应该有不同意见的。但是，在具体工作中，由于对某个时代的了解不够深，服装的发展、变化缺少研究，也往往出现一些一般化以致颠倒时代的现象。

有关服装的问题很多，不能都谈，这里只举幞头做例。

幞头就是帕头，古代汉人留着长头发，为着生活和工作的方便，用一块黑纱或帛、罗、缯等裹住头，不让头发露在外面，正像现在河北农民用一块白毛巾包头一样，是上上下下都通行的一种生活习惯。也叫作巾或幅巾或折上巾的。裹头时裹得方方正正，四面有角。到南北朝时，周武帝为了便于打仗，把裹头的方法改进了，用皂纱全幅，向后束发，把纱的四角裁直，叫作幞头。看来有点像现在京戏里太平军的装束。

唐太宗制进德冠，赐给贵臣，并且说：幞头起于周武帝，是为了军中生活的方便的。现在天下太平，用不着打仗了，这个帽子有古代风格，也有点像幞头，可以常用。可是进德冠似乎并不受欢迎，当时人还是用幞头，大臣马周还加以改革，用罗代绢，式样也有所改变，百官和庶民都喜欢戴它。武则天时赐给臣下巾子，叫作“武家样”，又有高头巾子。唐玄宗时有“内样巾子”。裴冕自制巾子，名为“仆射巾”。这些幞头都是软的，太监鱼朝恩做观军容使，嫌软的不方便，斫木做一山（架）子在前衬起，叫作军容头，一时人都学他的样子。

幞头四角有脚，两脚向前，两脚向后。唐朝中期以后，皇帝弄两根铁线，把前两脚拉平，稍向上曲，成为硬脚，从此，这种样式的幞头，就成为皇帝的专用品，一般官员和平民都不许服用了。宋朝朱熹所见唐玄宗画像，戴的幞头两脚还很短，后来便越来越长了。唐朝末年，在农民大起义的斗争浪潮中，宦官、宫娥来不及每天对镜装裹，想出简便的法子，用薄木片做架子，纸绢做衬里，做成固定的幞头，随时可以戴上。五代时帝王多用“朝天幞头”，两脚上翘。各地方军阀称王称帝的也多自创格式，有的两脚翘上又反折于下，有的做成团扇、蕉叶模样，合抱于前。蜀孟昶改用漆纱。湖南马希范的幞头两脚左右长一丈多，叫作龙角。刘知远做军官时，幞头脚左右长一尺多，一字横直，不再上翘，以后的幞头，就以此为规格，变化不大了。

幞头唐末用木胎，到宋朝改用藤织草巾子为里，用纱蒙上，再涂以漆。后来把藤里去了，只用漆纱，用铁平施两脚，便越发轻便了。据沈括的记录，当时幞头分直脚、局脚、交脚、朝天、顺风五种，其中直脚（也叫平脚）一种是贵贱通用的。幞头的脚不管平、交，都是向前的，到北宋末年，又改而向后。到明朝初年，幞头有展脚（平脚）、交脚两种，成为官员公服所必需的一项东西了。

幞头的出现，是由于现实生活的需要。宋儒胡寅叙述幞头的历史意义说：从周武帝开始用纱幞，成为后代巾、帻、朝冠的起源。古代宾礼、祭礼、丧礼、燕会、行军所戴的帽子各有不同，纱幞一出来，这些帽子便都废了。从用纱到加漆，两带上结，两带后垂，后来又把垂的两带左右横竖，顶则起后平前，变化越来越多了。朱熹也曾和他的学生讨论过幞头的历史发展，并说漆纱是宋仁宗时候开始的。明李时珍则以为幞头是朝服（官员的制服），周武帝始用漆纱制造，到唐朝改成纱帽，一直沿用到明朝。他把幞头和纱帽看成一样东西，从《图书集成》的插画幞头公服、展脚幞头、交脚幞头、乌纱帽对比看来，确是一个系统，李时珍的话是可信的。

幞头的历史发展，从北周到明这一长时间的历史时期，变化是很多的。假如不问青红皂白，颠倒前后，让南北朝以前，周秦两汉魏晋的人们戴上平脚幞头，能够不说是历史错误吗？或者把唐代后期帝王专用的直脚上翘的幞头，混淆为官僚庶民通用，那也是不可以的。

无论历史戏剧、图画、雕塑，当然，最主要的是内容要反映历史时期的真实性，但形式也不可以不讲究，因为内容尽管符合于客观历史实际，但是形式的表现是虚构的、以后拟前的、一般化的、违背历史实际的，就会收到不好的效果，这一点我看戏剧家们、艺术家们、雕塑家们是必须注意的。

关于古代服装的记载是很多的，流传到今天的古代的人物画、壁画、墓葬壁画、砖画也很不少。组织人力，从事于古代服装发展、变化的研究，进一步建立服装博物馆，用穿着各个历史时期不同的服装的蜡人表演历史故事，对广大人民进行历史教育；为历史戏剧、历史电影、历史图画的创作提供参考资料，也为汲取古代优美的文化传统，改进、美化今天人民的服装，提供历史基础，我看是值得做的一件好事。

论图籍之厄

抗战的建国大业，纲举目张，时贤已多论列，有一事似轻而实重，似可缓而实急，上关几千年来先民精神神智所寄托，下为后世子子孙孙所必守的，是旧藏的图籍的复原的问题。

从有记载以来，因内乱外患而引起的图籍的厄运著例有十几次，第一次是秦始皇的焚书，始皇三十四年（公元前213）李斯请史官非秦纪者烧之，非博士官所职，天下有藏诗书百家语者皆诣守尉杂烧之，所不去者医药、卜筮、种树之书。制曰可。第二次是王莽之乱，刘歆总群书，著《七略》，大凡三万三千九十卷，莽败（23）焚烧无遗。第三次是汉末的丧乱，献帝初平元年（190）董卓移都之际，吏民扰乱，自辟雍东观兰台石室宣明鸿都诸藏典策文章，竞共剖散，其缣帛图书，大则连为帷盖，小乃制为縢囊，及王允所收而西者载七十余乘，道路艰远，又弃其半，长安之乱，焚荡泯尽。第四次是惠怀之乱（300—312），京华荡覆，石渠阁文籍，靡有孑遗。第五次是魏师入郢（554），江陵城陷，梁元帝焚古今图书十四万卷，又以实剑斫柱令折，叹为文武道尽。第六次是大业之乱（618），隋西京嘉则殿有书三十七万卷，东都修文殿有正御本三万七千余卷，兵起后焚失殆尽，唐平王世充，得隋旧书八千余卷，浮舟西运，又尽没于水。第七次是安史之乱，唐自武德以来，极意搜书，至开元天宝而极盛，两都各聚书四部，以甲乙丙丁为次，列经史子集四库，渔阳兵起，两都倾覆（755），尺简不存。第八次是广明之乱（880），肃代二帝相继搜访，文宗又诏秘阁采书，四库文书重复完备，黄巢乱起，复致荡然。第九次是靖康之变，宋代图史，一盛于庆历，再盛于宣和，汴都陷落（1127），尽为金人辇载以去。第十次是临安陷落，南宋图书，一盛于淳熙，再盛于嘉定，中兴馆阁书目有书四万五千卷，嘉定又增一万五千卷。伯颜灭宋（1279），尽数捆载以去。第十一次是英法联军（1860），第十二次是八国联军（1900），这两次外患，北京俱曾被占领，公私藏书因之而流入海外者不可数计，著名世界的《永乐大典》，即因之而散失殆尽。到现在是第十三次的图籍遭厄了！

这一次的图籍损失的详细情形，目前虽然无法精确说明，但就大概而论，国内人文最盛藏书最多的五个城市北平、上海、南京、苏州、杭州已沦陷，国立图书馆如北平图书馆、故宫博物院图书馆的藏书，除掉小部分珍本图书先期南运以外，其余中西图书档案写本全部损失。国立大学图书馆如北京大学、清华大学，私立大学如南开大学，每校都经数十年的经营购置，各有藏书数十万册，变起仓促，都全部沦陷。上海的藏书，以商务印书馆的涵芬楼为最多，所收地方志之多，全国无出其右，“一·二八”之役涵芬楼被毁，上海沦陷后所有书籍自然也被敌人捆载而走。南京龙蟠里国学图书馆所藏大部多为杭州丁氏八千卷楼善本，苏杭二地的故家和杭州省立图书馆也拥有数量极大的典籍，据说在陷落前，敌人即已精密调查，事后按图索骥，尽数运去。至于其他城市，公家和私人的藏书损失的如山东杨氏的海源阁，南浔刘氏的嘉业堂等更不可计数。例外幸而保全的，据现在所知只有“中央研究院历史语言研究所”和“国立中央大学”的藏书安全运到后方，算是替国家替民族保存了一点产业。

除开因战争而损失的图籍以外，在平时珍贵的普通的书籍正如漏卮一样，逐年流到海外，例如日本的静嘉堂文库所藏书大部是归安陆氏十万卷楼和皕宋楼的旧藏，陆家子孙没落了，要卖书，国内找不到买主，只好卖给外国。美国的哈佛燕京社委托燕京大学、□□在北平以□款收购旧书，运往美国。此外美国的国会图书馆、英国的伦敦博物院、法国的巴黎图书馆都收藏有数量极大的中国图籍，这些书都是逐年流出的。

这一次的图籍的损失，数量之多，范围之广，意义的重要，综合起来，也许超过以前十二次的总和。第一因为第九次以前的书都是写本，卷轴虽多，和后来的刻本书比，一本书要抵十几卷，隋炀帝有书三十七万卷，合起刻本书来，也不过几万册而已。第二在内乱时所损失的书籍，除非是孤本，除非是焚毁，否则楚弓楚得，将来还有办法可以寻访，可以重刻。第三在外患侵入时所损失的，例如汴都的书籍入金，金亡入元，元亡归明，临安的图籍运到大都，元亡后也是为明所继承，始终未曾流亡国外。和现在相比，不但损失的数量无法计算，而且有一部分是古刻本、古写本，一部分是孤本，而且都流出国外，其余的数量最多的普通刻本，有的刊印时代较早，有的校刊特精，有的经学者批注，有的纸墨图版特别考究，就版本学的领域说，都是无法补偿的至宝。即使用现代印刷技术，用摄影用珂罗版复印，也到底是赝品，和原来的价值不可同日而语。次之刻本书和现代的印书术各有短长，近代刻本的版片，经过这次战争，恐怕都已散失，无法重印。刻本书怕要绝迹，流出海外的普通书的重刻，工费太浩大了，也是一件不可能的梦想。就现在的情势看，我们这一代已经感觉到读书的困难，旧的买不到，新的书出不来，下一代人势将无旧书可读，我们的历史将割成两截，战前和战后，上代和下代无法取得联系，先民精神神智所寄托的著作不复为后人所钻研、所景仰，这是一个意义极严重的问题。

要解救这厄运，我们提议几个具体的方法：

第一，在敌寇无条件投降以后，应该把敌国的公私藏书，凡是中国文字的一律运回，内中一部分是这次被抢去的，照法理应该收回，一部分是过去被收买去的，我们以战胜国的地位，得点战利品也是极应该的。

第二，在盟国的公私图书馆馆中的中文书籍，凡是有重本的，应该商请将重本赠送，如无重本，可以商洽派专家逐种摄影或晒印，运回后精钞数本，分藏各地国立图书馆。

第三，国内藏书家应该将藏书种目呈报政府，政府得就需要出款收买或派人誊录副本。

第四，聘请专家学者组织访书机构，就过去公私书目探求现存图籍种目，编成现存书目，然后再就此目录校查国内所有公私藏书，标明现有者某种共有几部，分藏地点，然后就所无者尽力搜访，务使十年之内，恢复原有现存图籍。

至于外国文字的图书杂志的复原，英美两大盟国俱未遭战祸，将来商请他们的政府和私人捐助，一定不会十分困难。苏联出版事业极发达，虽然被侵损失极大，在复兴文化的立场上，也一定会给我们以慷慨的援助。

度 牒

《水浒传》第四回写鲁达三拳打死了镇关西以后，从渭州（今甘肃平凉）逃到代州雁门县（今山西雁门），因为官府画影图形，到处张贴榜文，缉捕很急，只好在五台山出家当了和尚，起个法名叫鲁智深。从此，寺院里多了一个和尚，在俗世却少一个犯罪逃亡的军官，打死镇关西这一案子由于无处追查，便此了结。

在鲁达出家之前，赵员外对他说"已买下一道五花度牒在此"。照常理说，度牒是出家人的身份证，应该由替他剃度的寺院填给，怎么鲁达在没有出家之前，赵员外的家里就买了一道度牒呢？而且度牒既是出家人的身份证，又怎么可以买卖呢？卖主又是谁呢？

原来在宋朝，度牒是可以买卖的，卖主是宋朝中央政府。1067年宋朝政府开始出卖度牒，一直卖到宋亡。在这两百年中，卖度牒所得的钱在政府收入中占有重要地位。一道度牒的价格因时因地不等，如宋神宗时官价每道卖钱一百三十千，但在夔州路则卖到三百千，广西路则卖到六百五十千。[①]当时中原一带米价每斗不过七八十文至一百文。[②]每道度牒折合米约在一百三四十石以上。南宋时每道度牒卖钱一百二十贯至八百贯或折米一百五十石至三百石。[③]

度牒这样贵，什么人才能买得起？当然只有财主赵员外那样的人了。

买了度牒，只能出家当和尚、当道士，有什么好处？花这么多钱出家，说明当时的老百姓，以致部分地主，不如当和尚、道士好。老百姓

① 参见《宋会要稿》六七、一四〇。

② 参见李焘：《续资治通鉴长编》二五一、二五二；《宋会要稿》一二二。

③ 参见《宋会要稿》六二、九六；朱熹：《朱文公集》一六。

不必说了，宋代人民负担特别重。和尚、道士吃十方，寺院有田产，当了和尚、道士就不必服兵役、劳役，不出身丁钱米和其他苛捐杂税，逃避了政府的剥削，吃一碗现成饭，成为不劳而食的合法的游民。

地主呢？虽然对农民来说，他是剥削者，很神气。但在地主阶级内部来说，也有矛盾。因为地主也有官民之分，地主而又做了官的就有权有势，是官户。至于非官户的地主，为了保全身家财产，得想尽一切办法巴成官户，要子弟读书中进士做官，如不行，也得出钱买官告，成为名义上的官户，当时官告也可以用钱买，但比度牒更贵。再不，就买张度牒也好。因为寺院田产是可以免租赋的。[①]

此外，还有许多好处，如和尚、道士在法律上受优待，宋代法律："僧尼道士女冠，文武官七品以下者，有罪许减赎。"[②]

如果犯了杀人大罪，出家更是逃避法律制裁的有效手段。古时候还不会照相，一般人都留长头发，缉拿榜文上只能说这人脸黄脸黑，有须无须，像鲁达那样的军官，剃了头发、胡子，改穿袈裟，离开了本乡本土，外地生人便很难辨认出来了。又如同书武松在鸳鸯楼杀了十五条人命，在十字坡菜园子张青家得了一张年龄相貌相当的度牒，便剪了头发，披在脸上遮盖刺的金印，装作行者模样，一路上二龙山去落草。虽然到处张挂榜文要逮捕他，可是"武松已自做了行者，于路却没人盘诘他"。可见有了度牒，就可以化装，使人辨认不出，对杀人犯罪来说是很顶事的。

正因为如此，度牒有广大的销路，宋朝政府就大卖度牒，成为生财之道。不但出卖，有时候还要强迫摊派呢。

北宋的度牒是雕版用黄纸印的。到南宋建炎三年（1129）才改用绫绢织造，织造的机关是少府监文思院，和织造官告同一个地方。《水浒传》所说的五花度牒，实际上是南宋的事。

从买度牒这一件事来说，《水浒传》是真实地反映了宋代的历史事实和阶级矛盾的。

---

① 参见赵翼：《廿二史劄记》一九；俞正燮：《癸巳类稿》一三。

② 参见《长编》九七。

刺 配

《水浒传》里梁山泊头领宋江、林冲、武松等都被宋朝政府处过刺配的刑罚，挨脊杖二十或四十，刺配二三千里外牢城。连原来押解林冲去沧州的差人董超、薛霸，因为路上没有能够害死林冲，回开封后也被高俅寻事刺配大名府。《水浒传》第八回说："原来宋时，但是犯人徒流迁徙的，都脸上刺字。怕人恨怪，只唤作打金印。"一个人犯了法（或被诬陷以法），既要挨打，又要流配，还要在脸上刺字，正是"一人之身，一事之犯，而兼受三刑"[①]。三种刑罚连在一起用，在宋以前是没有的。

古时刑罚大致分为死、流、徒、杖、笞五等。

马端临《文献通考》卷一百六十八说："流配，旧制止于远徙，不刺面。晋天福中始创刺面之法，遂为戢奸重典。宋因其法。"原来宋代把犯人脸上刺字这种法律是从石敬瑭的晋朝继承而来的。

刺面有大刺、小刺之别。凡是审判官认为犯罪情节严重、犯人"性情凶恶"的，就把字体特别刺大些。所刺文字，除《水浒传》所说"迭配某州（府）牢城"以外，也有把所犯事由，所配地名、军名、服役名色都刺在脸上的。如刺"配某州（府）屯驻军重役"，是发往该处屯驻部队里服劳役的；刺"龙骑指挥"或"龙猛指挥"，是发到那种番号的军队中当兵的；刺"某州某县钱监"，是发到该处铸钱工厂里当苦工的。南宋时还有一种更野蛮的规定，凡犯强盗罪免死流配的，"额上刺'强盗'二字，余字分刺两脸"[②]。

① 参见丘濬：《大学衍义补》。
② 参见《宋会要》一六八，《刑法》四。

受到刺配刑罚的人，到配所后还得服劳役。劳役的名色很多。凡是官营工业（如煮盐，造酒、醋，烧窑，开矿，修造军械等）、交通运输业以及修城修河堤等，都发流配人去做苦工。也有当厢军（主要也是劳役）、当水军的。（宋朝的兵都由招募而来，经检验合格后，也要刺面。）所以宋江、武松、杨志都被人骂为“贼配军”。

刺配这条法律，在宋朝统治的三百年间是时代愈后愈重的。有关刺配的法令，宋真宗大中祥符（1008—1016）编敕止有四十六条，到宋仁宗庆历（1041—1048）时增至一百七十余条，到南宋孝宗淳熙十一年（1184）已达五百七十条之多。刺配的范围越来越广，除了像宋江、武松那样犯人要刺配以外，法律规定犯盗窃罪一贯以上、贩私盐一斤以上的都要杖脊刺配。佃户在地主池塘里捕了一斤半鱼，或者看见别人贩私盐不告发，也要杖脊刺面，还从福建押送开封判罪[①]。反之，法律又规定地主对佃户犯罪，减凡人一等。地主打死佃户，不刺面，只配邻州近地。[②]

刺配的法律，辽、金、元、明、清都有。只是内容规定不尽相同。[③]

宋朝这条杖脊、刺面的法律，从宋神宗熙宁二年（1069）以后，对“命官”就不适用了。“命官”贪赃枉法，止于流配，不杖脊，不刺面。据说理由是“古者刑不上大夫”“今刑为徒隶，恐污辱衣冠耳”[④]。这样，适用的范围就只限于污辱和镇压人民，特别是冒犯地主阶级利益的佃农和饥寒交迫的穷人了。

---

①参见《通考》卷一六八。

②参见《通考》卷一六七。

③参见《续文献通考》卷一三五、一三七；《清朝续文献通考》卷二四四。

④参见《通考》卷一六七。

廷 杖

杖，这一字，拿清朝官吏惯说的话来翻译，是“打板子”。打老百姓的板子，自然不足为奇，可是打官吏就奇，打小官也罢了，可是打的是大官，是政府中要人就更奇。打的是大官，喝打的人，却是皇帝或太监，打的地方，就在殿廷，这就叫廷杖。廷杖这名词最流行的时期是明代，可是，创造制度的，却不是明太祖，蒙古人早已用这手段，对付他的文武大臣了。试引数例做证，《元史·桑哥传》：

> 至元二十四年（1287）十一月，桑哥言：臣前以诸道宣慰司及路府州县官吏，稽缓误事，奉旨遣人遍笞责之。

这一次打的是地方长官，虽然没有指明是哪一些地方的长官，可是从“诸”字看来，大概挨板子的一定不少。打了以后，并没罢官，大概是将息了几天，就起来办事。据同书《赵孟頫传》，也记有同样的事件：

> 至元二十四年（1287）诏遣尚书刘宣与孟頫，驰驿至江南，问行省丞相慢令之罪，凡左右司官及诸路官，则径笞之。孟頫受命而行，比还，不笞一人，丞相桑哥大以为谴。

这事和《桑哥传》所记时月相同，主使人也相同，可是罪案不同，也许不是同一件事。那么，从此看来，可见那时期的政府，是时常派使臣出去打地方官吏的板子的。最妙的是，赵孟頫派他去打人，他不肯打，后来却自己挨了一顿打，只因为迟到几分钟的关系，同传：

桑哥钟初鸣时即坐省中，六曹官后至者则笞之。孟頫（兵部郎中）偶后至，断事官遽引孟頫受笞。孟頫入诉都堂右丞叶李曰：古者刑不上大夫，所以养其廉耻，教之节义，且辱士大夫，是辱朝廷也。桑哥亟慰孟頫使出，自是所笞唯曹史以下。

可是比起周戭来，孟頫总算便宜。《陈天祥传》：

左司郎中周戭因议事微有可否，（卢）世荣诬以沮法，奏令杖一百，然后斩之。

后来越打越手滑，即使是最小的过失，也照例打一顿，《阎复传》记：

元贞三年（1297）疏言：古者刑不上大夫，今郡守以征租受杖，非所以厉廉隅。

《韩镛传》：

至正七年（1347），有旨以织币脆薄，遣使笞行省臣及诸郡长吏，独镛无预。

史臣竟因韩镛侥幸免打，而特笔记这件事，可见官吏挨打，在当时真做到家常便饭的地步了。

上引一些例，打的不过都是小臣，打的地方，都不在殿廷内。现在试引一件打的是宰相，又是在殿内打的史料，据《张珪传》：

延祐二年（1315），拜中书平章政事……失列门传皇太后旨，召珪切责，杖之。珪创甚，舆归京师，明日遂出国门。

这可以说是明代廷杖的师范。同样，外面的最高地方长官，也有挨打的，《史弼传》：

至元二十九年（1292），拜荣禄大夫福建等处行中书省平章政事，往征爪哇……朝廷以其失亡多，杖七十，没家赀三之一。

以上所记的，都不过是挨打而已，末年，竟有故意打死人的惨剧。《成遵传》：

至正十九年（1359），用事者承望风旨，诬遵与参政赵中、参议萧庸等六人皆受赃。遵等竟皆杖死。

据《铁失传》，蒙古人也同样地挨打：

至治二年（1322）十月，江南行台御史大夫脱脱以疾请于朝，未得旨辄去职。铁失奏罢之，杖六十七，谪居云南。

《杨朵儿只传》：

江东、西奉使斡来不称职，权臣匿其奸，冀不问。朵儿只劾而杖之，斡来愧死。

这倒是一个血性汉子，比汉人有骨气多了。

从此看来，廷杖并不是国粹，是蒙古人传下来的习惯，他们过去在蒙古是不是动不动就用板子打人，我不知道。可是，在中国，据上面所记的看来，确然是常常打无疑，明朝的皇帝，绝不能引廷杖的威风为荣，因为打的是汉人，被打的也还是汉人。可是这两个朝代，也还有一个共通的可以自豪的一点，这一点，是凡被打的，都是知识分子，而且大部分是儒生。怪不得明太祖一做皇帝，就立下“寰中士夫不为君用”之条，儒生不肯做官的一律杀头，当时人之所以不肯做官，想也是怕挨板子的缘故。然而明代一代做官的，不论大小，至少有百分之九十，还是儒生，不知道是怕杀头的缘故，还是已经练好挨板子的本领缘故?

那么，从此看来，建州人入关以后，无论中外官吏，都一律对皇帝自称奴才的理由，是可以解释的了。这理由很简单的，是在清代不很听说有人挨板子。

从挨板子而到自称奴才，这是五百年来知识分子的生活缩影。

明代的廷杖，早已脍炙人口，不赘。

劳　动

劳动这一个词始见于《三国志》，但原意是指的体育活动，和今天的生产性的工农业劳动是两回事。

《三国志·魏志》二十九《华佗传》：

> 华佗告诉广陵人吴普说：人的身体应该劳动，但是不应该太过。身体活动了就容易消化，血脉流通，病不得生。门窗的枢，因为经常动，就不会朽，就是这个道理。
>
> 所以古时的仙人，讲究导引，学熊引颈，学鸱摇头，曲折腰体，动诸关节，以求难老。
>
> 我有一套运动办法，叫作五禽之戏。一曰虎、二曰鹿、三曰熊、四曰猿、五曰鸟，每天操作，可以除病，轻便脚步，道理和导引一样。身上不舒服时，起做一禽之戏，通身出汗，敷上爽身粉，身体轻便，胃口也好了。
>
> 吴普学了五禽之戏，活到九十多岁，还是耳目聪明，牙齿完整，很得好处。

导引大概就是做深呼吸，古代的仙人照文义看应该是有成就的运动员。华佗的理论完全符合今天的体育学说。要做体育活动，但又不要太过，是辩证的说法。经常做体育锻炼，容易消化，血脉流通，从而增强体质，起了预防疾病的作用。由此看来，华佗不但是治病的内、外科杰出的医生，并且是主张预防为主的进步的医学家。特别值得注意、值得学习的是他的体育活动的理论，辩证的科学的体育学说。

“劳动”一词也见于唐白居易的诗：“劳动故人庞阁老，提鱼携酒远相寻。”这里的劳动有“有劳了”和感谢的意思。

现代语“劳动”一词的语源，是外来语，是日本语，正如改造是日本语一样。日本话叫工人作劳働者，译作我国文学，把働字的人旁去掉了。通过我国工业的发展，工人阶级队伍的壮大，“劳动”一词便具有新的内容，成为我们的词语了。

当铺

当铺，唐、宋时名长生库，僧徒坐拥田园，收入至厚，设库质钱，独规厚利。陆游《老学庵笔记》八："今僧寺辄作库质钱取利，谓之长生库，至为鄙恶。予按梁甄彬尝以束苎就长沙寺库质钱，后赎苎还，于苎束中得金五两还之。则此事亦已久矣。"至元名解库或典库、质库，仍为僧寺道观所经营。至大二年（1309）山西平遥清虚观圣旨碑："但属宫观的庄田、水土、园林、碾磨、解典库、店仓、铺席、浴堂、船只、竹苇、醋曲货，不拣什么差发休要者，不拣是谁，休倚气力者，不拣什么他每的休夺要者"，是其一证也。《元史·文宗纪》："至顺元年正月乙亥，赐燕铁木儿质库。"《元典章》二十七《户部》十三有"解典"条，二十九《礼部》二有"军官解典牌面"条。《通制条格》二十七载有解库保护令："至元十六年（1279）六月，中书省钦奉圣旨，石招讨奏：亡宋时民户大本有钱，官司听从开解。自归附之后，有势之家方敢开解库，无势之家，不敢开库，盖因惧怕官司科扰致阻民家生理。乞行下诸路省会居民，从便生理，仍禁戢录事司不得妄行生事，敷敛民户。纵有误典贼赃，只宜取索，却不可以此为由收拾致罪。"则在南宋后期已有民户大家开设解库规利者矣。至明则且由政府规定当铺事例，全国各都会均有当铺，有山陕帮，有徽帮，以徽帮之势力为最大，其营业亦最发达。明艾南英《天傭子集》六，壬申（明思宗崇祯五年，1632）流贼退至吉安永丰，上蔡太尊论战守事宜书："当铺事例自南北两直隶至十三省，凡开当铺，例从抚按告给牒文，自认周年取息二分，以二十四月为期，不赎则毁卖原所当物，遇近例各县有当铺，辽饷则依法输纳，此天下通例也。独抚州当铺不然，其害民甚于流贼，抚州当铺，其受当也，首饰衣物直一金者止当五钱，满十月不赎，则即取当物毁卖，是以十月而发合倍之息矣。其依期取赎者按月三分入息，其放也每一金轻三四分，其取也每一金昂三四分。其收以晦日即以晦日为一月，其收以朔日即以朔日为一月。其书质券也，虽重锦例书破旧，虽赤金例书低淡，即于书券之时预伏将来毁卖，以杜其人告官之端。计一岁中当铺四五家，巧取城中民财不下三四千金，所以民间愈损。此风起于近五六年，不过二三市井之徒和集富民，朋收倍息，而时以酒食与乡绅子侄往来，为护身之符。为今之计，莫若以辽饷为重，限四门党约于半年内召请徽商，于郡开设，请牒抚按照依直省通例，小民自趋轻息，而兼并之家自不能行。”

木棉的广泛种植和传入朝鲜

封建社会里的平民百姓叫布衣，或者白衣。因为平民百姓只许穿布衣服、白衣服。有的时代，商人也只能穿白色的衣服。例如，三国时吕蒙袭击关羽，把兵士乔装穿白衣服为商人偷渡，关羽没有觉察，以致突然被袭，全军崩溃。

在明代以前，布衣指的是麻布的衣服。所以有一种看相的书就叫作《麻衣相法》。在此以后，棉布逐渐推广了，布衣指的是棉布了。

棉布传入中国很早，南北朝时从南洋等地输入，叫作吉贝，也叫白叠。国内西北高昌（今新疆吐鲁番）也产棉花，出的氎布，就是白叠。宋元间已有许多地区种棉，如福建、广东、浙东、江东、江西、湖广等地，其中著名的种棉地区是广东的琼州。13世纪中期，诗人描写长江流域纺绩情况说："车转轻雷秋纺雪，弓弯半月夜弹云。"末期松江乌泥泾人黄道婆从琼州带回黎族人民的先进纺绩工具和技术，教会家乡妇女。当地人民生活提高，靠纺绩生活的有一千多家。诗人歌咏："乌泾妇女攻纺绩，木棉布经三百尺。"松江从此成为明代出产棉布的中心。明太祖起事以后，就大力推广植棉，要每户农民必须种木棉半亩，田多的加倍。棉花的普遍种植和纺织技术的不断提高，使棉布产量日益增加，成为人民普遍穿用的服装原料了。

在同一时期，木棉又从中国传到朝鲜。朝鲜《李朝太祖康献大王实录》有这样的记载：

元顺帝至正二十三年（1363）高丽使臣的书状官文益渐奉使元朝，回来的时候，看见路边有木棉，就摘了十几颗棉桃，装在口袋里。第二年回到家乡晋州，送一半给同乡郑天益试种，结果只有一颗成活，到秋天收得一百多颗棉桃。以后年年加种，到1367年郑天益把棉种分给乡里农民，劝他们种植。至于文益渐自己种的倒都不大结棉桃了。

有一天胡僧弘愿到郑天益家，看到木棉，高兴得哭了，说："想不到今天又看到本土的东西。"郑天益留他住下，请教缫织的方法，弘愿详细说明，还替做了工具。郑天益立刻叫家里人织成一匹，邻里都学会了，教会了一乡。不到十年工夫，又教会了一国。

文益渐死于1398年，年七十岁。由于他带进棉种有功，1375年做了典仪注簿的官，一直做到左司议大夫。死后还追赠为江城君。1401年朝鲜参赞权近又向国王说："故谏议大夫文益渐，初入江南，带回木棉种子，送于晋阳村舍，开始织木棉布，以此木棉是由晋阳开头的，从晋阳又传到全国，使得人民上下都能穿到棉衣，都是益渐的功劳。现在他死了，有个儿子还在晋阳，应该照顾，由政府叙用。"①

由此可见，木棉是由文益渐于1363年传入朝鲜的，1364年在晋州试种，1377年前后推广到全国。至于纺绩技术和工具则是胡僧弘愿的传授。这个人相当于我国松江的黄道婆。

至于棉桃的取得地点，权近说是江南，《太祖实录》则说是在元朝取得的，当时元朝的首都大都，即现在的北京。从那时大都附近取得棉桃，和历史实际情况是不符合的。据1363年的局面，朱元璋在南京，张士诚在苏州，方国珍在浙江。张士诚和方国珍都受元朝官号。郑麟趾的《高丽史》记高丽恭愍王时，朱元璋、张士诚和方国珍都曾多次和高丽通使。两书互证，可以肯定，文益渐取得棉桃的地点是在江南，也就是苏松一带。《朝鲜李朝太祖实录》所说的元朝，应是受元朝的官号的张士诚，两者的说法是并不矛盾的。《高丽史·恭愍王世家》：

> 癸卯十二年（1363）夏四月壬子，张士诚遣使贺平"红贼"，献彩缎及羊、孔雀。

---

① 参见《朝鲜李朝太宗恭定大王实录》。

很可能，文益渐是这次张士诚遣使的报聘使节。

至于《明实录》和《李朝实录》记载的木棉，事实上应该是草棉。因为木棉传入较早，草棉较后，习惯上还是把草棉叫作木棉，这种例子历史上是很多的。

谈烟草

几个月前，和夏衍同志在一起闲谈，谈到烟草的传布历史，他把我的说法写在《花木瓜果之类》文章中。发表在《新观察》上。这几天我又查了过去所写的文章，看了一些书，恰好相反，那天我记错了，把话说倒了，烟草不是从广州传到朝鲜、日本，而是由一路日本传到朝鲜，又传入我国东北的；另一路则从菲律宾传到福建、广东，又从闽广传到北方；第三路是由南洋输入广东。

看来，对烟草传入历史有兴趣的人并不少。而且，那次说拧了，也应该更正。写《谈烟草》。

几十年前，美国有一个人叫洛弗，写了一本关于烟草的小册子，讲烟草输入亚洲各地的情形。据他的研究，日本在1615年（明万历四十三年）曾经下令禁止吸烟，焚毁烟叶，拔去未获的烟草。至于烟草输入日本，开始种植，大约是1605年前后的事。第一次带烟叶到日本来的是葡萄牙人，葡萄牙人在日本记载上叫作南蛮，时间在16世纪末年。不过几年，长崎便有人经营烟草种植，吸烟的习惯很快地就传播到各处，尽管有禁令，人们还是爱吸。日本人所用“淡芭菰”这三个字，就是从葡萄牙文Tobaco来的。

在中国方面，最初传入烟草的是17世纪初年的福建水手，他们从吕宋带回来烟草的种子，再从福建南传到广东，北传到江浙。明末名医张介宾（景岳）在他的著作中，第一次提到烟草的历史和故事。他说：“烟草自古未闻。近自我明万历（1573—1620）时，出于闽广之间，自后吴、楚地土皆种植之，总不若闽中者色微黄质细，名为金丝烟者，力强气胜为优。求其服食之始，则闻以征滇之役，师旅深入瘴地，无不染病，独一营安然无恙，问其故，则众皆服烟。由是遍传，今则西南一方，无分老幼，朝夕不能间矣。”1638年（明思宗崇祯十一年）和1641年都曾有诏谕禁止吸烟和种烟，但是不管事。到崇祯末年已经弄到“三尺之童，无不吸烟”的地步了。

在朝鲜，据荷兰水手汉末尔1668年的报告，远在五六十年前，朝鲜已经从日本输入烟草和种植的方法了。他们以为这种种子来自南蛮国，名之为南蛮草。在汉末尔被俘居留在朝鲜的时候，朝鲜人已经有了吸烟的嗜好。朝鲜烟草最为中国人所爱好，两年一次的朝鲜使臣到北京来，在礼物中就有烟草一项。

烟草传到东方的路线有三条：第一条由墨西哥到菲律宾，到中国台湾，再到内地，第二条由葡萄牙人传到印度、印度尼西亚和日本，第三条俄国人到了西伯利亚，学会了吸烟和种烟的方法。

洛弗的著作是泛论亚洲的烟草传布的。至于烟草在我国国内传布情况，材料也很多。

明人著作中除张介宾的《景岳全书》外，提到烟草的历史的有方以智的《物理小识》卷九记：“万历末，有携淡把姑至漳泉者，马氏造之曰淡肉果，渐传至九边，皆衔长管而火点吞吐之，有醉仆者。崇祯时严禁之不止。其本似春不老而叶大于菜，曝干以火酒炒曰金丝烟，北人呼为淡把姑，或呼担不归。其性可以祛湿发散，然服久则肺焦，诸药多不效，其症为吐黄水而死。”说得很怕人。漳泉的烟草来自台湾，《台湾府志·土产门》：“淡芭菰冬种春收，晒而切之，以筒烧吸，能醉人。原产湾地，明季漳人取种回栽，今名为烟，达天下矣。”台湾的烟草又来自菲律宾，姚旅《露书》：“吕宋国有草名淡芭菰，一名金丝烟，烟气从管中入喉，能令人醉，亦辟瘴气，可治头虱。”也可以杀农业害虫，朱仕琇《海东賸语》说：“台田苗生虫，每卜种以烟梗附其下，虫患乃息。”赵翼《陔余丛考》卷三十三烟草条：“王阮亭引姚旅《露书》……初漳州人自海外携来，莆田亦种之，反多于吕宋矣。然唐诗云相思若烟草，似唐时已有服之者。据王肱《枕蚓庵琐语》，谓烟叶出闽中，边上人寒疾，非此不治，关外至以一马易一斤。崇祯中下令禁之，民间私种者问徒，利重法轻，民冒禁如故。寻下令犯者皆斩，然不久因军中病寒不治，遂弛其禁。予儿时尚不识烟为何物，崇祯末三尺童子莫不吃烟矣。据此则烟草自崇祯末乃盛行也。”杨士聪《玉堂荟记》说崇祯十二年（1639）定例，吃烟者死。洪承畴请开其禁，初以吃烟声似吃燕，故恶之。原来还有忌讳在里头呢。《寒夜丛谈》也说：“烟草产自闽中……崇祯初重法禁之不止，末年遂遍地种矣。余儿时见食此者尚少，迨二十年后，男女老少，无不手一管，腰一囊。”董含大概是不抽烟的，他在《三冈识略》里讲到抽烟：“明季服烟有禁，唯闽人幼而习之，他处百无一二也。近日宾主相见，以此鸣敬，俯仰涕唾，恶态毕具。始则城市服之，已而沿及乡村矣。始犹男子服之，既则遍闺阁矣。习俗易人，真有不知其然而然者。”连烟管也有讲究，张向安《亥白集》竹枝词：“淡芭菰好解愁能，幽怨传来吕宋曾，一种湘筠和泪色，土花斑驳上洋藤。原注烟草始于吕宋国，近洋中有藤，花纹斑驳，以制烟筒极精。”这是清朝嘉庆时期的事情了。这样，从菲律宾到我国台湾，到漳、泉，再传到北方九边，这是烟草传入我国的第一条路线。

第二条路线是由南洋输入广东，据《粤志》：“粤中有仁草，一曰八角草，一曰金丝烟，治验亦多。其性辛散，食其气，令人醉。一曰烟酒，其种得之大西洋。一名淡巴菰，相思草，闽产者佳。”一说由越南传入，广东《高要县志》：“烟叶出自交趾，今所在有之，茎高三四尺，叶多细毛，采叶晒干如金丝色，性最酷烈，取一二厘于竹管内以口吸之，口鼻出烟，服之以御风湿，独取一时爽快，然久服面目俱黄，肺枯声干，未有不殒身者，愚民相率服习，如蛾赴火，诚不可不严戢之也。”杨士聪《玉堂荟记》说：“烟自天启（1621—1627）末调广兵，乃渐有之。”可见也是由部队带到北方去的。

第三条路线是由辽东传入，从日本到朝鲜到辽东。朝鲜人称烟草为南蛮草，又名南草。万历四十四年、四十五年间（1616—1617）由日本输入朝鲜。天启辛酉、壬戌（1621—1622）以后，朝鲜吸烟的人很多。由商人输入沈阳，清太宗以其非土产，下令禁止。《朝鲜李朝仁祖实录》记，1637年（明崇祯十年，清崇德二年），朝鲜政府以南草作礼物赠予建州官员云："丁丑七月辛巳，户曹启曰，世子蒙尘于异域，彼人来往馆所者不绝，而行中无可赠之物，请送南草三百余斤。从之。"世子即昭显世子溰，因三田渡之盟作质于建州，彼人指建州官员。可是第二年即被建州禁止，《仁祖实录》："戊寅（1638）八月甲午，我国人潜以南灵草入送沈阳，为清将所觉，大肆诘责。南灵草，日本国所产之草也，其叶大者可七八寸许，细截之而盛之竹筒，或以银锡作筒，火以吸之，味辛烈，谓之治痰消食，而久服往往伤肝气，令人目翳。此草自丙辰、丁巳间（1616—1617）越海来，人有服之者而不至于盛行。辛酉、壬戌（1621—1622）以来，无人不服，对客辄代茶饮，或谓之烟茶，或谓之烟酒。至种采相交易。久服者知其有害无利，欲罢而终不能焉。世称妖草。转入沈阳，沈人亦甚嗜之。而虏汗（指清太宗）以为非土产，耗财货，下令大禁云。"次年，朝鲜派往沈阳的使节即以夹带南草被凤凰城人所发觉，为宪司所劾罢职。同书又记："庚辰（1640）四月庚午，宾客李行远驰启曰：清国南草之禁，近来尤重，朝廷事目，亦极严峻。而见利忘生，百计潜藏，以致辱国。请今后犯禁者一斤以上先斩后闻，未满一斤者，囚禁义州，从轻重科罪。从之。"两国都用重刑禁止输入和走私，甚至处走私的以死刑，可是，吸烟已成建州贵族的迫切需要，无论如何也禁止不了。同书记："丙戌（1646）五月辛巳，冬至使李基祚至北京，驰启曰：龙将（英俄尔岱）密言于李茐叱石曰：今番减米乃九王之力，九王喜吸南草，又欲得良鹰，南草良鹰，并可入送，以致谢意云。"九王即当时的摄政王多尔衮。把以上的史料和荷兰水手汉末尔的报告对比，是完全符合的。而且南草也确是日本名词，《言泉》"南草，淡芭菰之异称也"，可证。上引《李朝实录》中的南灵草，大概就是南蛮草，灵蛮字形相近，抄本是很容易抄错的。

在中国方面，和朝鲜接壤的是辽河以东新兴的后金。（1636年后改称清，本文称未入关前为建州，未改国号前为后金，入关后为清。）明人禁烟上文已经讲过了，后金的禁烟则见于《东华录》："天聪八年（1634），上谓贝勒萨哈廉曰：闻有不遵烟禁，犹自擅用者。对曰：臣父大贝勒曾言，所以禁众人，不禁诸贝勒者，或以我用烟故耳。若欲禁止用烟，当自臣等始。上曰：不然，诸贝勒虽用，小民岂可效之，民间食用诸物，朕何尝加禁耶！又谓固山额真那木泰曰：尔等诸臣在衙门禁止人用烟，至家又私用之，以此推之，凡事俱不可信矣。朕所以禁用烟者，或有穷乏之家，其仆从皆穷乏无衣，犹买烟自用，故禁之耳。不当禁而禁，汝等自当直谏，若以为当禁，汝等何不痛革！不然，外廷私议禁约之非，是以臣谤君，子谤父也。"《皇朝通考·刑考》也记，崇德三年（1638）严出境货买烟草之禁。从这一段记载，我们知道：第一，后金之禁烟，在1634年之前，比朝鲜的记载早四年。第二，当时的贵族，王公贝勒大臣中有不少人抽烟，除九王以外，大贝勒代善也有烟瘾。第三，后金禁烟的对象是老百姓，不禁贵族。由于禁下不禁上，禁令没有什么效果，贵族大臣们有意见。第四，后金之禁烟目的是非土产，耗财货。这一点除了已见上引的朝鲜记载以外，还在1641年的烟草解禁令中明白指出，据《东华录》："崇德六年（1641）二月戊申，谕户部曰：前定禁烟之令，其种者用者，屡行申饬。近见大臣等犹然用之，以致小民效尤不止。故行开禁，凡欲用烟者，唯许人自种而用之，若出边货买者处死。"烟禁的开放，只限于自种自用，至于从国外走私输入的，仍然要杀头，和上引朝鲜记载可以互证。从这件事情看来，清太宗对烟草采用民间自种、严禁走私进口的政策是正确的，在那个时代能够有这样的措施是件很了不起的事。

由于开放了禁令，东北有很多地方种了烟，《盛京通志·物产》《皇朝通志·昆虫草木略》都说："陇旁隙地多种之，叶肥大至径尺，食之御寒。"《热河志》说："陇旁隙地，多种烟草，肥大至径尺，其近顶处数尺曰盖露。"这就是有名的关东烟叶，当时人以为味胜建烟。西北如陕北，《延绥镇志》："烟草其苗掀生如葵，叶光泽，形如红蓼，不相对，高数尺，三伏中开花，色黄，八月采，阴干，用酒洗切成丝。而各省之有名者：崇德烟、黄县烟、曲沃烟、美原烟，唯日本之倭丝为佳。”《百草镜说》：“烟一名相思草，烟品之多，至今极盛。在内地则福建漳州有石马烟，浙常山有面烟，江西有射洪烟，山东有济宁烟，近日粤东有潮烟。”俞正燮《癸巳存稿·吃烟事述》提到兰州有水烟。并说当时有些人见人不吃烟，笑话他是明朝人，其实根据史料，明末人是吃烟的。

清朝康熙帝也是反对抽烟的。俞正燮引：“康熙到德州，传旨：朕生平不好酒，亦能饮一斤，只是不用。最可恶是用烟，诸臣在围场中终日侍，朕曾用烟否？每见诸臣私在巡抚帐房中吃烟，真可厌恶。况烟为最耗气之物，不惟朕不用，列圣俱不用也。”清宫制度，不禁烟，也不把烟列入茶酒一类，作为待客的物品，由此可见，康熙帝之反对吃烟，是从卫生观点出发，和清太宗的禁烟从经济观点出发，是有所不同的。

烟草作为药用材料，朝鲜很注意，张璐《本经逢原》说：“烟草之火，方书不录，唯朝鲜志见之。始自闽人吸以祛瘴，而后北方借以避寒，今则遍行寰宇。”有人卷烟叶塞笔管中，可使笔不蛀。《醒世奇观》以为烟油杀蛇，以注蚂蝗，立僵。

清人入关后，如上所说，多尔衮酷嗜烟草，其他贵族大臣也有吃烟的习惯，渐渐地吃烟成为社会风气了，甚至妇女也抽上了。董潮《东皋杂钞》卷二：“烟草本夷种，嗜之者始于明季。近日士大夫习以为常，大庭广众中以此为待客之具，至闺阁亦然。”

以上说的都指的是抽旱烟水烟。至于纸烟，那是较后的事了，也希望有人能把纸烟的历史谈一谈。

我想，谈一点对我们日常生活有关的一些事情，了解它的发生和发展，以至对人民生活、国家经济的影响，也不是不值得的。

第六章 是非成败转头空

伟大的历史学家司马迁

公元前126年的春天，一辆马车，载着一个二十岁的青年，驭者不断挥动丝鞭，四匹雪白的骏马撒开着腿飞跑，走遍了祖国大江南北的著名城市。

这个青年生得眉清目秀，长身玉立，衣着朴素整洁。随身带着许多竹简、木板，准备把所看到听到的事情，随时记录下来。他这次旅行的目的是访求古代史书，向老人们访问古代遗事，调查了解各地情况，是一次学术旅行。

他叫司马迁（前145—前86？），字子长，左冯翊夏阳（今陕西韩城市南）人。父亲司马谈，做汉朝太史令的官。太史令在政府中是专管天文历法的官员，司马一家从很古时代就专管天文历法，到周宣王时代（前827—前782）还兼管周朝历史资料的保管和编写。到了司马谈，除了继承世代相传的天文历法和历史的家学以外，又跟著名天文学家唐都学天文，有名的学者杨何学《易经》，黄子学道论。精通各家学说，学问很好。他很钟爱这个儿子，一心一意要教育司马迁继承世代相传的家学，亲自讲授指点，在闲暇时，还和儿子讲论诸子百家流派，所见所闻的史事。司马迁读书非常用功，儿童时从师就学会了当时所通行的文字，十岁就念古文——《左传》《国语》《世本》等书，到二十岁时已经博通群书，有了广泛的知识，很扎实的基础了。

这一年，司马谈为他儿子安排了一次学术旅行，接触实际，扩大眼界，增长知识，结交朋友。

根据司马迁所著《史记》里有关这次旅行的记载，大致情况是这样的：他到过长沙，在《屈原贾生列传》里说：我读了《离骚》《天问》《招魂》《哀郢》，很为他的志向所感动。到了长沙，又亲眼看了屈原投水自杀的地方，想象中有这么一个形容憔悴、满腔抑郁的爱国诗人，在这儿行吟、踯躅，他忠于君主，热爱人民，热爱祖国，却落得这样下场，徘徊沉思，不禁伤心落泪。顺便看了九嶷山，传说中舜安葬的地方。到江西庐山，考察了夏禹疏浚九江的情况。在山顶独坐，恍惚看到平原上浊流滚滚，洪水滔天，老妇幼儿，随波呼号，牲畜家具，互相挤撞的惨象。一会儿又看到一群短衣赤脚的汉子，其中有一个身材特别高大的人在指手画脚，他摩顶放踵，治水十三年，三过家门而不入，采用疏浚的办法，导水入河，终于战胜了洪水，这是何等的勤劳、智慧和毅力啊！接着到浙江会稽（今浙江绍兴），参观传说中的禹穴。①到江苏姑苏（今江苏苏州），游览了五湖，领略了烟波浩渺、一望无际的内湖景色。②参观了楚国春申君黄歇的故城，发出“宫室盛矣哉”的感慨。③到淮阴，当地人民说：淮阴侯韩信在当老百姓的时候，志向就和众人不同，母亲死了，虽然很穷，备不起棺椁，却找了一个高敞空旷的地方葬下，准备日后在墓旁可以安置万数人家。司马迁听了，就跑去看，果然是这样的情况。④

---

① 参见《史记·自序》。

② 参见《史记·河渠书》。

③ 参见《史记·春申君列传》。

④ 参见《史记·淮阴侯列传》。

北上到山东，沿途考察了许多河流的水利情况。在过去齐国、鲁国的都城，和一些戴着高高的帽子，穿着宽大的衣袖的学者商讨学问，反复辩论，观察孔子的遗风余韵。到曲阜时，还看了孔子的庙堂和保存着的车服礼器，看到学生们在那里按时学习礼节，仪容端正，队伍整齐，看了又看，竟舍不得走。[①]在薛，看到地方上的青年人，大多数有点粗野，和邹、鲁地方文绉绉的风气不一样，便打听缘故，说是从前孟尝君在的时候，招致了各地方任侠的有各种本领的人到薛来，有六万多家。从这件事证明，孟尝君以好客自喜，确是名不虚传啊！[②]在汉高祖发迹的丰、沛地区，访问了许多老人，谈了旧事。还看了汉初功臣萧何、曹参、樊哙、滕公等人的故居，他和樊哙的孙子他广是朋友，他广也告诉了他汉初功臣许多逸事。[③]西向经梁、楚，这是战国时代战争频繁的地区。在大梁之墟，访问信陵君时代的夷门，原来就是城的东门。徘徊门下，仿佛想见当年信陵君亲自执辔，车骑簇拥，夷门监者侯生，一个七十岁白须白发的穷老头子，在车上高坐，信陵君执礼愈恭，路人聚观，从骑窃骂的情景。[④]当地人都说，秦国攻魏国的都城，引河水灌城，城墙坏了，守不住了，魏王只好投降，秦就灭掉魏国。人们的意见，认为因为魏国不用信陵君，所以国家削弱，以至于亡。司马迁研究了当时历史情况，不同意这种意见，他认为秦灭魏是当时人民要求统一的必然结果，魏王即使有伊尹那样的贤臣辅佐，也还是抗拒不了的。[⑤]

在《史记·龟策列传》里，司马迁说：我到江南，了解南方人的生活习惯，访问了许多年纪大的长老。他们说沿江一带人们有养龟的习惯。很有意思，我也是南方人，四十年前在一个朋友的家里，看到院子的水池里就养着许多大大小小的龟。隔了两千多年了，江南人民还保持

---

① 参见《史记·孔子世家》。

② 参见《史记·孟尝君列传》。

③ 参见《史记·樊郦滕灌列传》。

④ 参见《史记·魏公子列传》。

⑤ 参见《史记·魏世家》。

着这种习惯，可见司马迁观察事物是很细心的。

在山东地区游历的时候，他从泰山一直到琅琊，东到海边，看到这一带两千里之间肥沃的土壤，和当地人民接触，发现他们很有气概，不大暴露聪明，他认为这是和当地的地理环境有关系的。①

在这次旅行以后，不久他就做了郎中的官，有机会跟从汉武帝到各地游历。公元前112年，他跟皇帝西到空同（今甘肃岷县西）。公元前110年又奉使到四川南部，看了秦时蜀郡守李冰所凿的离碓（今成都都江堰）。回来复命后，又跟皇帝东封泰山，从碣石一直到辽西一带，经过北边九原（今内蒙古乌拉特、茂明安二旗之地），回到甘泉（今陕西淳化县）。在这次旅行中，他观察了秦朝将军蒙恬所修的长城和秦朝所修从九原到甘泉的直道（公路），在《史记·蒙恬列传》里说：我到北边，从直道回来，看到蒙恬所修筑的秦长城和亭、障，他们把山凿开了，把谷填平了，工程非常浩大，所用的人力可真是不少啊！第二年又跟皇帝到河南、山东，上泰山。这一年黄河决口泛滥，水灾严重，汉武帝亲自在河北濮阳县黄河决口处主持堵口工程，随从人员从将军以下都参加劳动，背着柴木堵口，司马迁也参加了。决口堵塞以后，汉武帝很高兴，就在堵口处建造一所宫殿做纪念，叫作宣房宫。通过这次实践，司马迁认识了水的利和害两个方面，后来就特别在《史记》里写了《河渠书》的专门记载。公元前107年，又跟皇帝到河北涿鹿，和当地父老们谈论古代黄帝、尧、舜的传说。②

司马迁一生所游历的地方很多，他不是为了游山玩水，而是有一定的目的——做历史的调查研究工作。他注意地理环境、人民生活习惯、历史传说和著名人物的逸闻逸事，他到处访问地方长老，随时记录，很用功，也很细心，观察力又很敏锐，就这样，通过长期的多次的游历，不但丰富了文章的辞藻，壮大了文章的气势，展开了自己的眼界，开阔

① 参见《史记·齐太公世家》。

② 参见《史记·五帝本纪》。

了自己的心胸，也积累了无数的宝贵的历史资料。

为了求得历史的真实性，司马迁还通过和史事有关人物的谈话，来核对史实。例如赵王迁的情况，在《史记·赵世家》里，司马迁说：我听冯王孙说，赵王迁的母亲原来是妓女，赵悼襄王很宠爱她，把嫡子嘉废了，立迁为王。赵王迁品德很不好，又喜欢听一些没有根据的话，把最好的将军李牧杀了，用无能的郭开做将军，结果，赵国为秦所灭。这段故事指出了赵国宫廷的情况和赵王迁的家庭教育影响。又如荆轲刺秦始皇的真实情形，当时目击者有秦始皇的侍医夏无且，司马迁父亲的朋友公孙季功、董生都曾和夏无且交游，《史记》这部分记载看来就是司马迁从父亲那儿听来的，所以写得非常生动，精彩。又如《史记·郦生陆贾传赞》说：平原君（朱建）的儿子和我是好朋友，所以我才能谈论这件事。《田叔列传赞》说：田叔的小儿子田仁是我的好朋友，我所以一并谈论他。《卫将军骠骑列传赞》说：苏建对我说，他曾批评大将军（卫青）地位那样高，可是国内的贤士大夫没有称道大将军的。希望大将军能够像古代名将那样注意选择贤人，结交朋友才是。通过卫青部下将领苏建的话，指出卫青的短处。有些历史人物的特征，则是听朋友说的，如《项羽本纪赞》说：我听周生（周霸）说，舜的眼睛重瞳，项羽也如此。留侯（张良）的相貌，则是看了他的画像，《留侯世家》说：我以为这个人的相貌一定是魁梧奇伟的，谁知道看了画像，样子像个漂亮的妇女。孔子说过，用相貌来衡量人的品德，对子羽（澹台灭明字子羽，是孔子的学生，长得很丑，品德却很好）就不适用。我看留侯也是这样。有些历史人物则是根据他自己的直接接触来描写的，例如《史记·李将军（李广）传赞》说：我看李将军，样子老老实实像个庄稼人，嘴里说不出话。司马迁和李广的孙子李陵同为郎官，所以有机会见到李广。又如《游侠传赞》说：我看郭解，长得不比平常人好，谈话也不怎样出色。但是全国不管是好人、坏人，知道他和不知道他的人，都仰慕他的名声，讲游侠的都拿他做榜样。司马迁是夏阳人，郭解也曾经逃亡在夏阳住过一个时期，因此，司马迁不止认识郭解，了解郭解，还替他写了传，通过对郭解的叙述，表达了他对当时社会现象的愤慨。

在到处游历访问的同时，司马迁还跟当时著名的学者受学，例如孔子的后代孔安国做博士（教授）的时候，司马迁向他学习古文《尚书》（《尚书》有古文、今文两种本子，今文是汉朝当时通行的隶书，古文则是蝌蚪文字。学者讲解两种本子，各有流派师传）。《史记》里所记《尧典》《禹贡》《洪范》《微子》《金縢》这些篇，用的都是古文家说。又如董仲舒是当时著名的《春秋》学者，《史记·太史公自序》讲孔子作《春秋》的缘故，就是听董仲舒说的，可见司马迁也是跟董仲舒受过教的。在朋友中，贾谊的孙子贾嘉最为好学，和司马迁通信；壶遂是个天文学家，和司马迁同事，讨论过历史问题。

公元前110年，司马迁从四川奉使回来，这时汉武帝正要东封泰山，司马谈是太史令，照例是应该从行的。不料生了重病，留在洛阳。司马迁回到洛阳见了父亲，司马谈拉着儿子的手，哭着说：我的祖先是周朝的史官，远祖专管天文历法，很有名气。后来中间衰落了。你如能够再做太史令，那就可以继承祖先的事业了。我死后，你一定会做太史令的！做了太史令，不要忘了我想要讨论、著作的事。做一个好儿子，首先是对父母好，其次是对君主好，但最重要的是做一个堂堂的人，能够站得住。要做好事情，使声名传到后代，使人们知道这是他父母的好教育，这是最大的孝。人们都在歌颂周公，因为他做了好事，表达了他先人的成就。以后到孔子，论《诗》《书》，作《春秋》，讲学问的人到现在还以他为榜样。孔子死后四百多年了，各国互相兼并，历史也没有人记载了。现在汉朝建立，全国统一，有多少应该记载的可歌可泣的历史啊！我做太史令多年，可是没有着手做，让国家的历史断绝了，我非常着急，恐慌，你要记住这件事才好！司马迁低头流泪，对父亲说：儿子虽然不成才，一定要把祖先和你所谈论的记录下来，不让它有一点遗漏。他对父亲立下了编写国家历史的庄严誓言。

不久，司马谈就死去了。两年以后，公元前108年，司马迁果然继承了父亲的工作，做了太史令。这一年司马迁三十八岁。

石室、金匮是国家藏书的地方，司马迁做了太史令，尽情阅读了国家的藏书，特别是古代各国的史记，他的历史知识越发丰富了，对历史发展的看法也日益成熟了，做了编写《史记》的充分准备工作。这里应该指出，远在两千多年前，那时候，纸和印刷术都还没有发明，所有的书都是用竹简或者木板抄写的，抄写一部书要用很多时间，费用很贵，数量也很大。一般人读书只能听老师口授和笔记，要读很多部书是极不容易的事情。司马迁生在世代掌管编写历史的家庭，有特别优越的条件，能够阅读家藏的史书，现在又有更多、更好的机会阅读国家藏书了，他的著作之所以能够取得伟大的成就，除了他的家庭教育、好学勤读、游历访问、做了充分的调查研究工作之外，指出这一点也是必要的。

公元前104年，司马迁和公孙卿、壶遂建议改定历法，奉命造太初历，这个历法也就是“夏历”，一直通行到今天。从这一年开始，司马迁用全部力量编写国家的历史，从有史以来一直到当代的通史，总结了过去时期的经济、社会、政治、军事、文学、科学、艺术等各方面活动的经验。

五年以后，公元前99年，汉将军骑都尉李陵战败投降匈奴，司马迁说了几句公道话，触怒了汉武帝，被处宫刑。

事情的经过是这样的，李陵是名将李广的孙子，勇敢果决，善于作战，奉命率领五千步卒出击匈奴，在浚稽山（今蒙古人民共和国喀尔喀土喇河及鄂尔浑河之间）为匈奴骑兵三万所包围，全军力战，杀伤匈奴兵几千人，且战且退，原来配备的援军没有来到，匈奴方面又增加了八万的兵力，经过几天的激战，又杀伤了匈奴兵几千人，最后退入山谷中，匈奴骑兵从山上射箭，矢如雨下，李陵军士卒死伤惨重，箭射完了，援兵还没有影子，势穷力竭，投降了匈奴。李陵战败的消息到了长安，满朝官员都骂李陵辱国，汉武帝问司马迁的意见，司马迁以为李陵兵力少，和兵力大十几倍的强敌死战，转战千里，后无援兵，杀伤敌兵近万，这样英勇，古代的名将也不过如此。他虽然力竭投降，还可能找机会立功报答国家的。李陵投降敌人当然是不好的事情，但是司马迁根据敌我情况，做了如实的说明，他不是肯定李陵，而是希望李陵以后能有机会做出报效国家民族的表现，不料汉武帝大怒，以为司马迁替李陵说情，立刻把他关进监牢，处以重刑（下蚕室，去掉睾丸）。

司马迁的身体虽然残疾了，汉武帝还是爱惜他的才学，改官为中书令，这个职务掌管接收百官报告，转达给皇帝，是个宫廷的机要工作。

李陵案件，对司马迁是极为严重的打击。但他没有灰心，下定决心要活下去，无论如何，要完成国家历史的编写工作。公元前93年，他在答复朋友任安的信里说道：我受了这样可耻的重刑，所以隐忍苟活是有原因的。多年来收集全国历史事迹，考察比较，研究其成功、失败、兴起、灭亡的道理，写了一百三十篇，目的是要弄清人类和自然界的关系，阐述古代到现代的发展、变化，建立一家之言。不料工作还没有完成，便遇到这件惨祸，为了写完这部书，便只好忍受这种刑罚。反之，假如早已成书，传布开了，就是死一万次，也是不会后悔的。信写得十分愤慨激昂，非常动人，说出了司马迁对历史著作的严肃、郑重、负责的态度，和百折不挠完成事业的奋斗精神。

司马迁的卒年，历史上没有记载，根据史料估计，大概死在公元前86年，存年约六十岁。

司马迁的时代，是我国历史上最杰出的皇帝之一——汉武帝在位的时代（前140—前87）。经过秦朝末年农民战争的历史教训，汉朝初期的统治者采取了一些缓和阶级矛盾的措施，让农民能够休养生息，发展生产。经过几十年的统一、安定局面，经济发展了，社会繁荣了，国家富足了，军事力量强大了。汉武帝是一个雄才大略的政治家，他在这个基础上，几次出兵打败多年来经常侵扰北方边境的匈奴，打通河西走廊，和西方许多部落建立了联系，交换了物资。并且通过各种方式，扩大了国家的疆域。把煮盐、冶铁、铸钱三大工业收为国有，使政府的收入大为增加。汉武帝在位的时代是汉朝的全盛时代。

也正是这个时代，阶级矛盾更加尖锐化了。地主无休止地剥削、兼并农民，地主愈富，农民愈加贫困；商人囤积货物，勾结官吏，放高利贷，剥削中小地主和农民。封建统治集团也越来越腐化了，官吏欺凌、奴役人民，老百姓有冤无处诉，社会上出现一些游侠，为受苦难的人们打抱不平的人物。

司马迁以自己敏锐的观察力，忠实地、科学地用富有文采的动人描述，概括地记录了这个时代。他同情农民战争，歌颂陈胜、吴广起义；对项羽和刘邦的斗争，感情也是偏向项羽一面的。他谴责酷吏，赞扬游侠。对皇帝的缺点，从汉高祖的无赖到汉武帝的妄想长生、封禅、求仙，都直笔不讳。对广大人民的痛苦生活，一再表示同情。特别是对封建官僚的龌龊生活，寡廉鲜耻的行为，“侯之门，仁义存”，只有做官的人才有道理的不平现象，予以有力的揭露和抨击。他通过人物、事件本身的叙述，表达了自己的观点，也通过历史家的笔法，用自己的口气，“太史公曰”，提出自己的意见和评价。他注意社会生活、活动的各个方面，对当时经济情况做了详尽的记录和分析，也注意到人和人的关系，对那种不公道、不合理的社会现象，发出了忧时的感慨和愤怒。他的爱和憎是分明的，对是和非是毫不含糊的。在他的著作中，充满了对祖国的热爱和歌颂，也对坏人、坏事做了有力的暴露和谴责。

他的著作原名《太史公书》，后人称为《史记》，内容分十二本纪，十表，八书，三十世家，七十列传，共一百三十篇，五十二万六千五百字。《史记》的学术地位是极高的，汉代大学者扬雄推许《史记》为实录，实录是真实的记录，是历史著作的基本要求。史学家班固说：刘向、扬雄两人都博览群书，都称赞司马迁有良史之材，佩服他善于叙述事理，辨而不华，质而不俚，其文直，其事核，不虚美，不隐恶，所以称为实录。宋代史学家郑樵更是推崇，说司马迁继承孔子的意图，把有史以来下至秦、汉的历史，编成一部通史，分成五种体裁：本纪是帝王的编年史，世家是诸侯的家族史，表扼要记事，书记典章制度，传详叙人物，这五种体裁的奠定，后代的历史家都不能改变。学者离不开这部书，六经之后，只有这部书！清代史学家王鸣盛说司马迁自己说写这部书是述而非作，其实是以述兼作的，是有创造性的。赵翼说《史记》是史家的最高准则，在过去的历史时期，没有任何一部历史著作曾经超过《史记》。这些评论都是公允的，符合实际的。

当然，也还必须指出，《史记》不只在历史著作方面占有极高的地位，在文学艺术方面，也是有其光辉灿烂的成就的。他写人物都栩栩如生，呼之欲出，写事件简明扼要，生动活泼。《史记》不只是一部极为优良的历史著作，也是一部极为优良的文学作品，在历史和文学两个方面，都占着历史时期第一流的地位。在我国的历史著作中，史学和文学一向是统一的，这个优良的传统，经过司马迁的努力而更加发扬光大，永远值得后人继承、学习和敬仰。

司马迁是我国的伟大的历史家和文学家。

谈曹操

一、谈的意义

这些天来，一碰见人就谈曹操，大家兴致很高，甚至在会场上、会前、会后、中间休息的时候，谈的都是曹操。有的说他是好人，有的说是坏人，也有人说，一半好人，一半坏人。议论很多，文章也不少，人人各抒己见。正是春暖花开的时候，有了谈曹操这样一个好题目，学术界也在百花齐放了，春色满园关不住，好得很。

好人坏人的争论，不只是曹操，历史上许多人物都有。不只是大人，小孩子也有。小孩看戏，红脸白脸上场，故事没看懂，先问这是好人坏人，弄清楚了再决定喜欢哪一个。有些剧中人，凭脸谱可以信口回答，但是一问到曹操，就不是那么简单了。

历史上著名人物很多，数不清，也记不清。有些人物尽管大，但是人们还是不熟悉。曹操可不一样，名气最大，从北宋一直到今天，数他的熟人多，从小孩到大人，从城市到乡村，只要听过故事看过戏的，谁都认得他那副大白花脸。风头最足，挨骂也最久。“说曹操，曹操就到”这句话，在哪儿都可以听到。

记载曹操事迹的书，主要是《三国志》，但是看的人不很多。自从北宋的讲史，说三国故事，元明以来的《三国演义》，清朝后期的三国戏流行以后，曹操便成为妇孺皆知的人物了。印刷术和戏剧事业发展了，识字的人看小说，不识字的人看戏，通过这些，广大人民汲取了有关祖国发展的历史知识。文学家和艺术家们逐步地塑造成功现代舞台上的曹操脸谱，使曹操这一名字在群众语言中有了特定的含义。

描写曹操的小说、戏剧，成功地影响了人民群众；人民群众的爱憎又反回来影响了小说、戏剧，这种不断的反复影响，曹操在人民群众中成为定型的人物、坏人的典型。说也奇怪，尽管坏，却并不讨人厌，人们喜欢看曹操的戏。

我们的祖先骂了曹操一千年，如今，我们却来翻案。

这个案不大好翻，因为曹操有悠久的深远的广大的群众基础，小说和戏文已经替他定了型，换一个脸孔，人家会不认得，戏也不好演。譬如《捉放曹》这出戏，曹操如改成须生出场，便只好和吕伯奢痛饮三杯，对唱一场，拱手而下，没有矛盾了，动不得武，杀不得人，还成什么《捉放曹》？

不好翻则不翻之，乱翻把好戏都翻乱了，要不得，我看，旧戏以不翻为好。况且，何必性急，曹操已经挨了一千年的骂，再多挨些年，看来也没有什么不可以。还有一个办法，唱对台戏，与其改旧戏，何如写新戏，另起炉灶，新编说曹操好话的戏，新编我们这个时代的曹操戏，有何不可。

另外，说不好翻，也好翻。我们需要一本好历史书，历史上有许多许多问题都需要翻案。应用新的观点，从历史事实本身，重新估价曹操在历史上的地位，肯定他在历史上的作用，研究曹操，研究三国时代的历史，发表些文章，写些书，逐渐改变人民群众对曹操的看法，不也就翻过来了？

再过些时候，舞台上的曹操也会跟着起变化，我相信会是这样的。

从曹操这个人物的重新评价开始，将会引起历史上其他人物的重新评价，从讨论曹操这个人物开始，将会引起人们对祖国历史的学习兴趣，那么，为什么不谈呢？

二、奸雄、能臣

最早对曹操评论的两个人，一个是桥玄，另一个是许劭。桥玄称他为命世之才，能安天下。许劭说他是治世之能臣，乱世之奸雄。两人的说法不同，意思是一样的，总之，都很佩服他。

奸雄这一鉴定是许劭的创造，后来许多关于曹操的评论，大体和这一创造有关。

这两句话的意义：第一，治和乱是相对的，能臣和奸雄却指的是同一个人。第二，无论乱世治世指的都是曹操所处的时代。第三，曹操的人格有两面性，有能臣的一面，有奸雄的一面，也就是有好的一面、坏的一面；有优点，也有缺点。

我基本上赞成他们的话，认为公道。问题只是一个奸字。

奸是对忠而说的。对谁奸、忠呢？从当时当地的人来说，对象是汉朝皇帝，是刘家。从当时当地汉朝的臣民说，对汉朝、对刘家不忠的是奸臣。但从整个历史，从此时此地的人来说，一非汉朝臣民，二非汉帝近属，硬派曹操奸臣帽子，为汉献帝呼冤，岂非没有道理之至。

但是，问题也不简单，尽管过了多少朝代，甚至到了今天，还是有人对曹操夺取刘家政权有意见，岂不可怪。

说怪，其实不怪，其中有个道理。

原来国家这一观念是近代才形成的，古代的人对国家的观念并不那样具体。比较具体的象征是皇帝，有了皇帝，也就有了政府了，有了法制了，也就会有统一的安定的局面。没有皇帝，没有政府，没有法制，天下就大乱了。因此，忠君爱国四个字总是连用的。要爱国就得忠君，不忠君也就是不爱国，皇帝没有了，也就失去了忠、爱的对象，也就失去了和平、统一、安定的秩序。至于皇帝是什么人，什么样子，那倒关系不大。重要的是要有一个统一的政府和法制。

从秦始皇统一以来，二世残暴，统治时间短，秦亡，没有听说有人要复秦的。但从汉朝起，情况不同了，刘家统治了几百年，维持了几百年和平、统一、安定的生活秩序。在这几百年中，在人民中建立了这样一个信念，要生活安定，就得统一，要统一就得要有皇帝，而且只有刘家的才算。王莽也做过皇帝，但是不行，搞得天下大乱。后来刘秀起来了，是刘家子孙，又维持了许多年代。东汉末年，政治腐烂得实在不像话，人民忍受不住，起来闹革命，黄巾大起义，被政府军队和地主武装残酷镇压，失败了，造成地主武装割据地方，连年混战的局面。到处是屯、坞、堡、壁，这一州，那一郡，这一个军事集团，那一个军事集团，打来打去，百姓流离，饿死道路，妻离子散，田畴荒芜，人民吃够了苦头，普遍的要求是统一、安定和平的生活。在这种情况下，汉朝皇帝这一象征成为人民向心的力量。忠于皇帝也就是爱国。

曹操掌握了汉献帝这一工具，组织了强而有力的政府，颁布限制豪强的法令，也就适应了广大人民要求统一和平的愿望，符合了时代要求。当时的中原豪族，衣冠子弟，中小地主都被吸引在曹操周围，挟天子以令诸侯，造成了瓦解敌人的军事优势，壮大了力量，巩固了统治。同时，通过这一工具的利用，也继承了汉朝的政治遗产，利用了汉朝的政治机构和人才，逐步建立安定的秩序，颁布法律，发展生产，得到人民的拥护。

同样，江东孙权这一家，虽然割据江东，却还用汉朝官号，用这块招牌办事。四川的刘备更是自称汉朝子孙，用这牌号来骂曹操是国贼。直到曹丕称帝以后，这两家才先后称帝。

以后历史上，唐朝亡了，少数民族的李存勖还称唐；宋亡后几十年，韩林儿起义还冒称是宋徽宗子孙；明亡了，鲁王、桂王还在沿海和西南地区继续抵抗，并且都取得人民支持，道理就是这样。

要说曹操挟汉帝就是奸臣，那么，反过来，曹操不挟，汉朝早完了。曹操用上这块招牌，从196年到220年，汉朝多延续了二十五年。要是曹操不挟，如他自己所说的，正不知有几人称帝、几人称王，中原地区的分裂割据局面延长了，对人民有什么好处？

正因为人心思汉，汉家这块牌号还可以继续利用，曹操一生不称帝，周文王是他的榜样。到曹丕继位，经过曹操二十多年的经营，内部巩固了，另外，吴、蜀一时也打不下来，才摘了旧招牌，另起牌号。

总之，曹操这顶奸雄帽子，是扣死在和汉献帝的关系上的。过去九百多年都骂他作奸臣，是由于过去的封建体制、封建道德所起的作用。今天，评价曹操，应该从他对当时人民所起的作用来算账，是推动时代进步呢，还是相反?

我以为奸雄的奸字，这个帽子是可以摘掉的。这个案是可以翻的。

至于曹操镇压黄巾起义的问题，也有不同的意见。镇压、屠杀黄巾是坏事，是罪恶。但是，也应该分别来看，第一，不能以曹操曾经镇压黄巾就否定他在这一时代所曾起的作用；第二，曹操的对手刘备和孙家父子都是镇压黄巾起家的，人们骂曹操，却同情刘备、称孙家父子是英雄，同样的凶手，袒刘、孙而单骂曹操，这是不公道的。

除此以外，曹操还犯了不少罪，一是攻伐徐州，坑杀男女数万口于泗水、屠虑、睢陵、夏丘诸县；二是官渡之战，坑杀袁绍降卒八万人；三是以私怨杀崔琰、华佗等人。

至于《捉放曹》杀吕伯奢全家这一件恶名昭著的坏事，倒应该有所分析。据《三国志》注有三说。一是《世语》，说吕伯奢不在，五个儿子在家招待，曹操疑心他们谋害，夜杀一家八人逃走。二是孙盛《杂记》，说是曹操听见吕家吃饭家具响声，以为要暗害他，就杀人逃走。还自言自语说："宁我负人，无人负我。"《捉放曹》是综合这两说编成戏的。其实孙盛的话就有漏洞，人都杀光了，自言自语的两句话是谁听见的?三是《魏书》，说吕伯奢的儿子和宾客抢劫曹操的马匹衣物，被曹操杀了几个人。这一说对曹操最有利，但偏偏不用。从历史事实说，裴松之是很小心的，把《魏书》的说法引在第一，三说平列，不加论断。从时代先后说，孙盛是晋朝人，他记的史事一定就比《魏书》正确，也是值得怀疑的。

三、统一的努力

从秦到汉末，四百多年时间，全国的经济中心是中原地区。不论是农业生产、水利、蚕桑、冶铁等方面，都占全国较大的比重。由于经济的发展，文化水平也相应地提高，讲经学的、文学的、艺术的人才荟萃，汉末的郑玄、卢植、蔡邕、管宁、邴原等人都是门徒千百数，他们所住的地方都成为一时的学术中心。政治中心如洛阳、长安、邺、许都在北方，集中了全国各方面的人才。

东汉后期的政治局面，是以皇帝为中心的统治阶级内部的两个集团的互相倾轧。一个集团是宦官领导的，有些寒门的地主阶级分子在他们的周围，极盛时连名门的人也钻进去了。另一个是地方豪族、名门和太学生，名望高，人数众多，却没有军事实力。曹操、袁绍、袁术等人都参加了后一集团。袁绍、袁术家世显贵，是名门豪族，号召力量很大，曹操的家世虽然有人做官，却因为出自宦官，算不得名门，有点寒碜，抬不起头。名门豪族有政治威望，有的要自立门户，有的勉强敷衍，不肯和他合作。以此，曹操有了军事实力以后，便有意识地打击当时的名门豪族，扶植培养寒门子弟和中小地主，作为他依靠的力量。

曹操的军事力量，主要的是他自己的部曲。公元189年他东归到陈留，散家财，合义兵，陈留孝廉卫兹也以家资帮助，有兵五千人。其中夏侯惇、夏侯渊、曹仁、曹洪等名将都是他的亲戚、子弟。其次是各地地主的部曲，如李典从父乾合宾客数千家在乘氏，吕虔将家兵守湖陆，许褚聚少年及宗族数千家坚壁，这些地主都是和黄巾作战的，打不过就投奔到武装力量较大的曹操这边来。部曲战时从征，平时的给养得自己想办法，不归郡县管辖，称为兵家。还有一支较大的兵力叫青州军，是把黄巾军改编的。跟他打了二十多年仗，220年曹操死，青州军惊慌失措，以为天下又要大乱了，打起鼓来就向东开发，回到老家去，差一点出乱子。

总之，曹操的军事力量是由部曲为主组成的，部曲首领都是地主，数量最大的是中小地主。

吴、蜀的情况也是一样。

吴、蜀地区和中原相比，是比较后开发的地区。从汉武帝以后，这两个地区的经济情况在逐步上升。黄巾起义以来，中原残破，中原人士成批地流亡到南边来，人力的增加和生产技术、文化、学术的传播都促进了这两个地区的发展。东吴开发山越地区，政令直达交州，有海口，发展对外贸易；刘蜀安定后方，取得少数民族支持，屯田前线，进可以攻，退可以守。在经济上文化上都有了很大的进步，可以站得住脚了。

这样，曹操统一的努力，就遭遇到极大的阻力。打了三十年仗，只能够完成部分的统一事业。

中原地区的农民是渴望统一的，不但是为了安定的秩序和正常的生产，也为的是不打仗了，可以不服兵役，可以减轻军事供应负担。上层的文官谋士是要求统一的，不但统一的观念深入人心，对他们来说，统一也只会带来好处。部曲主是坚决主张统一的，统一了会更壮大自己的队伍，提高地位，有利于部曲的给养。农民、豪族、官僚、武将虽然彼此间的利害不同，但是对于统一的要求是一致的。

吴、蜀的情况正好相反，换了一个新主人，当地的农民已经有了比较安定的生产环境了。部曲主则坚决反对统一，因为统一的结果将使他们丧失部曲和分地，将使他们送家小到曹操那儿做抵押，离开故乡故土。吴、蜀的统治者也是一样，失去统治地位，听人安排。只有一部分从中原来的文士官僚们，他们在哪儿都做官，投降了还可升官封侯，因之，他们是主张投降的，但数量很少，形成不了一种强大的力量。

曹操努力统一全国的事业，虽然得到中原地区人民的支持，但是，面对着吴、蜀的坚决抵抗，终于不能成功。

尽管曹操不能及身完成全国统一事业，但是，他毕竟在他所统一的地区做了不少好事，不但安定了秩序，也促进了生产，繁荣了文化，推动了时代进步。

和袁绍相比，袁绍是代表大地主阶级利益的，曹操正好相反。袁绍宠信审配、逢纪等人，这些有权势的人拼命搜括，邺破时，这些家都被抄家了，家财货物都以万数。曹操指责袁绍："袁氏之治也，使豪强擅恣，亲戚兼并，下民贫弱，代出租赋，衒鬻家财，不足应命。"他制定制裁豪强兼并之法，并规定收田租亩四升，户出绢二匹、棉二斤。其他的不许擅兴发，责成郡国守相检察。百姓很高兴。

曹操安定冀州的例子，说明了他在中原地区的基本措施。当时农民从大地主的兼并下解放出来，有了定额的租赋，无论如何，比之过去代出大地主租赋，郡国守相要什么就得供应什么的情况，是不同了，这对于当时的生产力的发展，无疑是起了很大作用的。

除在政治上抑豪强之外，他还进行了许多增产措施，如屯田，如推广稻田、改进工具，等等。

从196年开始，曹操大兴屯田。募民许下耕种，得谷百万斛，以后逐步推广到沛、扬州、淮南、芍陂等地；郡国创制田官，有典农中郎将、典农都尉等，专职领导，自成系统。“五年中仓廪丰实，百姓竞劝乐业。”明帝时人追说屯田之利说：“建安中仓廪充实，百姓殷足。”屯田的成绩不但供应了前线的军食，还增加了生产，减轻了农民的负担，节省了农民远道运输的劳力。百姓比以前富足了。

和屯田并举的是推广稻田。如郑浑在下蔡，课民耕桑，兼开稻田，又于阳平、沛二郡兴陂堨，开稻田，功成后亩岁增租八倍。刘馥在扬州，治芍陂及茹陂、七门、吴塘诸堨，以溉稻田。刘靖在河北，修戾陵渠大堨，灌蓟南北，种稻田，边民蒙利。后来皇甫隆在敦煌，教农民用水灌溉，做耧犁，省了一半劳力，增加了五成收成。

生产工具的改进，如监冶谒者韩暨改马排为水排，省马排用马百匹，利益三倍于前，等等。

这些措施都是对人民有利的。

在这基础上，202年，曹操下令兴建学校，县满五百户，置校官，也正是在这基础上，他奖励文学艺术的创作，召集文士。他自己手不释书，白天讲武，晚上研读经传，登高必赋，制造新诗，被之弦管。建安文学的形成，他是有诱掖奖进的功劳的。

在政治上，他也采取抑豪强的方针，东汉两个最大的家族，袁杨两家，都是四世做公的。袁家兄弟破灭，杨家杨修有才，又是袁家外甥。孔融是孔子之后，也有重名，都借细故把他们杀了。相反，不是名门大族出身的广陵陈琳为袁绍作檄文痛骂曹操，连祖宗八代都臭骂一通。后来陈琳投降，曹操对他说："你替袁本初骂人，骂我也就可以了，恶恶止其身，怎么连祖宗八代都骂起来呢？"陈琳谢罪，也就算了。还重用他，军国书檄，多出陈琳手笔。

用人只挑才干，不问门族品德，他有意识地反抗汉末说空话的风气，几次下令求贤，提到不管什么生活不检点的，即使偷窃、盗嫂的都可以用。如满宠出身郡督邮，张辽、仓慈、徐晃、庞悳、张既都出身郡吏，都做到大官。汉末三公充位，政归台阁，秘书（中书）监、令掌管机密，最为亲重。刘放、孙资都不是名门大族，用为监、令，曹操极为信任。

曹操有意识地打击豪门，用人唯才，不管家世，用有才干的人管机密，做郡国守相，加强了统治机构的力量，也有效地贯彻了他的治国方针，发展了生产，巩固了统治。从政治制度上说，曹魏的秘书（中书）监、令，一直继续沿用到元朝。明清两朝也还受到影响。

曹操这个人的才能是多方面的，他是当时最伟大的军事家、第一流的政治家、第一流的诗人，此外，他还是艺术家，写一笔好草字，懂音乐，有很高的文化水平。刘备、孙权都远不如他。

他对当时人民有很大功绩，他推动了历史进步，在历史上占有重要地位。

他也犯了不少罪过，这些罪过排列起来一条条都很大。但就曹操整个事业来说，却是功大于过。

曹操是个当时杰出的大人物，有功劳，也有罪过，绝不是十全十美的完人。十全十美的完人，在历史上是没有的。

我的意见是曹操这个历史人物，在历史地位上应当肯定，应当在历史书和历史博物馆中占有相当的地位。但是，历史人物的讨论不应该和艺术作品中的人物完全等同起来，旧戏中的曹操戏照样可以演。某些已经定型的曹操戏最好不改，而且，与其改也，毋宁新编，历史题材多得很，何必专从改旧戏打主意呢？

夫人城

中国历史上有许多妇女英雄人物，她们以自己的勇敢、智慧，反对侵略，保卫人民利益，在战争中立了功劳，为当时以及后代人民所尊敬怀念。夫人城的故事就是一个著名的例子。

4世纪后期，南北分裂，北方的前秦苻坚建都长安，军事力量十分强大，东晋建都南京，军力衰弱。

太元三年（378）二月，苻坚发兵包围东晋的军事要地襄阳，统帅是尚书令苻丕，率领部将慕容暐、苟苌等步骑兵七万为主力，大将杨安领樊、邓一带军队做前锋，屯骑校尉石越率精骑一万出鲁阳关，大将慕容垂、姚苌出南乡，大将苟池和强弩将军王显带劲卒四万从武当继进，诸军大会汉阳，驻师沔水之北，准备进攻襄阳。

东晋襄阳的守将是南中郎将梁州刺史朱序，义阳（今河南新野）人，他父亲朱焘做过南蛮校尉、益州刺史，是个有名的将军。朱序世代将门，立了不少战功，坐镇襄阳。他得到前秦大军压境的消息，知道前秦军队没有船只，过不了沔水，也就不放在意下。谁知石越的骑兵竟自游马过沔水，攻陷襄阳外城，俘获了一百多条船，苻丕大军陆续乘船过沔水，攻破外城，朱序只好固守中城，等待外援。东晋派车骑将军桓冲领兵七万声援，看到前秦军队强大，不敢进兵。

朱序的母亲韩夫人当年跟着朱焘打过仗，富有军事知识和经验，襄阳一被围攻，她就亲自登上城墙，观察形势，检查防御工事，走到西北角的时候，看出这一段形势不好，是防御的薄弱环节，最容易被敌军突破。便立刻带领家中一百多婢女和城中的妇女一起，在西北角的内线，再斜筑一段二十多丈的城墙，由于她亲自带头，城中妇女十分上劲，不多几天便修成了。过了些日子，西北角果然被敌军突破，襄阳守军坚守新城，敌军累攻不下，只好退兵，襄阳人民喜欢极了，叫这段新筑的城为夫人城。

朱序守军屡次战败敌军，西北城一战，苻丕战败退兵，朱序便骄傲起来，认为敌军不会再来进攻，放松了警戒。

前秦方面，苻坚因为苻丕率领大军久攻襄阳不下，派黄门郎持节到军中，严厉谴责苻丕，并且说："来春再要攻不下，你便自杀，不必再见我了！"苻丕大会诸将，决定战略，把大军团团围住襄阳，阻绝外援，断其粮运，昼夜攻城，前仆后继。

太元四年（379）二月，正在前秦激烈进攻的时候，朱序部将督护李伯护阴谋投降，开门引进秦军，襄阳遂为前秦所占，朱序被俘送到长安，苻坚用为度支尚书。李伯护自以为有功，苻坚命令斩首示众，以为不忠之戒。

朱序陷身前秦，设法潜逃南归，没有成功。

383年苻坚亲自率领百万大军南攻东晋，攻陷寿春，兵临淝水。苻坚派朱序到东晋，劝说东晋主将谢石投降，苻坚原来是要朱序夸耀兵威、不战服人的。朱序却告诉谢石，苻坚主力尚未到达，要是全军到达，无论如何是敌不住的。现在应该趁这机会，要求速战，只要挫败他的前锋，便可决胜。泄露了前秦的军事机密。到两军交战时，苻坚前锋稍为退却一点，朱序便在军中大呼，苻坚打败了，前秦军队惊惶失措，一齐溃退，苻坚军大败。朱序乘机回到东晋，重新带领军队。393年死。

朱序的母亲韩夫人建立夫人城的史实附见于《晋书》卷八十一《朱序传》，她的事迹留传下来的虽然只有这一件事，但是，也可以想见她的英雄气概。从朱序的经历看来，365年以前朱序已经升迁到鹰扬将军、江夏相，年纪不会很小了。十三年后他奉命守襄阳，至少应该在四十岁左右，从朱序的年龄推算，这年韩夫人大概已经是六十岁的人了。以六十高年的妇女，在敌军围城的时候，亲自检查防御工事，看出缺点，并且亲自带头，领导家人和城中妇女增建防御工事，在旧城被突破后，便凭着这新建工事坚守，并且挫败敌军，这是一件了不起的事，是韩夫人的功劳，也是襄阳妇女的功劳。这种英勇抗敌、保家卫国的英雄气概，是我国人民光荣的悠久的传统，不仅在无量数的英雄人物身上体现出来，也在韩夫人和襄阳的广大妇女身上体现出来。

其次，襄阳的失陷是由于内部李伯护的叛变，堡垒是最容易从内部攻破的。朱序被俘后仍然千方百计要逃回来。到被派劝降谢石时，他报告了前秦的军事机密。到两军交战时，又大喊苻坚军败，动摇和破坏前秦士气，造成溃败形势，终于脱身重新回到东晋。就朱序的经历看来，他的一切军事活动是和韩夫人这样一个英雄母亲的教育分不开的，韩夫人是英雄，也教育儿子成为英雄，母子都热爱自己的民族和国家，这样的历史人物是值得后人怀念和尊敬的。

宣文君

宣文君是苻坚时代的女学者。宣文是宣扬文化，君是尊称。前秦时的学术界拿这个称号来称呼一个高年的妇女，正可以说明被授予这称号的人，在当时学术界的地位。

首先应当提出，在印刷术发明之前，经典著作的流传只能靠抄写、靠记诵，其他的办法是没有的。抄写、记诵都需要较长的时间，一般靠自己劳动过日子的人们是很难做到的。这样，就出现了一批抄写记诵的专家，精通一经或几经的学者。学生向学者受学要送学费，有一些学者就靠学费过日子。

其次，当时没有印出的书籍、报纸、杂志以及广播等设备，学生受学只能通过学者的面授、口授。不同的学者对某些问题自然会有不同的理解、看法，这样，也就形成了师承、家法以至学派，等等。

正是由于这样的情况，假如某一地区某一经典失传了，没有人能加以讲解，这门学问也就绝了、失传了。反过来，如有人能够加以传授，这门学问也就保存下来了，宣文君在前秦时期之所以被人们重视，其道理就在于此。

宣文君姓宋，名字失传了，连什么地方人也不清楚。据记载，前秦皇帝苻坚亲临太学在362年（东晋穆帝隆和二年①），这一年她已经八十岁了。她生在283年（晋武帝太康四年）。

她家世代都研究儒学，从小没有母亲，由父亲亲自抚养教育。到成人时，父亲传授她以《周官音义》，并且告诉她："我们家是世代研习

---

① 此处年号似误，隆和为东晋哀帝年号。362年，当为隆和元年。——编者注

周官的，代代相传。这部书包括了许多政治理论、制度。我没有儿子可传，你要认真学习，不让它绝灭才好。”

这时，天下大乱，不断的战争使人民无法安居乐业，可是宋家父女还在坚持学习，不肯间断。后来被羯族首领石虎强迫搬家到山东，宣文君和她的丈夫韦某推着鹿车，背着父亲给的书，到冀州，投奔胶东富人程安寿，安寿见她有学问，很照顾他们。

宣文君的儿子韦逞，年纪很小，宣文君白天上山斫柴，晚上纺织，成天劳动，还教育韦逞学习，程安寿看了很感动。韦逞由于母亲的认真教导，有了学问，成了名，做前秦太常的官。

362年，前秦皇帝苻坚很注意提倡学术文化，亲自到太学了解情况。太学博士卢壶对他说：“学校荒废已久，书籍不全，经过这些年的搜访、编缀、撰述，正经差不多了。只有周官礼注，还没有合适的人可以讲授。太常韦逞的母亲宋氏是周官专家，承受了她父亲的学问，有《周官音义》一书。今年虽然八十岁了，眼睛耳朵都好，除了她，谁也讲不了这门课。”苻坚就派了一百二十个学生，在韦家建立讲堂，请宋氏主讲传授。大家都尊称宋氏为宣文君，周官学这门学问从此又流传开了。

当时人也叫宣文君作韦氏宋母，名气很大。

从宣文君的一生看来，家庭困难没有妨碍她学习，在战争环境中，她坚持学习，她不但自己白天黑夜劳动，还在劳动的间隙认真教育儿子，最后到了八十高年，还能够开立讲堂，传授绝学，使这门学问能够全部保存并流传开来，她个人对学习的努力、对劳动的态度和对文化学术的贡献，是值得后人学习和纪念的。

《敕勒歌》歌唱者家族的命运

《敕勒歌》是歌唱我国北部朔漠风光的绝唱，歌词是这样的：

> 敕勒川，阴山下，天似穹庐，笼盖四野。天苍苍，野茫茫，风吹草低见牛羊。

原歌是用鲜卑语唱的，记录时译为汉字，歌唱人是敕勒部名将斛律金。

斛律金（488—567）生性质直，不识汉字。原名敦，官做大了，要用汉字签署文件，嫌敦字难写，才改名为金。可是写金字也还是有困难，同事司马子如教他，金字像个房子，照房子那样画就行了，才学会了写这个字。

斛律金擅长骑射，善于用兵，具有丰富的军事经验。他一看尘土，就能知道敌军骑兵、步兵多少；一嗅土地，就可判断敌军距离远近。北魏封为第二领民酋长，秋天到京师朝见，春天回到部落，号为雁臣。后来跟随鲜卑化的汉人军事首领高欢打仗，立下很多战功。535年，北魏分为东、西魏。537年西魏宇文泰率李弼等十二将攻东魏，东魏高欢将兵二十万迎击，渡黄河，涉洛水，两军会战于沙苑。西魏兵少，东魏兵争先进击，无复行列，西魏李弼等率铁骑拦腰截击，东魏兵中绝为二，全军崩溃。高欢还想收兵再战，派人拿兵簿到各营点兵，无人答应，回来报告说：部队都跑了，兵营全空了！高欢还不肯走，斛律金说：“军心离散，不能再打了，得赶紧撤到河东！”高欢还据鞍不动，斛律金就用马鞭赶马，这才撤退。这一仗丧失了八万甲士，要不是斛律金坚决主张撤退，几乎要全军覆没。

东魏武定四年（546）九月，高欢率大军进围西魏重镇玉壁（今山西稷山县西南），西魏名将韦孝宽坚守不下。高欢用尽一切攻城之术：断水源，起土山，凿地道，用攻车，烧城楼。孝宽随机防御，东魏苦攻了五十天，士卒战死和病死的七万人，高欢弄得智力交困，气得生病，只好解围撤兵。回师后军队中讹传韦孝宽以定功弩射中高欢。西魏知道了，也趁机会造谣，发布命令说："劲弩一发，凶身自殒。"东魏军心越发不安，高欢只好勉强起来，和诸大臣将领见面，叫斛律金唱《敕勒歌》，这个须发斑白的老将军，用苍劲高昂的音调，唱出这首质朴、自然、优美的歌词。唱完了，所有的人都被这首歌的情调迷住了，不出一声。高欢也用鲜卑话和唱了一遍，哀感流涕。

武定五年（547）正月高欢病死。临死前吩咐儿子高澄：敕勒老公斛律金生性遒直，可以依靠。你所用的汉人很多，有说这老公坏话的，千万不要相信。七年（549）八月，高澄正准备做皇帝，在密室议事时被俘虏的奴隶刺杀，弟高洋继位，550年废了东魏皇帝，自立为帝，国号为齐。557年西魏宇文觉也废了西魏皇帝，自立为帝，国号周。

高洋篡魏称帝，他母亲很不赞成。高洋派人征求斛律金的意见，斛律金亲自来见高洋，竭力反对。高洋不顾一切，还是做了皇帝，封斛律金为咸阳郡王，以功升右丞相，迁左丞相。高洋晚年昏暴，任意杀人，有一次忽然骑着马，手执长矟，三次奔向斛律金，要刺杀他，斛律金挺立不动，高洋只好作罢。567年斛律金死，年八十。

斛律金有两个儿子，长子光，字明月，次子羡，字丰乐，都是当时名将。两人从小就跟父亲学习骑射，每次出去打猎，回来后斛律金检查猎的鸟兽，小儿子猎得多，却总是挨打，大儿子猎得虽少，却被夸奖。旁人看了不懂，就问为什么这样不公平？斛律金说：明月猎得虽少，他射的鸟总是背上中箭；丰乐不然，是随处下手的，猎得虽多，不如他哥哥远矣。有一次叫子孙一起练习射箭，看完以后，斛律金禁不住哭了，说：明月、丰乐用弓不如我，诸孙又不如明月、丰乐，我这一家一代不如一代，看来要衰落了。斛律光有一回跟皇帝打猎，天上有大鸟飞扬，斛律光引弓一射，正中其颈，大鸟盘旋落地，形如车轮，细看原来是个大雕，当时称为落雕都督。

斛律光（515—572）长得马面彪身，不多说话，也不轻易发笑，以军功积官到大将军，父死袭爵咸阳郡王，拜左丞相。在东魏和西魏，北齐和北周的战争中，他多次领兵作战，军营未定，不入幕帐休息，有时整天不坐，不脱盔甲，打起仗来，总是在前敌指挥。士卒有罪，只用杖挝背，从不乱杀人，以此士卒都乐意服从指挥，勇敢作战。他从青年时代参加军队，从未打过败仗，深为北周将士所畏惮。居家严肃，虽然官位很高，门第极盛，一家里一个女儿做了皇后，两个女儿做了太子妃，娶了三个公主，子弟都封侯做将军，却生性节俭，不营财利，杜绝贿赂，门无宾客。平时很少和朝士交谈，也不肯干预政事。有会议时，总是最后发言，讲得都有道理。570年周军围洛阳，斛律光率步骑三万大破周军。第二年又大破周韦孝宽军于汾水，得了四个周军要塞。凯旋回邺城，大军还在路上，齐帝高纬便下令把军队解散，斛律光认为军队刚打了胜仗，还没有慰劳赏赐就散了，很不好，写了报告，请求仍让军队回京，一面整队前进，驻营近郊待命。高纬知道大军已到郊外，心里很疑忌，派人召见了斛律光，同时遣使慰劳，解散军队。这样，斛律光就触犯了皇帝，统治阶级内部的矛盾由此一步一步地深化了。

高纬是个极端昏庸无能的皇帝，宠信小人祖珽、穆提婆等专擅政事，政治腐烂，贿赂公行。祖珽品德卑劣，朝野不齿，斛律光很讨厌他，有一次远远看到就骂：多事乞索小人，又要做什么坏事？又曾和诸将说："以往边境消息，军事处分，政府经常和我们商量。自从这个盲人（祖珽眼睛坏了）掌管了国家机密以后，就全不商量了，怕会误国家大事！"斛律光有一次在朝堂，垂帘而坐，祖珽不知道，骑马经过，斛律光大怒说："此人敢如此无礼！"又一次，祖珽在朝房高声说话，斛律光恰巧走过听见了，又大发脾气。祖珽知道斛律光生气，就用钱买通斛律光的家奴，家奴告诉他，从祖珽当权以后，斛律光经常叹气，说盲人当权，国家要完了！祖珽由此下了决心，要害斛律光。

穆提婆也恨斛律光，他求娶斛律光的庶出女儿，斛律光不答应。

高纬赐给穆提婆晋阳一片田地，斛律光说：这片土地从高欢以来都栽植饲料养马，要是给了人，军事上不便。高纬又赐给穆提婆邺城的清风园，这个园子原是公家种菜的，穆提婆租给了别人，公家没有菜吃了。斛律光说："此菜园赐提婆是一家足，若不赐提婆，便百官足。"话传出去了，穆提婆越发恨死，便和祖珽勾结，专等机会陷害斛律光。

斛律羡从564年任都督幽州刺史，当着抵御突厥入侵的军事任务。他把边境两千多里间，凡险要处或斩山筑城，或断谷起障，设立了五十多个军事据点。又兴修水利，导高梁河的河水北合易京，汇于潞河，灌溉田地，公私都受到利益。在州养马两千匹，部曲三千，突厥人很害怕他，称为南面可汗。他生性谨慎耿直，因为家门太贵盛了，不但不骄傲，反而时常忧虑，怕出事故。570年上书皇帝请求解职，不许。这年封荆山郡王。

在齐、周两国交兵对峙，战争不断的情况中，高洋在位初期，军力强大，周人怕齐军在冬天偷渡黄河，常在冬月椎黄河冰。到高纬时，政治紊乱，凿黄河冰的不是周人，而是齐人了。只是靠着有斛律光这样名将，经常在边境经营军事据点，统军防御，才能勉强支持。北周名将韦孝宽要拔掉这个前进的障碍，便编造了谣言："百升飞上天，明月照长安。""高山不推自崩，槲树不扶自举。"派间谍到邺城传播，街上小孩到处歌唱。祖珽趁机会对高纬说：百升是斛，明月是斛律光小字。斛律家累世大将，明月声震关西，丰乐威行突厥，女为皇后，男娶公主，谣言很可注意。又使人诬告斛律光要造反。并叫一个丞相府的小官密告，上次斛律光西征凯旋时，不肯散军，原来是要造反的，只是皇帝派人去慰劳、下诏解散，才没有成功。现在他经常和兄弟丰乐、儿子武都处有信息往还，阴谋起事。外边的谣言和祖珽的阴谋，就决定了斛律光家族的命运。武平三年（572）六月，祖珽叫高纬赐斛律光一匹骏马，第二天斛律光到宫中道谢时，力士刘桃枝从后面扑击，斛律光挺立不动，回过头来说：刘桃枝常做如此事，我不负国家！桃枝和力士三人用弓弦绞杀斛律光，这年斛律光五十八岁。同时派使臣到幽州杀斛律羡和他的五个儿子，光子武都镇守外地，也被杀害。

斛律光死后，祖珽派郎官邢祖信抄没他的家产。祖珽问抄了什么东西，祖信说：得弓十五张，宴射箭一百，贝刀七口，赐稍二张。祖珽又厉声问还有什么，祖信说：得枣子枝二十束，凡是奴仆和人斗殴的，不问曲直，就用以杖之一百。祖珽满面羞愧，只好大声说：朝廷已加重刑，郎中何可分雪？邢祖信出来时，人家说他太直了，祖信说：好宰相都死了，我何惜余生！

周武帝听见斛律光死了，极为高兴，下诏大赦境内。577年周军灭齐，占领邺城时，追封斛律光为上柱国崇国公，周武帝还指着追封诏旨说："此人若在，我怎么能到邺城！"

斛律金家族的命运，也代表着封建帝王统治下良将忠臣的命运，统治阶级内部的矛盾，在任何时候都是不可调和的。唐朝的郭子仪只是因为一味退让，不过问国事，才幸免于祸；宋朝的岳飞一心要恢复中原，迎还二帝，结果就非死不可。

一千三百九十年过去了，斛律金父子的事迹似乎也不大被人知道了，但斛律金所唱的《敕勒歌》，却在我国文学史上，永葆其灿烂的光辉。

冼夫人

冼夫人是6世纪时南越的杰出领袖，她有谋算，勇敢，善于用兵，一生坚持和汉族团结友爱，保障地方秩序安定，从梁大同初年（535年前后）到她的孙子冯盎死时（唐贞观二十年，646）止，一百一十年中，广东南部一直保持安定局面，她的功绩是值得后人纪念的。《隋书》卷八十和《北史》卷九十一都有她的传。（司马光《资治通鉴》卷一六三、一六四、一六七、一七〇、一七七，都有关于冼夫人的记载。）

她的生卒年都不清楚，只知道她于梁大同初年结婚，陈永定二年（558）她的丈夫冯宝死去，儿子冯仆才九岁。隋仁寿初年（601年前后）冼夫人死。估计她结婚时为十八岁，到601年死，存年当在八十三四岁（518—601？）。

她是广东高凉（今广东阳江市）人。世代做南越首领，跨据山洞，部落有十几万家。唐杜佑《通典》卷一八四说："自交趾至于会稽七八千里，百越杂处，各有种姓。"冼家是越族的大姓，冼夫人在父母家的时候，就很贤明，善于筹略，抚循部众，能行军用帅，压服"诸越"，是个少年女英雄。

她虽然很能干，英勇，却喜爱和平生活，总是说服族人做好事，很得到本地人民的信任。越族各首领经常互相攻战，冼夫人的哥哥南梁州刺史冼挺倚恃富强，侵略旁郡，使人民生活不能安定，冼夫人多方规谏，解仇息兵，海南岛的黎族一千多洞都来归附。

535年前后，罗州（今广东化州市）刺史冯融听说冼夫人的声名，为他儿子高凉太守冯宝求婚，她便嫁给冯宝，开始了自己的事业。

冯融是北燕冯弘的族人，冯弘失败逃奔高句丽，派族人冯业带三百人浮海南逃到宋国，留住广东新会。从冯业到他的孙子冯融，世代做罗州刺史。冯家虽然几代都做大官，因为不是本地人，号令不行。从冼夫人嫁给冯宝以后，便约束同族，服从地方政府命令。她自己和冯宝一起审判案件，越族首领犯法，即使是亲戚也依法处理，从此冯家才能施行政令，谁也不敢抗拒了。

梁武帝太清二年（548）八月，侯景反。大宝元年（550）高州刺史李迁仕派人叫冯宝去见他，冯宝正准备出发，冼夫人劝他不去，说："刺史无缘无故，不会找你去。一定是要你和他一起造反。"冯宝说："你怎么知道？"冼夫人指出："刺史奉召援救南京，可是称病不去，一面又铸造武器，集合人马。找你去，无非是把你扣留，作为人质，调发你的部队。且不忙走，过几天看形势发展再说。"不到几天，李迁仕果然反了，派大将杜平虏领兵北上，和梁都督陈霸先的部队交战。冯宝听到消息，冼夫人出主意："杜平虏一时回不来，李迁仕在州出不了什么花样，你自己去，必然会打起来，不如卑辞厚礼，说你一时离不开，让我代你参见，他必然不会防备。"冼夫人就带了千把人，挑了礼物，说是到州送礼。李迁仕很高兴，叫人侦察，果然都是挑着担子的，便不设防了。冼夫人的人马进了城，便发动攻击，迁仕大败逃走。冼夫人乘胜和陈霸先会师，回来告诉冯宝："陈都督不是常人，很得众心，一定能够平息叛乱，你要好好交结他，大力供应物资才是。"冯宝从此和陈霸先友好。551年陈霸先擒杀李迁仕，557年陈霸先称帝，是为陈朝。

陈永定二年（558）冯宝死。这时广东一带地方秩序混乱，冼夫人团结百越，地方安定。派九岁的儿子冯仆率领各酋长到丹阳朝见，陈霸先封冯仆为阳春太守。

太建二年（570）二月广州刺史欧阳纥反，陈朝派车骑将军章昭达讨伐。欧阳纥派人召冯仆到高安，要他共同起兵，冯仆遣使告诉冼夫人，夫人说："我忠贞报国，已经两代，不能为了你，就有负国家。"立刻部署军队拒守，并带领百越酋长迎接章昭达，内外夹攻，欧阳纥的人都溃散了，欧阳纥自杀。陈朝因为冼夫人立了功，封冯仆为信都侯，加平越中郎将，转石龙太守。派使持节册封冼夫人为中郎将，石龙太夫人，送她绣幰油络驷马安车一乘、鼓吹一部和麾幢旌节，卤簿和刺史一样。

584年前后，冯仆死。589年陈为隋所灭。岭南地区几个郡共举冼夫人为主，号为圣母，保境安民。隋文帝派柱国韦洸来安抚，陈将徐璒拒守，韦洸不敢进。隋晋王杨广叫陈后主叔宝写信给冼夫人，告诉她陈国已亡，要她投降隋朝，并把她先前送给陈叔宝的扶南犀杖和兵符作为信验，冼夫人得信，知道陈朝已亡，只好召集首领几千人，哭了整天，派孙子冯魂迎接韦洸到广州，岭南安定。隋朝封冯魂为仪同三司，册封冼夫人为宋康郡夫人。

隋文帝开皇十年（590）番禺少数民族首领王仲宣起兵抗隋，岭南各族首领大部分起兵响应，包围南海，韦洸战死。隋文帝派给事郎裴矩巡抚岭南，到了南海。冼夫人派孙子冯暄带兵救援韦洸，冯暄和王仲宣部将陈佛智是好朋友，不肯进兵，冼夫人大怒，逮捕冯暄囚于州狱。另派孙子冯盎带兵进攻，杀了陈佛智，会合隋军击败王仲宣，广州终于保全了。冼夫人亲自披甲，骑高头大马，张着锦伞，带着骑兵，护卫裴矩巡抚诸州，各地首领都来参拜，受隋朝官爵，岭南地方从此安定。隋文帝极为惊异，封冯盎为高州刺史，并赦免冯暄，封为罗州刺史。追封冯宝为广州总管、谯国公，册封冼夫人为谯国夫人，开谯国夫人幕府，置长史以下官属，给印章，许其发部落六州兵马，如有紧急情况，可以便宜行书。还写信表扬她的功绩，送丝织品五千段。独孤皇后也送她首饰和宴会服装。冼夫人把这些东西都装在金匣子里，和梁朝、陈朝所送的东西，分别收藏在库房里，每到过年过节，把这些东西陈列出来，训示子孙，要他们忠于国家，并说自己经历了三个朝代，只是一味好心，所以能够保存这些东西，子子孙孙都要这样做才好。

番州（今广东广州）总管赵讷贪财残虐，俚族、僚族人民忍受不了，纷纷逃亡。冼夫人派长史张融到长安，提出安抚各族人民的意见，并指出赵讷的罪状，像这样的人是不能办好团结少数民族的事的。隋文帝派人查办，证实了赵讷的罪行，依法处死。就便派冼夫人安抚各族人民，冼夫人亲自拿着诏旨，自称使者，巡历了十几个州，慰问各族人民，俚、僚各族人民都欢欣鼓舞，归附隋朝。这时冼夫人已经八十多岁了。隋文帝很高兴，赐她临振县（今海南岛）汤沐邑一千五百户，并追封冯仆为崖州总管，平原郡公。

仁寿初年（601年前后）冼夫人死。隋朝送赙物丝织品一千段，谥为诚敬夫人。

孙冯盎英勇善战，隋亡，尽有广州梧州海南岛一带两千方里的地方，有人劝他自立为南越王，坚决不肯。唐武德五年（622）以岭南二十州地归唐，唐高祖任为上柱国、高州总管，封越国公。子智戴为春州刺史，智或为东合州刺史。智戴也知名当世，勇而有谋，官至左武卫将军。

唐玄宗时的宠臣高力士，本来姓冯，是冯盎的曾孙。

冼夫人是我国古代少数民族越族的著名领袖，她的一生，少年英雄，老当益壮，英勇善战，沉着有谋，致力于和汉族团结，国家统一的事业，对内部主张和平安定，劝阻各族互相攻战，对叛乱和贪残官吏则绝不容情，加以讨伐和揭发。在她一生从领兵到死亡的七十年中，是广东南部维持安定和平的主要力量，她做了对人民对国家有利的事业。由于她的教育和榜样，她的子孙也都是英勇善战、致力于民族团结和国家统一的名将，从她到冯智戴的一百十几年中，冯家的历史是和广东南部各族人民的和平安定生活的历史分不开的。由于她和她子孙的努力，安定了地方，发展了生产，对祖国的民族融洽和发展做出了卓越的贡献。

冼夫人是我国越族的杰出人物，也是我国历史上最杰出的妇女之一，她对当时当地的人民生活安定和生产发展有贡献，对祖国各民族的团结、统一有贡献，这样的人物是应该肯定的，应该歌颂的。故事剧里有《穆桂英挂帅》《佘赛花》《百岁挂帅》《杨门女将》等剧目，我要向戏剧家们建议，为什么不写冼夫人呢？她的一生是值得也应该写成历史剧的。我这样要求，也希望戏剧家们会接受这个建议。

隋末农民领袖窦建德

隋朝末年，爆发了规模巨大的农民起义。

起义的目的是推翻隋炀帝的残暴统治。爆发的导火线是隋炀帝动员全国力量对高句丽进行的战争。

隋炀帝大业七年（611）二月命令在山东东莱（今山东莱州）海口造大船三百条，官员们亲自监督，工人白天黑夜都站在水里干活，死的人多到百分之三四十；征调各地军队，不管远近，都在涿郡（今河北涿州）集中；征调江淮以南水手一万人，弩手三万人，岭南小稍手三万人。五月，又要河南、淮南、江南造兵车五万辆作载运盔甲帐幕之用，都要兵士推车。发河南、河北民夫替军队运输。七月间发江、淮以南民夫和船运粮食到涿郡，船跟船接着有千把里长。来回在路上的经常有几十万人，道路上走满了人，白天黑夜不断，民夫们因被虐待、饥饿和疾病，到处是死人，臭气触鼻，全国骚动。

这时，山东、河南都闹大水，有三十几个郡受灾。

运粮到前方去的，往往连车连牛都回不来，兵士也死亡过半。种田地的农民被征发去当兵当民夫，田地无人耕种，很多都荒废了。加上又闹灾荒，粮价飞涨，百姓活不下去了。

在这样骚乱的时刻，隋炀帝又调发六十多万民夫，两人推一小车，运粮三石到指定地点，路途很远，三石米还不够两个人在路上吃的，到达以后，交不出军粮，就只好逃亡了。加上隋朝官吏的贪污残暴，百端勒索，百姓穷困，饥寒交迫，没有别的道路可走，唯一的活路是参加反隋的起义军。

窦建德就是当时农民起义军的领袖之一。

窦建德（573—621），贝州漳南（今山东武城县）人，家世务农，他身体好，力气大，会武艺，答应了的事一定做到，爱打抱不平。有一天，他正在耕田，听说同村子的人死了父亲，穷得买不起棺材，他很感慨，手头没有钱，便把牛送给这家子办丧事。有一晚，强盗来抢他家，建德毫不惊慌，站在大门背后，强盗进来一个打死一个，一连打死三个，剩下的不敢进来了，哀求把死尸还给他们，建德想了一想，知道有诈，便叫他们丢绳子进来收尸，建德抓住绳子跳出，又杀了几个。从此，他仗义勇敢的名声便四处传开了。

大业七年（611）隋朝政府募兵到辽东作战，建德被派为队长，带两百人，准备出发。

同县人孙安祖的家被水淹没，老婆、孩子都饿死了。县官看上安祖骁勇，硬派他从军，安祖诉说家庭穷困，备不起军装行粮，县官不由分说，把他打了一顿，安祖气极，刺杀县官，投奔窦建德家。建德劝安祖："看天下情况，必然有变。丈夫不死，当立大功，逃来逃去中甚用？附近的高鸡泊有几百里宽，芦苇丛生，可以隐蔽，何不到那里去，看局面变化，再做计较。"替他招集逃兵和无业贫民几百人，带着到高鸡泊（在山东武城县西北）起义，孙安祖自称将军。

这时，到处有起义队伍，张金称聚兵万余人沿清河立寨，高士达聚兵一千多人在清河边界活动。这些起义队伍到处杀富济贫，打家劫舍，只是不犯窦建德的家乡。地方官认为他一定和起义军勾结，便把他全家杀光。建德正在河间，听说一家子都被杀光了，立刻带领部下二百人投奔高士达，士达自称东海公，以建德为司兵。不久，孙安祖为张金称所杀，部下几千人都来投奔建德，部队扩大到一万多人。建德和士卒接近，同甘共苦，同劳共逸，士卒很喜欢他，只要一声命令，便冲锋陷阵，勇往直前，士气极为旺盛。

大业十二年（616）隋朝派兵万多人来攻，高士达自己认为智谋不如建德，请建德做军司马，统兵迎敌。建德设计大破敌军，斩杀敌将。不久，隋朝大将杨义臣攻杀张金称，乘胜进攻高鸡泊。建德劝士达："杨义臣很会用兵，如今乘胜而来，其锋不可当。不如避免接触，使其求战不得，空延岁月，将士疲倦，再乘便袭击，可以取胜。”士达不听，率兵迎击，打了个把小胜仗，就摆酒席庆祝。建德说糟了，东海公轻敌如此，必然大败。便留人守塞，自己带精兵守住险要，接应士达。过了五天，杨义臣果然大破高士达军，士达战死。隋军乘胜进攻，高鸡泊守军溃散，建德只带了百多个骑兵逃到饶阳（今河北饶阳），发现饶阳城没有守军戒备，乘机攻陷，招集当地贫民和收集散兵，又建立一支三千多人的队伍，自称将军。

当时，各地起义军抓到隋朝官吏和士族子弟，一律诛杀。建德采取了不同的策略，对这些人加意款待，分别任用。得饶阳后，待饶阳县长宋正本为上客，和他商议军机。这样，附近各地的隋朝官吏纷纷投降，疆土日广，声势日盛，兵力也发展到十几万人，成为一支可以独立作战的军事力量了。大业十三年（617）正月在河间乐寿（今河北献县）自称长乐王，建立了政府机构。

接着又用计击败来攻的三万隋军。建都乐寿，号为金城宫，唐武德元年（618）建国号称夏。

唐武德二年（619），杀害隋炀帝的宇文化及在魏县（今河北大名）称帝。建德发兵攻擒化及，把这一批叛乱的首恶都杀了，被宇文化及裹胁的隋朝的官员很高兴，有不少人在夏国做官。八月，取洺州（今河北永年），迁都洺州，号为万春宫。建德重视农业生产，劝导百姓种好庄稼，栽桑养蚕，政治清明，境内安定，没有盗贼，做买卖的和来往旅客都可以放心在田野过夜。境土日益扩大，西接洛阳王世充，并和唐朝通好。

武德三年（620）七月，唐秦王李世民率兵进攻王世充，王世充向夏国求救。有人建议，如今唐在关内，王世充在河南，夏有河北山东，形成三方鼎足之势。唐攻河南，王世充挡不住，唇亡齿寒，接着被攻的必然是夏国。应该出兵救援王世充，两家合力，必败唐兵。再看形势，吃掉王世充，进攻关中，可以取得天下。四年（621）正月，建德打败了另一支起义军孟海公，增加了军事力量，出兵三十万，西救洛阳。

建德生活朴素，不喜欢吃肉，吃的是粗米饭蔬菜。攻下城市，所得财物都分给将士。喜欢倾听别人意见，很得人心。缺点是好话坏话都听，晚年听信谗言，杀了勇将王伏宝和敢说直话的宋正本，从此，打仗不那么顺利了，官员们也不敢提意见了。新破孟海公以后，将士骄傲起来了，和唐军对垒两个月，不能前进，士卒也日夜想回家，士气低落。谋士凌敬劝他全军渡河，直取怀州（今河南沁阳）、河阳（今河南孟州），过太行，入上党，抄唐军的后路。这样有三个好处，第一乘虚突击，可保万全；第二开拓领土，增加人口；第三洛阳之围，不救自解。建德认为是好主意，准备接受。王世充的使臣日夜哭求进兵，部下将士得了王世充使臣的贿赂，主张决战，建德只好改变主意，听从诸将的意见，进攻虎牢关，连营二十里。唐将李世民按军不战，建德的军队列阵半天，士卒又饿又倦，坐在地下抢着喝水。李世民趁这机会，亲自带领轻骑冲锋，大军随后，漫山遍地响起一片杀声。这时，夏国的许多官员正在建德处议事，唐军突然冲到，官员们纷纷挤到建德周围，建德下令叫骑兵迎敌，骑兵来了，被官员们挡住过不去，建德又令官员们避开，一来一往之间，唐军进入阵后，高举唐军旗帜，夏军望见，惊惶溃退。建德受了伤，被唐军俘虏。七月，被杀于长安。

窦建德之死，离开现在已经一千三百四十年了。一直到今天，河北曲阳还有他的庙，说明人民对于这个了不起的农民领袖的怀念。

杰出的学者玄奘

唐僧取经的典故，由于吴承恩的《西游记》的渲染，已经成为我国人民尽人皆知的故事了。作为一个虔诚的宗教徒，作为一个著名的旅行家，唐僧的声名是无须介绍的。但是，作为一个勤勉努力，用毕生的力量追求知识，在哲学领域内达到很高成就的学者，一般人就比较生疏了。神话小说的《西游记》描写了唐僧的宗教热诚和旅行艰苦方面，至于学术成就方面，根本没有提到（也无须提到），我看，这就是作为一个杰出的学者的唐僧，不甚为人所知的原因。

不止如此，唐僧的性格，如《西游记》所描写的，忠厚老实，耳朵有些软，打不定主意，容易偏听偏信，有时也会发一点牛脾气，就小说的人物性格塑造来说是很成功的。但和历史人物的唐僧则恰好相反，历史人物的唐僧是非常坚强的、勇敢的，不怕困难，不怕艰险，百折不回，是个仁慈，厚道，博学多能，辩才无碍的英雄人物。

“取经”这一个大家熟悉的名词，在今天的现实生活中常被引用。一般的理解是对某一方面的知识不懂或不够，去向懂的人或知道较多的人学习。这样理解当然不错，但还不够确切。从唐僧的历史看来，应该是已经对某一方面知识做了专门的研究，学得越多，积累的问题便越多，为了解决这些问题，丰富和提高知识，学术水平，才下决心去取经。相反，没有进行充分的准备工作，不了解这一问题的研究所已经达到的广度和深度、应该和必须解决的问题，遇到困难，一开口便是取经，无的放矢，这是种懒汉态度，是取不到经的，即使取到了，也会驴唇不对马嘴，没有用处。同样，取了经以后，放在一边，或者没有研究、消化，囫囵一口吞下去，像猪八戒吃人参果那样，也是无益的。唐僧把取来的经用半生的精力把其中主要的译为汉文，成为自己的东西，丰富了祖国的文化，在我国学术史上是一个光辉的典范。

不谈宗教徒和旅行家的唐僧，谈学者的唐僧。

玄奘法师（602—664）俗姓陈，名祎，河南缑氏（今河南偃师市）人。少年时家庭贫困，二哥长捷法师在洛阳净土寺出家，把他带在身边，诵习经典。十三岁这一年隋朝政府在洛阳度僧，名额很少，学的经多来考试的有好几百人，他学的经少，站在门外很羡慕，刚巧被考试官看见，一谈话，发现他有志气，聪敏，便录取了，出了家。

净土寺有位景法师讲《涅槃经》，玄奘跟着学习，连吃饭、睡眠都忘记了。又跟严法师学《摄大乘论》，越学越喜欢，听一遍就差不多记得，再读一遍，就完全掌握了。老师叫他上讲台复讲，讲得抑扬流畅，大家都很佩服。

隋末战乱，玄奘和长捷离洛阳到长安，经子午谷到成都，从道基、宝暹二法师学《摄论》《毗昙》，从震法师学《迦延》。他爱惜寸阴，努力学习，在两三年时间里，掌握了佛教哲学的基本知识。

二十一岁时在成都学《律》。这地方的著名经师他都已经受过教了，有些问题得不到解决，便想再到长安访师求友，但哥哥不答应，他便偷偷和商人结伴，逃出成都，乘船过三峡到荆州，在天皇寺讲《摄论》《毗县》各三次，很受欢迎。北游到相州，从休法师学《杂心》《摄论》，质难问疑。到赵州，从深法师学《成实论》。到长安，从岳法师学《俱舍论》，都是听了一遍就完全懂得，读了一遍完全记得。那时候我国的雕版印刷术还没有发明，研究学问的方法一是听讲，二是抄写，其他的办法是没有的。玄奘不但勤听勤抄，还能够在领会的基础上，进一步发挥自己的见解。

接着他又从当时最有名的法常、僧辩二大师学《俱舍》《摄大乘论》，从玄会法师学《涅槃经》，学问日益精进，名誉日渐传开了。

贞观元年（627），他学得越多，便越不满足。因为所学经论，不同的经师有不同的理解，传抄的经典也有讲不清楚的，他要“分条析理，广彼前闻，截伪续真，开兹后学”，便决心到印度游学，解决疑难，求得《十七地论》（《瑜伽师地论》），提高学术水平。困难是语言、文字的隔阂，一个穷和尚到外国去，怎么可能有翻译人员帮助工作呢？下定决心学习梵文，当时长安有很多外国人游学、经商，他跟着学习语文，专心致志，不久就学会了。

贞观三年（629），玄奘二十九岁，约了几个同伴，写信给皇帝请求出国。这时，国内经济还未恢复，边境也还不十分安定，政府命令禁止百姓出国。请求被拒绝以后，别的人都放弃了，玄奘奋勇不回，政府不许就私逃，同伴没有就一个人走。他知道路上是十分艰险的、十分困难的，便假想种种苦难，自问自答有把握一定可以克服，下定决心出发。

他从贞观三年（629）八月离开长安，经秦州、兰州、凉州、瓜州，过玉门关，渡莫贺延碛（沙漠），到高昌，历经西域诸国，游历了今阿富汗、尼泊尔、印度、巴基斯坦诸国，经过一百几十个地方，历时前后十七年，到贞观十九年（645）才回到长安，这年他已经四十四岁了。

途中的困难，正如他所预料，是数说不完的。到凉州时，凉州都督要强迫他回长安，便连夜逃走，昼伏夜行，到了瓜州。好容易找到一个引路的，在玉门关上流偷渡过去后，引路的怕艰险，又跑掉了。剩下孤身一人，偷渡边界五个烽火台，骑马通过沙漠。在沙漠中看到回光反影的幻象，千奇百怪，他虽然错认为妖鬼，却毫不动摇。莫贺延碛长八百多里，上无飞鸟，下无走兽，也没有水草，一人一马走了一百多里，找不到泉水，喝带来的水，不料一失手，皮袋掉在地下，水全倒掉了，前面还有七百里沙漠，没有水是走不过的，只好折回取水，走了十几里，又一转念，立下誓不到印度，终不东归一步，如今一遇挫折，便走回头路，怎么可以呢？又折回来，继续前进。在途中晚上看到的是幻影的火光，白天呢，惊风拥沙，口眼难开，四五天没有水喝，人马都困乏不堪，走到第五夜半，实在不行了，躺在地下，天快亮时，忽然有凉风吹来，通身轻快，马也能起来了，勉强前进，走了十几里，发现有青草、泉水，人马大吃大喝一顿，休息了一天，装满了水，又走了两天，才走出沙漠。

经过高昌（今新疆吐鲁番），得到高昌王麹文泰资助盘费、随从和马匹，还写了许多介绍信，要求所经诸国给予方便。但不久又遇到困难，过葱岭时，高山冰雪皑皑，风雪杂飞，蹊径崎岖，寒冷彻骨，悬釜而炊，席冰而睡，走了七天才出山，随从的人员冻饿死了将近一半，牛马死得更多。又过大雪山，凝云飞雪，途路艰危，比葱岭更险。

入北印度境波罗奢大林中，碰着五十几个强盗，一行人的衣服资财全被劫夺，被赶到一个干枯的池子中，要加杀害，玄奘和一小沙弥从水穴逃出，奔告村人齐来解救，同伴才幸免于死。

在殑伽河船行时，又被十余贼船抢劫，这些强盗是信奉邪神的，每年秋天要杀一个相貌端美的人祭神，看见玄奘仪容伟丽，便在树林中辟地设坛，两人拔刀牵玄奘上坛要杀，忽然黑风四起，折树飞沙，河流涌浪，船只漂覆，强盗很迷信，问玄奘从何处来，众人说是从中国来求法的，大吃一惊，连忙把玄奘放掉，把抢走的东西也都还给本主。自然气候的变化，救了玄奘的命。

玄奘经历了无数艰险，百折不回。同样，对于安乐的环境，也不肯久留，过高昌时，高昌王要留他住下，劝其不必西行，愿以一国供养，玄奘坚决不肯。高昌王威胁要么留下，否则就送回长安，玄奘痛哭辞谢，绝食三天，到第四天还不肯进食，高昌王才许他西行，请他复食，玄奘不相信，高昌王和他约为兄弟，要求回来时留住三年，才资送玄奘西行。（640年唐灭高昌，玄奘回来时，高昌已灭，不能践约了。）

在印度那烂陀寺（今印度比哈尔邦伽雅城的西北）两次留学七年，学问成就以后，准备回国，寺中同学反复劝说，要他就住在印度，不要回国了。玄奘坚决不肯，最后同学闹到长老戒贤法师面前，戒贤问玄奘意见，玄奘说："这个地方我并非不喜欢。只是我的来意是为求得学问，从到寺以后，蒙法师讲授《瑜伽师地论》，解决了疑难和各学派深奥的道理。私心非常高兴，没有虚此一行。现在我要把学到的东西，回去翻译，让别的有疑难的人，也能够得到学习，报答老师的教诲，因此不愿留在此地。”戒贤听了很高兴，说：很对，这也就是我所期望于你的。叫诸人不要苦留，让他回国。

在十七年的旅行中，他随时随地访求著名学者，虚心学习。[①]

在那烂陀寺，请戒贤法师讲《瑜伽论》《顺正理》《显扬》《对法》《因明》《声明》《集量》《中论》《百论》等论，学婆罗门书，钻研各学派经典和学梵文，历时五年；

又到伊烂拿国，从怛他揭多鞠多、羼底僧诃二师学《毗婆沙论》《顺正理》等论；

到南憍萨罗国，有婆罗门善解《因明》，从读《集量论》；

到驮那磔迦国，从苏部底、苏利耶学《大众部根本阿毗达磨》等论，他们也从玄奘学《大乘》诸论；

到建志补罗，遇到僧迦罗国（锡兰）的和尚，就问《瑜伽》的要义；

到钵伐多罗国，住了两年，学《正量部根本阿毗达磨》《摄正法论》《教实论》等。

又回到那烂陀寺，从般若跋多罗学《声明》《因明》，从胜军论师学《唯识抉择论》《意义理论》《成无畏论》《不住涅槃论》《十二因缘论》《庄严经论》和《瑜伽》《因明》等疑义，首尾两年。

那烂陀寺是印度最大的寺院，经过六代国王的不断营建才建成的。僧徒主客常有万人，研究《大乘》兼十八部，以及《俗典》《吠陀》等书，语言文字学、逻辑学、天文学、医学、术数等科。寺中通经论二十部的有一千多人，三十部的五百多人，五十部的十人，其中之一就是玄

---

① 曾到缚喝罗国，从磔迦国小乘三藏般石羯罗读《毗婆沙论》；到迦湿弥罗国，从称法师学《俱舍》《正理》《因明》《声明论》；到磔迦国，从长年婆罗门学《经百论》《广百论》；到至那仆底国，从毗腻多钵腊婆学《对法论》《显宗论》《理门论》等；到阇烂达那国，从旃达罗伐摩学《众事分毗婆沙》；到禄勒那国，从阇耶鞠多学《经部婆沙》；到秣底补罗国，从毗多斯那学《辩真论》《随发智论》等；到羯若鞠阇国，从毗离耶犀那三藏读《佛使毗婆沙》《日胃毗婆沙》。

奘。长老戒贤法师是印度当时最伟大的学者，精通一切经典，玄奘从他受学，成为高足弟子。

玄奘回寺后，同学师子光讲《中论》《百论》，破《瑜伽论》，玄奘兼通二论，和会二宗，著《会宗论》三千颂，戒贤法师和全寺同学都齐声道好。有一个婆罗门外道立义四十条挂在寺门，并声明有人能破一条，斩首相谢。玄奘叫人把榜取下撕掉，和他辩论，立义明确，婆罗门理屈词穷，说我输了，把头给你。玄奘说不必，你跟我为奴吧，婆罗门很喜欢。玄奘研究小乘所制的《破大乘义》七百颂，有几个地方有疑问，就问所伏婆罗门有没有研究过，说听过五遍。玄奘就要他讲，弄清楚了，写成《破恶见论》一千六百颂，申大乘义，破小乘义，戒贤法师和全寺同学都称赞“以此穷核，何敌不亡”。玄奘便赦免了所伏婆罗门，让他自由。婆罗门到东印度，向鸠摩罗王宣扬玄奘的德义，鸠摩罗王很钦佩，立刻派人来请玄奘去讲学。

玄奘在鸠摩罗王处住了个把月，戒日王也发使来邀请，问到秦王破阵乐，玄奘一一陈说。又读了玄奘的《破恶见论》，非常欣赏，叫全国学者讨论，无人能破。便决定召集诸国学者，在曲女城（今印度北方邦巴雷利城）举行辩论大会，讨论玄奘的著作。

这个会规模非常大，有十八个国王参加，大小乘学者三千多人，婆罗门及尼乾外道两千多人，那烂陀寺也来了一千多人。请玄奘做论主，宣扬大乘，并由那烂陀寺明贤法师当众宣读《破恶见论》，又写一本挂在会场门外，征求不同意见，一直过了十八天，没有一个人发言。最后按照当地习惯，玄奘乘大象巡游会场，随从高唱：“中国法师立大乘义，破诸异见，过了十八天，没有不同意见，大家要知道。”到场学者替玄奘起名字，大乘学者称为摩诃耶那提婆，汉译大乘天。小乘学者称为木叉提婆，汉译解脱天。中国学者在国外得到这样高的学术荣誉，这是破天荒的第一次。

玄奘在印度所发表的论文都是用梵文写作的。马鸣的《起信论》有汉文译本，印度倒失传了。玄奘答应印度学者的要求，把汉文本的《起信论》译为梵文，流传五印度。回国以后，又奉唐太宗的命令，译《老子》为梵文，玄奘邀集了许多道教学者，讨论研究，译成梵文，流传印度。

贞观十七年（643）玄奘辞别戒日王归国。戒日王除了供给沿途费用以外，还派人通知所经各国供应人马，一直到达唐境，归途比之来的时候是顺利多了。到于阗后，派人送信到长安报告唐太宗以归国情况，唐太宗很喜欢，要他立刻回长安，沿路都着地方官迎候。贞观十九年（645）正月，玄奘回到长安，百姓听说他回来了，夹道欢迎，万人空巷，连路都走不通了，只好住在城外，第二天才能进城。他带回来经典五百二十筴，六百五十七部。

从贞观十九年（645）三月起，一直到麟德元年（664）二十年中，玄奘用全力做翻译工作。唐朝政府从各地调来证义学者通解大小乘经论的十二人，缀文学者九人，字学学者一人，证梵语梵文学者一人，和记录、抄写人员，帮助他工作。显庆元年（656）又特派朝廷大官于志宁、来济、许敬宗、薛元超、李义府、杜正伦等帮助看阅译文，有不稳便处，随手润饰。范义硕、郭瑜、高若思等文人也参加了翻译工作。

玄奘对工作非常认真，爱惜时间，连一分钟也不轻易放过，每天都按计划工作，万一白天有别的事延误了，一定要在晚上补足。晚上睡得很少，五更便起床读梵文原本，用朱笔标点次第，准备好当天的译文。到黄昏时，还对学生讲授新得的经论。

翻译的方法也有了改变。过去译经的办法，梵文是倒写的，第一步照样直译，第二步再把文字倒过来，符合汉文语法，第三步由文人整理词句，往往任意增损，有时会把整段或者主要的意思漏掉。玄奘对汉、梵文都有很高的造就，翻译时由梵本口授汉译，意思独断，出语成章，文人笔录，便可披玩，不但正确译出意思，文辞也斐然可观，翻译的水平也大大提高了。

对梵文底本也采用多本互校的方法，如《大般若经》梵本总有二十万颂，玄奘得到三个本子，翻译的时候，遇到文有疑错，便用三本互校，仔细对比，方才定案，这种审慎的态度，也是前人所不曾有的。

他所译的《大般若经》一共有六百卷，耗费了很长的时间和精力。译完了这部书，又开始另一部大经典的翻译，他感觉到精力不行了，译了一部分，实在支持不下去，只好叹口气停笔，和同事们告别，不多几天就死去了。

经过二十年的努力，玄奘译出经论七十四部，总共一千三百三十五卷。就译书的数量说不只是空前的，在他以后的翻译家，也很少有人能够相比。

玄奘用一生的力量学习和介绍佛教哲学思想和语言文字学、逻辑学等学问。他在取经以前，用十七年的时间，奔走各地，求师学习，打下了扎实的基础，并学习梵文，排除语文隔阂的障碍。在这个基础上，发现了经论中许多问题，为了解决问题，提高知识、学术水平，下决心去取经。在出国往返的十七年中，克服了一切困难，到处努力学习，勤学勤问，解决了疑难，求得了新知识，发表了独创性的学术论文，取得了国际上学术界的崇高地位，为祖国争取了荣誉。取了经回国以后，又以二十年的时间专心一意做翻译工作，就质量数量说都达到很高的水平。通过他的努力，丰富了祖国的文化，对哲学、语言文字学、逻辑学、文学各方面都起了有益的作用。此外，他的游记《大唐西域记》翔实地记录了经行各国的各种情况，对研究这个时期我国新疆境内各民族和葱岭以西诸国的历史、地理、物产、交通、宗教信仰，等等，具有极为重要的价值，这是他又一方面的贡献。

玄奘是虔诚的佛教徒，当然是唯心论者，这一点应该说清楚。作为一个历史人物，他对当代文化提供了有益的贡献，对中国和外国的文化交流做出巨大的成绩，他千方百计寻求知识，永远不满足于已有的成就，正视困难，勇于克服困难，艰苦奋斗，终于取得胜利，这种顽强、勇敢、聪明、智慧的美德，体现了我国民族的优良传统。他是我国历史上杰出的学者，永远值得后人怀念和学习。

谈武则天

一

武则天（624—705）是我国历史上一个了不起的人物，对她所处的时代起推进作用的人物。但是，由于封建礼教作怪，她被不少卫道的“正人君子”所辱骂，名誉不好。郭沫若同志的新作《武则天》五幕历史剧，替武则天翻了案，我双手赞成、拥护。

本来，我正在研究武则天，用充分的史实肯定武则天在历史上的地位。这个工作牵涉面很广，引用史料很多，得要几个月工夫才能完成。在工作进行中，读到郭沫若同志《武则天》的初稿和改定稿，非常高兴，有话要说，写《谈武则天》。

《武则天》这个历史剧中的人物都是实有其人的，所涉及各个人物的故事也都是有文献根据的，沫若同志尽可能忠实于历史，做到无一字无来历，无一事无出处。通过艺术手法，把武则天这个历史上的伟大政治家的形象更加强化、集中，和现代人见面了。

二

《武则天》历史剧的主要根据是旧、新《唐书》有关武则天的记载，和裴炎、程务挺、徐敬业、骆宾王、上官婉儿、明崇俨等人的传，参以司马光的《资治通鉴》和《全唐诗》《骆宾王集》等书。

关于裴炎和徐敬业通谋，裴炎的阴谋在成功以后自己做皇帝，这一故事也是有出处的，唐张文成《朝野佥载》卷五：

裴炎为中书令，时徐敬业欲反，令骆宾王画计，取裴炎同起事。宾王足蹈壁静思食顷，乃为谣曰：一片火，两片火，绯衣小儿当殿坐。教灵庄上小儿诵之，并都下童子皆唱。炎乃访学者令解之，召宾王至，数啖以宝物锦绮皆不言，又赂以音乐女伎骏马亦不语。乃将古忠臣烈士图共观之，见司马宣王，宾王欻然起曰，此英雄丈夫也。即说自古大臣执政多移社稷，炎大喜。宾王曰，但不知谣谶何如耳？炎以谣言片火绯衣之事白，宾王即下，北面而拜曰，此真人矣。遂与敬业等合谋，扬州兵起，炎从内应，书与敬业等合谋，唯有青鹅字，人有告者朝廷莫之能解。则天曰，此青字十二月，鹅者我自与也。遂诛炎，敬业等寻败。

司马宣王即司马懿。这段故事司马光是看到的，收在《资治通鉴考异》[①]里，但他不相信，认为“此皆当时构炎者所言耳，非其实也”。不管怎样，当时有过这样传说，则是可以肯定的。

关于裴炎这个人的评价，除了新、旧《唐书》以外，明朝末年人王夫之《读通鉴论》二十一说他：

自霍光行非常之事，而司马懿、桓温、谢晦、傅亮、徐羡之托以仇其私。裴炎赞武氏，废中宗，立豫王，亦其故智也。不然，恶有嗣位两月，失德未彰，片言之妄，而为之臣者遽更置之，如仆隶之任使乎？炎之不自揣也，不知其权与奸出武氏之下，倍蓰而无算。且谓豫王立而己居震世之功，其欲仅如霍氏之秉权与懿、温之图篡也，皆不可知。然时可为则进而窥天位，时未可，抑足以压天下而永其富贵。岂意一为武氏用，而豫王浮寄宫中，承嗣、三思先己而为捷足也哉！其请反政豫王也，懿、温之心，天下后世有目有心者知之，而岂武氏之不觉耶？家无甔石之储，似清；请反政于豫

① 参见《资治通鉴》卷二百三。

王，似忠；从子伷先忘死以讼冤，似义。以此而挟滔天之胆，解天子之玺绂，以更授一人，则其似是而非者，视王莽之恭俭，诚无以过。而武氏非元后，己非武氏之姻族，妄生非分之想，则白昼攫金，见金而不见人，其愚亦甚矣。

不只是这些主要人物和故事有出处，连次要人物也是有根据的，如剧中的赵道生杀明崇俨，见《通鉴》卷二〇二，洛阳的宫殿名称是根据徐松的《唐两京城坊考》的。

三

我对武则天的看法。

我认为武则天是历史上伟大的政治家，从她参与政权到掌握政权的五十年中，继承和巩固并且发展了唐太宗贞观治世的事业，足食安民，知人善任，从谏如流，发扬文化，为下一代培养了人才，下启唐玄宗开元时代的太平盛世，就唐朝前期历史说是个承先启后的人物，就整个我国历史说，她也是封建统治者中的杰出的人物。

不说别的，单就她在位时期，文献上还没有发现大规模农民起义的记载这一点来看，和历史上任何王朝，任何封建统治者统治时期是有所区别的。这一点说明当时的人民是支持她、爱戴她的。宋朝人修的《新唐书》骂她骂得很厉害，但是，宋祁在大骂之后，也还是不能不说一句公道话，“僭于上而治于下”。从今天来说，僭不僭不干我们的事，“治于下”三个字却是武则天的定评，我看，评论武则天要从这一点出发，也就是从政治出发。从她当时对百姓是做好事还是做坏事出发，她对生产的作用是推进还是阻碍出发。

武则天在杀裴炎、程务挺，平定徐敬业以后，曾经召集群臣讲过一次话，这番话实质上是对她自己的评价。她说：“朕辅先帝逾三十年，忧劳天下。爵位富贵，朕所与也。天下安佚，朕所养也。先帝弃群臣以社稷为托，不敢爱身而知爱人。今为戎首者皆将相大臣，何见负之遽乎？且受遗老臣伉扈难制，有若裴炎乎？世将种，能合亡命，有若徐敬业乎？宿将善战有若程务挺乎？彼皆人豪，朕能戮之。公等才能过彼，则蚤为之，不然，谨以事朕，无自悔也！”这番话明朝末年人李贽逐段加以批点，“忧劳天下”，批“真”！“天下安佚，朕所养也”，批“真”！“不敢爱身而知爱人”，批“真”！从当时情况看来，武则天这段话确如李卓吾所批的都是真话。

反对她的是些什么人呢？是一部分老臣宿将和勋贵子孙，她做了皇帝以后，是一部分唐朝宗室。她曾经两次大规模杀人，杀的就是这些人，政治上的反对派。在你死我活的斗争中，在封建统治阶级内部的激烈斗争中，武则天是很坚强果断的，她消灭了所有反对她的官僚和贵族，其中包括她自己的儿子、女婿、孙子、孙女和孙女婿，不仅杀李家人，也杀武家人。道理很简单，不杀这些人，这些人就会推翻她，不是东风压倒西风，就是西风压倒东风。沫若同志的剧本通过太子贤、裴炎等人和武则天的斗争，很突出地阐明了这一历史情况。

她杀了不少李家人，还曾经把第三个儿子英王哲从皇帝宝座上撵下来，废为庐陵王，幽禁在房州十五年，照理说这个儿子应该恨她了，但是不然。705年的宫廷政变，武则天下台，庐陵王做了皇帝，是为唐中宗。同年武则天死。景龙元年（707）二月唐中宗下诏把诸州纪念他重做皇帝的中兴寺、观，一律改为龙兴，并禁止说他的再次做皇帝是中兴。《唐大诏令集》一一四载他的诏书说：

> 则天大圣皇后思顾托之隆，审变通之数，忘己济物，从权御宇，四海由其率顺，万姓所以咸宁，唐周之号渐殊，社稷之祚斯永……朕……事惟继体，义即缵戎……中兴之号，理异于兹，宜革前非，以归事实，自今以后，更不得言中兴。

表扬武则天在位时忘己济物，万姓咸宁，他是继承武则天的统治的，不能说是中兴。岂但不恨，还十分尊重呢！当时还有人建议："神龙元年（705）制书，一事以上，并依贞观故事。岂可近舍母仪，远尊祖德？"意思是说705年的命令规定政治措施都要学贞观时代，也就是废除则天时代的成规，这是不对的。怎么可以把近时母亲的行政作为抛弃，去学习遥远的祖父呢？中宗很赞成这个意见，写信表扬。由此看来，则天时代的某些政治措施是和贞观时代有所不同的。她根据时代的进展，规定了自己的政策方针。

不止她的儿子，以后唐朝的历代皇帝也都对她很尊重，没有说过什么坏话。

同样，唐朝的大政治家如陆贽、李绛都对她有很高的评价。陆宣公《翰苑集》十七《请许台省长官举荐属吏状》说：

> 往者则天太后践祚临朝，欲收人心，尤务拔擢，弘委任之意，开汲引之门，进用不疑，求访无倦，非但人得荐士，亦得自举其才。所荐必行，所举辄试。其于选士之道岂不伤于容易哉？然而课责既严，进退皆速，不肖者旋黜，才能者骤升。是以当代谓知人之明，累朝赖多士之用。

说她善于用人，严于课责，不但当时称为知人，还培养了下几代的人才。在另一篇文章中，他把唐太宗和武则天并举，要当时皇帝"法太宗、天后英迈之风"。李绛也说她用的官虽然稍微多了一些，但"开元中名臣多出其选"。指出开元时代的名臣大多是她培养的。

宋人编的《新唐书》骂武则天很凶，但洪迈赞扬她是明主："汉之武帝，唐之武后，不可谓不明。"[①]明人李贽更称她为圣后。[②]清人赵翼说她："纳谏知人，自有不可及者……别白人才，主持国是，有大过

① 参见《容斋续笔》五。

② 参见李贽：《藏书》。

人者。”还替她分析，回击那些“正人君子”对她的恶毒诬蔑，他说：“人主富有四海，妃嫔动至千百。后既身为女主，而所宠幸不过数人，固亦无足深怪，后初不以为讳，并若不必讳也。”结论是“区区帷薄不修，固其末节，而知人善任，权不下移，不可谓非女中英主也”！[①]赞扬她是英主，指出她的政治成就是根本的、是主要的，私人生活是末节、是小事，而且，在封建时代，男皇帝可以有千百个小老婆，女皇帝有几个男宠，又值得什么大惊小怪呢！这是对武则天最公平的评价。

当然，骂武则天的人更多，特别是明朝人骂得多、骂得狠。例如，胡应麟骂她为“逆后”，连她的朝代也骂为“牝朝”。[②]王夫之骂她为“淫妪”，为“妖淫凶狠之武氏”[③]。专门攻讦她的私人生活，不谈政治，只攻一点，不及其余，这种评论是站不住脚的。

另一种攻击是女人不该做皇帝，管政治，就像母鸡不能司晨，从骆宾王的檄文“伪临朝武氏”一直到胡应麟的“牝朝”，都攻的是这一点。这种维护封建秩序、男尊女卑、不许妇女参加政治生活的论调，到今天应该用不着反驳了。相反，我们应该说，武则天不只是一个伟大的政治家，同时她还是历史上最伟大的妇女！她的一生是战斗的一生！当然，武则天绝不是十全十美的人物。相反，她是有不少缺点的。例如，她杀了许多政治上的反对派，其中有一些人看来是不应该杀的。此外，当然她也具有一般封建统治者所共有的某些缺点。在这篇短文中，就不一一谈到了。

---

① 参见《廿二史劄记》卷十九，《武后纳谏知人》。

② 参见胡应麟：《少室山房笔丛》。

③ 参见王夫之：《读通鉴论》。

论奴才——石敬瑭父子

奴才之种类甚多。就历史上已有的材料而论，大体上可以分作两大类。一类是形逼势紧，国破家亡，身为囚虏，到了这步田地，不肯做也得做，做了满心委屈，涕泪交流，有奴才的形式而未曾具备或者养成奴才的心理的。这一类例子，如南宋亡国，太皇太后谢道清领着小孙子，寡妇孤儿，敌人兵临城下，军队垮台了，大臣跑了，大势已去，没奈何只得向元将伯颜递降表，一家儿被押送到北方，朝见忽必烈大汗。也幸亏是寡妇孤儿，免去了告庙献俘那一套。可是，如词人汪元量《水云词》所说“臣妾签名谢道清”，这滋味也就够了。又如西晋末的怀、愍二帝，北宋末的徽、钦二帝，这两对历史人物，真是无独有偶。都做过皇帝，相同一也；都亡国被俘，相同二也；被俘后都被逼向新主人青衣行酒（穿上奴才的服装，服侍主子喝酒），相同三也；而且新主子都是被发左衽的外族（外国人），相同四也；而且，都有看了受不了，跳起来把外国人骂一顿，因而被杀的忠臣，不肯做外国奴才的随从，相同五也。读史的人总是悲天悯人，同情弱者、失败者的，虽然自有其该被诅咒被清算的道理在，不过软心肠的人，读了这些翔实刻画的记载，还免不了一把眼泪一把鼻涕，冲淡了亡国君主的罪恶，替他们想想，倒也上算。

另一种则是很不好听的了。一心想做主子，奴役众多的人民，而又先天不足，后天失调，做事不得人心，夺取或者维持政权的武力又不大够，于是只好掸掸土，打点青衣，硬跪在外国人面前，写下甘结，卖身为奴。偏偏外国人有的是俘虏，愿做奴才可做奴才的甚多，一两打也不在乎。于是，只好更进一步，硬装年轻，拜在脚转弯下，做干儿子，做干孙子，具备了丰富了奴才的全部的一切的心理形态，求得番兵番械，杀向本国，当然还得有番顾问番将军指挥提携，圆满合作，完成了统一大业，坐上金銮宝殿。对内是大皇帝，对外，当然是儿皇帝、孙皇帝了。这一类的例子也有的是，著例是晋高祖石敬瑭父子。

当然，那时代的世界不很大，契丹、女真之外，实在也找不出别的列强。要不然，价钱讲不好的时候，多少也还可以撒一下娇，由冯道一流人物，用委婉的口气，诉说假如再不支持我，那么，我只好重新考虑什么什么之类的话。不幸而历史事实确是如上所说，无从考虑起，真也是无可奈何的事。

石敬瑭的脸谱是值得描画一下的，《旧五代史》七十五《晋高祖纪》说：

> 清泰三年（936，晋天福元年）五月，（唐末帝）移授（敬瑭）郓州节度使（敬瑭原为太原节度使，驻晋阳）……降诏促赴任……（敬瑭）遂拒末帝之命……寻命桑维翰诣诸道求援，契丹遣人复书约以中秋赴义。九月辛丑，契丹主率众自雁门而南，旌旗不绝五十余里。是夜（敬瑭）出北门与戎王相见。戎王执敬瑭手曰，“恨会面之晚”。因论父子之义。十一月戎王会敬瑭于营，谓敬瑭曰：“我三千里赴义，事须必成，观尔体貌恢廓，识量深远，真国主也。天命有属，事不可失，欲徇蕃汉群议，册尔为天子。”敬瑭饰让久之。既而诸军劝请相继，乃命筑坛于晋阳城南，册敬瑭为大晋皇帝。（《辽史·太宗纪》，十一年冬十月甲子，封敬瑭为晋王，十一月丁酉册敬瑭为大晋皇帝，薛史及《通鉴》、欧阳史俱不载先封晋王事。）文曰：“维天显九年岁次丙申十一月丙戌朔十二日丁酉，大契丹皇帝若曰……咨尔子晋王神钟睿哲，天赞英雄……尔惟近戚，实系本枝，所以余视尔若子，尔待予犹父也……是用命尔当践皇极，仍以尔自兹并土，首建义旗，宜以国号曰晋。朕永与为父子之邦，保山河之誓。”

石敬瑭生于唐景福元年二月二十八日，景福元年为892年，到清泰三年是四十五岁。他的“干爸爸”辽太宗耶律德光，生于唐天复二年，902年，到清泰三年是三十五岁，整整比他的儿皇帝小十岁。父亲三十五，儿子四十五，无以名之，学现代名词，称为政治父子吧！

干爸爸支持干儿子做皇帝，君临中国人民的代价：“是日，帝言于戎王，愿以雁门以北及幽州之地为戎王寿，仍约岁输帛三十万，戎王许之。”也就是历史上著称的燕云十六州，包括现在以北平和大同为中心东至榆关北迄内蒙的一片广大地区，更主要的是长城原为中国国防险要，这片地一割，契丹军力驻在长城以南，北宋建国，北边就无险可守了。辽亡，这片地归金，金亡归元，一直要到1368年，明太祖北伐，才算重归故国，统计起来，沦陷了差不多四百三十二年！

闰十一月甲子戎王举酒言于帝曰：“予远来赴义，大事已成，皇帝须赴京都。今令大详衮勒兵相送至河梁，要过河者任意多少，予亦且在此州，俟京洛平定，便当北辕。”执手相泣，久不能别。脱白貂裘以衣帝，赠细马二十匹，战马一千二百匹，仍诫曰，子子孙孙，各无相忘。

由这一史料说明，敬瑭入京都主要的军力是契丹军，也就是援晋军，契丹资助物资最主要的是战马。至于执手相泣，有人说是矫情，其实并不见得。何以知之？因为一个是平白做了中国皇帝的父亲，喜欢得掉眼泪；另一个呢，凭着干爸爸平步登天做皇帝，“庙堂初入”，皇基大奠，又怎能不感激涕零呢！

做了七年儿皇帝，石敬瑭死时年五十一。

编历史的人——史臣对石敬瑭是不同情的，旧史不同情他召外援，残中国，说：“然而图事之初，召戎为援，契丹自兹而孔炽，黔黎由是以罹殃。迨至嗣君，兵连祸结，卒使都城失守，举族为俘，亦犹决鲸海以救焚，何逃没溺，饥鸩浆而止渴，终取丧亡，谋之不臧，何至于是！”

其实，做人家的干儿子，奴颜婢膝称臣纳贡，到底也不是什么痛快事。表面上石敬瑭恭恭敬敬侍候恩人大契丹皇帝，到清夜扪心，良心发作时，也还是不快活的。《旧五代史》八十九《桑维翰传》说：“高祖召使人于内殿，传密旨于维翰曰，朕比以北面事之，烦懑不快。”可是自作自受，无法反悔，也不敢反悔。到了下一代，受不了这口气，就不能不变卦了。

敬瑭死，侄子重贵即位，称为少帝。景延广当国执政。《旧五代史》八十八《景延广传》：“朝廷遣使告哀契丹，无表。致书去臣称孙。契丹怒，遣使来让。延广乃奏遣契丹回国使乔荣告戎王曰：先帝则北朝所立，今上则中国自策，为邻为孙则可，无为臣之理。且言晋朝有十万口横磨剑，翁若要战则早来，他日不禁孙子，则取笑天下，当成后悔矣。由是与契丹立敌，干戈日寻。”原来少帝和景延广的看法，称臣和称孙是有区别的，当干孙子是自家人称谓，耻辱只是石氏一家的事。称臣则是整个晋国，包括大臣和人民在内的耻辱，就与免于国体有关了。

晋辽战争的结果，开运三年（946）十二月晋军败降，契丹军入大梁。少帝奉降表于戎王道：“孙男臣重贵言：擅继宗祧，既非禀命，轻发文字，辄敢抗尊，自启衅端，果贻赫怒，祸至神惑，运尽天亡……臣负义包羞，贪生忍耻，自贻颠覆，上累祖宗，偷度晨昏，苟存食息。翁皇帝若惠顾畴昔，稍霁雷霆，未赐灵诛，不绝先祀，则百口荷更生大德，一门衔无报之恩，虽所愿焉，非敢望也。”皇太后也上降表，署名是晋室皇太后媳妇李氏妾言，谢罪求生，大意相同。次年正月辛卯，契丹封少帝为负义侯，黄龙府安置，其地在渤海国界。十八年后，宋太祖乾德二年（964）少帝死于建州。史臣说他：“委托非人，坐受平阳之辱，旅行万里，身老穷荒，自古亡国之丑，无如帝之甚也，千载之后，其如耻何。伤哉！”算算年头看，今年是1947年，刚好是一千年！

细读五代史，原来养干儿子、拜干爸爸是这个时代的风气，尤其是蕃人，当时的外国人。薛居正《旧五代史·晋高祖纪》还替晋高祖说谎，说是什么本太原人，卫大夫碏汉丞相奋之后，一连串鬼话。欧阳修《新五代史》便无须回护了，老实说："高祖圣文章武明德孝皇帝，其父臬捩鸡，本出于西夷，从朱邪入居阴山，臬捩鸡生敬瑭，其姓石氏，不知其得姓之始也。"朱邪是沙陀族，石家是沙陀世将，那么，石敬瑭自愿做契丹主的干儿子，石重贵愿做干孙子而不愿称臣的道理，也就可以明白了。

隔了一千年，读石敬瑭的记载，似乎还听得见、看得见石敬瑭的面貌声音，石敬瑭左右的谈话和声明、援助、救济，军火、物资，哀求声、恫吓声、撒娇声，历历如绘。

文天祥的骨气

我们中国人是有骨气的。

有骨气是我们优良的民族传统，历史上有数不清的有骨气的人物，文天祥是其中之一。

1276年，元将伯颜统军进攻临安（南宋首都，今浙江杭州），驻军皋亭山（离杭州三十里）。宋朝宰相陈宜中逃跑了。文天祥受命于民族危机最严重的时刻，拜右丞相，奉命到元军讲和，他毅然决然到敌人军中，和伯颜当面争论，被拘留押送去大都（今北京）。途中经过镇江，设计逃脱，经历了许多艰险，回到浙江台州，又立刻招募军队，进行坚决的抗敌斗争。

南宋景炎二年（1277）七月，文天祥兵败于江西永丰空坑，妻女都被俘虏。但他并不丧气，跌倒了，爬起来，揩干血迹，再干。又组织队伍，继续斗争。祥兴元年（1278）十二月从广东潮阳移驻海丰的途中，被敌军袭击，军溃被俘。

文天祥早有了准备，宁死也不肯屈服。被俘后立刻服了脑子（毒药），他原来害眼病，不料大泻了一场，不但没有死，连眼病也好了。

在从广州被押解到大都的路上，他绝食了八天，没有死。过长江时，设计逃跑没有成功。到大都后，被囚在一个低窄的土室里，阴暗污浊，下雨时水漂床脚，暑热时像个蒸笼，秽气触鼻，人不能堪，他就在这里被拘囚到至元十九年（1282）十二月，始终没有低头，在柴市就义。

被俘后，元将张弘范要他写信招降宋将张世杰，天祥说：“我不能救国，难道还能教人叛国？”弘范还是强迫他写，天祥就写了一首

《过零丁洋》诗，末两句是："人生自古谁无死，留取丹心照汗青。"

弘范只好作罢。

崖山军溃，陆秀夫、张世杰殉国，宋亡。张弘范大会诸将庆功，劝文天祥说，宋已亡了，你的责任也尽了。要是你能够以事宋的忠心来事元朝，元朝的宰相不是你，还有谁呢？天祥痛哭流涕，誓死拒绝。

在大都被拘留期间，元朝派宰相孛罗、阿合马，劝他投降，最后派投降的宋朝皇帝瀛国公来，都说不动他。宋朝降官留梦炎求说降，被文天祥痛骂一顿。至元十九年（1282）十二月初八日，元朝皇帝忽必烈亲自来当说客了，说："汝在此久，如能改心易虑，以事亡宋者事我，当令汝中书省一处坐。"答应他当宰相，天祥答以不愿事二姓。忽必烈问他愿做什么，天祥说："愿与一死足矣。"第二天，他便被杀了。衣带中藏有预先写好的赞："孔曰成仁，孟曰取义，唯其义尽，所以仁至，读圣贤书，所学何事？而今而后，庶几无愧！"

文天祥是宋朝的状元宰相，声望很高。他一向生活豪侈，自奉甚厚，歌儿舞女，不离左右，到了元军大举过江，临安危急的时候，立刻改变生活方式，朴素节约，把所有家产都作为抗元军费，一心一意保卫家国，屡败屡起，毫不气馁，对当时的知识分子和爱国人民号召力很大。元朝政府想利用他的声望，许以高官厚禄，来收拾南宋的人心，减少抵抗，文天祥却不为所动，第一坚决不投降，第二只要求一死，对于连死都不怕的人，敌人的一切威胁、折磨、利诱的手段，便毫无作用了，在这一点上，失败的是元朝政府，文天祥是胜利者，表现了我们民族的英雄气概。

文天祥不止在政治大节上表现了坚强的骨气，在礼节和生活上也和敌人进行了顽强的斗争。

在封建社会里，幼少对尊长，下属见长官，跪拜是当然的礼节。

但是文天祥藐视敌人，无论如何不肯屈膝。在皋亭山和元将伯颜见面时，只是长揖。被俘后见张弘范，断然决然地说，我只能死，不能拜，弘范只好以客礼相见。到大都后，见孛罗丞相，要他跪，他说：南人不能跪。孛罗的左右按着他跪，他索性坐在地上，许多人按他的脖子，牵他的手，用膝盖顶他的背，还是不跪。阿合马来说降，只是长揖。阿合马说：你知道我是谁？天祥说：他们说是宰相。阿合马说：既知是宰相，何以不跪？天祥说：南朝宰相见北朝宰相，为什么要跪？阿合马对左右说：此人生死尚由我。天祥说：亡国之人，要杀便杀，道甚由你不由你。阿合马只好默然而去。最后和忽必烈见面，还是长揖不拜，卫士们一定要他跪，按着他不行，用金挝敲他的膝盖，天祥受了伤，还是坚立不动。他在强大的敌人面前，始终一贯地表现了英雄气概。

甚至在生活上也进行了斗争，他不吃敌人供应的饭。

他一到大都，元朝政府十分款待，住的吃的都像对上宾一样。天祥不睡不吃，坚决抵抗。后来囚在土室，敌人把他所带的银钱封存，每天从他自己的存款中拨钞一钱五分为饮食费，就这样过了四年。宋朝降官王积翁感他的忠义，经常给他送钱。宋福王与芮也托王积翁送来一百两银子。王积翁还向忽必烈建议说：文天祥是宋朝状元宰相，忠于所事。假若把他放了，好好礼待，亦可以为人臣好样子。忽必烈想了一会儿，说：且令千户所好好与茶饭者。天祥知道了，叫人告诉王积翁：我几年来都不吃敌人供应的饭，你这样做，我只好绝食了！王积翁怕他真的绝食，再也不敢说了。

总之，文天祥在被拘囚的几年内，利用一切机会，对敌人进行了顽强的不屈的斗争，表现了伟大的民族气节。

孟子说过："富贵不能淫，贫贱不能移，威武不能屈，此之谓大丈夫！"这三句话文天祥是完全当之无愧的，他是我国历史上的大丈夫，是继承民族优良传统的有骨气的人，是民族英雄。

爱国的历史家谈迁

1647年，是清朝顺治四年。此时算起，四年前的五月初一，清摄政王多尔衮入北京。同一天明宗室福王入南京，过了十二天做了皇帝，改次年年号为弘光。第二年五月清军入南京，弘光被俘，明朝亡国。

丁亥（1647）八月间，浙江海宁市的一个村落麻泾，村边一片枣林里，住着一位老秀才谈迁，此人既老且穷，半夜里忽然被小偷光顾，破衣烂衫，什么也没有动，只偷走一部文稿，叫作《国榷》。

这部书是谈迁编的明朝编年史，从1328年到1645年，每年按月按日编的大事纪。内容主要根据明朝的实录和一百多家明朝史家的著作，经过细心的编排考订，写了改，改了再写，一连改了六次才编成的一部大书。

他是一个穷秀才，买不起书，当时也没有图书馆可以借书。明朝实录是记载每一皇帝在位时的编年史，没有刻本，只有少数的大官僚家里才有传抄本。他为了研究明朝历史，托人情、拉关系、左求右求，好容易才求通了邻县的几家大乡绅，经常跑一百多里路，带着铺盖伙食去抄书，抄了多少年，费了多少精力，终于把这部五百多万字的大书编成了，十分得意。纵然刻不起版，不能传布开去，但是，只要有了稿子，将来总会有机会出版的。

他为什么要编这部书？1621年，他二十九岁，那一年，母亲死了，在家守孝。他原来对历史有兴趣，读了不少书，积累了丰富的历史知识，恰好得到一部陈建著的《皇明通纪》，便仔细阅读，不料越读越生气，书里记载的史事有很多错误，见解也很肤浅，心想这样的书不是害人吗，不但糟蹋人的时间，还给人以错误的史实和看法。便下决心自己编写。编书的主要根据是明朝实录，经过仔细研究，有几朝实录也很不可靠，例如《明太祖实录》是经过三次改写的，改一次便隐没了不少历史真相。明孝宗的实录是正德时的奸臣焦芳编的，凡是他所不满意的好人都乱骂一通，把白的说成黑的，很不可靠。为了求得历史事实的比较真实可靠，他便发愤通读所能借到抄到的一百几十家明朝历史家的著作，互相对证比较，一条条地札记，按年月分别放在有很多抽屉的柜子里，再按年月按事综合研究，择善而从，编成这部书。总之，他原来编《国榷》的目的是从历史的真实性出发的，要通过自己的辛勤劳动，编成一部可信的国史。

不料1644年清人入关，1645年弘光被俘，这一年他已经五十三岁了。亡国之恸，十分悲愤，在所著《枣林杂俎》里写上一段题记说："我的祖先，因南宋亡，避难搬到海宁的枣林。如今不到四百年，又是南宋亡国时的局面了。我年纪大了，说不上哪个早上或晚上死去，能逃到哪里去呢？桃花源在哪里呢？只好在枣林算了！"崇祯、弘光这两朝是没有实录的，他便根据当时的《邸报》（政府公报）继续编写，认为国虽亡了，但史不可亡，保存故国的真实历史，是亡国遗民应尽的责任。从此，他的著作，署名为江左遗民，原来他名以训，字观若，也改名为迁，字孺木，纪念亡国的哀痛。

书写成了，慢慢传开了。他家虽穷，但这部书是件大财富。当时有的人有钱有地位，却缺少社会名望，很想有部书出版，流传后代。但写书要有学问，要花苦功夫。知道谈迁生性耿介，拿钱是买不动的，便只好偷了。结果，这部花了二十七年时间、改了六次才编成的书被偷走了，谈迁一生的精力白费了。

谈迁遭受了这样严重的打击，伤心得很，在大哭一场之后，下定决心：我的手不是还在吗？再从头干吧！

为了保存祖国的真实历史，也为了通过历史给后代人以深刻的教育，于是，这位五十多岁的老人，满头白发，背着雨伞、包袱、干粮、纸笔，跑到嘉善、归安、吴兴、钱塘，向乡绅大族说好话求情，借书抄书，读遍了有关的参考书，抄得了所需要的材料，不顾严寒，不顾酷暑，以炽盛的精力，像三十年前一样又投身到学术的战斗中。

这样，经过了四年，他已经六十岁了，又第二次完成了《国榷》的初稿。

但是，还有困难。南方虽然有许多大乡绅，有些史书可以借读借抄，毕竟他们注意的是举业，更多收藏的是八股帖括之类。有好多性质较为专门的书对他们没有用，因之也就看不到。更重要的是万历到崇祯这几十年的史事，由于党争反复，各人的立场不同，记载也就是非不一，同一事有许多不同的说法，差别很大。崇祯一朝史事，有许多记载是得之传闻的，很不可信。要多找书读，要多找人谈，特别是找身经其事的人谈，要达到这样要求，就非到北京不可。

北京怎么能去呢？没有路费，即使借到钱，到北京后的吃住又怎么办呢？

谈迁过去的职业是当官僚的幕友，替东家代写些应酬文字，办些文墨事务。例如，1642年他就胶东高弘图之聘，做高的记室，一直到1645年高弘图罢相为止，在当时官僚中有些名气。1653年义乌朱之锡进京做弘文院编修，聘谈迁做记室，约他一路从运河坐船进京，谈迁多年来的愿望实现了，一口答应。在北京朱家住了两年半，除了替朱之锡做些文墨工作以外，便用全力收集史料和访问有关史事的人物，补充和纠正《国榷》这部书。

当时在北京有不少藏书家，著名的一个叫曹溶，浙江秀水人，由于同乡关系，谈迁写信给他，见了面，曹溶答应借书并且介绍别的藏书家。由曹溶的介绍，他又认识了太仓吴伟业和武功霍达。这三个人都是现任官员，都是明朝崇祯时的时士，都收藏了很多外边不经见的秘书。其中吴伟业熟识明末掌故，亲身经历过许多事变，是当时的大名士，交游相当广泛，从此谈迁便经常和他们往来，问以先朝遗事，一一笔录。又借到《万历实录》和《崇祯邸报》，和《国榷》原稿核对。

他到北京去的时候是带着《国榷》去的，把原稿送给曹溶、吴伟业、霍达，要求他们指出错误，随时改正。

此外，他到处访问明朝的降官、贵族子孙、太监、官僚贵族、门客、城市和乡村居民，只要有一点线索，就不放过。他还访问历史遗迹，如景泰帝和崇祯帝的坟墓、金山明代皇族丛葬地区、香山和西山的古寺，等等。从运河北上和南下时，所过城市也都核对史书，记载有关事迹。到1656年回家时，已经记录了几千张纸的材料，满载而归了。

朱之锡序他的《北游录》，描写谈迁搜访史料的情形说："为了访问遗迹，登山涉水，脚都起了泡，有时迷了路，只好请看牛的小孩和雇工带路，觉得很高兴，不以为倦，人家笑他也不理会。到一个村子里，就坐下笔记，一块块小纸头，写满了字，有时写在用过的纸背上，歪歪扭扭的，很难认出。路上听到的、看到的，一堵围墙，一块破碑，也不放过，只要耳目所能接触的都用心记下，真是勤勤恳恳，很感动人。"

这两年多的生活，使他的历史知识更丰富了，《国榷》的史料质量更提高了。除此以外，他还把所作诗文编成《北游录》，内容包括在北京时的日记和见闻记录，北游的旅程，把一部分材料补充了以前所著的《枣林杂俎》。

他在学术上有很大收获，但在精神上则很痛苦。因为他只是一个穷老秀才，一个替人帮忙的幕客，这样的身份求人借书，访人问事都不是很容易的。他在给朋友信中诉苦说："我不善于说话，年纪又大，北京游人多得像蚂蚁，成天去拜访贵人，听候接见，往往早上去等中午，有时得等到晚上才能见着面，简直受不了。北京气候又干燥，到处是尘土，鼻子口腔都脏得很。无处可去，只有离住所两里外的报国寺有两棵松树，有时跑到树下坐一会儿，算是休息了。"他早就要回南方，只因东家挽留不放，后来朱之锡奉命修书，想来或者可以看到一些难得的秘书，一打听内阁的书也都残缺不全了，没有了指望，便决心回家了。

1657年他又应聘做幕友到山西，一来是为了生活，二来也想趁机会去拜哭平阳的张慎言墓。张慎言是弘光时的吏部尚书，高弘图的朋友，很契重谈迁。这年十月，他还没有到平阳，就病死在路上，年六十五。

谈迁的《国榷》，三百年来只有传抄本。二十五年前我因为要查对一些材料，曾在前中央研究院历史语言研究所翻阅了一遍，因为不能外借，没有机会细读。想望了这多年，现在中华书局终于把它出版了，这是学术界的一件大好事。对爱国的历史家谈迁说，隔了三百年出版了他的著作，他应该十分高兴。对学习历史的我来说，也是绝好的今昔对比，从前看不到的书现在却搁在我的书桌上，不但有机会细读《国榷》，还能读到他的《北游录》，比较深切地了解谈迁这个人，十分感动，也十分高兴。这篇短文的目的，介绍这部书，也介绍这个人。这书的编写经过，这人对历史的求真精神和顽强的研究精神是值得我们学习的。

出版说明

吴晗是我国著名历史学家，为中国历史的研究，尤其是明史的研究做出了杰出贡献。他的研究既涉及政治、经济、文化、军事和外交等宏大的主题，也兼有对风俗习惯、逸闻掌故、著名人物的论述；既包含对某个朝代全方位的研究，也有对整个中国历史中存在的重大历史问题、潜在发展规律的认识。《历史的正面与侧面》关注中国历史发展中的普遍现象，如皇权与绅权、腐败与贪污等。本书在编选过程中，参考了《吴晗全集》《历史的镜子》等书。在编辑过程中，除个别错字和表达用语进行了改动外，其他内容未做改变，特此声明。

好读，只为优质阅读！

好
读
Goodreads

策划出品：好读文化　　监　　制：姚常伟　　产品经理：程　斌
特邀编辑：刘　雷　　封面设计：小　武　　内文设计：一鸣文化

图书在版编目（CIP）数据

历史的正面与侧面 / 吴晗著 ; 好读选编 . -- 北京 : 中国华侨出版社, 2020.12

ISBN 978-7-5113-8279-5

Ⅰ. ①历… Ⅱ. ①吴… ②好… Ⅲ. ①中国历史－通俗读物 Ⅳ. ①K209

中国版本图书馆 CIP 数据核字（2020）第 131559 号

历史的正面与侧面

著　　者：吴　晗
选　　编：好　读
责任编辑：刘雪涛
装帧设计：小　武
经　　销：新华书店
开　　本：880mm × 1230mm　1/32　印张：13　字数：361 千字
印　　刷：河北鹏润印刷有限公司
版　　次：2020 年 12 月第 1 版　2020 年 12 月第 1 次印刷
书　　号：ISBN 978-7-5113-8279-5
定　　价：68.00 元

中国华侨出版社 北京市朝阳区西坝河东里 77 号楼底商 5 号　邮编：100028
法律顾问：陈鹰律师事务所
发行部：（010）82068999　传真：（010）82069000
网　　址：www.oveaschin.com　E-mail：oveaschin@sina.com